Supervision et direction des ressources humaines

3ᵉ édition

Gérard-Philippe Réhayem

Supervision et direction des ressources humaines

3e édition

gaëtan morin
éditeur

Catalogage avant publication de la Bibliothèque nationale du Canada

Réhayem, Gérard-Philippe, 1952-

Supervision et direction des ressources humaines

3e éd.

Publ. antérieurement sous le titre : La supervision des ressources humaines. 1992.
Comprend des réf. bibliogr. et un index.
Pour les étudiants du niveau collégial.

ISBN 2-89105-842-9

1. Personnel – Direction.   2. Relations industrielles.   3. Personnel – Direction – Problèmes et exercices.
I. Titre.   II. Titre : La supervision des ressources humaines.

HF5549.12.R43   2003   658.3   C2003-940754-3

Tableau de la couverture : *Le carrousel*
       Œuvre d'**André Prégent**

Né à Montréal en 1947, André Prégent poursuit une carrière comme cadre d'entreprise avant de se découvrir une véritable passion pour la peinture. Son objectif consistera désormais à traduire les émotions en couleurs, en formes et en lignes. Ses tableaux proposent souvent des formes qui, encadrées de lignes, créent une impression de vitrail.

On peut se procurer les œuvres d'André Prégent en communiquant avec lui à l'adresse électronique : cezanne44@hotmail.com

Révision linguistique : Andrée Lacombe
Conception graphique : Anne-Marie Arel de chez Italique inc.

Consultez notre site,
www.groupemorin.com
Vous y trouverez du matériel
complémentaire pour plusieurs
de nos ouvrages.

Gaëtan Morin Éditeur ltée
171, boul. de Mortagne, Boucherville (Québec), Canada   J4B 6G4
Tél. : (450) 449-2369

Nous reconnaissons l'aide financière du gouvernement du Canada par l'entremise du Programme d'aide au développement de l'industrie de l'édition (PADIÉ) pour nos activités d'édition.

Gouvernement du Québec – Programme de crédit d'impôt pour l'édition de livres – Gestion SODEC.

L'éditeur a fait tout ce qui était en son pouvoir pour retrouver les copyrights. On peut lui signaler tout renseignement menant à la correction d'erreurs ou d'omissions.

Imprimé au Canada 1 2 3 4 5 6 7 8 9 0   12 11 10 09 08 07 06 05 04 03

Dépôt légal 3e trimestre 2003 – Bibliothèque nationale du Québec – Bibliothèque nationale du Canada

REMERCIEMENTS

Tous les auteurs de manuels scolaires vous le diront : un livre ne s'écrit jamais seul !

Nous sommes toujours entourés de personnes qui, par leurs observations, leurs conseils, leurs suggestions et leurs encouragements, participent à la production de l'ouvrage. C'est à elles que s'adressent mes remerciements.

Je pense particulièrement à Louise Clément, du Cégep de Trois-Rivières, à Marjolaine Bergeron, du Collège de Rosemont, ainsi qu'à Bastien Dion, du Séminaire de Sherbrooke, et à Michel Paré, du Cégep régional de Lanaudière.

Je remercie également l'équipe de Gaëtan Morin Éditeur : Luc Tousignant, Dominique Page, Gisèle Séguin, Mélanie Bergeron et Andrée Lacombe.

 # REMERCIEMENTS

Tous les auteurs de manuels scolaires vous le diront : un livre ne s'écrit jamais seul !

Nous sommes toujours entourés de personnes qui, par leurs observations, leurs conseils, leurs suggestions et leurs encouragements, participent à la production de l'ouvrage. C'est à elles que s'adressent mes remerciements.

Je pense particulièrement à Louise Clément, du Cégep de Trois-Rivières, à Marjolaine Bergeron, du Collège de Rosemont, ainsi qu'à Bastien Dion, du Séminaire de Sherbrooke, et à Michel Paré, du Cégep régional de Lanaudière.

Je remercie également l'équipe de Gaëtan Morin Éditeur : Luc Tousignant, Dominique Page, Gisèle Séguin, Mélanie Bergeron et Andrée Lacombe.

AVANT-PROPOS

La supervision des ressources humaines est l'une des activités les plus complexes du gestionnaire, qui doit canaliser les énergies d'une équipe de travail vers l'atteinte d'objectifs. Cette complexité réside pour une grande part dans la variété des comportements qu'il est appelé à encadrer.

Ce livre ne contient pas de recettes. Toutefois, il présente diverses techniques de supervision et de direction des ressources humaines mises à la disposition du gestionnaire pour diriger les employés dont il a la charge.

Ainsi, les différents chapitres de cet ouvrage portent sur les principales responsabilités et tâches reliées à la supervision des ressources humaines, c'est-à-dire l'embauche, la formation et l'orientation, l'évaluation du rendement, la mobilisation, la gestion de conflits et la politique disciplinaire, la rémunération, la santé et la sécurité au travail, et les relations de travail.

Il est vrai que l'expérience de travail vécue par certains étudiants qui occupent un emploi et auxquels, par conséquent, le monde du travail est familier, peut différer des sujets abordés dans cet ouvrage. C'est compréhensible, car dans le domaine de la direction des ressources humaines tout n'est pas blanc ni noir; en effet, le superviseur doit savoir nuancer son analyse et, surtout, s'adapter aux situations de travail et à des employés qui ont des valeurs, des besoins, des attitudes et des comportements différents.

Mais cela n'enlève rien à la pertinence et à la crédibilité des concepts, des modèles et des techniques de supervision des ressources humaines enseignés, car l'étude du milieu du travail nous révèle que l'entreprise moderne et gagnante y a souvent recours dans la direction quotidienne de son personnel.

Il ne s'agit donc pas ici de montrer l'entreprise sous un jour idéalisé, mais de présenter l'idéal à atteindre en la matière. Voilà pourquoi nous nous sommes assurés d'illustrer les sujets traités par de nombreux exemples et cas pratiques inspirés d'une réalité vécue par des superviseurs qui évoluent dans des entreprises misant sur leurs employés pour relever le défi de la compétitivité et de la mondialisation.

Au point de vue pédagogique, les exercices de fin de chapitre se réfèrent aux quatre premières catégories suivantes de la taxonomie de Benjamin S. Bloom : connaissance[1], compréhension, application et analyse. Outre ces catégories d'exercices, cet ouvrage comporte des exercices de transfert, dans lesquels on demande aux élèves d'appliquer et de valider certaines connaissances acquises dans leur propre environnement de travail, ce qui leur permettra d'établir un parallèle entre ce qu'ils ont appris et ce qu'ils vivent.

---

1.   Le corrigé des exercices liés à la connaissance se trouve sur le site Web suivant : <www.groupemorin.com>.

*T*ABLE DES MATIÈRES

Chapitre 4
L'évaluation du rendement du personnel

Chapitre 5
La mobilisation des ressources humaines 177

Chapitre 6
La gestion de conflits au travail et la politique disciplinaire

Chapitre 7
Le processus de rémunération globale

Chapitre 8
La santé et la sécurité au travail 309

Chapitre 9
Le cadre juridique des relations de travail

Chapitre 10
La négociation raisonnée d'une convention collective..........................409

TABLEAUX D'INTÉGRATION
DES ÉLÉMENTS DE COMPÉTENCE

Programme : comptabilité et gestion

COMPÉTENCE : Superviser le personnel de son service

Éléments de compétence	Chapitres
	Chapitre 1 L'entreprise moderne, le superviseur et la direction des ressources humaines
Participer au processus d'embauche du personnel de son service.	**Chapitre 2** Le processus d'embauche du personnel
Assurer la formation du personnel.	**Chapitre 3** Le processus d'orientation et de formation du personnel
Évaluer le rendement de son personnel.	**Chapitre 4** L'évaluation du rendement du personnel
Soutenir le personnel dans l'atteinte des objectifs de son service.	**Chapitre 5** La mobilisation des ressources humaines
	Chapitre 6 La gestion de conflits au travail et la politique disciplinaire
Contribuer à l'application et à la mise à jour d'une politique de rémunération globale.	**Chapitre 7** Le processus de rémunération globale
Contribuer à l'application des mesures de correction et de prévention en matière de santé et de sécurité au travail.	**Chapitre 8** La santé et la sécurité au travail
Contribuer à l'application de la réglementation et des clauses du contrat de travail.	**Chapitre 9** Le cadre juridique des relations de travail
	Chapitre 10 La négociation raisonnée d'une convention collective

Programme : gestion de commerces

COMPÉTENCES : *Constituer une équipe de vente ; former le personnel de vente ; superviser une équipe de vente*

Compétences et éléments de compétence	Chapitres
	Chapitre 1 L'entreprise moderne, le superviseur et la direction des ressources humaines
Constituer une équipe de vente. ■ Établir les besoins en personnel. ■ Effectuer la présélection des candidats. ■ Embaucher le personnel.	**Chapitre 2** Le processus d'embauche du personnel
Constituer une équipe de vente. ■ Accueillir le nouvel employé et l'intégrer dans l'équipe de vente. Former le personnel de vente. ■ Déterminer les besoins de formation. ■ Préparer et donner la formation. ■ Évaluer les résultats de la formation. ■ Assurer le suivi de la formation.	**Chapitre 3** Le processus d'orientation et de formation du personnel
Superviser une équipe de vente. ■ Évaluer le rendement du personnel. ■ Mettre en place des moyens visant à améliorer le rendement du personnel.	**Chapitre 4** L'évaluation du rendement du personnel
Superviser une équipe de vente. ■ Organiser le travail. ■ Assurer du soutien à l'équipe de vente. ■ Résoudre les conflits de travail.	**Chapitre 5** La mobilisation des ressources humaines
Superviser une équipe de vente. ■ Congédier un employé.	**Chapitre 6** La gestion de conflits au travail et la politique disciplinaire
	Chapitre 7 Le processus de la rémunération globale
	Chapitre 8 La santé et la sécurité au travail
Superviser une équipe de vente. ■ Congédier un employé.	**Chapitre 9** Le cadre juridique des relations de travail
	Chapitre 10 La négociation raisonnée d'une convention collective

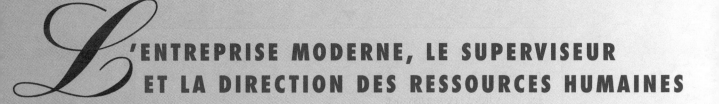

L'ENTREPRISE MODERNE, LE SUPERVISEUR ET LA DIRECTION DES RESSOURCES HUMAINES

OBJECTIFS D'APPRENTISSAGE

1.1 Décrire les incidences de l'évolution de l'environnement de l'entreprise moderne sur la structure organisationnelle et sur l'organisation du travail.

1.2 Démontrer l'implication de la fonction ressources humaines dans la réalisation des objectifs stratégiques et tactiques de l'entreprise moderne.

1.3 Expliquer le rôle, les responsabilités et les tâches du superviseur en matière de direction des ressources humaines.

1.4 Décrire les caractéristiques professionnelles et personnelles du superviseur de l'entreprise moderne.

1.5 Analyser et résoudre des problèmes reliés à différents styles de supervision.

PLAN

Introduction

1.1 Les principaux facteurs de changement dans l'environnement de l'entreprise moderne

1.2 Les incidences de l'évolution de l'environnement sur la structure organisationnelle et sur l'organisation du travail

1.3 La fonction ressources humaines

1.4 Le rôle, les responsabilités et les tâches du superviseur en matière de direction des ressources humaines (DRH)

1.5 Le superviseur et le service des ressources humaines de l'entreprise

1.6 Les compétences du superviseur

1.7 Les traits de personnalité et la motivation du superviseur

Chapitre 1

▼

▼

INTRODUCTION

Nous savons tous, pour l'avoir souvent entendu dire et lu, que la survie, la prospérité et la croissance d'une entreprise passent, avant tout, par sa capacité de s'adapter à son environnement. Or, cet environnement, qui subit de profondes mutations tant sur les plans économique, technologique et social que sur le plan politique, est de plus en plus complexe, dynamique, incertain et instable. Par rapport à ces nouveaux enjeux, l'entreprise du XXIe siècle élabore de nouvelles stratégies de gestion l'amenant ainsi à accepter le changement, à le comprendre, à l'apprivoiser, à le gérer et à en tirer profit.

Dans cette perspective, la direction des ressources humaines[1] prend une part de plus en plus importante dans la gestion globale de l'entreprise. Elle n'est plus confinée à un service, elle ne relève plus uniquement de spécialistes ; elle échoit aussi, à des degrés variables, aux superviseurs. Ainsi, ces derniers, en tant que chefs d'équipe, sont directement impliqués dans la réalisation de la mission de l'entreprise. Ils sont alors appelés à diriger les membres de leur équipe de travail et, avec leur collaboration, à tout mettre en œuvre pour atteindre les objectifs stratégiques et tactiques fixés par l'entreprise.

Pour ce faire, ils ont recours à de nouvelles techniques de direction des ressources humaines, qui sont principalement axées sur le développement de compétences, la flexibilité, la qualité, l'innovation, la rapidité de réaction et la mobilisation de leurs employés. C'est de ces nouvelles techniques qu'il sera question tout au long de cet ouvrage.

Dans ce chapitre, nous étudierons les principaux facteurs de changement survenus dans l'environnement et leurs incidences sur l'entreprise, le rôle de la fonction ressources humaines, et les principales responsabilités, tâches, compétences, traits de personnalité et motivations d'un bon superviseur.

---

1. Nous préférons parler de *direction des ressources humaines* plutôt que de *gestion des ressources humaines,* car nous considérons que l'on peut gérer des processus, mais non des êtres humains.

1.1 LES PRINCIPAUX FACTEURS DE CHANGEMENT DANS L'ENVIRONNEMENT DE L'ENTREPRISE MODERNE

Pour survivre, l'entreprise moderne doit, en tant que système ouvert et vivant, s'adapter à ses environnements économique, technologique, social, politique et éthique.

Dans cette section, nous examinerons les principaux facteurs de changement qui sont intervenus dans ces cinq types d'environnements et leurs incidences sur les principales composantes de l'entreprise, c'est-à-dire sur la chaîne de valeur ainsi que les processus d'information et de gestion.

Nous étudierons également les phénomènes suivants : la mondialisation des marchés, la révolution numérique, l'économie du savoir, la diversification de l'environnement social, l'élargissement de l'environnement politique et le renforcement de l'environnement éthique.

Mais, auparavant, revoyons les principaux concepts de base nécessaires à la compréhension du fonctionnement de l'entreprise, présentés dans le tableau 1.1.

TABLEAU 1.1
Un rappel des principaux concepts de base en gestion

L'entreprise est un système vivant, *car tous ses éléments sont indispensables à la survie de l'ensemble. Tout comme le corps humain a besoin de ressources (alimentaires, affectives, etc.) et d'organes vitaux (cœur, poumons, foie, reins, etc.) pour survivre, une entreprise a besoin de ressources humaines, financières, technologiques, matérielles et immatérielles (l'information) et de cinq principales fonctions (finances, marketing, approvisionnement, opérations, ressources humaines) pour convertir l'intrant (la matière première) en extrant (le produit) par un processus de transformation.*

L'entreprise est aussi un système ouvert, *car elle agit sur son environnement et elle en subit les influences.*

La chaîne de valeur *est le processus de transformation de l'entreprise qui ajoute, à toutes ses étapes, de la valeur aux intrants pour produire et offrir des biens et services. Ainsi, la chaîne de valeur ajoutée est constituée d'activités reliées aux principaux processus de l'entreprise, par exemple les activités de logistique, de fabrication, de vente, de distribution, de service après-vente, de développement des ressources humaines, de recherche et développement, etc.*

Le processus d'information *comprend des activités de recherche, de collecte, de stockage, de traitement, d'analyse et de diffusion de l'information en provenance de l'environnement interne et externe de l'entreprise. Il alimente le processus de gestion intégrée et soutient la chaîne de valeur.*

Le processus de gestion intégrée *comprend des activités de planification, d'organisation, de direction et de contrôle menant à la réalisation d'objectifs communs en ce qui a trait à la chaîne de valeur ajoutée, au processus d'information et au développement de l'entreprise. Ainsi, toutes les stratégies et les décisions des processus de l'entreprise ont pour but ultime de satisfaire les besoins de la clientèle.*

1.1.1 LA MONDIALISATION DES MARCHÉS

Depuis la fin des années 1990, la mondialisation des marchés[2] des produits et des capitaux provoque de nombreux et profonds changements dans l'environnement économique de l'entreprise.

En effet, la mondialisation donne naissance à une concurrence planétaire féroce, fait participer de nouveaux acteurs (les nouveaux pays industrialisés) sur la scène économique internationale et transforme la nature des marchés. Elle entraîne la restructuration de nombreux secteurs d'activités, le regroupement d'entreprises[3] (fusions, alliances stratégiques, partenariat, conglomérats, intégration verticale et horizontale) et la création de nouvelles formes d'organisation (entreprises en réseau, entreprises virtuelles). Elle étend les lieux de production dans le monde entier, impose des standards de qualité[4], propage les richesses[5] en offrant une possibilité d'expansion et de développement des affaires et, dès lors, assure la survie de nombreuses entreprises.

La mondialisation représente donc un défi macroéconomique. Elle est une source potentielle de croissance économique, mais aussi une source de graves turbulences, d'incertitudes économiques, de contagion de crises monétaires et financières. À tout instant du jour, en un clin d'œil et par une simple pression du doigt sur un clavier d'ordinateur, des milliards de dollars circulent librement d'un bout à l'autre de la planète. Ainsi, la monétique (l'argent électronique) risque de déstabiliser la politique monétaire d'un pays et même de mettre celui-ci dans une situation d'insolvabilité. Pensons à la crise financière et monétaire qui a frappé, en 1998, le Japon et l'ensemble de l'Asie du Sud-Est. L'onde de choc causée par cette crise s'est étendue à presque toute la planète.

Partant de ce fait, certains pays se regroupent pour former des zones économiques régionales (pensons à l'Union économique et monétaire [UÉM] de l'Europe, la zone euro) et adaptent certaines de leurs politiques à celles de leurs partenaires. Autrement, l'efficacité de leurs programmes nationaux se trouve diminuée par des facteurs externes, surtout par les grandes entreprises transnationales, formant entre elles des cartels, qui, par leur force économique, privent certains États de leur pouvoir d'intervention.

---

2. Aussi appelée *globalisation des marchés, libéralisation des marchés, intégration et interdépendance des marchés,* etc.

3. Pensons particulièrement aux alliances survenues dans le secteur des télécommunications (Telus Corp. et Clearnet Communications), des communications (Seagram et Vivendi Universal), de la presse (CanWest Global Communication achète la grande majorité des journaux et magazines de langue anglaise du Canada), du marché boursier (Globex Alliance), du transport aérien (Air Canada et Canadien), du transport ferroviaire (Bombardier acquiert Adtranz, une division de DaimlerChrysler, devenant ainsi le leader mondial dans l'équipement ferroviaire pour le transport des passagers), etc.

4. Pour être et demeurer compétitive, l'entreprise doit, de plus en plus, respecter des normes et des standards internationaux de qualité. Par exemple, les normes ISO (International Organization for Standardization ou Organisation internationale de normalisation : <www.iso.org>) garantissent la qualité des processus de gestion de l'entreprise.

5. L'Organisation internationale du travail nuance un tel énoncé. En effet, elle précise que 75 % de la population mondiale ne possède que 16 % du revenu mondial ; en revanche, 20 % de la population la plus riche en possède 85 %. La mondialisation a-t-elle un coût social ? Accroît-elle pour autant la pauvreté ? Certaines observations nous indiquent que la mondialisation provoque (surtout dans les pays pauvres) une baisse des salaires, une dégradation des conditions de travail, le chômage et la précarité de l'emploi. En revanche, une récente étude commandée par l'Organisation mondiale du commerce conclut que « s'il n'y a pas de relation directe simple entre commerce et pauvreté, les éléments semblent indiquer que la libéralisation du commerce contribue généralement à soulager la pauvreté » (*Commerce, disparité des revenus et pauvreté,* juin 2000).

La mondialisation représente aussi un défi microéconomique. Pour l'entreprise, elle peut être une occasion de développement et de diversification de marchés, lui permettant ainsi d'avoir accès au réseau mondial de clients et de distributeurs, et d'alliances avec les différents participants à sa chaîne de valeur, rendant ainsi possible la réduction de ses coûts d'exploitation et l'augmentation de sa productivité. La mondialisation peut également représenter une menace pour l'entreprise qui ne peut soutenir sa compétitivité en ne s'adaptant pas rapidement et efficacement aux changements de son environnement.

Dans cette optique, l'entreprise doit tenir compte non seulement de son environnement national pour ce qui est de sa gestion, mais aussi, et surtout, des grandes tendances et des mouvements de l'économie mondiale. Pour survivre, l'entreprise doit alors se transformer et devenir de **classe internationale**, et ce, à toutes les étapes de sa chaîne de valeur : étape de son marché d'approvisionnement, étape de son marché de distribution et, enfin, étape de son processus de transformation.

1.1.2 LA RÉVOLUTION NUMÉRIQUE

Le potentiel de l'informatisation, de la robotisation et des technologies de l'information et des communications (TIC) heurte de plein fouet l'entreprise, quel que soit le secteur auquel elle appartient. Et aucune de ses composantes n'y échappe : sa chaîne de valeur et ses processus d'information et de gestion sont soit automatisés, soit informatisés. Désormais, la révolution numérique est synonyme :

- de recherche d'efficacité et de productivité ;

- d'automatisation des transactions avec les clients et les fournisseurs ; par exemple, le commerce électronique ;

- de modification de la nature des tâches ; par exemple, la transformation des tâches de bureau des employés depuis l'avènement de la bureautique ;

- de transformation des compétences requises ; par exemple, l'utilisation d'outils, tels que l'ordinateur, les logiciels, les réseaux internes et externes d'information et de communication, pour accomplir des tâches reliées aux emplois ;

- de création de nouvelles catégories d'emplois et de mouvement, du personnel ; par exemple, les programmes de perfectionnement et de formation offerts aux employés pour satisfaire aux exigences de leur emploi ;

- de réingénierie de l'organisation du travail ; par exemple, grâce aux outils informatiques et de télécommunication, le travail et le contrôle du travail peuvent se faire à distance (le télétravail) ;

- de développement phénoménal du secteur tertiaire occasionné par le foisonnement d'entreprises de production, de stockage et de transmission d'information ;

- de débouchés un peu partout dans le monde par le déplacement de la chaîne de valeur ajoutée et l'accession à de nouveaux marchés ;

- de traitement, de partage et de transmission presque immédiate de l'information ;

- d'entreprises en réseau (intranet), d'accès à l'information et au savoir mondial (Internet), de virtualisation des transactions (extranet), etc.

EXEMPLES

- Le responsable des stocks transmet un bon de commande par le réseau extranet.

- Le responsable des achats recherche de nouveaux fournisseurs en utilisant Internet.

- Le directeur des ventes diffuse des données statistiques, portant sur l'état des ventes, à ses représentants par le réseau intranet.

- Tous les employés impliqués dans une décision reçoivent la même information, en même temps et sous la même forme.

- Le portail vertical (*vertical hub*) est un bon exemple de marché virtuel où acheteurs et vendeurs d'un même secteur négocient, à toute heure du jour et de tous les coins du monde, des produits par l'entremise d'Internet. C'est un lieu virtuel d'échange qui offre à ses participants une plus grande visibilité et un accès immédiat au monde, rendant ainsi possible une meilleure gestion de l'ensemble du réseau de distribution (du réseau en amont, les fournisseurs, jusqu'au réseau en aval, les clients).

L'ampleur de la révolution numérique n'est pas uniquement commerciale et économique, elle provoque aussi de profondes mutations sociales et culturelles, et ce, avec une impressionnante rapidité (prenons le cas de l'économie industrielle qui a pris plus de 120 ans à se propager partout dans le monde, alors que l'explosion des technologies de l'information a pris un peu moins de 30 ans[6]), supprimant ainsi la contrainte espace-temps. Partant de ce fait, le gestionnaire a la possibilité de réagir rapidement aux changements de son environnement, peu importe d'où ils surgissent. Il peut extraire, traiter, analyser, produire, stocker et transmettre l'information pertinente à la planification, à la prise de décision et au contrôle de ses activités.

EXEMPLE

À l'aide d'un logiciel de suivi de travail (*work flow*), le gestionnaire surveille à toute heure du jour le niveau de production de son équipe de travail de Montréal, de Singapour, de Mexico ou de Lisbonne, même s'il participe à un voyage de prospection de clientèle au Caire.

Pour survivre, l'entreprise doit alors apprendre à gérer un flux constant d'information. Elle doit se transformer et **se numériser**.

---

6. La révolution industrielle a débuté en Angleterre vers 1780, avec l'invention de la machine à vapeur par James Watt, et s'est étendue à l'Europe pour atteindre les États-Unis au début du XXe siècle. Quant à la technologie de l'information, elle a pris son essor au début des années 1970 pour prendre une expansion mondiale vers le milieu des années 1990.

1.1.3   L'ÉCONOMIE DU SAVOIR

De la mondialisation des marchés et de l'explosion des TIC émerge l'économie du savoir. Cette économie est basée sur la création, l'acquisition et l'utilisation continue du savoir, et ce, à toutes les étapes de la chaîne de valeur ajoutée de l'entreprise.

Il a été démontré qu'une entreprise à haut niveau de savoir[7] est une entreprise qui construit sa compétitivité sur l'innovation. En d'autres mots, elle crée du savoir en investissant dans la recherche et le développement[8], elle acquiert du savoir en adoptant des technologies de pointe dans sa chaîne de valeur, ainsi que dans son processus d'information et de gestion, et elle utilise son savoir dans ses relations avec ses partenaires d'affaires, en l'occurrence ses fournisseurs, ses clients et ses employés.

Il a aussi été démontré que les entreprises à haut niveau de savoir, particulièrement celles qui traitent l'information, comme les entreprises qui mettent au point les logiciels et les TIC, sont celles qui présentent les taux les plus élevés de croissance de l'emploi (d'une main-d'œuvre hautement qualifiée) et de la productivité.

Investir dans le savoir devient donc une stratégie de survie incontournable pour l'entreprise moderne. Elle doit alors se transformer et devenir une entreprise **apprenante**, c'est-à-dire une entreprise qui :

■ mise sur son capital humain pour prévoir les changements relatifs à son environnement et pour y répondre rapidement, ce qui constitue les activités de veille de l'environnement commercial, politique, technologique et économique de l'entreprise ;

■ mobilise et développe les compétences de chacun de ses employés selon ses projets ;

■ gère le savoir (*knowledge management*) nécessaire à la réalisation de sa mission ;

■ codifie l'information recueillie et la transforme en valeur ajoutée, c'est-à-dire en savoirs stratégiques (Jacob, Julien et Raymond, 1997, p. 93) ;

■ mémorise et transfère ce savoir à ses employés à travers un processus d'apprentissage continu qui leur est facilement accessible grâce aux bases de données.

Mais quel est ce savoir sans lequel l'entreprise ne peut avoir un avantage distinctif sur le marché mondial ? C'est le savoir qui permet à l'employé, dans une situation de travail, de trouver la décision à prendre, de la prendre efficacement et de connaître les raisons pour lesquelles il la prend. Ce savoir est donc de trois ordres : le savoir-agir, le pouvoir-agir (Julien et Jacob, 1999) et le savoir intégré[9].

---

7.   Notons qu'au Canada les industries de l'aérospatiale, de l'informatique, de l'électronique, des télécommunications, de l'ingénierie, des produits pharmaceutiques, de l'énergie électrique, etc., sont considérées comme étant des industries à haut niveau de savoir par opposition à celles des pêches, du cuir, du vêtement, du meuble, du bois, etc.

8.   La production du savoir se fait par l'innovation, c'est-à-dire par la conception, l'application et la commercialisation de nouvelles idées de production, de nouveaux procédés de fabrication, de nouveaux biens et services, de nouvelles connaissances, de nouvelles méthodes de travail, etc. *Innover* veut ainsi dire être en avance sur les concurrents en créant un avantage distinctif mondial.

9.   Pour approfondir ce thème, lire le rapport du Secretary of Labor's Commission on Achieving Necessary Skills (SCANS, 1991) qui porte sur les compétences.

Le **savoir-agir** (savoir-faire ou savoir tacite) correspond à la mise en pratique du savoir explicite[10]. Celui-ci représente les habiletés, les aptitudes, le talent et la créativité de l'employé. Ce type de savoir se transmet par la formation pratique et par la socialisation (Nonaka, 1995), aussi appelée *coaching*, c'est-à-dire par l'observation, l'imitation et l'échange d'expérience. Le savoir-agir est à la base de l'efficacité des actions de l'entreprise.

EXEMPLE

L'opérateur suit les procédures de sécurité en utilisant sa presse mécanique. Il met en pratique ce qu'il a appris durant son stage de perfectionnement.

Le **pouvoir-agir** s'acquiert en responsabilisant l'employé, en le faisant participer à la prise de décision et à l'innovation au sein d'un groupe de travail, où il a la possibilité de mettre en pratique son savoir-agir et aussi d'en acquérir par la socialisation. La planification, l'organisation et le contrôle du travail se font par l'équipe, qui devient l'unité organisationnelle. Le pouvoir-agir est à la base de la mobilisation des employés (voir le chapitre 5).

EXEMPLE

L'équipe de travail est composée de six opérateurs qui ont la responsabilité d'assembler 150 coupleurs optiques par semaine, et ce, dans le respect des normes de qualité, de coûts et de temps. Les opérateurs étant polyvalents, ils peuvent, par conséquent, accomplir toutes les tâches de l'assemblage. Les niveaux hiérarchiques sont presque inexistants au sein du groupe et il y a partage de l'information, du savoir (explicite et tacite) et des objectifs.

Le **savoir intégré** correspond à la capacité de l'employé d'établir un lien causal entre l'acte de travail posé et le résultat recherché. Ce savoir, qui enrichit le savoir-agir et le pouvoir-agir, permet à l'employé de comprendre le pourquoi de ses actions et de les situer dans leur contexte. Il saisit alors le sens de ses gestes et leurs fondements. En acquérant ce savoir, l'employé acquiert une compétence ! Notons que le savoir intégré est difficilement transférable mais, lorsqu'il l'est[11], il permet à l'entreprise d'atteindre ses objectifs stratégiques. Il est évident que l'entreprise vise le plus possible à acquérir ce type de savoir.

---

10. La connaissance théorique acquise en lisant un livre ou en suivant un cours théorique.

11. Souvent par la communication et l'échange entre les employés, lors de séances de discussion et de réflexion et lorsque l'employé a recours à son réseau d'entraide pour résoudre ses difficultés (*networking*).

EXEMPLE

Pour calculer la valeur en douane d'un bien importé, Alain Mercier sait qu'il doit soustraire les frais du transport principal du montant total de la facture (savoir explicite). Il a toujours bien effectué cette soustraction (savoir-agir) jusqu'au jour où il reçoit une facture qui distingue le prix de vente du bien importé des frais du transport principal. Alors, au lieu de calculer la valeur en douane uniquement à partir du prix de vente, Alain Mercier soustrait les frais du transport de ce montant, car il sait qu'il doit soustraire : il l'a toujours fait… mais, selon toute vraisemblance, sans trop en connaître la raison ! Nous pouvons donc conclure qu'Alain Mercier a le savoir explicite et le savoir-agir, mais qu'il n'a pas **intégré** ces deux types de savoir.

1.1.4 L'ENVIRONNEMENT SOCIAL DIVERSIFIÉ

Le vieillissement de la population active, la dénatalité, le degré élevé de scolarisation, surtout chez les femmes, qui sont presque deux fois plus nombreuses à fréquenter l'université que les hommes, la diversité culturelle, les nouvelles structures familiales sont autant de modifications dans les caractéristiques démographiques de la main-d'œuvre qui bouleversent l'environnement social de l'entreprise. Cette dernière doit apprendre à mobiliser des ressources humaines ayant des valeurs, des attitudes, des attentes, des aspirations et des objectifs très diversifiés.

Pour certains employés, le travail est un simple moyen de subsistance. Pour d'autres, le travail permet la réalisation de soi, le dépassement et la croissance personnelle. Ainsi, chacun cherche à satisfaire, par son travail, des objectifs personnels auxquels il attribue une importance relative, confirmant ainsi que le travail n'a plus, en soi, une valeur intrinsèque. Aussi parle-t-on de personnalisation de l'emploi.

EXEMPLE

La population canadienne active est composée de plusieurs générations[12] :

- La génération de l'avant-baby-boom (environ 22 % de la population), dont les individus sont nés entre 1925 et 1946 ;

- La génération du baby-boom (environ 27 % de la population), dont les individus sont nés entre 1947 et 1964 ;

- La génération Nexus ou génération X (environ 18 % de la population), dont les individus sont nés entre 1965 et 1976 ;

- La génération Internet ou la génération Y (environ 27 % de la population), dont les individus sont nés entre 1977 et 1997.

12. Pour plus de détails sur les caractéristiques de ces différents types de générations, lire l'article de Paré (2002, p. 47-53).

▼

Les individus de chacune de ces générations ont des caractéristiques, des valeurs et des attentes particulières en ce qui a trait au travail et à la vie en général.

Les individus de la **génération Nexus** présentent les caractéristiques suivantes[13] :

■ Ce sont des enfants de l'ère des TIC, des jeux électroniques, de la société du savoir, de la mondialisation et des récessions économiques (celle de 1981 qui a affecté leurs parents et celle de 1991 qui les a directement touchés alors qu'ils s'apprêtaient à joindre le marché du travail) ;

■ Ils sont scolarisés (la récession de 1991 les a forcés à retourner aux études) et ils perçoivent l'éducation comme un processus continu s'échelonnant sur plusieurs années et même sur toute leur vie. Cette éducation, ils la valorisent et la considèrent comme essentielle à leur processus d'apprentissage. En plus, ils ne la recherchent pas nécessairement dans un cadre institutionnel (école, collège, université, etc.), mais au moyen de toute forme d'expérience, peu importent sa nature et sa source ;

■ Étant à la recherche de compétences nouvelles et variées, ils changent facilement d'emploi. La sécurité d'emploi et la fidélité à l'égard de leur employeur ne font pas nécessairement partie de leurs priorités. Ils cherchent plutôt à améliorer leur employabilité à vie par la poursuite constante de nouveaux savoir-faire ;

■ Ils cherchent à faire ce qu'ils aiment et non pas à aimer ce qu'ils font ! Ainsi, ils sont très mobiles ; ils quittent leur emploi dès qu'ils n'en retirent plus les avantages recherchés : par exemple, lorsque leur travail ne leur offre plus la qualité de vie leur permettant d'établir un équilibre entre leur vie professionnelle et leur vie familiale, les conditions de réalisation de leurs attentes ou une vie sociale satisfaisante. Voilà pourquoi certains affirment qu'**ils ne pensent qu'à eux** ;

■ Ils recherchent l'emploi qui leur offre un défi et la possibilité de prendre des initiatives dans la réalisation de projets, un emploi qui a du sens pour eux et qui les stimule. La pertinence et l'intérêt de l'emploi semblent être les deux principaux critères en ce qui a trait au choix d'un poste. Avant de s'investir dans leur travail, ils posent les sempiternelles questions **Qu'est-ce que ça donne ?** et **Pourquoi ?** ;

■ Ils sont autonomes[14]. Ils s'appliquent à préparer leur propre avenir économique ;

▼

---

13. Comme tout groupe social, la génération Nexus est composée de sous-groupes et de marginaux dont les caractéristiques peuvent différer. Pour en savoir plus sur la génération Nexus, lire l'article de Welsh (2000) disponible sur le site Web suivant : <www.isuma.net/v01n01/index.htm>.

14. Ils ont appris très jeunes à être autonomes ; ils sont aussi les enfants du divorce.

- Ils ont une culture mondialiste : ils font preuve de tolérance en ce qui concerne la différence (de race, de culture, de religion, de mœurs, etc.) et n'ont pas d'idées préconçues ou stéréotypées ;

- Enfin, ils souscrivent à la primauté de la concurrence ; en revanche, ils croient que le gouvernement a un rôle important à jouer dans la redistribution des richesses.

Les individus de la **génération Internet** présentent les caractéristiques suivantes :

- Ils sont nés avec l'avènement d'Internet. Internet étant pour eux un outil de savoir et de socialisation, ils l'utilisent pour étudier, se divertir, télécharger de la musique, trouver l'information, communiquer avec d'autres personnes en temps réel (les discussions en ligne) et en temps différé (le courriel) ;

- Ils sont attirés par la globalité, par l'instantanéité et par les actions de la collectivité : ils veulent profiter de **tout immédiatement avec d'autres** personnes de leur âge ;

- Ils sont indépendants, autonomes, chercheurs actifs d'information, ils ont une vision optimiste de l'avenir, ils sont tolérants pour ce qui est de la différence (raciale, sexuelle, ethnique, etc.), ils partagent volontiers leurs idées avec d'autres personnes ;

- Ils ont une grande capacité à travailler en équipe ; ils n'ont pas peur du travail ; ils sont créatifs et innovateurs ; ils jugent les gens selon leur compétence et leur contribution et non selon leur niveau hiérarchique ; ils sont motivés par la réalisation personnelle au travail ;

- Alors que les individus de la génération Nexus demandent Qu'est-ce que ça donne ?, ceux de la génération Internet demandent **Combien ça paie ?** ;

- Leurs principales valeurs sont la confiance, le respect et la liberté d'expression.

Le défi[15] du bon superviseur est de convaincre ses employés, quelle que soit la génération à laquelle ils appartiennent, d'**adhérer** aux valeurs, à la mission et aux objectifs stratégiques de l'entreprise, et de les amener à **gérer** leur vie personnelle et professionnelle dans le respect des obligations reliées à leur performance au travail. L'entreprise doit alors se transformer et devenir **mobilisatrice**.

---

15. En fait, un des grands défis de l'entreprise moderne est le départ à la retraite des baby-boomers et la perte de leur expertise. Les entreprises doivent se préparer au vieillissement de la main-d'œuvre, car, selon l'Institut de la statistique du Québec, la population active commencera à baisser à partir de 2011. Pour en savoir plus à ce sujet, consulter *Perspectives démographiques du Québec et de ses régions : 1991-2041*, <www.stat.gouv.qc.ca>.

1.1.5 L'ENVIRONNEMENT POLITIQUE ÉLARGI

La mondialisation des marchés et la révolution numérique ont largement bouleversé l'environnement politique de l'entreprise. Sur ce plan, nous observons deux grandes modifications : l'État joue de moins en moins un rôle de régulateur de tensions sociales et économiques, et le cadre juridique de l'entreprise s'élargit.

Le rôle de l'État

L'environnement politique se caractérise par une plus grande déréglementation des marchés et par le désengagement de l'État de plusieurs secteurs économiques, ce qui, dans la pratique courante des affaires, se traduit par une réduction significative des structures de contrôle des marchés[16] par l'État. Ainsi, l'entreprise qui dessert uniquement son marché local doit aussi apprendre à gérer dans un contexte de concurrence internationale.

EXEMPLE

La concurrence internationale contraint :

- la quincaillerie familiale de Repentigny à adapter sa stratégie marketing en raison de la venue sur son territoire d'un important concurrent américain ;

- le fermier de Joliette à avoir recours à la biotechnologie pour produire plus, mieux et à moindre coût, comme le font ses concurrents locaux et internationaux ;

- le fabricant de maillots de bain de Montréal à concurrencer un exportateur israélien qui vend les siens à moindre prix ;

- les universités canadiennes à réagir aux universités étrangères (surtout américaines) qui offrent des cours par Internet.

Par ailleurs, le désengagement de l'État ne signifie pas, pour autant, son absence de la vie économique et sociale du pays. En cette ère de l'information, l'État se donne un nouveau rôle : il mise sur le développement du capital humain pour assurer la compétitivité des entreprises sur le plan économique et la cohésion sur le plan social (Courchene, 2001). Par ses politiques économiques, fiscales et sociales, l'État s'engage alors dans l'économie du savoir en se dotant d'une infrastructure durable qui valorise l'acquisition continue du savoir et l'enrichissement du savoir-faire. De plus, par rapport à la mondialisation, il joue une part active et incite les entreprises à suivre le courant.

---

16. Partant de ce fait, certaines entreprises doivent bâtir des alliances stratégiques par l'intégration verticale et horizontale des différentes étapes de leur chaîne de valeur.

EXEMPLE

Voici quelques mesures prises par le gouvernement provincial :

- Un programme favorisant l'accès des familles à Internet ;

- Un crédit d'impôt remboursable à l'entreprise qui exploite un site transactionnel de commerce en ligne ;

- La *Loi favorisant le développement de la formation de la main-d'œuvre* obligeant les entreprises qui versent 250 000 $ et plus par année en salaires à consacrer une somme représentant 1 % de leur masse salariale à des dépenses de formation et de perfectionnement.

Le cadre juridique de l'entreprise

Le cadre juridique de l'entreprise s'internationalise aussi. En plus des lois nationales, l'entreprise qui vise les marchés étrangers (fournisseurs et clients) doit aussi respecter les nouvelles règles commerciales.

Ainsi, l'exportation de produits est soumise à des règles du marché définies par des organismes internationaux, notamment par l'Organisation mondiale du commerce (OMC), à des accords commerciaux, notamment à l'Accord de libre-échange nord-américain (ALÉNA)[17], à l'Union économique et monétaire (UÉM) de l'Europe, à des législations locales de protection (des tarifs douaniers, des quotas d'importation), à des blocus économiques, etc. De plus, en étendant sa chaîne de valeur et en s'implantant dans un pays étranger, l'entreprise doit aussi respecter des cadres législatifs et fiscaux étrangers.

Tout cela semble conduire à un cadre juridique fort complexe et contraignant pour l'entreprise. Or, il faut nuancer une telle appréciation. Dans les faits, la mondialisation affaiblit le pouvoir d'intervention de l'État[18], et ce sont les entreprises transnationales et les organismes internationaux (Fonds monétaire international, OMC[19], ALÉNA, etc.) qui définissent, dans une large part, l'environnement politique de l'entreprise. Cette dernière doit alors se transformer ; en effet, elle doit apprendre à gérer l'incertitude juridique et à s'adapter aux nouvelles règles du marché pour faire en sorte de devenir **avertie**, **alerte** et **à l'affût**.

1.1.6 L'ENVIRONNEMENT ÉTHIQUE RENFORCÉ

La nouvelle économie a, certes, des effets positifs, mais il faut cependant reconnaître qu'elle bouleverse l'essence même de la vie. Et cela se fait souvent à un coût social élevé !

---

17. Et éventuellement en 2005 la Zone de libre-échange des Amériques (ZLÉA).

18. Et aussi des syndicats, qui n'ont pas bonne presse auprès des travailleurs de la *nouvelle économie*. Le Bureau international du travail (BIT) rapporte une baisse constante, depuis 1985, du taux de syndicalisation dans presque tous les pays. À ce sujet, consulter le site Web suivant : <www.ilo.org>.

19. Le 13 octobre 1999, l'organe d'appel de l'Organisation mondiale du commerce (OMC) a conclu que les pratiques canadiennes consistant à fixer à un prix plus bas le lait destiné aux transformateurs qui l'utilisent à des fins d'exportation constituaient une subvention à l'exportation, ce qui n'est pas conforme aux accords de l'OMC de 1994. Cela a alors forcé le secteur laitier canadien à revoir ses modalités d'exportation. À ce sujet, consulter le site Web suivant : <www.wto.org>.

EXEMPLE

La mondialisation des marchés dicte à l'entreprise des exigences de productivité. L'entreprise doit alors faire plus avec moins, ce qui la pousse à rationaliser ses activités, souvent par la décroissance (*downsizing*) et l'impartition (*outsourcing*), causant du chômage parmi ses employés. L'introduction des TIC et la recherche de l'excellence provoquent l'exclusion des employés non qualifiés. Chômage et exclusion sont des résultantes, parmi tant d'autres, de la nouvelle économie qui engendrent des coûts sociaux, psychologiques et physiques.

Mais quel rôle l'entreprise doit-elle assumer dans cette nouvelle économie ? A-t-elle le pouvoir et le devoir de régulariser la situation économique et sociale ? A-t-elle un rôle autre qu'économique à jouer dans la société ? Doit-elle avoir d'autre visée que sa survie économique par la recherche du profit ? Doit-on s'attendre de sa part à un engagement social ? Outre la création de la richesse, l'innovation et la redistribution des revenus, que peut-on demander à l'entreprise ? La réponse à toutes ces questions est la suivante : l'entreprise doit se transformer et devenir **bonne citoyenne**[20].

L'entreprise bonne citoyenne est une entreprise responsable non seulement envers ses actionnaires, mais aussi envers ses employés, ses clients, ses fournisseurs, sa communauté et son environnement naturel. Elle a des comptes à leur rendre et elle doit être capable de répondre de ses actes.

Dans cette perspective, l'entreprise bonne citoyenne s'efforce d'établir un partenariat avec son milieu : toutes ses décisions se font en solidarité avec le bien commun et dans le respect de ses obligations sociales et morales.

EXEMPLE

Les obligations de l'entreprise bonne citoyenne envers :

- ses employés. L'entreprise adopte un style de management assurant la qualité de vie de ses employés. Elle cherche à établir un équilibre entre leur vie professionnelle et leur vie familiale (congés parentaux, horaires flexibles, garderie en milieu de travail, assurances collectives familiales, etc.), à créer un environnement de travail sain, sécuritaire et respectueux de leur intégrité physique et mentale, à mettre en place un programme d'intéressement (primes, achat d'actions, partage des profits, caisse de retraite, programme de formation, etc.) ;

- ses clients. L'entreprise vise la satisfaction de sa clientèle cible dans le respect du bien-être de ses membres et de celui de la société dans son ensemble (le marketing sociétal). Cela se traduit par la fabrication de produits *verts,* le refus de l'expérimentation animale, la protection de l'environnement, etc. ;

---

20. Depuis 1969, le Council on Economic Priorities, un organisme à but non lucratif américain, classe les entreprises selon leur degré de responsabilité sociale. Pour plus d'information sur ce classement, consulter le site Web suivant : <www.cepnyc.org> .

- ses fournisseurs. L'entreprise établit des relations d'affaires équitables avec toute sa chaîne d'approvisionnement ;

- sa communauté. L'entreprise appuie la cause des minorités (par un programme de recrutement et de rétention de leurs membres), fait des dons à des œuvres caritatives, lutte contre la toxicomanie, participe à la réinsertion des exclus, rémunère ses employés pour des activités d'aide dans leur milieu ;

- son environnement naturel. L'entreprise a une politique de protection du patrimoine et de l'écologie, d'élimination de déchets toxiques, de recyclage, de gestion des rebuts, de choix de partenaires économiques (principalement des fournisseurs) non polluants, etc. ;

- ses actionnaires. En évoluant dans un environnement économique hautement libéralisé et compétitif, l'entreprise doit assurer à ses propriétaires une bonne gestion de leur mise de fonds par la recherche du profit à long terme[21], qui demeure la condition première de survie de l'entreprise (même bonne citoyenne).

Pour réaliser ses obligations sociales et morales, l'entreprise bonne citoyenne se donne un code d'éthique des affaires, c'est-à-dire qu'elle détermine les valeurs de référence acceptées, assimilées, partagées et manifestées par tous dans l'entreprise[22]. Ce code d'éthique dictera les règles de conduite en matière d'intégrité, de confidentialité et de civilité que l'entreprise respectera dans sa relation avec son milieu.

EXEMPLE

Le code d'éthique peut régir les relations suivantes :

- La relation de l'entreprise avec ses employés : ne pas avoir recours au *travail au noir* ; respecter la confidentialité de l'information obtenue au cours du processus d'embauche ; faire preuve d'une *tolérance zéro* à l'égard de la violence au travail, du racisme, du harcèlement sexuel et du sexisme ; assurer la sécurité au travail ; respecter la vie privée des employés ;

- La relation de l'entreprise avec ses clients : faire preuve de transparence dans la communication commerciale ; fabriquer des biens sains, sécuritaires et de qualité ;

- La relation de l'entreprise avec ses fournisseurs : ne pas conclure d'ententes avec des fournisseurs qui emploient des enfants en bas âge, qui ne respectent pas les normes minimales de travail ou le droit d'association, qui exercent leur activité dans des pays non démocratiques, etc. ; ne pas donner et ne pas accepter de pots-de-vin ; choisir les fournisseurs en fonction de critères tant économiques que sociaux et environnementaux ;

---

21. La recherche du profit à court terme est un signe de mauvaise gestion.

22. Ce qui constitue la morale commune (le capital culturel) de l'entreprise.

- La relation de l'entreprise avec sa communauté : utiliser uniquement de l'emballage biodégradable ; être préoccupée par des considérations environnementales ; contribuer à des activités communautaires ;

- La relation de l'entreprise avec ses actionnaires : gérer correctement le capital investi ; utiliser d'une façon appropriée les actifs de l'entreprise.

C'est dans cette optique que l'entreprise cherche à maximaliser non seulement sa performance économique et financière, évaluée à l'aide d'indicateurs de solvabilité, d'efficacité et de rentabilité, mais aussi sa performance sociale[23], évaluée à l'aide d'indicateurs mesurant son degré de citoyenneté ; effectivement, elle ne peut s'isoler de la communauté dans laquelle elle évolue et envers laquelle elle a une responsabilité sociale[24].

EXEMPLE

Les indices mesurant le degré de citoyenneté de l'entreprise vis-à-vis de :

- ses employés : leur taux de roulement ;

- ses clients : leur degré de fidélité, le nombre de plaintes ;

- ses fournisseurs : le nombre de fournisseurs reconnus comme de **bons citoyens** ;

- sa communauté : le nombre d'emplois créés ;

- son environnement naturel : les mesures prises pour disposer des déchets ;

- ses actionnaires : le bénéfice par action, le rendement boursier, le rendement financier, le développement de marchés.

1.2 LES INCIDENCES DE L'ÉVOLUTION DE L'ENVIRONNEMENT SUR LA STRUCTURE ORGANISATIONNELLE ET SUR L'ORGANISATION DU TRAVAIL

La nécessité d'être performante et compétitive sur les plans mondial et technologique contraint l'entreprise de classe internationale, numérique, apprenante, mobilisatrice, clairvoyante et bonne citoyenne à s'inscrire dans une démarche continue d'amélioration de sa performance, c'est-à-dire à rechercher l'excellence.

Elle a recours aux meilleures pratiques de gestion (*best practices*), se compare à la concurrence considérée comme la meilleure dans son secteur (*benchmarking*) et s'adapte rapidement à l'évolution de son environnement. Voilà pourquoi elle doit reconfigurer sa structure organisationnelle et son organisation du travail (Rondeau, 1999, p. 16).

---

23. Pour plus de détails sur les indicateurs de performance de l'entreprise, lire Morin, Guindon et Boulianne (1996).

24. D'où le sigle RSE pour *responsabilité sociale de l'entreprise*.

1.2.1 LA RECONFIGURATION DE LA STRUCTURE ORGANISATIONNELLE

D'une structure verticale, hiérarchique et fonctionnelle, l'organisation de l'entreprise passe à une structure beaucoup plus **flexible**, **souple**[25], **centrée sur l'approche client à laquelle est subordonnée l'approche par processus.**

L'approche client

La nouvelle structure organisationnelle est orientée vers la satisfaction complète du client. Cela se fait en réduisant le temps pris pour répondre aux demandes du marché (la réactivité, aussi appelée *time-to-market*), c'est-à-dire en réduisant le temps pris pour développer et commercialiser un produit sur le marché, pour devancer la concurrence et pour innover.

L'approche client[26] requiert une structure organisationnelle transversale où toutes les fonctions de l'entreprise sont mises à contribution, tous les services sont coordonnés, tous les employés sont impliqués et mobilisés dans le but de satisfaire le client. En ce sens, chaque activité (programme, pratique, méthode de travail, etc.) de l'entreprise est évaluée en fonction de sa valeur ajoutée au **processus de réponse**. Ainsi, la rapidité de réaction devient la clé du succès dans l'approche client : plus l'entreprise réduit son temps de réaction aux demandes de son marché, plus elle acquiert un avantage distinctif par rapport à la concurrence.

L'approche par processus

Pour réaliser l'approche client, tous les acteurs organisationnels, les participants et les partenaires d'affaires de l'entreprise sont mis à contribution.

Or, pour obtenir cette collaboration rapidement et efficacement, la structure fonctionnelle ne semble plus donner les résultats recherchés. C'est pourquoi l'entreprise moderne revoit son mode d'organisation et opte pour la gestion par processus ou par projets.

Un processus est un ensemble d'activités, reliées entre elles et réalisées par plusieurs fonctions de l'entreprise selon le concept de la coopération transversale, qui produit une valeur ajoutée pour le client, autrement dit un ensemble d'activités produisant une valeur désirée par le client, car ce dernier la trouve importante et est prêt à en assumer le coût.

L'approche par processus est une démarche stratégique et organisationnelle de réingénierie qui oriente les différents processus de l'entreprise[27] vers la satisfaction du client ; ainsi, par le fait qu'ils ont tous une valeur ajoutée[28], ces différents processus permettent la

---

25. À l'image du roseau de Jean de La Fontaine : « [...] Les vents me sont moins qu'à vous redoutables. Je plie et ne romps pas [...] » (« Le chêne et le roseau », 1668).

26. Nous faisons référence à l'approche client interne et externe à l'organisation où chacun est à la fois le client et le fournisseur d'un autre.

27. Par exemple, le processus de logistique, d'approvisionnement, de fabrication, de commercialisation, etc.

28. On n'a pas besoin d'agencer en processus des activités qui n'ont pas d'impact direct sur la satisfaction du client, par exemple l'aménagement paysager de l'entreprise.

mise en œuvre de toutes les ressources et la coordination des différents fournisseurs[29] (l'ingénierie simultanée).

EXEMPLE

Le processus d'innovation de l'entreprise Abbey inc. exige la coopération de plusieurs services : celui du marketing, qui détermine et définit les demandes des clients ; celui de la recherche et du développement, qui a la connaissance nécessaire pour développer le nouveau produit ; celui des finances, qui quantifie l'investissement nécessaire pour développer le produit et qui choisit le mode de financement optimal ; celui des opérations, qui détermine la technologie et les ressources matérielles nécessaires à la fabrication du produit ; celui de l'approvisionnement, qui recherche les fournisseurs qualifiés ; celui des ressources humaines, qui détermine les besoins en effectifs et en formation.

Notons que ce processus d'innovation n'est pas la somme de plusieurs fonctions (ou services), mais que toutes les activités qui le composent forment un tout en soi. Cette synergie relève de la responsabilité d'une équipe de travail multidisciplinaire (ou interfonctionnelle).

TABLEAU 1.2
Le processus d'innovation de l'entreprise Abbey inc.

Processus	Activité	Tâches
Innovation	Étude de marché	■ Déterminer et définir les demandes des clients.
	Développement du nouveau produit	■ Filtrer les idées. ■ Conceptualiser le produit. ■ Tester la fiabilité du produit. ■ Tester le produit sur le marché.
	Financement	■ Étudier la rentabilité du produit. ■ Quantifier les besoins de financement. ■ Choisir la source de financement.

▼

---

29. Afin d'augmenter la valeur ajoutée de son processus de transformation, l'entreprise crée des réseaux de sous-traitance souvent localisés partout dans le monde.

▼

Processus	Activité	Tâches
Innovation	Opération	■ *Déterminer les besoins en matériaux.* ■ *Reconnaître la technologie nécessaire.*
	Approvisionnement	■ *Identifier le marché en amont.* ■ *Rechercher et sélectionner les fournisseurs.*
	Planification des effectifs	■ *Déterminer les compétences requises par le personnel.* ■ *Établir les besoins en personnel.* ■ *Préparer un programme de formation.*

L'approche par processus suppose donc que l'interaction et la cohésion des diverses composantes d'un processus donneront de meilleurs résultats que ceux des fonctions prises isolément. Il faut s'inspirer de la biologie pour reconnaître que tous les éléments d'un processus sont indispensables à la survie de l'ensemble et que la déficience (ou le non-fonctionnement) de l'un d'entre eux provoque un processus non performant (Von Bertalanffy, 1992).

1.2.2 LA RECONFIGURATION DE L'ORGANISATION DU TRAVAIL

La reconfiguration de l'organisation du travail contribue à faciliter l'adaptation rapide de l'entreprise au changement, à améliorer son efficacité et son efficience[30], à développer les compétences des employés, à les mobiliser, à créer une valeur ajoutée en innovant, et à orienter les processus vers la qualité et le client. Deux éléments de l'organisation du travail sont alors ciblés pour opérer ce type de modifications : la nature de la tâche et le style de leadership.

Dans la nouvelle forme d'organisation du travail, la tâche est enrichie ; en effet, l'employé est appelé à accomplir des tâches variées, faisant appel à des compétences diverses et transdisciplinaires, au sein d'un groupe de travail multidisciplinaire. Quant au style de leadership, il s'humanise, c'est-à-dire que le superviseur n'est plus un contrôleur, mais il devient un communicateur, un facilitateur, un conseiller et un éducateur.

30. Quelle est la différence entre l'efficacité et l'efficience ? Une entreprise efficace est celle qui atteint ses objectifs. Une entreprise efficiente est celle qui utilise non seulement les bonnes ressources mais aussi le moins de ressources possible pour atteindre ses objectifs. Ainsi, on peut dire que tuer une mouche avec une masse, c'est efficace mais pas nécessairement efficient !

Dans ce contexte, l'entreprise réduit sa structure hiérarchique complexe à une structure plus souple ; elle s'organise en équipes de travail auxquelles elle délègue des responsabilités (*empowerment*), autorise et encourage l'initiative et l'autonomie, partage le pouvoir décisionnel, l'information et les compétences, reconnaît la qualité du travail des employés en basant son système de récompenses sur leurs compétences, sur leur mérite et sur l'atteinte des objectifs de l'équipe et de l'entreprise[31].

Quel type d'employé peut évoluer et réussir au sein de cette forme d'organisation du travail ? L'employé du XXIe siècle est un « entrepreneur en quête de performance personnelle et économique » (Aubert, 1992). Il participe activement à ajouter de la valeur aux processus de l'entreprise pour autant qu'il juge sa rétribution équitable[32]. Il n'est plus un salarié (dans le sens traditionnel du terme), mais plutôt un fournisseur de services (Castonguay, 1997). Il est hautement qualifié[33], polyvalent[34], ouvert au changement, proactif[35] ; il a une attitude positive par rapport à l'acquisition permanente du savoir[36], il est capable de communiquer, de travailler en équipe, d'assumer des responsabilités et de prendre des décisions.

1.3 LA FONCTION RESSOURCES HUMAINES

La fonction ressources humaines est au cœur de la gestion du changement et de l'adaptation rapide de l'entreprise aux perpétuelles mutations de son environnement[37].

Au même titre que les autres fonctions de l'entreprise, elle est **stratégique**, c'est-à-dire qu'elle participe activement à la chaîne de valeur de l'entreprise en soutenant les processus et en contribuant, en interdépendance avec les autres fonctions, à donner à l'entreprise un avantage distinctif, à la rendre plus compétitive.

Ainsi, toute décision stratégique, structurelle et opérationnelle est prise en considérant sa dimension humaine, c'est-à-dire en évaluant ses effets sur les employés. L'anticipation à long terme fait donc partie de la dimension stratégique de la fonction ressources humaines.

31. Nous développons tous ces thèmes ayant trait à l'organisation du travail au chapitre 5, qui porte sur la mobilisation des ressources humaines.

32. Le principe de l'équité interne et externe à l'organisation est repris au chapitre 7, qui traite de la rémunération globale.

33. Il possède des compétences multiples, propres à un poste.

34. *Cela ne relève pas de ma tâche !* ne fait pas partie de son vocabulaire.

35. Il fait preuve d'innovation, de créativité et d'imagination.

36. Pour assurer son employabilité et sous peine d'être exclu du marché du travail, l'employé doit constamment améliorer, développer et élargir ses compétences.

37. Lire à ce sujet Guérin et Wils (1993, 2002).

EXEMPLE

- En ce qui a trait au processus d'approvisionnement :

  Quel est l'impact ergonomique sur les manutentionnaires du projet d'aménagement de l'entrepôt ?

- En ce qui a trait au processus de fabrication :

  Quelle formation donner aux opérateurs pour les rendre capables d'utiliser le nouveau système d'usinage assisté par ordinateur qui sera implanté l'année prochaine ? Quel budget allouer à cette formation ? Quel sera le calendrier des activités de formation ?

- En ce qui a trait au processus de commercialisation :

  Combien de représentants commerciaux faut-il engager pour développer le marché des produits aratoires en Espagne ? Quelles compétences doivent-ils avoir ?

- En ce qui a trait au processus financier :

  À la suite d'une décision d'intégration verticale afin de diminuer les coûts de production, la rationalisation des effectifs se fera par l'attrition et la réaffectation plutôt que par des mises à pied massives.

- En ce qui a trait au processus de développement des ressources humaines :

  Évaluer l'apport des employés à l'entreprise dans le but d'améliorer la qualité de leur travail et du système organisationnel.

Pour accomplir son rôle stratégique, la fonction ressources humaines a comme principal objectif de **convaincre l'employé d'adhérer** à la culture de l'entreprise, à sa vision globale, à sa mission et à ses objectifs.

Les différents processus de la fonction ressources humaines (processus de sélection, d'orientation, d'évaluation, d'information, de formation, de développement, de rémunération, etc.) visent alors l'intégration de l'employé aux principes (d'excellence, d'approche client, de qualité totale, de juste-à-temps, d'ingénierie, etc.) et aux valeurs de l'entreprise (code d'éthique).

C'est dans ce sens que les efforts de mobilisation sont axés sur la mise en valeur et le développement de l'employé, sur la prise en compte de son identité (ses particularités, ses aspirations, ses attentes, ses besoins et ses problèmes[38]), sur l'implantation d'une organisation humaine et enrichissante et sur l'atteinte des objectifs de l'entreprise.

En agissant ainsi, l'entreprise fait le pari que ses efforts se répercuteront directement et positivement sur la performance de l'employé[39] et, indirectement, sur l'efficacité et l'efficience de l'entreprise en passant par la satisfaction du client. D'où le concept de la **trilogie des gagnants** : l'employé est gagnant, l'entreprise est gagnante et le client est gagnant.

---

38. Par des programmes de gestion de carrière, de rémunération basée sur la compétence, de développement du savoir aux nouvelles technologies, d'aide aux employés en difficulté, d'aménagement du temps de travail pour établir l'équilibre travail-famille, etc.

39. La performance de l'employé a, bien entendu, ses limites ; il arrive un moment où elle plafonne.

En corollaire à son rôle stratégique, la fonction ressources humaines est aussi redevable ; c'est-à-dire qu'elle rend compte, au même titre que les autres fonctions, de l'atteinte de ses objectifs et de sa contribution à la performance de l'entreprise. Elle évalue l'impact de ses décisions. Nous faisons ici référence à l'**audit social,** c'est-à-dire à l'évaluation et à l'amélioration des activités de la fonction ressources humaines.

EXEMPLES

- Dès la première année de son application, le programme d'aide aux employés a fait baisser de 3 % le taux d'absentéisme des employés de bureau, alors que l'objectif était de 5 %.

- Six mois après l'aménagement de l'entrepôt, 45 % des manutentionnaires souffrent de maux de dos.

- Le programme de formation n'a pas permis aux commis de bureau d'utiliser efficacement le nouveau logiciel de gestion intégrée dès son installation.

Dans ces trois cas, il faut indiquer les mesures à prendre pour corriger la situation.

TABLEAU 1.3
L'apport de la fonction ressources humaines à l'entreprise

- *Crée de la valeur.*
- *Rend l'entreprise compétitive.*
- *Est anticipative.*
- *Fait adhérer l'employé à la culture, à la vision globale et à la mission de l'entreprise.*
- *Est redevable.*

1.4 LE RÔLE, LES RESPONSABILITÉS ET LES TÂCHES DU SUPERVISEUR EN MATIÈRE DE DIRECTION DES RESSOURCES HUMAINES (DRH)

Maintenant que le cadre de travail du superviseur est établi, il reste à examiner son rôle, ses responsabilités, ses tâches, son lien avec le service des ressources humaines de l'entreprise et ses compétences dans la direction des ressources humaines (DRH).

Le superviseur, à titre de responsable d'une équipe de travail, a pour rôle d'encadrer, de guider et de mobiliser les employés afin de les amener à atteindre les objectifs de rendement de son service.

Peu importe son titre[40], les principales responsabilités du superviseur en matière de DRH sont les suivantes : s'entourer d'employés compétents, gérer efficacement leur travail, les rallier autour de valeurs communes, solliciter et maintenir leur adhésion à l'entreprise. Certes, cela n'est pas chose facile, parce que « dynamiser ses employés de façon à orienter une part de leur énergie vers l'atteinte des objectifs de l'entreprise » (Archier et Sérieyx, 1984) est la partie la plus imprévisible et incertaine du travail de superviseur, mais combien gratifiante quand elle mène aux résultats attendus.

TABLEAU 1.4
Les quatre principales responsabilités du superviseur en DRH

- *S'entourer d'employés compétents.*
- *Gérer efficacement le travail des employés.*
- *Rallier les employés autour de valeurs communes.*
- *Solliciter et maintenir l'adhésion des employés à l'entreprise.*

Pour mener à bien ses responsabilités, le superviseur peut être appelé à s'acquitter de certaines tâches en DRH, dont voici les 12 plus importantes :

1. Engager de nouveaux employés, c'est-à-dire planifier les besoins en effectifs de son service, définir les tâches reliées aux postes à combler, dresser le profil des meilleurs candidats, recruter et évaluer les candidats, et enfin prendre la décision finale d'embauche ;

2. Orienter les nouveaux employés, c'est-à-dire les accueillir, leur donner une formation initiale sur les tâches à accomplir, les informer des objectifs de travail, des normes de rendement et des politiques de l'entreprise, et les aider à s'intégrer dans leur milieu de travail ;

3. Former les employés, c'est-à-dire déterminer leurs besoins de formation, préparer un programme de formation et s'assurer que la formation offerte (individuelle ou collective) leur procure les connaissances, les habiletés et le comportement de travail nécessaires à la réalisation efficace de leurs tâches ;

4. Évaluer le rendement des employés, c'est-à-dire établir les normes de rendement, évaluer les résultats, féliciter et récompenser les employés méritants, encourager les employés à s'améliorer, discuter des solutions et des moyens qui permettront de résoudre un problème de rendement ;

5. Mobiliser les employés, c'est-à-dire orienter leur motivation vers la réalisation des objectifs du service et les amener à vouloir bien faire leur travail ;

---

40. Dans une entreprise manufacturière, le contremaître est un superviseur ; dans une entreprise commerciale, son titre est directeur des ventes ; dans une entreprise de services, il est le coordonnateur.

6. Gérer le travail des employés, c'est-à-dire fixer les objectifs de travail à atteindre par son service, planifier le calendrier de travail, organiser le temps de travail (les horaires, le calendrier des vacances, les heures supplémentaires), répartir les activités de travail entre les membres de l'équipe, déléguer les responsabilités et procurer les ressources nécessaires pour réaliser le travail ;

7. Favoriser un comportement de travail adéquat chez les employés, c'est-à-dire résoudre des conflits, indiquer le comportement de travail attendu, faire respecter la discipline au sein de l'équipe et agir comme personne-ressource auprès d'employés qui éprouvent des problèmes personnels ;

8. Administrer le roulement interne, c'est-à-dire recommander les promotions, muter ou rétrograder des employés ;

9. Rémunérer les employés, c'est-à-dire évaluer les postes, recommander un échelon salarial, s'assurer que la rémunération est équitable, accorder les augmentations salariales et expliquer aux employés la politique de rémunération ;

10. Implanter un milieu de travail sain et sécuritaire, c'est-à-dire évaluer les risques pour la santé et la sécurité des employés, et préconiser des moyens de correction et de prévention en matière de santé et de sécurité au travail ;

11. Respecter les obligations contractuelles en matière de relations du travail, c'est-à-dire appliquer les lois et règlements relatifs aux normes du travail et, le cas échéant, les clauses de la convention collective, et établir de bonnes relations avec le syndicat ;

12. Administrer les départs des employés, c'est-à-dire leur expliquer les raisons du congédiement, rencontrer les employés démissionnaires pour comprendre le motif de leur départ[41] et prévoir la retraite des employés pour planifier leur remplacement.

TABLEAU 1.5
Les 12 principales tâches du superviseur en DRH

- Engager de nouveaux employés.
- Orienter les nouveaux employés.
- Former les employés.
- Évaluer le rendement des employés.
- Gérer le travail des employés.
- Rémunérer les employés.
- Mobiliser les employés.

- Favoriser un comportement de travail adéquat chez les employés.
- Administrer le roulement interne.
- Implanter un milieu de travail sain et sécuritaire.
- Respecter les obligations contractuelles en matière de relations du travail.
- Administrer les départs des employés.

41. Le superviseur considère le congédiement et la démission comme des échecs, c'est pourquoi il doit en trouver les raisons.

1.5 LE SUPERVISEUR ET LE SERVICE DES RESSOURCES HUMAINES DE L'ENTREPRISE

Le superviseur assume à des degrés variables l'ensemble des 12 tâches (voir le tableau 1.5). Il peut en avoir l'entière responsabilité ou en partager certaines [42] avec les professionnels du service des ressources humaines de l'entreprise (SRH) [43] ou avec d'autres superviseurs.

Selon la taille de l'entreprise, la nature de la tâche en DRH, le nombre d'employés qu'il a à diriger et la latitude que lui procurent la structure organisationnelle (approche par processus) et l'organisation du travail (équipe de travail décentralisée), le rôle du superviseur varie. Il peut, entre autres tâches :

- **réaliser** un concept de DRH ; par exemple, à la demande du SRH, il peut implanter l'approche client dans son équipe de travail ;

- **conseiller** le SRH ; par exemple, il peut donner son appréciation sur le choix des objectifs d'un programme de formation ;

- **participer** avec un agent du personnel au recrutement de ses employés et prendre la décision finale d'embauche, prendre part à l'élaboration d'une grille d'évaluation du rendement ;

- **concevoir** et **mettre en place** certains programmes ; par exemple, il peut mettre sur pied un programme de prévention des accidents du travail dans son service et veiller à son application ;

- **évaluer** le degré de satisfaction et de mobilisation de ses employés et en **faire part** au SRH ;

- **expliquer** la mission, les objectifs, les politiques, les programmes, les décisions de l'entreprise à ses employés et leur **donner une vision globale** de l'entreprise.

1.6 LES COMPÉTENCES DU SUPERVISEUR

Compte tenu de l'environnement de l'entreprise, de la reconfiguration de sa structure organisationnelle et de son organisation du travail, le superviseur fait appel à plusieurs compétences pour réaliser ses activités dans la DRH. Nous décrivons dans les sous-sections qui suivent les cinq plus importantes à partir de la classification de Katz (1974, p. 94).

---

42. Les tâches complexes et spécialisées comme l'interprétation d'une clause de la convention collective, l'application des articles de lois, le recours à des principes ergonomiques, la détection de la toxicomanie, etc.

43. Souvent, il n'y a pas de service des ressources humaines dans les petites et moyennes entreprises : c'est le propriétaire qui établit les politiques en la matière et les superviseurs les appliquent. En revanche, dans les grandes entreprises, la structure d'un service des ressources humaines est bien définie.

1.6.1 LES COMPÉTENCES EN RELATIONS HUMAINES

Le superviseur doit avoir des compétences en relations humaines pour obtenir l'appui et la coopération de ses employés, et pour créer une synergie au sein de son équipe. Il doit être un leader pour diriger ses employés, un *coach* et un mentor pour développer leurs compétences, un mobilisateur pour les intégrer aux objectifs de l'entreprise et leur insuffler le désir de bien faire leur travail, et un communicateur pour interagir efficacement avec eux.

EXEMPLE

Le superviseur encourage l'employé qui a de la difficulté à respecter ses échéances de travail ; il oriente le nouvel employé ; il discute avec ses employés des problèmes concernant le rendement de l'équipe de travail ; il procure à ses employés les ressources nécessaires pour réaliser leur tâche ; il écoute leurs plaintes et y donne suite ; il anime les réunions internes de l'équipe de travail ; il donne une rétroaction à ses employés ; il gère les conflits entre les employés ; il négocie ; il influence et il convainc.

1.6.2 LES COMPÉTENCES TECHNIQUES

En plus de ses habiletés professionnelles, qui font de lui un expert dans son domaine, le superviseur doit savoir choisir et utiliser efficacement les techniques en DRH.

EXEMPLES

- Outre qu'il sait utiliser la technique d'usinage assistée par ordinateur, le contre-maître met en application les techniques d'embauche.

- Outre qu'il sait établir le contact avec les clients et conclure une transaction, le directeur des ventes évalue le rendement de ses représentants.

- Outre qu'elle sait dispenser des soins infirmiers, la coordonnatrice de l'unité de pédiatrie met en pratique les techniques de formation concernant un nouveau protocole de soins.

1.6.3 LES COMPÉTENCES ADMINISTRATIVES

Le superviseur doit être capable de gérer le travail de son équipe, c'est-à-dire de définir les objectifs à atteindre par son service en conformité avec les objectifs stratégiques de l'entreprise, de planifier, d'organiser, de coordonner, de déléguer et de contrôler les activités menant à la réalisation de ces objectifs.

EXEMPLE

L'adjoint au directeur des finances a le mandat d'implanter l'approche axée sur l'amélioration de la qualité au sein du service de la comptabilité. Pour ce faire, il définit les objectifs de qualité à atteindre à court, moyen et long terme qu'il partage avec le personnel de son service ; il planifie l'atteinte de ces objectifs en établissant un plan d'action, un budget et des indicateurs de performance ; il définit et agence les tâches à accomplir pour atteindre les objectifs ; il procure à ses employés les ressources nécessaires pour le faire ; il délègue les responsabilités et l'autorité qui leur est associée ; il encadre et coordonne les activités de chacun de ses employés ; et enfin, il contrôle l'atteinte des objectifs en comparant les résultats aux normes de performance et, le cas échéant, il prévoit les mesures de correction.

1.6.4 LES COMPÉTENCES CONCEPTUELLES

Le superviseur est au cœur de l'action et, souvent, il doit résoudre des problèmes et prendre rapidement des décisions éclairées en accord avec les principes, les valeurs et les objectifs de l'entreprise. Il doit alors être capable d'interpréter et d'analyser l'information en provenance de son environnement, d'avoir une vision globale de l'entreprise afin de donner à ses employés une vision précise de l'avenir, d'établir des liens entre les objectifs de son service et ceux de l'entreprise, et de prévoir les conséquences de ses décisions.

EXEMPLE

L'entreprise définit une nouvelle politique de resserrement des coûts de production. Les contremaîtres doivent alors se renseigner sur les différentes façons de contrôler les coûts inhérents à leurs services et décider ensuite lesquelles appliquer conformément aux principes de qualité, au code d'éthique et aux objectifs de l'entreprise.

1.6.5 LES COMPÉTENCES RELIÉES À LA GESTION DE L'INFORMATION

Le superviseur consacre une large part de son temps[44] à communiquer d'une façon ou d'une autre (par écrit et verbalement) ; en effet, il collecte, traite, analyse, partage et diffuse l'information (souvent à l'aide des TIC). Pour ce faire, il emploie le réseau de communication formelle et informelle de l'entreprise afin de palper le pouls ou les réactions des personnes impliquées ; autrement dit, il fait circuler adéquatement l'information : celle en provenance des personnes extérieures à son service et celle en provenance de son service et destinée aux autres unités organisationnelles. De plus, le superviseur se sert du processus d'information pour diriger ses employés et leur donner une rétroaction immédiate.

---

44. Évaluée par plusieurs superviseurs à plus de 80 % de leur temps de travail.

EXEMPLES

- Le directeur d'une succursale interprète et transmet les consignes de rendement en provenance du siège social à ses employés.

- Le contremaître achemine au directeur des opérations les suggestions de ses employés concernant de nouvelles méthodes de travail.

- À l'aide d'un système intégré de base de données, le directeur des ventes analyse les performances de vente de ses représentants par produit, par région et par client.

TABLEAU 1.6
Les compétences du superviseur en matière de DRH

- *Compétences en relations humaines*
- *Compétences techniques*
- *Compétences administratives*
- *Compétences conceptuelles*
- *Compétences reliées à la gestion de l'information*

1.7 LES TRAITS DE PERSONNALITÉ ET LA MOTIVATION DU SUPERVISEUR

De nombreuses recherches (Kierstead, 1998) ont établi un lien entre les cinq grandes dimensions de la personnalité (le modèle des *big five* de Barrick et Mount, 2000) et la performance au travail.

Ainsi, en plus des cinq types de compétences que nous venons d'étudier, le superviseur doit présenter les cinq dimensions de la personnalité propres à son emploi :

1. **L'extroversion** : dans ses relations avec ses employés, le superviseur est sociable, expressif, empathique, coopératif, rassembleur, bâtisseur d'équipe, il a le sens de l'humour, etc. ;

2. **La droiture** : dans son travail, le superviseur est consciencieux, responsable, discipliné, rigoureux, respectueux, intègre, etc. ;

3. **La stabilité émotionnelle :** dans ses réactions affectives, le superviseur est calme, patient, il se contrôle, il a confiance dans ses capacités, il accepte la critique, il résiste au stress, etc. ;

4. **L'amabilité** : dans son orientation sociale, le superviseur est souple, tolérant, humain, généreux, il a le souci des autres et du bien commun, il est près de ses employés tout en gardant une distance psychologique avec eux, etc. ;

5. **L'ouverture à l'expérience** : par rapport aux risques, à la nouveauté, à l'ambiguïté et au changement, le superviseur est créatif, curieux, imaginatif, courageux (il reconnaît ses erreurs et se remet en question), il se donne une vision de l'avenir, il est proactif, il ne craint pas de prendre position, de prendre des risques, etc.

Il a été démontré que la droiture est la dimension de la personnalité de l'employé qui prédit la performance au travail pour toutes les catégories d'emploi, alors que l'extroversion, l'amabilité et la stabilité émotionnelle sont les dimensions de la personnalité qui sont les plus reliées à la performance du superviseur.

Enfin, complétons ce profil en notant que le superviseur est principalement motivé par un emploi qui lui permet de **se dépasser**, d'**exceller**, de **s'accomplir** et d'**accomplir un travail significatif**, à savoir un emploi qui lui présente des **défis à sa mesure** et la possibilité de **réaliser des objectifs** avec une équipe de travail, car il a le **désir de bien réussir son travail** et de **participer à la réussite des autres** dans leur travail.

TABLEAU 1.7

Les cinq dimensions de la personnalité du superviseur en fonction de ses traits de personnalité

Dimension de la personnalité	Traits de la personnalité
Extroversion	■ *Sociable, expressif, empathique, coopératif, rassembleur, bâtisseur d'équipe, doté du sens de l'humour, etc.*
Droiture	■ *Consciencieux, responsable, discipliné, rigoureux, respectueux, intègre, etc.*
Stabilité émotionnelle	■ *Calme, patient, se contrôle, a confiance en lui, accepte la critique, résiste au stress, etc.*
Amabilité	■ *Souple, tolérant, humain, généreux, a le souci des autres et du bien commun, est près de ses employés, etc.*
Ouverture à l'expérience	■ *Créatif, curieux, imaginatif, courageux, proactif, se donne une vision de l'avenir, n'a pas peur de prendre position, de prendre des risques, etc.*

RÉSUMÉ

Nous venons de voir que, par rapport aux exigences de la nouvelle économie, l'entreprise moderne doit, pour survivre, revoir son mode de fonctionnement. Désormais, adaptation rapide, flexibilité et souplesse sont les trois principales compétences d'employabilité du personnel et caractérisent aussi les nouvelles structures organisationnelles et les formes d'organisation du travail.

L'entreprise moderne mise donc sur sa capacité à se remettre constamment en question pour gérer d'une façon proactive un environnement de plus en plus complexe, ambigu et instable. C'est sur ce plan que la fonction ressources humaines joue pleinement son rôle, car, sans ses cerveaux, l'entreprise ne peut être compétitive et ne peut survivre à la mondialisation et à l'explosion de la technologie informatique.

La dimension humaine fait donc pleinement partie de l'approche client où le superviseur, grâce à ses compétences, sa personnalité et sa motivation, oriente ses employés vers la réalisation des objectifs de l'entreprise.

Dans les chapitres suivants, nous étudierons les principales techniques de direction des ressources humaines qui permettent au superviseur de l'entreprise moderne d'assumer ses responsabilités de chef d'équipe.

RÉSUMÉ GRAPHIQUE
L'entreprise moderne, le superviseur et la direction des ressources humaines

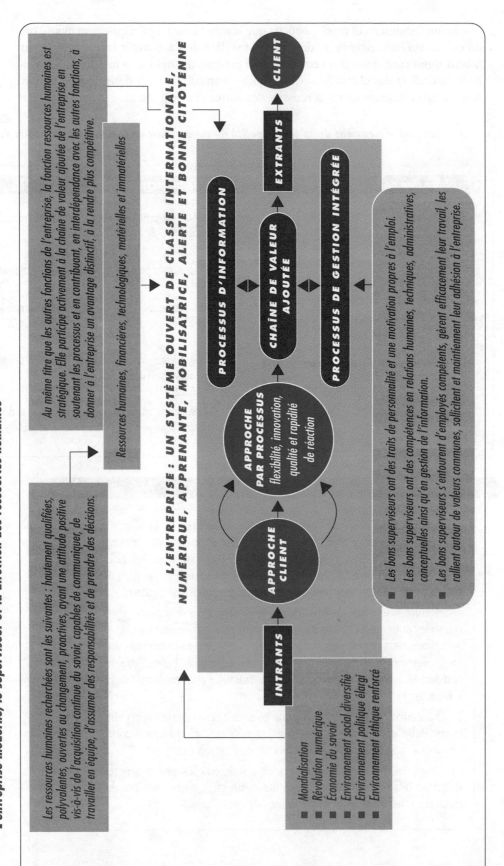

Les ressources humaines recherchées sont les suivantes : *hautement qualifiées, polyvalentes, ouvertes au changement, proactives, ayant une attitude positive vis-à-vis de l'acquisition continue du savoir, capables de communiquer, de travailler en équipe, d'assumer des responsabilités et de prendre des décisions.*

- Mondialisation
- Révolution numérique
- Économie du savoir
- Environnement social diversifié
- Environnement politique élargi
- Environnement éthique renforcé

INTRANTS

APPROCHE CLIENT

APPROCHE PAR PROCESSUS
flexibilité, innovation, qualité et rapidité de réaction

Au même titre que les autres fonctions de l'entreprise, la fonction ressources humaines est stratégique. Elle participe activement à la chaîne de valeur ajoutée de l'entreprise en soutenant les processus et en contribuant, en interdépendance avec les autres fonctions, à donner à l'entreprise un avantage distinctif, à la rendre plus compétitive.

Ressources humaines, financières, technologiques, matérielles et immatérielles

L'ENTREPRISE : UN SYSTÈME OUVERT DE CLASSE INTERNATIONALE, NUMÉRIQUE, APPRENANTE, MOBILISATRICE, ALERTE ET BONNE CITOYENNE

PROCESSUS D'INFORMATION

CHAÎNE DE VALEUR AJOUTÉE

PROCESSUS DE GESTION INTÉGRÉE

EXTRANTS

CLIENT

- Les bons superviseurs ont des traits de personnalité et une motivation propres à l'emploi.
- Les bons superviseurs ont des compétences en relations humaines, techniques, administratives, conceptuelles ainsi qu'en gestion de l'information.
- Les bons superviseurs s'entourent d'employés compétents, gèrent efficacement leur travail, les rallient autour de valeurs communes, sollicitent et maintiennent leur adhésion à l'entreprise.

EXERCICES LIÉS À LA CONNAISSANCE

Termes et concepts à définir

1. Entreprise, système ouvert.

2. Chaîne de valeur ajoutée.

3. Processus d'information.

4. Processus de gestion intégrée.

5. Entreprise de classe internationale, numérique, apprenante, mobilisatrice, clairvoyante et avertie, bonne citoyenne.

6. Approche client.

7. Approche par processus.

8. Fonction ressources humaines anticipative et redevable.

9. Organisation du travail humaine et enrichissante.

10. Superviseur.

Questions à développement

1. Décrivez la façon dont l'entreprise doit réagir aux principaux facteurs de changement de son environnement.

2. Quels types d'influence les environnements externes de l'entreprise peuvent-ils avoir sur la DRH ?

3. Décrivez le rôle stratégique de la fonction ressources humaines dans l'entreprise.

4. Quelle est l'implication du concept de la trilogie des gagnants quant à la DRH ?

5. Énumérez les 4 principales responsabilités du superviseur ainsi que ses 12 principales tâches en matière de direction des ressources humaines.

6. Décrivez le degré d'intervention du superviseur dans la direction des ressources humaines.

7. Tracez le profil du superviseur efficace : ses compétences, ses traits de personnalité et sa motivation au travail.

EXERCICES DE COMPRÉHENSION ■ ■

1. Donnez un exemple qui démontre que l'évolution de l'environnement externe de l'entreprise influe sur la direction de ses ressources humaines.

2. Donnez un exemple qui souligne la dimension stratégique de la fonction ressources humaines.

3. Donnez un exemple qui fait ressortir l'importance de la gestion par processus en ce qui a trait à l'approche client.

4. Donnez un exemple d'une organisation du travail qui ne répond pas aux caractéristiques des nouvelles formes d'organisation du travail.

5. Donnez un exemple des traits de personnalité d'une personne qui ne pourra pas assumer efficacement son rôle de superviseur.

EXERCICES DE TRANSFERT ■ ■ ■

1. Pour chaque énoncé qui suit, entourez le chiffre qui correspond au degré de satisfaction que vous éprouvez à l'endroit du style de direction de votre superviseur. Si vous n'êtes pas au service d'une entreprise, demandez à une connaissance, à un ami ou à un parent de remplir ce questionnaire.

La communication avec mon superviseur

1	2	3	4
Très insatisfait			Très satisfait

L'aide que mon superviseur m'apporte

1	2	3	4
Très insatisfait			Très satisfait

L'intérêt que mon superviseur me porte

1	2	3	4
Très insatisfait			Très satisfait

Le respect que mon superviseur me témoigne

1	2	3	4
Très insatisfait			Très satisfait

La souplesse du comportement de mon superviseur

1	2	3	4
Très insatisfait			Très satisfait

▼

▼

La capacité de mon superviseur à mobiliser mes énergies

| 1 | 2 | 3 | 4 |

Très insatisfait   Très satisfait

La capacité de mon superviseur à résoudre des conflits

| 1 | 2 | 3 | 4 |

Très insatisfait   Très satisfait

La capacité de mon superviseur à avoir une vision de l'avenir

| 1 | 2 | 3 | 4 |

Très insatisfait   Très satisfait

La capacité de mon superviseur à résister au stress

| 1 | 2 | 3 | 4 |

Très insatisfait   Très satisfait

La capacité de mon superviseur à me donner du feed-back (rétroaction)

| 1 | 2 | 3 | 4 |

Très insatisfait   Très satisfait

Additionnez les chiffres correspondant à vos différents degrés de satisfaction. Plus le total se rapproche de 40, plus vous êtes satisfait du style de supervision de votre supérieur. L'inverse est tout aussi vrai.

2. Découpez dans un journal ou une revue une annonce d'offre d'emploi concernant un poste de superviseur. Ensuite, comparez les tâches et les exigences d'embauche avec celles étudiées dans ce chapitre.

3. Échangez avec vos collègues un article de journal ou de revue qui traite des changements survenus dans l'un des environnements externes d'une entreprise étudiés dans ce chapitre.

4. Échangez avec vos collègues un article qui traite de la génération Nexus ou de la génération Internet.

5. Regroupez-vous en équipe de travail de trois personnes. Un membre de l'équipe qui occupe un emploi décrit à ses collègues les tâches, les responsabilités, les compétences et les traits de personnalité de son superviseur. Ensuite, tous les membres de l'équipe tracent le profil professionnel et psychologique de ce superviseur et ils indiquent en quoi il est différent de la description que nous en avons faite dans ce chapitre (ou est semblable à celle-ci).

EXERCICES D'APPLICATION [45] ▪ ▪ ▪ ▪ ▪

1. Albertine Goyette

« Entrez, madame Goyette », dit le directeur d'usine en invitant sa chef d'équipe à se joindre à lui.

« Bonjour, monsieur Cadieux. Vous m'avez convoquée ! » répond Albertine Goyette.

« Oui, oui. Asseyez-vous, madame. Écoutez, je ne sais pas comment vous le dire, mais il semble y avoir un problème dans votre service. Par rapport au mois dernier, il y a eu une baisse de rendement, une hausse d'absentéisme, des retards, des retours de marchandise et même une altercation entre deux de vos employés. Qu'est-ce qui se passe exactement ? » demande Rémi Cadieux.

« Oui, je le sais. Il y a eu un laisser-aller récemment. Je n'ai vraiment pas le temps d'encadrer mes employés. Comme vous le savez, nous avons changé le processus de production et il faut que je réécrive toute la procédure de fabrication, que je prépare un programme de formation pour mes 15 gars, bref, je ne peux pas tout faire ! » explique Albertine Goyette.

« Eh bien, madame, il va falloir le faire… à moins que vous ne vous sentiez plus capable de faire face à vos obligations de superviseur ? » semble conclure Rémi Cadieux.

« Je vais y voir ! » lui répond Albertine Goyette, vexée.

À quelles compétences Albertine Goyette devrait-elle avoir recours pour résoudre ce problème et comment devrait-elle s'y prendre pour le faire ?

2. Michel Raffatis

Michel Raffatis est le superviseur de la meilleure équipe de développement de logiciels de la jeune entreprise Logicus inc. Cela est dû principalement à son mode de direction des ressources humaines.

Ses employés (qu'il appelle *partners*) ont le droit de faire tout ce qu'ils veulent pour autant qu'ils livrent la marchandise ; par exemple, ils ont aménagé leur lieu de travail dans l'entrepôt de l'entreprise. Ils font très bien leur travail, puisqu'ils ont mérité pendant deux années d'affilée le prix du ministre de l'Éducation pour la création du meilleur logiciel pédagogique.

Ainsi, horaire flexible, musique, panier de basket, tapis de golf, travail à la maison, semaine de travail de trois jours, décorations bizarres de leur bureau, présence de chiens, de chats et d'oiseaux, etc., caractérisent l'environnement de travail de l'équipe de Michel Raffatis.

Tout baignait dans l'huile jusqu'au jour où ce dernier reçoit la consigne de son supérieur de serrer la vis à ses employés qui, selon lui, ont un comportement au travail inacceptable et non professionnel.

À quelles compétences Michel Raffatis devrait-il avoir recours pour résoudre ce problème et comment devrait-il s'y prendre pour le faire ?

---

45. Il est recommandé que les exercices d'application se fassent par équipes de trois élèves.

EXERCICES D'ANALYSE

1. Fanny Trilanne, propriétaire de la compagnie Triladex

À la suite de l'obtention de plusieurs contrats internationaux, Fanny Trilanne, propriétaire de Triladex inc., une entreprise de design industriel comptant trois employés, décide de faire appel à cinq techniciens en dessin industriel. Elle nous fait part de son expérience.

« J'ai eu beaucoup de difficulté à trouver des techniciens qualifiés dans la fabrication industrielle. Tous les bons techniciens ont déjà un emploi et ils ne sont pas intéressés à s'investir dans une jeune entreprise comme la mienne. J'ai finalement déniché M. Henri Bosquet chez un concurrent. Pour l'intéresser, j'ai dû m'associer avec lui. J'ai aussi retenu les services de quatre jeunes diplômés à titre de travailleurs indépendants, me disant que leur enthousiasme, jumelé aux 25 années d'expérience de M. Bosquet, pourrait répondre à mes besoins.

« Quelle ne fut pas ma surprise lorsqu'un mois après le début de leurs travaux, les quatre jeunes techniciens m'ont fait part des revendications suivantes : ils ne veulent pas être considérés comme des travailleurs indépendants, mais comme des salariés au sens de la *Loi sur les normes du travail* ; ils exigent des chaises et des tables de travail ergonomiques, un horaire fixe et pas d'heures supplémentaires non rémunérées. Qui plus est, ils me donnent le choix entre accepter leurs demandes ou faire d'eux des associés avec qui je partagerais mes profits. J'en perds le souffle ! Je n'en reviens pas ! »

Analysez la façon dont Fanny Trilanne vit l'influence des différents types d'environnements externes de son entreprise.

2. Réjean Ladouceur dit *Réjean La fureur*

Depuis trois ans, Réjean Ladouceur est représentant commercial pour l'entreprise d'appareils ménagers Boulanger inc. Il a 26 ans, un diplôme d'études collégiales en gestion commerciale et cinq ans d'expérience dans le domaine de la vente.

Dès son embauche, il a su prendre pleinement sa place au sein de son équipe de travail et de l'entreprise. En effet, il participe à toutes les réunions, il donne facilement son opinion, fait des recommandations au comité responsable de la qualité et bouscule presque tout sur son passage (surtout les deux plus anciens représentants), d'où son surnom Réjean la fureur.

Sur le plan de la performance, il se classe deuxième en ce qui a trait au volume des ventes de l'entreprise. Il est considéré comme un employé productif, présent et actif. Cette année, il a été désigné capitaine par les membres de l'équipe de balle molle de l'entreprise.

Il y a une semaine, il a été promu au titre de gérant des ventes, en remplacement de Martin Faucher, qui vient de prendre sa retraite. Le lendemain de sa nomination, il a réuni les huit représentants et leur a dit :

« Nous allons être les meilleurs vendeurs des trois succursales de l'entreprise, nous allons battre tous les records de vente. Pour commencer, nous allons changer nos méthodes de travail, nous allons nous centrer sur l'approche client et l'approche par processus... »

Arthur Lanthier, le plus ancien des représentants, l'arrête en l'apostrophant :

« Hé, le jeune ! T'es qui toi pour vouloir nous faire travailler ? Ici, ce n'est pas toi qui mènes, ce n'est pas toi qui vas nous dire quoi faire. On est une équipe ! »

▼

▼

Rouge de colère, Réjean Ladouceur lui répond :

« À partir d'aujourd'hui, c'est moi, le patron. Dans la vie, il y a trois façons de faire : la bonne façon, la mauvaise et la mienne. Vous allez faire ce que je vais vous dire de faire. Oui, on est une équipe, mais une équipe fait ce que le *coach* lui dit de faire. Il y a une ligne de conduite à suivre et à laquelle on ne peut pas déroger. »

Arthur Lanthier se lève et quitte la salle de réunion en marmonnant : « On verra bien, le jeune ! »

Analysez le style de supervision de Réjean Ladouceur.

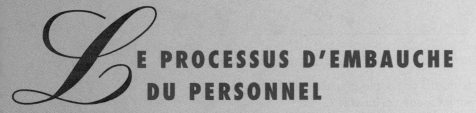

LE PROCESSUS D'EMBAUCHE DU PERSONNEL

Chapitre 2

▼

▼

INTRODUCTION

Peu importe la fréquence à laquelle un superviseur doit engager de nouveaux employés au sein de son équipe de travail, il doit envisager le processus d'embauche comme une composante importante de la direction de ses ressources humaines.

Pour ce faire, il planifie, organise, dirige et réévalue régulièrement ce processus, car engager des personnes incompétentes entraîne des conséquences coûteuses pour son service, pour l'entreprise et pour le client, ce qui va à l'encontre du concept de la trilogie des gagnants que nous avons vu au chapitre 1.

Rien ne doit être fait à la hâte ni sous le coup de l'impulsion ; le superviseur doit engager des personnes compétentes. Mais comment peut-il reconnaître une personne compétente ? Comment doit-il s'y prendre pour l'inciter à offrir ses services à l'entreprise ? Et comment doit-il s'y prendre pour la choisir ?

C'est à ces trois questions que nous répondrons dans ce chapitre. Mais avant, il importe de rappeler que, bien que le superviseur puisse être entièrement responsable du processus d'embauche, il peut également compter sur la collaboration d'un agent du service des ressources humaines ou participer à un comité d'embauche pour choisir le meilleur candidat. Néanmoins, quelle que soit la latitude dont il dispose, il est primordial que le superviseur participe activement à la décision d'embauche de tout nouvel employé susceptible de faire partie de son équipe de travail.

2.1   LE MEILLEUR CANDIDAT À UN POSTE VACANT DANS L'ENTREPRISE MODERNE

Tous les superviseurs ont compris que la performance et la productivité de leur équipe de travail dépendent de la qualité et de l'efficacité de leurs membres. Aussi, quand vient le temps d'engager un nouvel employé, les superviseurs s'efforcent de choisir, parmi un certain nombre de candidatures, le meilleur candidat au poste offert.

Qui est le meilleur candidat ? Pour l'entreprise moderne, c'est celui qui possède les **compétences personnelles** requises pour accomplir efficacement les tâches dont il est responsable. Un **employé compétent** est celui qui, pour exécuter avec succès ses tâches, agence avec efficacité[1] :

- son savoir : ses connaissances théoriques, professionnelles et distinctives ;

- son savoir-faire : ses habiletés professionnelles et ses aptitudes ;

- son savoir-être : son comportement et sa motivation ;

- son savoir-interagir : sa capacité de s'intégrer dans une équipe de travail et dans l'entreprise.

De plus, un employé compétent est celui qui a la capacité et le désir de constamment améliorer et élargir ses compétences, de façon à être apte à évoluer dans un environnement en constant changement et dans un contexte de mobilité horizontale et verticale de la main-d'œuvre.

Un employé compétent est donc **celui qui est capable de s'adapter à différents types d'environnements de travail et, par conséquent, de transférer ses savoirs d'une situation à une autre.**

Par conséquent, le meilleur candidat est **celui qui peut et qui veut bien faire son travail.** De nombreuses enquêtes canadiennes, québécoises ou américaines tracent le profil de l'employé idéal que les entreprises modernes recherchent. Parmi les plus importantes, notons l'enquête menée par la Secretary's Commission on Achieving Necessary Skills (SCANS). Cette commission du département du Travail des États-Unis a recensé des habiletés et des compétences de base requises par le milieu du travail.

Ces compétences ont été regroupées en deux grandes catégories : les trois fondements préalables à l'acquisition et au développement de compétences (*three-part foundation*) et les cinq compétences de base (voir le tableau 2.1).

À la lumière des résultats de cette enquête, nous constatons qu'en plus d'avoir les habiletés professionnelles requises par le poste et d'être éventuellement motivé par les incitatifs reliés à son travail, le meilleur candidat devrait posséder 36 autres habiletés et compétences générales. Ce qui, avouons-le, complique suffisamment la recherche du meilleur candidat !

C'est pour cette raison que, généralement, le superviseur se consacre à l'établissement et à la définition des compétences associées au poste à combler, en gardant comme toile de fond (ou préalable de base) le profil tracé par la SCANS ou par toute autre enquête portant sur le sujet.

---

1. *Agence avec efficacité* fait référence au savoir intégré (voir le chapitre 1, section 1.1.3), c'est-à-dire que l'employé établit un lien entre l'acte de travail posé et le résultat recherché. Un employé compétent est celui qui transfère ses savoirs (savoir-faire, savoir-être et savoir-interagir) à toutes les situations de travail.

EXEMPLE

Selon une étude effectuée par le journal *Les Affaires* (Froment, 1997), les petites et moyennes entreprises québécoises recherchent, par ordre d'importance, des employés disciplinés, travailleurs, fiables, autonomes, intéressés à conserver leur emploi, polyvalents, qui savent lire, écrire et compter, qui sont de bons communicateurs, qui ont un esprit d'équipe, etc.

Le Conference Board du Canada (1996) a aussi énuméré certaines compétences de base que la main-d'œuvre doit posséder. Ainsi, pour les employeurs canadiens, l'employé idéal doit savoir communiquer, penser et apprendre, faire preuve d'attitudes et de comportements positifs au travail, du sens des responsabilités et d'adaptabilité, pouvoir travailler avec les autres, etc.

Nous remarquons que les résultats de ces deux études corroborent ceux de la SCANS.

TABLEAU 2.1
Les trois fondements et les cinq compétences de base requis
par le milieu du travail selon l'enquête de la SCANS

Les trois fondements	Les habiletés et les comportements
1. Habiletés de base	*Être capable :* ■ *de lire ;* ■ *d'écrire ;* ■ *de recourir aux mathématiques ;* ■ *d'écouter ;* ■ *de s'exprimer verbalement.*
2. Habiletés intellectuelles	*Être capable :* ■ *de créer ;* ■ *de prendre des décisions ;* ■ *de résoudre des problèmes ;* ■ *de se représenter une réalité virtuelle[a] ;* ■ *d'apprendre à apprendre ;* ■ *de raisonner.*
3. Qualités personnelles	*Avoir un comportement qui reflète :* ■ *le sens des responsabilités ;* ■ *l'estime de soi ;* ■ *la sociabilité ;* ■ *le contrôle de soi ;* ■ *l'intégrité et l'honnêteté.*

▼

Les cinq compétences	Les habiletés
1. Ressources	Être capable de gérer (déterminer, planifier, organiser et allouer) : ■ le temps ; ■ l'argent ; ■ les ressources matérielles ; ■ les ressources humaines.
2. Relations interpersonnelles	Être capable : ■ de travailler en équipe ; ■ d'enseigner de nouvelles habiletés ; ■ de servir des clients ; ■ de diriger ; ■ de négocier ; ■ de travailler dans un milieu diversifié.
3. Information	Être capable : ■ d'acquérir et d'évaluer l'information ; ■ d'organiser et de tenir à jour l'information ; ■ d'interpréter et de communiquer l'information ; ■ d'utiliser les technologies de l'information et des communications (TIC).
4. Systèmes	Être capable : ■ de comprendre le fonctionnement de systèmes[b] ; ■ de contrôler et de corriger l'efficacité d'un système ; ■ d'améliorer et de concevoir un système.
5. Technologie	Être capable : ■ de choisir la technologie appropriée ; ■ d'utiliser efficacement la technologie ; ■ de résoudre des problèmes de fonctionnement d'outils technologiques.

a. *Seeing things in the mind's eye* : être capable de se représenter un travail à partir d'un plan, d'une figure, d'un schéma. Être capable d'avoir une vision globale de l'entreprise.

b. Nous faisons référence aux systèmes social, organisationnel et technologique de l'entreprise.

2.2 LES CONSÉQUENCES DE L'EMBAUCHE D'UNE PERSONNE NON QUALIFIÉE ET NON MOTIVÉE

Il faut savoir que le fait d'engager une personne compétente et motivée a un effet immédiat sur la productivité et sur le climat social d'une équipe de travail et de l'entreprise.

Dans le cas de l'embauche d'une personne surqualifiée, le risque de décrochage[2] est élevé, car l'employé ne trouvera probablement pas dans son travail des défis à sa mesure, à moins qu'une promotion ne pointe à l'horizon.

Dans le cas de l'embauche d'une personne sous-qualifiée, le risque de découragement[3] est élevé, car l'employé trouvera probablement son travail trop difficile et il ne fournira pas le rendement escompté, à moins qu'une formation ne vienne compenser la sous-qualification.

Ainsi, l'embauche d'une personne qui n'a pas les compétences requises pour s'acquitter efficacement de ses tâches ou qui n'est pas motivée par les éléments de son environnement de travail occasionne des coûts supplémentaires à l'entreprise. Ces coûts résultent :

- du manque à gagner attribuable à l'employé qui n'atteint pas le degré de productivité escompté ;

- de la formation additionnelle dont a besoin l'employé pour pallier son manque de compétence ;

- de l'éventuel remplacement occasionné par la démission ou le congédiement de l'employé, car il est fort probable qu'il faille reprendre tout le processus d'embauche. Or, des démissions ou des congédiements répétés créent un climat social négatif dans l'équipe de travail et dans l'entreprise, lequel peut être préjudiciable à la productivité des employés en place et à leur attitude envers le superviseur ;

- de l'attitude négative au travail de l'employé. En ne trouvant pas dans son emploi les éléments qu'il recherche, l'employé éprouvera une grande frustration à l'égard de son travail et manifestera moins d'intérêt pour ses tâches. Il en résultera un déplacement de son centre d'intérêt vers d'autres activités. L'employé adoptera alors un comportement de fuite qui se traduira par un retrait psychologique, un désengagement au travail. Son emploi deviendra pour lui un simple moyen de subsistance ou une source financière lui permettant de réaliser ses activités extérieures au travail. Cette attitude négative au travail peut faire perdre des clients à l'entreprise, occasionner des lacunes en ce qui a trait à la qualité du service, nécessiter un plus grand encadrement de la part du superviseur, etc. Tout cela a un coût que l'entreprise doit assumer, mais qu'elle peut éviter en optimisant son processus d'embauche.

---

2. Le décrochage se traduit souvent par des absences, des retards, un laisser-aller dans le travail et, à la limite, par une démission si le marché du travail le permet.

3. Le découragement se traduit souvent par une démobilisation, une démoralisation, un désenchantement et, à la limite, par une dépression professionnelle (*burn-out*).

2.3 LES TROIS ÉTAPES DU PROCESSUS D'EMBAUCHE

Pour engager le meilleur candidat, le superviseur doit suivre trois étapes. La première étape du processus traite de la préparation à l'embauche et elle comporte trois sous-étapes, la deuxième étape porte sur le processus de recrutement et la troisième étape, comportant également trois sous-étapes, a pour objet le processus de sélection.

EXEMPLE

À la suite de la prévision d'une expansion du marché de l'entreprise, Albert Meunier, directeur des achats, a eu à engager un adjoint. Il décrit la façon dont il s'y est pris pour mener à bien son processus d'embauche.

« Il y a trois mois, à la suite de l'analyse du plan de développement de l'entreprise, j'ai décidé d'engager un adjoint. J'ai alors enclenché le processus d'embauche dès que le besoin a été défini et que j'ai obtenu l'autorisation de la direction d'engager un adjoint. J'ai précisé toutes les tâches que mon adjoint devait accomplir. J'ai fait ressortir les compétences requises pour l'emploi offert. J'ai défini les critères de sélection qui en découlent, lesquels m'ont permis de tracer le profil du meilleur candidat.

« Ensuite, j'ai recruté des candidats. Puis, j'ai rassemblé le plus de renseignements possible sur les candidats retenus afin d'analyser leurs compétences personnelles et leur motivation. Pour ce faire, j'ai étudié leur curriculum vitæ, j'ai reçu en entrevue ceux qui semblaient répondre à mes besoins, je les ai fait participer à des mises en situation de travail et j'ai vérifié leurs références. Chacun de ces outils m'a permis d'évaluer les critères de sélection s'y rattachant. Finalement, j'ai choisi le candidat le plus compétent, c'est-à-dire celui dont les caractéristiques personnelles correspondaient le plus aux exigences du poste d'acheteur adjoint. »

L'exemple présenté ci-dessus fait clairement ressortir les trois étapes du processus d'embauche (voir le tableau 2.2). Examinons chacune d'elles.

TABLEAU 2.2
Les trois étapes du processus d'embauche

- **Étape 1** : *la préparation au processus d'embauche*
  - **Sous-étape 1** : *la planification des besoins en ressources humaines*
  - **Sous-étape 2** : *l'analyse du poste à combler*
  - **Sous-étape 3** : *la détermination du profil du meilleur candidat*
- **Étape 2** : *le processus de recrutement*
- **Étape 3** : *le processus de sélection*
  - **Sous-étape 1** : *le choix des outils de sélection*
  - **Sous-étape 2** : *la préparation des fiches d'évaluation*
  - **Sous-étape 3** : *la prise de décision*

2.3.1 ÉTAPE 1 : LA PRÉPARATION AU PROCESSUS D'EMBAUCHE

Pour ne pas être pris au dépourvu, le superviseur doit, avant de se lancer dans un processus d'embauche, s'y préparer. C'est pourquoi il planifie d'abord ses besoins en ressources humaines (sous-étape 1), ce qui lui permet de connaître le type d'employé recherché ainsi que le moment opportun de l'embauche. Ensuite, il analyse le poste à combler pour avoir une connaissance détaillée des exigences et des caractéristiques de l'emploi (sous-étape 2). Enfin, il distingue, à partir de l'analyse du poste, les compétences requises par le poste et détermine les critères de sélection qui en découlent afin de mieux mesurer le potentiel de rendement des candidats (sous-étape 3).

Sous-étape 1 : la planification des besoins en ressources humaines

La planification des besoins en ressources humaines[4] aide le superviseur à prévoir le nombre d'employés dont il a besoin pour atteindre les objectifs de son service[5] et aussi à dégager leurs qualifications et leurs compétences. Il s'agit, pour lui, de comparer le nombre de postes à combler avec le nombre d'employés actuel dans son service.

Lorsque ses besoins excèdent l'effectif en place et que l'entreprise lui fournit les ressources financières nécessaires, le superviseur peut enclencher le processus d'embauche. Toutefois, lorsque ses besoins sont inférieurs à l'effectif, il doit procéder à des mises à pied. Ainsi, dans le cas d'embauche, la planification des besoins en ressources humaines permet de **savoir quel poste offrir, à quelle date l'offrir et le nombre de personnes à engager**.

Néanmoins, il faut savoir que l'embauche n'est pas toujours la solution privilégiée par l'entreprise. Souvent, le superviseur est appelé à recourir à des **mesures palliatives**. Il peut réorganiser les postes au sein de son service, redistribuer les tâches entre ses employés et replacer ses employés[6]. Il peut aussi recourir aux heures supplémentaires, aux employés surnuméraires, à la sous-traitance ou à des travailleurs indépendants pour combler les besoins en ressources humaines[7].

EXEMPLE

Le service de comptabilité de l'entreprise Tripalium comptait trois employés : Alain Lacasse, préposé aux comptes clients, Gisèle Lafleure, préposée à la paie, et Marica Poulain, préposée aux comptes fournisseurs, qui a démissionné de son poste. Compte tenu de ce départ, le superviseur peut :

---

4. Aussi appelée *planification des effectifs*.

5. C'est-à-dire prévoir la demande interne de personnel.

6. Ce qu'on appelle la règle des trois RE.

7. Habituellement, la décision de recourir à la sous-traitance et aux travailleurs indépendants ne relève pas du superviseur mais plutôt de la politique générale de l'entreprise. À l'annexe 1, nous établissons un parallèle entre l'embauche de salariés et le recours aux travailleurs indépendants.

▼

- réorganiser les postes en nommant Alain Lacasse responsable des comptes clients et des comptes fournisseurs ;

- redistribuer les comptes fournisseurs entre Alain Lacasse qui, en plus des comptes clients, s'occupera des fournisseurs dont les comptes sont inférieurs à 5 000 $, et Gisèle Lafleure qui, en plus de la paie, s'occupera des comptes fournisseurs supérieurs à 5 000 $;

- replacer Gisèle Lafleure en la nommant responsable des comptes fournisseurs et donner la préparation de la paie en sous-traitance.

Les mises à pied peuvent aussi être évitées dans certains cas. Le superviseur préfère toujours garder un employé compétent pendant un certain temps (le temps que la situation se rétablisse) que de s'en séparer pour devoir engager un nouvel employé dans trois mois. Il peut réduire les heures de travail de l'ensemble de son personnel, « offrir » des vacances additionnelles non rémunérées aux employés qui doivent absorber les effets des mises à pied, promouvoir le partage d'un poste entre employés volontaires, encourager la préretraite (l'attrition), etc.

Le calcul du nombre de postes à combler est tributaire de deux facteurs déterminants : les besoins en ressources humaines du service et la disponibilité interne et externe de ressources humaines.

1. **Les besoins en ressources humaines du service.** Le superviseur dresse la liste des tâches à exécuter afin d'atteindre les objectifs de son service et, pour chacune des tâches, il évalue le temps en heures de travail hebdomadaires. Les objectifs et les plans stratégiques de l'entreprise influent sur les besoins du superviseur. En effet, ces besoins peuvent se traduire par une augmentation ou une diminution de la production et de la productivité, une stratégie de diversification des produits, l'abandon d'un produit, le lancement d'un nouveau produit, l'introduction d'une nouvelle technologie, une politique d'expansion, une réorganisation du travail (des heures de travail, des vacances, des congés), etc.

2. **La disponibilité interne et externe de ressources humaines.** Les éléments qui influent sur ce facteur sont :

- le marché du travail, qui, dans l'ensemble, suit de près les **cycles économiques**. Ainsi, en période de plein emploi, on constate une certaine mobilité de diverses catégories d'emplois, tandis qu'en période de chômage, le taux de roulement est plus faible. Le marché du travail subit aussi l'influence du **secteur industriel** dans lequel évolue l'entreprise. Ainsi, certains secteurs caractérisés par la précarité de l'emploi ont un taux de roulement particulièrement élevé comparativement à d'autres secteurs où l'emploi est beaucoup plus spécialisé et hautement technologique. Par exemple, dans le secteur de la restauration, le taux de roulement est plus élevé que dans celui de la biotechnologie ;

- les politiques de promotion, de transfert et de mutation de l'entreprise, qui entraînent une mobilité interne de la main-d'œuvre pour certaines catégories d'emplois ;

■ les départs anticipés (le taux de roulement), qu'il s'agisse de démissions, de congédiements ou de retraites.

Au moment de la planification de ses besoins de personnel, le superviseur doit donc faire deux types de collecte d'information :

■ Une collecte portant sur les prévisions du nombre de postes à combler (ou à abolir) au sein de son service. Pour ce faire, il doit être informé des objectifs et des effets de la planification stratégique de l'entreprise sur son service ;

■ Une collecte portant sur l'état quantitatif et qualitatif de ses effectifs. Une planification des ressources humaines ne se fait pas sans une bonne gestion des dossiers du personnel (voir l'annexe 2 pour les renseignements généraux contenus dans le dossier d'un employé). Il est essentiel que le superviseur connaisse les caractéristiques de ses employés pour savoir quel rôle ils pourront jouer au sein de son service et comment ils pourront combler ses besoins de main-d'œuvre. Un progiciel de base de données peut l'aider dans ce genre de gestion.

Le tableau 2.3 donne les étapes à suivre afin d'établir les effectifs qui seront disponibles pour une période donnée.

TABLEAU 2.3
Le mouvement du personnel pour une période donnée

> *Nombre d'employés actuellement en service :*
> **Plus :**
> *Nombre d'employés qui accéderont à la catégorie d'emploi par voie de promotion, de transfert ou de mutation.*
> **Moins :**
> *Nombre d'employés qui quitteront la catégorie d'emploi par voie de démission, de congédiement, de promotion, de transfert, de mutation à une autre catégorie d'emploi ou de retraite.*

Le tableau 2.4 indique les principaux facteurs susceptibles d'influer sur les besoins de main-d'œuvre pour une période donnée.

TABLEAU 2.4
Les principaux facteurs pouvant influer sur les besoins de main-d'œuvre

Facteurs influant à la hausse sur les besoins de main-d'œuvre	**Facteurs influant à la baisse sur les besoins de main-d'œuvre**
Augmentation de la production, notamment grâce à l'accroissement du marché, à l'introduction d'un nouveau produit ou à l'exploitation d'un nouveau marché.	*Augmentation de la productivité, notamment à cause de l'utilisation de nouvelles méthodes de travail ou d'une machinerie plus performante.*

▼

▼

Facteurs influant à la hausse sur les besoins de main-d'œuvre	Facteurs influant à la baisse sur les besoins de main-d'œuvre
Multiplication des tâches à accomplir, notamment grâce à un accroissement de la demande.	*Augmentation de la charge de travail des employés, notamment par voie de réorganisation et de redistribution des tâches.*
Création de nouvelles tâches, notamment pour remplir de nouvelles responsabilités, réaliser de nouveaux objectifs de travail ou répondre aux exigences d'une nouvelle technologie.	*Diminution de la charge de travail, notamment à cause de l'introduction d'une nouvelle technologie et de la diminution de la production.*
Diminution des heures de travail ou augmentation du temps des vacances, des congés fériés, des journées de maladie, notamment grâce à la négociation d'une nouvelle convention collective.	*Augmentation des heures de travail.*

EXEMPLE

En tenant compte des renseignements suivants, Alfred Bigras, contremaître pour l'entreprise Plastico, calcule le nombre d'ouvriers qu'il devra engager au prochain trimestre :

- Son service compte 25 ouvriers. L'entreprise prévoit une augmentation de la production de 20 %. Bien que, généralement, le nombre d'ouvriers varie proportionnellement avec le niveau de la production, l'entreprise, ayant récemment mis en place de nouvelles méthodes de fabrication, compte faire augmenter la productivité des ouvriers de 12 % ;

- Le taux de roulement moyen trimestriel des ouvriers est de 4 % ;

- Marcel MacBeth, un ouvrier ayant 40 ans d'ancienneté, décide de prendre sa retraite ; il quittera le service d'Alfred Bigras le mois prochain ;

- Louise Bélland a obtenu une promotion ; elle quittera donc le service d'Alfred Bigras pour occuper un poste de contremaître dans 20 jours.

À partir de ces données, Alfred Bigras calcule d'abord le nombre d'ouvriers requis à la suite de l'accroissement de la production et de la productivité. L'augmentation de la production entraîne une augmentation du nombre d'ouvriers, alors que l'augmentation de la productivité entraîne une diminution de ce nombre. L'effet réel sera égal à 27 ouvriers (voir le tableau 2.5).

▼

▼

TABLEAU 2.5
Le nombre d'ouvriers requis

Facteurs influant à la hausse sur les besoins de main-d'œuvre	**Facteurs influant à la baisse sur les besoins de main-d'œuvre**
Augmentation de la production : $25 \times 20\% = 5$ *ouvriers*	*Augmentation de la productivité :* $25 \times 12\% = 3$ *ouvriers*
Besoin d'ouvriers :	$25 + 5 - 3 = 27$ *ouvriers*

Ensuite, Alfred Bigras calcule l'effectif disponible pour la période.

TABLEAU 2.6
L'effectif disponible

Nombre d'employés actuellement en service :	**25 ouvriers**
Plus :	
Nombre d'employés qui se joindront au service par voie de promotion, de transfert ou de mutation	*0 ouvrier*
Moins :	
Nombre d'ouvriers qui quittent le service (2 ouvriers $\times$ 0,04)	*1 ouvrier*
Nombre d'ouvriers qui prennent leur retraite (Marcel MacBeth)	*1 ouvrier*
Nombre d'ouvriers promus contremaîtres (Louise Bélland)	*1 ouvrier*
Effectif disponible	*22 ouvriers*

Enfin, Alfred Bigras évalue le nombre total d'ouvriers qu'il devra engager le trimestre prochain :

27 ouvriers (voir le tableau 2.5) − 22 ouvriers (voir le tableau 2.6) = 5 ouvriers.

Comme nous venons de le voir, dans le cas d'un besoin d'embauche, la planification des besoins en ressources humaines permet de déterminer le nombre de postes vacants, leur nature et le moment où ils deviennent vacants.

Sous-étape 2 : l'analyse du poste à combler

Une fois son besoin en ressources humaines déterminé, le superviseur analyse le poste à combler. Pour ce faire, il dispose de plusieurs méthodes d'analyse, qui sont regroupées en deux grandes catégories : les méthodes axées sur les caractéristiques du poste et celles axées sur l'actuel titulaire du poste[8].

D'une façon générale, les méthodes axées sur le poste permettent au superviseur de déterminer les principales activités de travail du poste, par exemple les activités administratives, de communication, analytiques, celles reliées à l'informatique et à la résolution de problèmes, et de définir les tâches qui en découlent. Quant aux méthodes axées sur le titulaire du poste, elles amènent le superviseur à décrire le comportement au travail de son employé : ses relations interpersonnelles, son processus de résolution de problèmes, les efforts physiques et intellectuels qu'il fournit, ses compétences, etc.

Peu importe la méthode utilisée, il est préférable que le superviseur[9] recueille l'information portant sur les huit points suivants :

1. Les objectifs du poste : l'utilité, la finalité et les motifs qui justifient l'existence du poste ;

2. Les responsabilités : les résultats que doit atteindre le titulaire du poste ;

3. Les tâches principales, secondaires et occasionnelles à accomplir pour réaliser les objectifs fixés ;

4. Les méthodes de travail : la façon d'accomplir les tâches et les procédures d'exécution ;

5. Les relations internes : les personnes ou les unités de travail avec lesquelles le titulaire du poste interagit dans l'exécution de son travail. De qui ce dernier reçoit-il ses directives ? À qui soumet-il les résultats de son travail ? ;

6. Les ressources : les ressources physiques, techniques, technologiques et financières mises à la disposition du titulaire du poste ;

7. L'environnement de travail : les conditions de travail, les horaires de travail, le degré de risque concernant la santé et la sécurité, l'échelle des salaires, les augmentations salariales, les promotions possibles, etc. ;

8. Les compétences : les compétences organisationnelles requises pour accomplir les tâches actuelles du poste et celles que l'employé devra acquérir ou développer dans l'avenir pour faire face aux changements de l'environnement de l'entreprise (voir le chapitre 1).

À l'aide de cette analyse, le superviseur détermine **ce que fera** le futur titulaire du poste, **pourquoi** il le fera, **comment** il le fera, **avec qui** il le fera, **dans quelles conditions de travail** il le fera, ainsi que les **compétences** à posséder et celles à acquérir pour exécuter son travail avec succès.

---

8. Pour plus de détails, lire Dolan et Schuler (1995), au chapitre 3.

9. Généralement, lorsqu'un service des ressources humaines existe dans l'entreprise, le superviseur analyse la tâche en collaboration avec un agent du personnel.

La collecte d'information

Pour obtenir l'information recherchée, le superviseur peut utiliser plusieurs méthodes de collecte. En effet, il peut **observer** la façon dont le titulaire actuel exécute ses tâches, lui **demander de les décrire**, l'**interroger** sur ses tâches, sur ses méthodes de travail, sur les exigences du poste, etc. Il peut aussi **demander à un spécialiste de l'analyse de la tâche** de l'aider à recueillir et à traiter l'information. Il peut également **utiliser une combinaison** de ces méthodes.

Souvent, le superviseur recueille l'information sur l'emploi à partir d'un questionnaire (la figure 2.1 donne un exemple de questionnaire portant sur le poste et sur son titulaire) qu'il remplit généralement en consultant la *Classification nationale des professions*[10]. Ce document, publié par Développement des ressources humaines, Canada[11], fait l'analyse de 25 000 titres de postes regroupés par profession, par compétence, par secteur et par études requises.

FIGURE 2.1
Un exemple de questionnaire utilisé pour analyser un poste

Que fait le titulaire du poste ?

Décrivez les principales activités de travail : activités administratives, de communication, analytiques, celles reliées à l'informatique et à la résolution de problèmes.

Décrivez par ordre d'importance (l'importance se mesure en temps ou en énergie) les tâches qui se rattachent à ces activités : vos principales tâches, vos tâches périodiques (quotidiennes, hebdomadaires, mensuelles, etc.) et vos tâches occasionnelles.

Pourquoi le fait-il ?

Précisez les objectifs de chacune des tâches décrites dans votre réponse à la question précédente.

Comment le fait-il ?

Décrivez les étapes de réalisation de vos tâches, c'est-à-dire la façon dont vous vous y prenez pour les réaliser : les méthodes de travail et les procédures de travail utilisées, etc.

Avec qui le fait-il ?

De qui recevez-vous votre travail ? Qu'en faites-vous et à qui le soumettez-vous ?

Êtes-vous en contact avec les clients, d'autres employés ou des comités dans l'exercice de votre emploi ? De quel type sont ces relations ? Quelle est leur fréquence ?

---

10. À ce sujet, consulter le site Web suivant : <www.worklogic.com:81/noc/>.

11. À ce sujet, consulter le site Web suivant : <www.drhc.gc.ca>.

▼

Quelles sont ses responsabilités ?

Quelles sont la nature et l'étendue des décisions que vous pouvez prendre personnellement ?

Quel type de contrôle (supervision, vérification) votre travail requiert-il de la part d'une autre personne ? Nommez cette personne et précisez le type de contrôle.

Votre travail exige-t-il que vous exerciez un contrôle sur le travail de quelqu'un d'autre ? Nommez cette ou ces personnes, et précisez leur poste et le type de contrôle.

Dans quelles conditions réalise-t-il son travail ?

Décrivez toutes les ressources physiques, techniques, technologiques et financières indispensables à la réalisation de votre travail.

Décrivez votre environnement de travail : horaire, risques pour la santé et la sécurité, exigences physiques et intellectuelles, conditions générales de travail, contraintes et obstacles à surmonter dans l'exécution du travail, etc.

Décrivez les facteurs de motivation reliés à votre poste.

Quelles compétences doit-il avoir ?

Décrivez les compétences requises pour réaliser avec succès les tâches reliées à votre poste.

Quelles compétences doit-il développer ?

Décrivez les compétences à développer pour faire face avec succès aux changements éventuels que subira votre poste.

Quel est le plan de carrière associé à ce poste ?

Décrivez le plan de carrière offert à l'employé qui réalise avec succès les objectifs de votre poste.

EXEMPLE

Le cas de Claire Sauvageau, préposée à la perception des comptes clients

Claire Sauvageau occupe le poste de préposée à la perception des comptes clients pour la compagnie Aliments Plus inc., une importante entreprise de distribution alimentaire de la région de Berthierville. Les comptes clients annuels de l'entreprise s'élèvent à 12 millions de dollars. Mme Sauvageau est responsable de la perception de 120 comptes clients. Principalement, elle :

- enregistre quotidiennement les paiements des clients. Cette tâche représente environ 20 % de son temps de travail ;

- envoie une lettre de rappel de paiement à chacun des clients dont les comptes sont en souffrance depuis 30 jours ;

▼

▼

- constitue un dossier sur chacun des clients dont les comptes sont en souffrance depuis 60 jours. Dans chaque dossier, elle indique clairement les numéros, les dates et les montants des retours de marchandises effectués par le client, les dates des paiements et le solde dû. Une copie de cet état de compte est envoyée aux clients, accompagnée d'une deuxième note de rappel ;

- appelle les clients dont les comptes sont en souffrance depuis 90 jours et fait pression pour avoir un paiement. Elle les convoque à son bureau et leur présente une copie de toutes les factures, bons de commande et bons de retour de marchandises pour leur prouver le bien-fondé de sa démarche ;

- ordonne un arrêt de livraison pour les clients dont les comptes sont en souffrance depuis plus de 180 jours et envoie leur dossier à l'avocat de l'entreprise. Celui-ci entame alors les procédures judiciaires qui s'imposent. Elle agit alors en cour à titre de témoin de l'entreprise ; elle expose les documents du dossier du client au juge et répond aux questions posées par les parties en cause ;

  (Ces cinq tâches représentent environ 60 % de son temps de travail.)

- répond aux clients pour leur expliquer leur état de compte et traite leurs plaintes. Cette tâche représente environ 20 % de son temps de travail.

Reprenons les huit points de l'analyse du poste et appliquons-les à celui de préposée à la perception des comptes clients.

1. L'objectif du poste :

   Effectuer la perception des comptes en souffrance.

2. Les responsabilités :

   - Enregistrer les paiements ;

   - Percevoir les comptes en souffrance ;

   - Répondre aux demandes des clients concernant leur état de compte.

3. Les tâches :

   Tâche A   Enregistrer les paiements des clients ;

   Tâche B   Effectuer les rappels de paiement auprès des clients dont les comptes sont en souffrance depuis 30 jours ;

   Tâche C   Rédiger un dossier contenant toutes les transactions commerciales effectuées par le client dont le compte est en souffrance depuis 60 jours ;

   Tâche D   Solliciter un paiement et placer une note explicative au dossier ;

   Tâche E   Convoquer à son bureau les clients dont les comptes sont en souffrance depuis 90 jours pour un paiement immédiat ;

   Tâche F   Ordonner un arrêt de livraison pour les clients dont les comptes sont en souffrance depuis plus de 180 jours ;

Tâche G   Participer à la préparation du dossier des clients poursuivis pour non-paiement ;

Tâche H   Agir à titre de témoin à charge lors de poursuites judiciaires engagées contre les clients faisant défaut de paiement ;

Tâche I   Répondre aux demandes de renseignements des clients concernant leur état de compte ;

Tâche J   Traiter les plaintes des clients.

4. Les méthodes de travail :

   ■ Suivre les étapes prescrites par le service de la perception des comptes ;

   ■ Avoir une certaine autonomie dans le traitement des dossiers.

5. Les relations internes :

   ■ Recevoir les directives de travail de l'adjoint aux comptes clients ;

   ■ Interagir avec le service à la clientèle, le magasinier et les représentants commerciaux.

6. Les ressources :

   Utiliser un ordinateur PC et un logiciel intégré de gestion des comptes clients.

7. L'environnement de travail :

   ■ La semaine de travail est de 40 heures, selon l'horaire suivant : de 8 h à 16 h, incluant une heure rémunérée pour le repas du midi ;

   ■ Le salaire annuel est de 27 500 $;

   ■ Les conditions de travail sont satisfaisantes ;

   ■ La promotion possible est d'accéder au poste d'adjoint aux comptes clients.

8. Les compétences :

   Le tableau 2.7 établit la correspondance entre les tâches et les compétences organisationnelles requises.

TABLEAU 2.7
Les compétences organisationnelles requises par le poste de préposé à la perception des comptes clients

Tâches	Compétences organisationnelles
A	À l'aide du logiciel Fortune 1000, comptabilise les opérations relatives aux paiements des comptes clients.
B, C, D, E et F	Applique, dans le respect de l'approche client et du code d'éthique de l'entreprise, les étapes de la perception des comptes en souffrance.

TABLEAU 2.7
**Les compétences organisationnelles requises par le poste
de préposé à la perception des comptes clients (suite)**

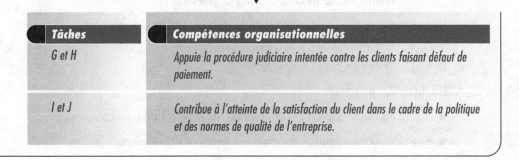

Tâches	Compétences organisationnelles
G et H	Appuie la procédure judiciaire intentée contre les clients faisant défaut de paiement.
I et J	Contribue à l'atteinte de la satisfaction du client dans le cadre de la politique et des normes de qualité de l'entreprise.

Lorsque toutes ces données seront recueillies, analysées et classées, le superviseur pourra les présenter dans un document clair et concis, appelé la **description des tâches**. Par la suite, il pourra déterminer, par déduction, les qualités requises pour combler le poste. Mentionnons qu'en plus de préparer l'embauche d'un nouvel employé, l'analyse du poste peut servir à plusieurs autres fins, notamment :

- à orienter le nouvel employé dans son travail ;

- à définir l'écart entre les exigences du poste et les compétences de l'employé afin d'évaluer les besoins de formation ;

- à fixer les normes de rendement ;

- à déterminer une rémunération qui respecte l'équité et l'égalité salariale (voir le chapitre 7) ;

- à distinguer les tâches qui présentent un risque pour la santé et la sécurité de l'employé (voir le chapitre 8).

La description des tâches

La description des tâches comporte quatre parties (voir la figure 2.2) :

- Un en-tête, où l'on trouve le titre du poste, le service auquel il appartient, la date, le nom du supérieur hiérarchique, le numéro et l'évaluation du poste (voir le chapitre 7) ;

- La définition sommaire du poste, dans laquelle on décrit succinctement l'objectif général et la tâche principale ;

- La description des tâches, qui comprend une liste de toutes les tâches, en ordre d'importance ou chronologique, à laquelle s'ajoute une brève description ;

- La liste des compétences organisationnelles requises pour réaliser les tâches avec succès.

EXEMPLE

Le cas de Claire Sauvageau, préposée à la perception des comptes clients (*suite*)

La figure 2.2 donne un exemple de description des tâches.

FIGURE 2.2
*La description des tâches de la personne préposée
à la perception des comptes clients*

Titre	Préposée à la perception des comptes clients
Service	Comptabilité
Date	Décembre 20X6
Numéro du poste	2011
Évaluation	350 points
Supérieur	Adjoint aux comptes clients

Définition générale

Le titulaire du poste effectue la perception des comptes en souffrance et répond aux demandes de renseignements des clients.

Liste des tâches

Tâche A	Enregistrer les paiements des clients.
Tâche B	Effectuer les rappels de paiement auprès des clients dont les comptes sont en souffrance depuis 30 jours.
Tâche C	Rédiger un dossier contenant toutes les transactions commerciales effectuées par le client dont le compte est en souffrance depuis 60 jours.
Tâche D	Solliciter un paiement et placer une note explicative au dossier.
Tâche E	Convoquer à son bureau les clients dont les comptes sont en souffrance depuis 90 jours pour un paiement immédiat.
Tâche F	Ordonner un arrêt de livraison pour les clients dont les comptes sont en souffrance depuis plus de 180 jours.
Tâche G	Participer à la préparation du dossier des clients poursuivis pour non-paiement.
Tâche H	Agir à titre de témoin à charge lors de poursuites judiciaires engagées contre les clients faisant défaut de paiement.
Tâche I	Répondre aux demandes de renseignements des clients concernant leur état de compte.
Tâche J	Traiter les plaintes des clients.

Liste des compétences organisationnelles

■ À l'aide du logiciel Fortune 1000, comptabilise les opérations relatives aux paiements des comptes clients.

▼

▼

FIGURE 2.2
La description des tâches de la personne préposée
à la perception des comptes clients (suite)

- *Applique, dans le respect de l'approche client et du code d'éthique de l'entreprise, les étapes de la perception des comptes en souffrance.*
- *Appuie la procédure judiciaire intentée contre les clients faisant défaut de paiement.*
- *Contribue à l'atteinte de la satisfaction du client dans le cadre de la politique et des normes de qualité de l'entreprise.*

Sous-étape 3 : la détermination du profil du meilleur candidat

Il s'agit, dans cette troisième sous-étape du processus d'embauche, de tracer le profil du candidat recherché. Pour ce faire, pour chaque compétence organisationnelle requise[12], le superviseur définit les compétences personnelles recherchées (le savoir, le savoir-faire, le savoir-être et le savoir-interagir) chez le candidat. Ces compétences personnelles seront analysées et évaluées à l'aide de critères de sélection[13].

Ainsi, en tant qu'indicateurs de réussite, les critères de sélection permettent au superviseur de prédire la performance au travail des candidats. Dans le même ordre d'idées, le superviseur peut aussi définir des caractéristiques contre-indiquées, c'est-à-dire celles que le candidat ne devrait pas avoir.

EXEMPLE

Pour un travail de bureau routinier, un superviseur n'engagera pas un bachelier en administration, étant donné que ses capacités seraient sous-utilisées dans l'exercice de ses fonctions. De la même façon, un superviseur n'embauchera pas un candidat qui valorise les relations interpersonnelles pour informatiser des factures d'achat seul dans son bureau. Il est donc essentiel d'établir des critères de sélection précis afin d'orienter la recherche de renseignements sur les candidats.

Les critères de sélection sont regroupés en quatre catégories.

1. Les critères de sélection reliés au **savoir** :

   - Le savoir théorique : le type de formation et le niveau de scolarité exigés par le poste.

---

12. Ou pour un ensemble de compétences organisationnelles requises.

13. Cette évaluation n'est pas toujours objective. Le superviseur doit alors être conscient que le processus d'embauche comporte une part d'appréciation subjective contre laquelle il doit se prémunir. Voir la sous-étape 3 de l'étape 3.

> **EXEMPLE**
>
> Diplôme d'études collégiales en gestion et comptabilité. Certificat de niveau universitaire en relations industrielles. Baccalauréat en criminologie.

- Le savoir professionnel : le nombre d'années d'expérience et le type d'expérience de travail[14] requis par le poste ;

> **EXEMPLE**
>
> Une année d'expérience en tenue de livres dans une entreprise de service.

- Le savoir distinctif théorique ou acquis en cours d'emploi ;

> **EXEMPLE**
>
> La connaissance pratique de certains logiciels comptables (Fortune 1000, Simple Comptable), la connaissance pratique de l'approche empathique en tant que technique de vente, les connaissances linguistiques rendant l'employé fonctionnel en espagnol.

2. Les critères de sélection reliés au **savoir-faire**, c'est-à-dire les habiletés et les aptitudes des candidats :

- Les habiletés correspondent à toutes les qualités qui rendent une personne compétente dans l'accomplissement de son travail ;

> **EXEMPLE**
>
> Habiletés à utiliser le logiciel Statview, Fortune 1000 ou Simple Comptable ; à innover, à écouter, à résoudre des problèmes selon une approche client, à conclure une vente, à utiliser des stratégies de fidélisation du client ; à prendre des décisions judicieuses, à planifier, à organiser, à élaborer des perspectives à long terme, à fixer des objectifs ; à analyser des données statistiques, à effectuer une recherche dans Internet ; à communiquer efficacement par écrit et verbalement, etc.

---

14. L'expérience peut être définie comme étant la compréhension de ce qui a été vécu. Ainsi, si cela prend six mois à un employé pour comprendre l'ensemble des tâches d'un poste, l'expérience demandée sera alors de six mois.

■ Les aptitudes correspondent aux dispositions d'une personne qui la rendent capable d'accomplir une tâche et qui permettent de mesurer son potentiel d'agir. L'habileté au travail sera acquise si l'aptitude existe et s'il y a eu un certain apprentissage. L'aptitude est alors une habileté en devenir. Par exemple, un employé peut développer son habileté à diriger une équipe s'il a une aptitude à la supervision et s'il a appris à diriger des employés.

EXEMPLE

Le superviseur peut mesurer différents types d'aptitudes : les aptitudes physiques (la force musculaire et l'endurance du candidat) ; les aptitudes sensorielles (l'acuité visuelle et auditive et la sensibilité tactile) ; les aptitudes psychomotrices (la dextérité, la coordination, les réflexes et la vitesse de réaction) ; les aptitudes intellectuelles (le discernement, la mémoire et le raisonnement) ; les aptitudes interpersonnelles (l'aptitude à communiquer, à établir une relation d'aide et à écouter).

3. Les critères de sélection reliés au **savoir-être**, c'est-à-dire les attitudes, le comportement et la motivation au travail :

■ Les attitudes et le comportement correspondent aux caractéristiques personnelles qui distinguent le candidat ;

EXEMPLE

La souplesse, la stabilité, le dynamisme, la flexibilité, le jugement approprié, l'initiative, l'autonomie, la polyvalence, l'ambition, la maturité, la loyauté, l'intégrité, la sagesse, l'adaptabilité, l'attitude positive face au travail, l'orientation au travail (*job oriented*), la persévérance, le souci du détail, le sens de la responsabilité, l'engagement, l'implication (*work commitment*), etc., sont autant d'exemples de critères de sélection reliés aux attitudes et comportements au travail.

■ La motivation au travail correspond aux facteurs (intrinsèques et extrinsèques reliés au poste) qui poussent la personne à bien faire son travail. Ils peuvent varier selon les intérêts, les besoins, les attentes et les aspirations de l'employé ;

EXEMPLE

Certains employés sont attirés par le défi au travail, d'autres par les promotions, la nature de la tâche ou les gratifications extrinsèques du poste. Il s'agit de déterminer les facteurs de travail qui peuvent motiver les candidats : la nature de la tâche (routinière, variée, complexe, etc.), la possibilité de réaliser des projets, la possibilité d'établir un équilibre entre sa vie personnelle et sa vie professionnelle, les relations sociales dans le milieu de travail, la sécurité d'emploi, les avantages sociaux, le salaire et les primes au rendement, la réalisation de soi au travail, le défi au travail, etc.

4. Les critères de sélection reliés au **savoir-interagir**, c'est-à-dire l'habileté du candidat à s'intégrer à la culture et au milieu social de l'entreprise (avec ses collègues, ses supérieurs et, le cas échéant, avec ses subalternes).

EXEMPLE

Travailler en équipe ; collaborer avec des collègues ; contribuer à l'atteinte d'objectifs collectifs ; établir une relation de confiance ; établir des relations de travail efficaces ; accepter la diversité culturelle ; être capable de travailler avec tel supérieur ou avec tel subalterne, etc.

L'exemple suivant illustre la correspondance entre les compétences organisationnelles et les critères de sélection pour l'embauche d'un nouvel employé.

EXEMPLE

Le cas de Claire Sauvageau, préposée à la perception des comptes clients (*suite*)

Claire Sauvageau annonce à sa superviseure, Sylvie Pérrini, directrice adjointe aux comptes clients, qu'elle prendra sa retraite dans trois mois. Cette dernière enclenche alors le processus d'embauche pour remplacer son employée.

À l'aide de l'analyse du poste et de la description des tâches de la personne préposée à la perception des comptes clients (voir les figures 2.1 et 2.2), Sylvie Pérrini a tracé, dans le tableau qui suit, le profil du meilleur candidat.

TABLEAU 2.8

La correspondance entre les compétences organisationnelles requises par le poste de préposé à la perception des comptes clients et les critères de sélection

| Compétences organisation-nelles | Critères de sélection | | | |
	Savoir	Savoir-faire	Savoir-être	Savoir-interagir
À l'aide du logiciel Fortune 1000, comptabilise les opérations relatives aux paiements des comptes clients.	Détenir un diplôme d'études collégiales en administration.	Habileté à enregistrer le paiement des clients à l'aide du logiciel Fortune 1000.		

▼

▼

TABLEAU 2.8
La correspondance entre les compétences organisationnelles requises par le poste de préposé à la perception des comptes clients et les critères de sélection (suite)

Compétences organisation- nelles	Critères de sélection			
	Savoir	Savoir-faire	Savoir-être	Savoir- interagir
Applique les étapes de la perception des comptes en souffrance dans le respect du code d'éthique de l'entreprise.	Posséder deux ans d'expérience dans le domaine de la perception des comptes clients.	Habileté à analyser des dossiers de clients. Habileté à prendre des décisions d'une façon autonome.	Faire preuve de maturité professionnelle. Être motivé par le défi au travail. Rechercher les responsabilités au travail.	Habileté à communiquer avec les clients dont les comptes sont en souffrance. Habileté à négocier les modalités de paiement avec les clients. Capacité de s'intégrer dans une équipe restreinte de travail.
Appuie la procédure judiciaire intentée contre les clients faisant défaut de paiement.		Habileté à travailler sous pression. Aptitude à préparer des dossiers aux fins de poursuites judiciaires.	Faire preuve de profession- nalisme.	Habileté à transmettre de l'information aux instances judiciaires.
Contribue à l'atteinte de la satisfaction du client dans le cadre de la politique et des normes de qualité de l'entreprise.		Habileté à résoudre des problèmes selon une approche axée sur le client. Communiquer par écrit et verbalement en anglais et en français.	Démontrer une attitude positive à l'égard du client.	Établir une relation de confiance avec le client.

2.3.2 ÉTAPE 2 : LE PROCESSUS DE RECRUTEMENT

Le processus de recrutement consiste essentiellement à attirer des candidats potentiellement intéressants pour l'entreprise (compte tenu de leurs compétences personnelles) et potentiellement intéressés par les incitatifs intrinsèques et extrinsèques du poste offert (compte tenu de leur motivation). Et en corollaire, nous pouvons dire que le processus de recrutement vise aussi à décourager les personnes qui ne répondent pas à ces deux conditions de présenter leur candidature. En ce sens, le processus de recrutement est aussi une présélection.

Il est alors nécessaire de se préparer d'une façon structurée et d'utiliser les sources de recrutement qui tiennent compte de la **nature du poste** offert, du **temps alloué** pour choisir le meilleur candidat et du **budget** alloué pour mener à bien le processus d'embauche. Pour y arriver, le superviseur peut recourir à deux sources de recrutement : les sources internes et les sources externes[15].

Les sources internes de recrutement

Le recrutement interne s'effectue auprès des employés de l'entreprise par voie de promotion, de transfert, de rotation de poste, de rappel (dans le cas de mises à pied) ou de mutation. En général, les postes offerts sont affichés à des endroits bien visibles ou annoncés dans le journal de l'entreprise.

Cette source de recrutement offre les **avantages** suivants :

- Elle constitue un moyen rapide et économique de recruter des candidats ;

- Le superviseur possède une bonne connaissance des candidats puisqu'ils travaillent déjà dans l'entreprise ;

- Le candidat s'adapte plus facilement à son environnement de travail, car il connaît l'entreprise ;

- Les efforts de l'employé sont récompensés s'il s'agit d'une promotion ;

- Certains employés peuvent être réorientés vers un nouveau poste.

En revanche, cette méthode comporte aussi certains **inconvénients** :

- L'entreprise risque de perdre un bon subordonné s'il se révèle être un mauvais supérieur ;

- L'entreprise se prive des talents, de la compétence, de la créativité et des méthodes de travail (éventuellement nouvelles et différentes) des candidats venant de l'extérieur ;

---

15. Les sources internes et externes de recrutement ne sont pas incompatibles. Elles peuvent être utilisées simultanément, de manière à permettre à des candidats de l'interne et de l'externe de se faire valoir.

■ L'entreprise ne trouve pas toujours parmi son personnel le candidat ayant la compétence exigée par le poste ;

■ Le recrutement interne occasionne parfois des mouvements de personnel qui peuvent toucher plusieurs employés.

EXEMPLE

Julien Lévesque a obtenu un nouvel emploi. Son poste, devenu vacant, est occupé par Olivier Lapierre, dont le poste sera offert à un autre employé. Il en résultera des mouvements de personnel, ce qui occasionnera des frais d'adaptation et de formation supplémentaires ainsi qu'une baisse de la productivité dans plusieurs services.

Les sources externes de recrutement

Notons qu'il est essentiel, avant d'amorcer le recrutement externe, de vérifier les clauses de la convention collective qui régissent le recrutement des employés appartenant à l'unité de négociation concernée (le syndicat). La majorité des conventions collectives contiennent des dispositions stipulant les modalités à respecter concernant l'ouverture de postes.

Les sources externes de recrutement procurent certains **avantages**, dont un apport supplémentaire d'idées nouvelles, d'expérience, de connaissances et de savoir-faire, ainsi qu'un plus grand choix de candidats, ce qui permet d'engager celui qui correspond le mieux aux exigences du poste.

Toutefois, cette source de recrutement présente certains **inconvénients** :

■ Elle est plus coûteuse que le recrutement interne, puisque les candidatures à traiter sont plus nombreuses ;

■ Le risque de se tromper est plus grand étant donné qu'on ne connaît pas les candidats ;

■ Des frais de formation et d'accueil (voir le chapitre 3) supplémentaires sont à prévoir.

Le superviseur peut utiliser différentes sources externes de recrutement ; c'est ce que nous verrons dans les sous-sections suivantes.

Les employés au service de l'entreprise

Les employés au service de l'entreprise représentent la principale source de recrutement externe. Ceux-ci constituent une bonne source de recrutement dans la mesure où ils sont bien informés des critères de sélection et des besoins de l'entreprise. Il n'est pas rare qu'ils connaissent un parent ou un ami qui réponde à ces critères et à ces besoins. Il est même suggéré de récompenser l'employé qui a recommandé le candidat engagé en lui offrant une prime. Toutefois, le superviseur doit veiller à ce qu'il ne se forme pas de clans ni de groupes au sein de son service ; en effet, ceux-ci pourraient faire naître un climat de favoritisme et d'influence.

Les médias écrits

Les journaux, les revues et les hebdomadaires sont les médias écrits les plus souvent utilisés comme source de recrutement externe. Certes, ces médias permettent d'obtenir un grand choix de candidats[16] ; en revanche, ils ne peuvent garantir un succès immédiat, surtout si l'annonce est mal interprétée. La plupart des recruteurs affirment qu'un très faible pourcentage des personnes répondant à une annonce d'offre d'emploi possède les compétences requises par le poste. Pour optimiser l'efficacité de cette source de recrutement, il faut non seulement choisir le média qui s'adresse au public visé mais aussi concevoir adéquatement l'offre d'emploi, car un trop grand nombre de candidatures entraîne des frais d'opération supplémentaires.

Ainsi, avant de publier une offre d'emploi, le superviseur doit se poser deux questions :

1. Dans quel média écrit fera-t-il paraître son annonce ? Le choix dépendra du public visé, du tirage du média et du coût des annonces ;

2. Quels renseignements devra contenir l'offre d'emploi ? Généralement, une offre d'emploi comporte les cinq éléments suivants :

   - Une présentation de l'entreprise, donnant de l'information sur son importance, sa taille, le nombre de ses employés, son emplacement, ses activités, etc. ;

   - Une brève description de la tâche, permettant aux candidats de connaître la nature du travail offert ;

   - Une énumération des exigences professionnelles du poste offert (les principaux critères de sélection du poste) ;

   - Une énumération des incitatifs intrinsèques et extrinsèques[17] du poste ;

   - Les coordonnées de l'entreprise, la date à laquelle prend fin le concours et des directives claires sur le mode d'envoi (poste, courriel, télécopieur), afin que les candidats fassent parvenir dans les délais la demande d'emploi.

EXEMPLE

Le cas de Claire Sauvageau, préposée à la perception des comptes clients (*suite*).

Pour recruter des candidats au poste de préposé à la perception des comptes clients, Sylvie Pérrini fait paraître l'offre d'emploi suivante dans le journal local.

▼

---

16. Notons que la majorité des postes offerts ne sont pas annoncés.

17. Il est important d'indiquer une fourchette salariale afin de décourager les candidats dont le salaire est nettement supérieur ou inférieur à celui offert. Par exemple, si l'annonce indique que le salaire offert se situe entre 35 000 $ et 38 500 $, il est certain que le candidat dont le salaire actuel est de 25 000 $ ou de 45 000 $ comprendra que ce poste ne s'adresse pas à lui.

▼

FIGURE 2.3
L'offre d'emploi

L'ENTREPRISE ALIMENTS PLUS INC.
UNE PRÉPOSÉE OU UN PRÉPOSÉ À LA PERCEPTION DES COMPTES CLIENTS

Aliments Plus inc., une entreprise de distribution alimentaire de la région de Berthierville, ayant un chiffre d'affaires annuel de 12 millions de dollars et employant 45 personnes, requiert les services d'une préposée ou d'un préposé à la perception des comptes clients.

Fonctions
- *Enregistrer les paiements des comptes clients.*
- *Effectuer la perception des comptes en souffrance.*
- *Répondre aux demandes de renseignements des clients.*

Exigences
- *DEC en techniques administratives (comptabilité et gestion).*
- *Minimum de deux ans d'expérience dans le domaine de la perception des comptes clients.*
- *Maîtrise à l'oral et à l'écrit des langues française et anglaise.*
- *Capacité d'utiliser les possibilités du logiciel Fortune 1000.*

L'entreprise offre un salaire qui se situe entre 25 500 $ et 27 500 $ ainsi qu'une gamme intéressante d'avantages sociaux.

Les personnes qui désirent poser leur candidature sont priées de faire parvenir leur curriculum vitæ avant le 15 décembre 20X7 à :

Mme Sylvie Pérrini
Directrice adjointe aux comptes clients
1295, rue Saint-Marnier, Berthierville (Québec) J3E 2W7

Les bureaux de placement

Selon la nature du poste offert, les bureaux de placement gouvernementaux, privés et professionnels peuvent être de bonnes sources de recrutement :

- **Les bureaux de placement gouvernementaux.** Ces bureaux sont surtout utilisés pour les métiers spécialisés, les emplois d'usine et de bureau. Leurs services sont gratuits et ils donnent accès à un large bassin de main-d'œuvre. Par contre, ils fournissent des listes de candidats qui ne possèdent pas toujours toutes les compétences exigées par le poste ;

- **Les agences de placement privées.** Ces agences n'ont pas toutes les mêmes compétences et la même valeur. Le superviseur devra choisir une agence de placement qui a fait ses preuves. Ces agences offrent un service rapide, confidentiel et efficace, bien que relativement coûteux. La facture d'une agence privée peut varier entre 10 % et 40 % du salaire annuel de la personne engagée. Ce pourcentage varie selon le niveau hiérarchique du candidat recherché. Certaines agences privées se spécialisent dans le placement de cadres intermédiaires et supérieurs. D'autres agences assurent le placement des employés à temps partiel ou des employés temporaires comme les techniciens en bureautique, les agents de sécurité, les employés de bureau et les infirmiers. Il arrive même que l'employé reçoive son salaire directement de l'agence de placement plutôt que de l'entreprise pour laquelle il travaille. De plus en plus, les agences privées recrutent les candidats en offrant le poste sur leur site Web ;

- **Les associations professionnelles.** Les associations professionnelles telles que l'Ordre des ingénieurs du Québec, le Barreau du Québec, l'Ordre des comptables agréés du Québec ou le Collège des médecins peuvent répondre aux besoins spécifiques des entreprises. L'entreprise qui recherche un médecin du travail, un psychologue industriel, un ingénieur minier ou un comptable est assurée de la compétence professionnelle du candidat si elle s'adresse à l'association professionnelle appropriée.

Les établissements d'enseignement

Les visites et l'affichage d'offres d'emploi dans les établissements d'enseignement permettent à l'entreprise de recruter une main-d'œuvre ayant des connaissances adéquates, un potentiel d'avenir, une capacité d'adaptation et une grande motivation au travail. Toutefois, les diplômés ne possèdent pas toujours l'expérience pertinente ou la stabilité dans l'emploi, surtout s'il s'agit de leur premier emploi. Les entreprises doivent donc prendre conscience du fait qu'engager un diplômé revient avant tout à investir dans l'avenir. En faisant appel aux diplômés des établissements d'enseignement, elles recrutent surtout des futurs cadres, des spécialistes et des techniciens.

Le réseau Internet

L'entreprise peut utiliser son propre site Web pour recruter des candidats et recevoir leur curriculum vitæ. Par contre, elle doit s'attendre à recevoir plusieurs offres de service qui ne sont pas nécessairement toutes de qualité. Ainsi, pour certains postes, elle peut filtrer les offres de service soit en faisant passer des tests aux candidats, soit en leur demandant de répondre à un questionnaire sur leur site.

Les offres de service reçues

Les entreprises peuvent aussi recourir aux offres de service reçues[18]. Une bonne gestion de ces candidatures, à l'aide d'un logiciel de base de données, est essentielle pour permettre une recherche efficace. Ce type de banque de données se révèle utile pour le recrutement rapide, mais il ne garantit pas la disponibilité du candidat au moment voulu. Il est donc souhaitable de mettre périodiquement à jour ces banques de données.

Les salons de recrutement

Depuis quelques années, un certain nombre d'entreprises participent à des salons de recrutement où elles tiennent un stand invitant les personnes qui recherchent un emploi à les rencontrer et à poser leur candidature. Il faut s'attendre à recevoir, pendant un certain nombre de jours, des centaines de personnes qui ne possèdent pas nécessairement les caractéristiques recherchées par l'entreprise. Toutefois, la participation à ces salons thématiques permet aux entreprises de rencontrer des candidats intéressants, et ce, sans intermédiaire.

---

18. Généralement, le nombre d'offres de service reçues est proportionnel au rayonnement social de l'entreprise. Ainsi, certaines entreprises s'inquiètent dès que ce nombre diminue.

Telles sont les principales sources externes de recrutement. Évidemment, le superviseur peut recourir à d'autres sources, telles que les employés à la retraite pour remplacer une personne durant la période des vacances ou un congé de maternité, d'anciens employés, les programmes de placement gouvernementaux qui subventionnent l'embauche de candidats répondant à certaines caractéristiques. Nous n'avons toutefois retenu que les sources externes de recrutement les plus fréquemment utilisées par les entreprises.

Selon une enquête du journal *Les Affaires* menée auprès de petites et moyennes entreprises (PME) membres de la Fédération canadienne de l'entreprise indépendante et du Groupement des chefs d'entreprise du Québec (Froment, 1997), les PME privilégient les sources externes de recrutement suivantes (par ordre décroissant) :

- Les références d'amis ou d'employés ;

- Les annonces dans un journal local ;

- Le Centre d'emploi gouvernemental ;

- Les avis affichés sur les lieux de travail ;

- Les services professionnels de recrutement ;

- Les annonces dans une publication d'une association sectorielle ;

- Les programmes d'emploi du gouvernement provincial ;

- Les services informatisés de recherche d'emploi du gouvernement fédéral.

2.3.3 ÉTAPE 3 : LE PROCESSUS DE SÉLECTION

L'objectif de la sélection consiste à recueillir le plus de renseignements possible sur les compétences personnelles du candidat (son savoir, son savoir-faire, son savoir-être et son savoir-interagir), tout en respectant, bien entendu, sa vie privée. Cette collecte d'information permet de vérifier s'il y a adéquation entre l'emploi et le postulant, c'est-à-dire de prévoir son comportement et son rendement au travail.

Notons que par souci d'éthique professionnelle (voir le chapitre 1), tous les renseignements obtenus au moment des processus de recrutement et de sélection **doivent demeurer** confidentiels.

EXEMPLE

Laisser traîner des curriculum vitæ sur une table de la cafétéria d'une entreprise, le temps d'aller se chercher un café et une brioche, est contraire non seulement au principe de la confidentialité des données personnelles, mais aussi à l'éthique professionnelle (voir le chapitre 1, section 1.1.6).

Le processus de sélection comporte trois sous-étapes : le choix des outils de sélection, la préparation des fiches d'évaluation et la prise de décision.

Sous-étape 1 : le choix des outils de sélection

Pour obtenir les renseignements professionnels, psychologiques et personnels concernant les candidats, le superviseur[19] peut avoir recours à différents outils de sélection, tels que le curriculum vitæ[20] et le formulaire de demande d'emploi, l'appréciation par simulation, les tests, les références, l'examen médical, l'entrevue, la période d'essai, la graphologie, etc. L'ordre d'utilisation de ces outils obéira à un processus logique d'élimination progressive des candidats.

EXEMPLE

Le processus de sélection peut, par exemple, se dérouler des façons suivantes :

- Analyse du curriculum vitæ, des résultats à un test d'aptitudes, d'une première entrevue, d'un examen médical, d'une deuxième entrevue et d'une période d'essai ;

- Analyse des résultats à un test d'habiletés, d'une première entrevue, des résultats d'un test de personnalité, d'une deuxième entrevue et d'une période d'essai.

Il convient de préciser qu'aucun outil de sélection n'est meilleur qu'un autre. Chaque outil doit donner des réponses aux questions que se pose le superviseur sur chacun des candidats[21]. En ce sens, les outils de sélection sont interdépendants : ils forment un tout et jouent chacun un rôle. Chaque outil, selon ses caractéristiques et ses possibilités, permet d'observer, d'analyser et d'évaluer des critères de sélection différents, mais aucun ne peut fournir à lui seul tous les renseignements nécessaires à la prise de décision.

Le curriculum vitæ et le formulaire de demande d'emploi, par exemple, fournissent surtout des données descriptives sur les candidats : le nombre d'années d'études, les lieux de travail, la chronologie des expériences de travail, le type d'expérience de travail et les données personnelles. L'entrevue, quant à elle, évalue plutôt la motivation du candidat et certaines de ses habiletés au travail. Elle renseigne, par exemple, sur les réalisations du candidat, la qualité de son expérience, sa façon d'interagir, d'énoncer ses idées, de communiquer, de procéder.

Par conséquent, il faut utiliser chacun des outils de sélection en fonction de différents critères de sélection. Ainsi, chaque outil devrait servir à éliminer les candidats qui ne

---

19. Souvent, un comité de sélection, composé de personnes dont les qualifications sont complémentaires, a la responsabilité de contribuer à la prise de décision concernant l'embauche. Il est entendu que le superviseur doit participer activement à ce comité.

20. Curriculum vitæ : du latin, *le cheminement de ma vie*.

21. Les outils et les critères de sélection doivent être **valides**, c'est-à-dire qu'ils doivent mesurer ce qu'ils ont à mesurer. Ils doivent être **fidèles**, c'est-à-dire qu'ils doivent reproduire les mêmes résultats dans des conditions identiques d'utilisation. Ils doivent présenter un haut niveau de **corrélation**, c'est-à-dire qu'ils doivent prédire le rendement et le comportement au travail des candidats.

répondent pas aux critères de sélection. Il faut néanmoins retenir que **le meilleur candidat est toujours choisi par sélection et non par élimination**. Si le dernier candidat ne répond pas aux exigences du poste, il ne faut surtout pas commettre l'erreur de l'engager pour la seule raison qu'il est le dernier sur la liste. Il faut tout simplement recommencer le processus, ce qui entraîne des coûts supplémentaires. C'est pourquoi le superviseur doit bien se préparer au processus d'embauche et surtout lui accorder toute l'attention voulue.

Le curriculum vitæ et le formulaire de demande d'emploi

Comme c'est le candidat qui rédige son curriculum vitæ, il choisit les éléments qu'il veut faire connaître. Il cache certains faits et met l'accent sur d'autres. Le superviseur doit donc savoir interpréter l'information donnée.

L'étude du curriculum vitæ porte sur la nature des réalisations du candidat et sur ses projets de travail. Elle détermine si ses acquis pourront l'aider à atteindre les objectifs du poste offert.

Le superviseur doit d'abord accorder une importance aux expériences et aux réalisations professionnelles. Il devra toutefois se méfier de certains titres qui, parfois, comportent peu de responsabilités. Il doit s'attarder essentiellement à la nature des tâches exécutées dans le milieu de travail.

Ensuite, il évalue les connaissances, la formation et les apprentissages. Là encore, les diplômes ne sont pas toujours des critères de sélection absolus. Le superviseur doit vérifier si les cours ont été crédités et si un examen sanctionnait ces cours. Un relevé de notes indiquera les écarts entre les notes obtenues par le candidat et la moyenne du groupe.

Enfin, le superviseur doit tenter de déceler les aspirations et la motivation au travail. Pour ce faire, il cherchera dans le curriculum vitæ des renseignements qui révéleront les attentes du candidat.

EXEMPLE

Le cas de Claire Sauvageau, préposée à la perception des comptes clients (*suite*)

Voici un exemple de curriculum vitæ faisant suite à l'offre d'emploi de préposé à la perception des comptes clients (voir la section 2.3.2). À la lecture de cet exemple, nous constatons que le curriculum vitae comporte deux parties :

- La lettre de présentation dans laquelle le candidat indique le poste qu'il postule, présente ses qualités en fonction du poste offert, fait connaître son intérêt et sa motivation pour ce poste et sollicite une rencontre ;

- La liste des compétences acquises[22].

▼

22. Pour plus de détails, lire Boudriau (1999).

FIGURE 2.4
FIGURE 2.4
La lettre de présentation et le curriculum vitæ de Gisèle Saint-Cyr

Montréal, le 12 décembre 20X7

Madame Sylvie Pérrini
Directrice adjointe aux comptes clients
Aliments Plus inc.
1295, rue Saint-Marnier
Berthierville (Québec)
J3E 2W7

Madame,

En réponse à votre offre d'emploi parue dans le journal L'Éditeur du 2 décembre dernier, je vous soumets ma candidature au poste de préposée à la perception des comptes clients.

J'occupe un poste similaire au sein de l'entreprise Sonico inc. de Montréal depuis un an. À la tête d'une équipe de deux employés, je suis responsable de la perception des comptes clients.

Je suis particulièrement intéressée par le poste que vous offrez car, étant native de Berthierville, je pourrai faire un retour aux sources tout en évoluant dans une entreprise importante qui me permettra d'acquérir plus d'expérience et de compétences.

Vous trouverez ci-joint mon curriculum vitæ. Je suis disponible en tout temps pour vous rencontrer en entrevue.

Dans l'attente d'une réponse, je vous prie d'agréer, Madame, l'expression de mes sentiments les plus distingués.

Gisèle Saint-Cyr
p.j. curriculum vitæ

CURRICULUM VITÆ

Nom :   Saint-Cyr
Prénom :   Gisèle
Adresse :   1240, rue Saint-Vallier
               Montréal (Québec), H3L 1H6
Téléphone :   (514) 271-3344 (domicile)
Téléphone cellulaire :   (514) 243-6789
Courrier électronique :   gstcyr@hotpoint.qc.ca
Langues parlées et écrites :   français, anglais et espagnol

EXPÉRIENCE

Sonico inc., multinationale pétrolière   20X6
Responsable de la perception des comptes clients pour la région de Lanaudière

Superviser deux préposés à la perception. Négocier les modalités de paiement avec les stations service dont les comptes sont en souffrance. Rédiger des rapports sur les habitudes de paiement des clients de la région. Analyser le crédit des clients. Faire des recommandations au service des finances sur la qualité du crédit des clients. Tenir à jour les dossiers des clients. Participer à l'implantation d'un système informatisé de gestion (base de données) des comptes clients.

▼

FIGURE 2.4
La lettre de présentation et le curriculum vitæ de Gisèle Saint-Cyr (suite)

Les Abattoirs de Joliette 20X4-20X6
Commis comptable et responsable des comptes clients

*Enregistrer les transactions. Effectuer les entrées aux grands livres. Classer les comptes clients.
Recouvrer les comptes clients. Informatiser les comptes clients de l'entreprise.*

FORMATION
Diplôme d'études collégiales en comptabilité et gestion 20X4
Collège de Rosemont

*Dans le cadre d'un projet de fin d'études, j'ai mis en place un système informatisé de gestion
des dossiers de clients pour la compagnie Garage Sylvestre de Montréal.
Dans le cadre de mes études, j'ai effectué un stage de six semaines en comptabilité chez Papier Scott
de Crabtree, où j'ai préparé et produit des états de compte.*

Diplôme d'études secondaires 20X1
Séminaire de Joliette

ATOUTS PERSONNELS

*Ma formation et mon expérience sont principalement axées sur la gestion informatisée. Je suis une
personne qui aime les défis et les responsabilités. Je suis prête à faire face aux problèmes quotidiens
d'un service. Me réaliser au travail demeure mon seul souci professionnel. À travers mes activités
professionnelles, j'essaie toujours de m'épanouir afin d'aller plus loin dans ma démarche de
perfectionnement.*

ACTIVITÉS SOCIALES

*Présidente de l'amicale des anciens du collège de Rosemont depuis 20X6.
Secrétaire-trésorière de la colonie de vacances Le Camp Renard Blanc depuis 20X4.*

LOISIRS

*Je pratique l'aïkido depuis six ans. Cet art martial me permet de me défouler, d'augmenter ma
capacité de concentration et d'affronter mes peurs. C'est plus qu'un loisir, c'est une façon de vivre.*

Le formulaire de demande d'emploi

Le formulaire de demande d'emploi relève de l'entreprise. Il permet d'obtenir la même information sur tous les candidats puisqu'ils doivent tous répondre aux mêmes questions. Ainsi, ce que le formulaire de demande d'emploi perd en flexibilité comparativement au curriculum vitæ, il le gagne en uniformité, car l'information obtenue est standardisée.

L'entrevue

L'entrevue permet d'obtenir des renseignements destinés à évaluer le candidat et à fournir à ce dernier de l'information sur l'entreprise et l'emploi offert. Il s'agit là d'une communication verbale, structurée, au cours de laquelle deux personnes tentent de se connaître afin de vérifier leurs chances de réussite dans une relation d'affaires. Si le superviseur choisit le candidat selon des critères de sélection, il ne doit pas oublier que le candidat choisit lui aussi l'entreprise selon ses propres critères.

Pour mener une entrevue avec succès, le superviseur doit observer cinq règles essentielles.

1. **Préparer l'entrevue**.

   ■ Prendre connaissance des exigences et des caractéristiques du poste à combler en procédant à l'analyse du poste ;

   ■ Étudier le curriculum vitæ ou le formulaire de demande d'emploi du candidat : évaluer la formation, l'expérience, les aspirations professionnelles, les connaissances, les intérêts et la vie professionnelle du candidat ;

   ■ Établir clairement les critères de sélection dont il tiendra compte en entrevue ;

   ■ Planifier le déroulement et le contenu de l'entrevue ;

   ■ Prévoir les grands axes sur lesquels porteront les questions à poser au candidat afin d'évaluer sa compétence.

2. **Écouter le candidat**. Au cours de l'entrevue, la règle veut que le superviseur passe 80 % du temps à écouter et 20 % du temps à parler. Son écoute doit être évaluative en ce sens qu'il cherchera constamment le pourquoi et le comment des faits, et les interprétera en fonction des caractéristiques du poste. Même si ce n'est pas toujours facile, le superviseur doit mettre de côté ses préjugés et des stéréotypes, et se concentrer sur ce qui est dit. Il doit faire parler le candidat en gardant à l'esprit les objectifs de l'entrevue. C'est le superviseur qui mène l'entrevue et non pas le candidat.

3. **Parler *en sachant garder le silence***. On dit qu'il faut deux ans pour apprendre à parler et toute une vie pour apprendre à se taire. Le superviseur intervient uniquement pour encourager le candidat à s'extérioriser et pour diriger l'entrevue. Il applique ainsi la règle du 80/20, c'est-à-dire qu'il passe 80 % de son temps à écouter et 20 % à parler. Il ne doit donc pas :

   ■ bombarder le candidat de questions. Il prévoit des pauses entre les questions pour donner le temps au candidat de retrouver le fil de sa pensée. Il ne doit pas se sentir obligé de combler les moments de silence ;

   ■ poser des questions trop directes au candidat. Il optera plutôt pour des questions ouvertes, générales et brèves. Il veillera néanmoins à établir des liens entre ses questions et les réponses du candidat. Il ne se limite pas aux questions préparées. Il explore toute autre piste. Par exemple, si le candidat dit : « Je trouvais que le système était trop lourd ! », le superviseur peut demander : « Et comment avez-vous réagi à cela ? » Si la réponse du candidat est vague, le superviseur peut lui demander de clarifier sa pensée par des exemples concrets. Par exemple, si le candidat dit : « Je suis une personne motivée ! », la question pourrait être : « Pouvez-vous me donner un exemple de ce qui vous motive dans votre travail actuel ? » ;

   ■ chercher à coincer et à « cuisiner » le candidat. Par contre, il doit chercher le pourquoi, le quand et le comment des choses. Par exemple, si le candidat s'est montré instable dans ses emplois antérieurs, le superviseur est en droit de lui dire : « J'ai remarqué que vous avez changé cinq fois d'emploi au cours des trois dernières années. J'aimerais en connaître la raison. » ;

- ignorer certains aspects de la culture du candidat qui expliquent son comportement. Par exemple, dans certaines cultures, ne pas regarder son interlocuteur dans les yeux est un signe de politesse et non de fuite ;

- intimider le candidat, se vanter ou être impoli ;

- se laisser intimider par le candidat ou se laisser charmer par lui ;

- poser des questions indiscrètes ou en violation de la *Charte des droits et libertés de la personne* ;

- poser des questions qui ne sont pas en lien avec le poste offert ;

- poser des questions qui débutent par **est-ce que**, car la réponse sera **oui** ou **non**. Il devra alors revenir sur le sujet, ce qui alourdira l'entrevue ;

- se faire déranger durant l'entrevue ;

- prendre trop de notes durant l'entrevue ;

- tirer des conclusions trop hâtives durant l'entrevue et ainsi avoir une écoute sélective, c'est-à-dire n'écouter que ce qui vient confirmer son opinion.

Voici des exemples de questions pertinentes à poser au moment d'une entrevue pour évaluer :

- **Le savoir :**

– Comment appliquez-vous l'approche client dans votre travail ?

– Quel type de perfectionnement avez-vous suivi récemment ?

– Pouvez-vous me décrire ce que vous avez appris de nouveau dans votre travail ?

- **Le savoir-faire :**

– Donnez-moi un exemple d'une de vos réalisations dont vous êtes particulièrement fier.

– Pouvez-vous me parler d'une difficulté que vous avez vécue récemment au travail ? Comment vous y êtes-vous pris pour résoudre le problème ? Quelle procédure avez-vous suivie pour résoudre le problème ?

– Quelles décisions prenez-vous dans votre travail ?

– Jusqu'à quel point utilisez-vous vos capacités dans votre travail ?

- **Le savoir-être :**

– Quelle attitude adoptez-vous envers un client récalcitrant ?

– Quelles sont les tâches (ou responsabilités) que vous appréciez le plus (ou le moins) au travail ? qui vous stimulent le plus (ou le moins) ?

– Qu'est-ce qui vous attire le plus dans votre travail ? dans le poste offert ?

– En ce qui a trait au travail en général, quelles sont vos attentes ?

– Que représente pour vous le travail ?

– Quelle tâche avez-vous particulièrement de la difficulté à accomplir ? Comment vous y êtes-vous pris pour accomplir cette tâche ?

– Selon vous, quelle est la meilleure façon de motiver des employés ?

■ **Le savoir-interagir :**

– Pouvez-vous me décrire une situation de travail où vous avez dû affronter un employé, un supérieur, un client ? Comment avez-vous résolu le problème ?

– Avec quel type de personnes aimez-vous le plus travailler ?

– Selon vous, qu'est-ce qu'un bon superviseur ?

– Pouvez-vous décrire une situation où vous étiez en désaccord avec votre superviseur, votre groupe de travail ou votre entreprise en ce qui concerne une décision ? Comment vous y êtes-vous pris pour faire connaître votre désaccord ?

4. **Savoir observer le candidat.** Le superviseur cherche des signes qui peuvent donner des indications sur ce que le candidat veut dire. Il prête attention aux réactions du candidat et surtout à l'aspect non verbal de sa communication, tels son regard, sa voix, sa posture, ses gestes, ses tics, etc. Toutefois, il doit être prudent dans son interprétation du comportement non verbal ; autrement dit, il ne doit pas jouer au psychologue.

5. **Structurer l'entrevue en trois parties.**

■ **L'accueil.** Pour une entrevue de 45 minutes, l'accueil ne devrait pas excéder 5 minutes[23]. Pendant cette période, le superviseur met le candidat en confiance et lui explique brièvement le déroulement de l'entrevue pour qu'il sache à quoi s'attendre. Si le candidat est très nerveux, le superviseur commencera par un sujet susceptible de l'intéresser, ses loisirs par exemple. Il doit être aimable et respectueux, porter au candidat un véritable intérêt ;

■ **Le déroulement.** Dans le cas d'une entrevue de 45 minutes, le déroulement devrait durer une trentaine de minutes. C'est le moment d'examiner les multiples facettes de la personnalité du candidat tout en respectant, bien entendu, sa vie privée ;

■ **La conclusion.** Dans un premier temps, le superviseur demande au candidat s'il a des questions à poser et, dans l'affirmative, y répond franchement. Puis, il lui fait part des étapes ultérieures à son entrevue.

---

23. Tout au plus 10 minutes, si le candidat paraît nerveux.

Il arrive que, pour certains postes, une entrevue ne soit pas suffisante pour porter un jugement sur les candidats. On a alors recours à plusieurs entrevues menées à différents moments du processus d'embauche.

EXEMPLE

Une première entrevue permet de filtrer les candidats. Puis, une deuxième permet de déterminer les deux ou trois candidats qui représentent le plus grand potentiel pour l'entreprise. Enfin, une troisième[24] permet de choisir le meilleur candidat.

L'appréciation par simulation (APS)

L'appréciation par simulation est une technique par laquelle on tente, en reproduisant le plus possible des situations de travail, de découvrir si le candidat sera capable d'accomplir des tâches.

Les compétences professionnelles et personnelles des candidats s'observent, s'analysent et se mesurent au moyen de plusieurs techniques telles que l'étude de cas, les discussions de groupe, les mises en situation (l'exercice de la corbeille d'entrée [*in-basket*]), les jeux de rôles, etc.

La particularité des simulations réside dans le fait que tous les candidats admis en présélection sont convoqués à la séance d'appréciation au même moment et dans un même local, et que plusieurs observateurs sont présents pour les évaluer.

Pendant une certaine période de temps, une demi-journée par exemple, on demande aux candidats d'intervenir dans des exercices de simulation qui reflètent la réalité de travail du poste offert. Les candidats entrent alors en compétition les uns avec les autres ; ils ne peuvent donc pas contourner les situations proposées comme certains le font si bien en entrevue. Ils doivent agir et prendre des décisions.

Plusieurs entreprises utilisent cette méthode de sélection et il semble que les résultats soient positifs quand cette technique est bien employée.

EXEMPLE

Un CLSC a convoqué six candidates au poste d'infirmière à domicile à une APS. L'une d'elles a pigé dans la corbeille d'entrée la mise en situation suivante, qu'elle doit résoudre : Vous vous présentez au domicile d'un patient. Celui-ci vous accueille couteau à la main ! Comment allez-vous réagir ?

---

24. Souvent, cette troisième entrevue se fait en groupe, où le superviseur joue un rôle déterminant.

Les tests

Les tests peuvent fournir des renseignements sur le comportement des candidats. Comme un comportement démontre des aptitudes, des connaissances, des capacités et une personnalité, on distingue quatre principaux types de tests :

1. **Les tests d'aptitudes.** Ces tests mesurent le potentiel des candidats dans différents domaines tels que la résolution de problèmes mathématiques et la gestion de conflits interpersonnels ;

2. **Les tests de connaissances.** Ces tests évaluent les connaissances requises par l'emploi, telle la connaissance du cycle comptable, du logiciel Excel ;

3. **Les tests de capacités.** Ces tests mesurent ce que le candidat est capable de faire dans son champ de compétence. On peut, par exemple, évaluer la capacité du candidat à prendre des décisions en situation de stress, sa capacité à manipuler des objets, à écrire un rapport sans fautes d'orthographe et dans un temps prédéterminé, à faire preuve de tact envers autrui et à analyser une situation problématique ;

4. **Les tests de personnalité.** Ces tests permettent de dégager les traits de la personnalité tels que la sociabilité, la stabilité émotionnelle, le développement affectif, la maturité et la facilité d'intégration sociale du candidat.

Il existe d'autres types de tests. Mais l'important, pour le superviseur, est de choisir le ou les tests qui lui permettront de prédire le rendement des candidats dans leur travail. Notons qu'il est permis de se poser de sérieuses questions sur la pertinence de certains tests qui n'ont pas été validés au Québec ni au Canada (Dolan et Schuler, 1995, p. 207).

Précisons néanmoins que les tests de connaissances et de capacités adaptables aux exigences d'un poste procurent généralement au superviseur des données valables sur les caractéristiques des candidats.

S'ils sont mal utilisés ou mal interprétés, les tests ne sont d'aucune utilité et peuvent même nuire à la prise de décision. Il est alors préférable de faire appel à un psychologue industriel pour les choisir, les administrer et interpréter leurs résultats en fonction du poste offert et surtout en fonction des candidats qu'on veut évaluer.

Les références

Afin d'uniformiser le contrôle des références, le superviseur utilise un questionnaire qui porte sur les points à vérifier et les critères de sélection à évaluer. Il est à noter que, légalement, on doit avoir l'autorisation écrite du candidat avant de mener une enquête.

Le superviseur doit s'interroger sur la fiabilité de la source de référence et sur la pertinence de l'information. Peut-on faire confiance à la personne qui donne les références ? Le candidat fera-t-il le même genre de travail que chez son ancien employeur ? Évoluera-t-il dans le même environnement de travail ?

L'examen médical

Le but de l'examen médical est d'éviter d'engager une personne qui ne possède pas les capacités physiques pour accomplir efficacement son travail, ou qui risque de contracter une maladie en l'exécutant.

EXEMPLE

Il importe de ne pas engager un daltonien pour raccorder des transistors selon la couleur des fils ou une personne souffrant d'une déviation de la colonne vertébrale pour conduire un autobus.

Le candidat a le droit de refuser de subir un examen médical, mais l'employeur est en droit de s'attendre à ce que son employé soit en bonne santé et qu'il soit capable d'occuper adéquatement le poste pour lequel il a été engagé. Mais, pour ne pas contrevenir aux dispositions de la *Charte des droits et libertés de la personne* concernant la vie privée, la Commission des droits de la personne du Québec a énoncé les cinq recommandations suivantes au sujet du respect des droits fondamentaux en matière d'examens médicaux en emploi (Carpentier, 1987, p. 5) :

1. L'examen médical avant l'embauche doit suivre une offre d'embauche formelle, mais conditionnelle au résultat de l'examen médical ;

2. Les médecins doivent s'en tenir aux examens qui serviront à informer l'employeur sur l'aptitude d'une personne à exercer un emploi ;

3. Les médecins limitent les rapports faits à l'employeur à des recommandations concernant l'exercice d'un travail ;

4. Tous les renseignements d'ordre médical doivent être classés dans un dossier distinct du dossier général de l'employé, et ce dossier ne doit être accessible qu'à des personnes tenues par la loi au secret professionnel ;

5. Toute divulgation d'un renseignement confidentiel n'est permise qu'avec l'autorisation écrite de l'employé concerné.

La graphologie (peu utilisée)

La graphologie, comme outil de sélection, est relativement nouvelle au Québec. Durant le processus de sélection, on demande au candidat d'écrire un texte manuscrit. Un graphologue procède ensuite à une analyse de la personnalité à partir du style d'écriture. Il semble que les employeurs qui font appel à la graphologie comme outil de sélection obtiennent des résultats aussi valables qu'avec les tests psychologiques, et ce, en moins de temps et à un moindre coût (Laplante, 1986). Par contre, au Québec, ce qui n'est pas le cas en Europe, les recruteurs semblent bouder cet outil de sélection. Ils mettent en doute sa validité, puisque les résultats obtenus varient selon le graphologue qui analyse le texte (Cousineau, 1993).

La période d'essai

La période d'essai permet au superviseur de voir le candidat à l'œuvre pendant un certain temps. La durée de la période d'essai dépend de la complexité de la tâche. Il est toujours utile de consulter la convention collective pour connaître les dispositions qui se rapportent à ce sujet. La *Loi sur les normes du travail* prévoit qu'après trois mois de service continu chez le même employeur, l'employé doit recevoir un avis avant d'être licencié et que l'employé à l'essai est rémunéré.

Pendant la période d'essai, le superviseur est en mesure d'évaluer le travail du candidat d'après ses critères de sélection. Il ne s'agit plus d'un outil de prédiction, mais bien d'un **outil d'observation** sur une période plus ou moins longue. Le superviseur peut alors mesurer la compétence, la motivation ainsi que le degré d'intégration et d'adaptation du candidat.

Sous-étape 2 : la préparation des fiches d'évaluation

Le superviseur met en relation les outils et les critères de sélection. Ainsi, il choisit les outils de sélection qui lui permettent d'évaluer les critères de sélection. Pour être encore plus précis dans son évaluation, il prépare une fiche d'évaluation pour chaque outil de sélection où il attribue un pourcentage à chacun des critères. Il obtient ainsi une évaluation quantitative en attribuant aux candidats des points pour chaque critère. Il choisira alors le candidat ayant obtenu le plus haut pointage. Néanmoins, il doit toujours se rappeler que les gens forment un tout et ne sont pas nécessairement la somme de différentes composantes.

EXEMPLE

Le cas de Claire Sauvageau, préposée à la perception des comptes clients (*suite*)

Sylvie Pérrini explique sa façon de procéder pour choisir le meilleur candidat en remplacement de Claire Sauvageau, préposée à la perception des comptes clients.

« J'ai décidé d'évaluer les critères de sélection déterminés (voir le tableau 2.8) à l'aide du curriculum vitæ, de l'entrevue, de l'appréciation par simulation, de la vérification des références et d'une période d'essai de 30 jours. »

Le tableau 2.9 indique avec quels outils ont été évalués les critères de sélection.

TABLEAU 2.9
La relation entre les outils et les critères de sélection

Outil de sélection	Critères de sélection
Curriculum vitæ	Formation, expérience et logiciel comptable.
Entrevue	Bilinguisme, évaluation globale de l'expérience, maturité professionnelle, motivation (recherche du défi au travail et des responsabilités) et attitude positive à l'égard du client.
Appréciation par simulation	Habiletés à analyser des dossiers, à résoudre des problèmes selon une approche axée sur le client, à communiquer avec les clients, à travailler sous pression, à prendre des décisions d'une façon autonome.

▼

TABLEAU 2.9
La relation entre les outils et les critères de sélection (suite)

Outil de sélection	Critères de sélection
Vérification des références	Habiletés à établir une relation de confiance avec le client, à négocier avec les clients. Capacité d'enregistrer les paiements à l'aide du logiciel Fortune 1000.
Période d'essai de 30 jours	Intégration à la culture de l'entreprise et au groupe de travail. Aptitude à préparer des dossiers aux fins de poursuites judiciaires. Habileté à transmettre de l'information aux instances judiciaires. Professionnalisme. Attitude au travail.

« À la suite de l'annonce d'offre d'emploi (voir la figure 2.3), j'ai reçu 75 curriculum vitæ [25]. J'ai retenu les cinq candidats ayant mérité le plus haut pointage pour une entrevue (voir la figure 2.5). Les renseignements obtenus au cours de l'entrevue m'ont permis d'éliminer deux candidats et d'en convoquer trois à une même séance d'appréciation par simulation (voir les figures 2.6 et 2.7).

« À la suite de cette évaluation, deux candidats m'ont semblé posséder les qualités requises pour le poste. Pour départager les deux candidats en lice, j'ai évalué les références de deux de leurs anciens employeurs (voir la figure 2.8). Après avoir compilé tous les renseignements obtenus sur ces deux candidats, je retiens la candiature de Gisèle Saint-Cyr pour le poste de préposée à la perception des comptes clients. Même si les résultats de Mme Saint-Cyr et de M. Julien sont presque identiques, je constate que Mme Saint-Cyr est plus motivée par la nature du poste offert. De plus, j'estime que son expérience dans le recouvrement et les litiges commerciaux dans une entreprise de distribution de même importance que la nôtre, ainsi que ses capacités personnelles et professionnelles, dont elle a su tirer profit dans toutes ses réalisations, lui permettront de remplir efficacement les exigences de ses tâches.

« Pour m'assurer de la justesse de mon choix, j'ai décidé d'engager Mme Saint-Cyr pour une période d'essai de 30 jours. À la fin de cette période, en plus d'évaluer son rendement à partir de ses résultats de travail, j'évaluerai aussi sa capacité à s'intégrer

---

25. Selon le cycle économique et la qualité de l'annonce d'offre d'emploi, ce nombre peut varier considérablement.

à la culture de l'entreprise et dans une équipe de travail, son aptitude à préparer des dossiers aux fins de poursuites judiciaires, son habileté à transmettre de l'information aux instances judiciaires, son professionnalisme et son attitude générale au travail (voir la figure 2.9). »

FIGURE 2.5
La fiche d'évaluation des curriculum vitæ

Critères de sélection	1	2	3	Total
Pondération	30	60	10	100 %
Candidats				
Julien, G.	30	55	10	95 %
Saint-Cyr, G.	30	50	10	90 %
Meunier, H.	20	45	10	75 %
Philippe, R.	20	50	10	80 %
Leblanc, H.	20	45	10	75 %
Autres candidats				< 75 %

Critères de sélection :

1. Formation.
2. Expérience.
3. Logiciel comptable.

FIGURE 2.6
La fiche d'évaluation de l'entrevue

Critères de sélection	1	2	3	4	5	6	Total
Pondération	10	20	10	20	20	20	100 %
Candidats							
Julien, G.	10	20	10	14	14	18	86 %
Saint-Cyr, G.	10	20	10	16	16	20	92 %
Meunier, H.	10	18	10	14	14	16	82 %
Autres candidats							< 75 %

Critères de sélection :

1. Bilinguisme.
2. Évaluation globale de l'expérience.
3. Maturité professionnelle.
4. Recherche du défi au travail.
5. Recherche des responsabilités au travail.
6. Attitude positive à l'égard du client.

▼

FIGURE 2.7
La fiche d'évaluation de l'appréciation par simulation

Critères de sélection	1	2	3	4	5	Total
Pondération	20	20	20	20	20	100 %
Candidats						
Julien, G.	18	20	15	18	14	91 %
Saint-Cyr, G.	18	20	15	16	16	87 %
Meunier, H.	16	18	10	16	14	78 %

Critères de sélection :

1. Habileté à analyser des dossiers.
2. Habileté à résoudre des problèmes selon une approche axée sur le client.
3. Habileté à communiquer avec les clients.
4. Habileté à travailler sous pression.
5. Habileté à prendre des décisions d'une façon autonome.

FIGURE 2.8
La fiche d'évaluation des références

Critères de sélection	1	2	3	Total
Pondération	40	50	10	100 %
Candidats				
Julien, G.	35	50	10	95 %
Saint-Cyr, G.	38	50	10	98 %

Critères de sélection :

1. Habileté à établir une relation de confiance avec le client.
2. Habileté à négocier avec les clients.
3. Capacité d'enregistrer les paiements à l'aide du logiciel Fortune 1000.

FIGURE 2.9
La fiche d'évaluation de la période d'essai

Critères de sélection	1	2	3	4	5	Total
Pondération	30	20	10	20	25	100 %
Candidats						
Saint-Cyr, G.						

Critères de sélection :

1. Intégration à la culture de l'entreprise et au groupe de travail.
2. Aptitude à préparer des dossiers aux fins de poursuites judiciaires.
3. Habileté à transmettre de l'information aux instances judiciaires.
4. Professionnalisme.
5. Attitude au travail.

Sous-étape 3 : la prise de décision

À chacune des étapes du processus de sélection, le superviseur a dû décider s'il retenait ou écartait le candidat[26].

Chaque fois, il a dû analyser l'information obtenue à l'aide des critères de sélection choisis. Il a alors traité l'information et analysé le profil du candidat par rapport au poste offert et à l'environnement de travail. À titre de recruteur, il a joué le rôle d'intermédiaire entre l'entreprise et le candidat.

A-t-il pris une décision impartiale ? A-t-il mis de côté ses préjugés et les stéréotypes ? A-t-il prêté attention à l'effet de halo, qui consiste à porter un jugement global sur la personne à partir d'une seule de ses caractéristiques ? S'est-il méfié de l'effet de miroir (la recherche de candidats qui lui ressemblent) ? de la première impression ?

A-t-il considéré le fait que l'ordre des rencontres des candidats peut influer sur sa décision d'embauche ? En effet, il a été démontré que le dernier candidat à passer en entrevue a plus de chances d'être engagé que le premier. Des études ont aussi établi que, selon l'horloge biologique de l'intervieweur, le moment de la journée où a lieu l'entrevue joue sur sa prise de décision (Franco, 1990, p. 10).

A-t-il analysé les faits objectivement, non pas à travers le prisme de son propre système de valeurs mais plutôt à la lumière de l'analyse des tâches et des critères de sélection ?

Si le superviseur a répondu *oui* à toutes ces questions, il s'est probablement prémuni contre les erreurs généralement commises quand on porte un jugement sur un candidat. Toutefois, personne n'étant à l'abri d'une erreur de jugement, l'expérience du superviseur et de l'équipe responsable de l'embauche sera déterminante quant au choix d'un bon candidat.

2.4 LA NON-DISCRIMINATION DANS L'EMPLOI

Le superviseur est souvent appelé, au cours du processus d'embauche, à scruter la vie professionnelle et les caractéristiques psychologiques des candidats ; il doit cependant prêter une attention particulière **aux intrusions qu'il pourrait faire dans leur vie privée**.

La Direction des communications de la Commission des droits de la personne du Québec a publié un guide[27] d'interprétation de la *Charte des droits et libertés de la personne* du Québec relativement au processus de recrutement et de sélection. Ce guide, qui spécifie ce qui est permis ou interdit en matière de préférence, d'exclusion ou de distinction dans l'embauche de nouveaux employés, sert surtout à éviter la discrimination dans l'emploi.

---

26. Il est recommandé d'envoyer une lettre de refus aux candidats non retenus. À l'annexe 3, nous proposons deux exemples de lettres de refus, l'une faisant suite à l'étude du curriculum vitæ et l'autre faisant suite à l'entrevue.

27. Commission des droits de la personne et des droits de la jeunesse, *Mieux gérer en toute équité.* Vous pouvez aussi consulter : *Que se passe-t-il quand vous déposez une plainte à la Commission des droits de la personne ?* (1991), *Les enquêtes en vertu de la* Charte des droits et libertés de la personne (2000) et le site Web de la Commission des droits de la personne et des droits de la jeunesse : <http://www.cdpdj.qc.ca>.

L'article 10 de la _Charte des droits et libertés de la personne_ décrit les motifs illégaux de discrimination au moment de l'embauche :

- **La race et la couleur.** Il est recommandé de ne pas demander de joindre une photographie à la demande d'emploi[28] ;

- **Le sexe.** Toute question portant sur le sexe peut être jugée discriminatoire ;

- **La grossesse.** Les questions suivantes sont à éviter : « Êtes-vous enceinte ? », « Avez-vous l'intention d'avoir des enfants ? » Toutefois, le superviseur peut s'assurer que la candidate sera disponible pendant toute la durée du contrat si celui-ci est de courte durée ;

- **L'orientation sexuelle.** Il ne faut pas chercher à connaître l'orientation sexuelle du candidat ;

- **L'état civil.** Il faut s'abstenir de poser les questions suivantes : « Êtes-vous marié, séparé ou divorcé ?[29] », « Quels sont le nom et l'occupation de votre conjoint ? », « Combien de personnes avez-vous à votre charge ?[30] », « Avez-vous un lien de parenté avec une personne au service de l'entreprise ? », « Qui doit-on prévenir en cas d'accident ? » ;

- **L'âge.** Toutes les questions qui peuvent révéler l'âge du candidat sont interdites, soit la date de naissance, le numéro d'assurance-maladie, le numéro du permis de conduire[31], etc. ;

- **La religion.** On ne peut pas poser de questions touchant la religion ;

- **Les convictions politiques.** Toute question susceptible de dévoiler les convictions politiques du candidat est interdite ;

- **La langue.** On peut s'assurer que le candidat possède la compétence linguistique requise par l'emploi, sans pour autant lui demander quelle est sa langue maternelle ;

- **L'origine ethnique ou nationale.** On peut vérifier si le candidat a le droit de travailler au Québec, mais on ne doit pas lui poser de questions sur son lieu de naissance ou ses résidences antérieures ;

- **La condition sociale.** Aucune question ne peut être posée sur la situation financière du candidat ;

---

28. Mais il est correct de le faire après l'embauche pour identification.

29. Par contre, vous pouvez poser les questions suivantes : « Accepteriez-vous un déplacement dans une autre localité ? », « Seriez-vous disposé à voyager ? »

30. Après l'embauche, on peut poser cette question à des fins fiscales (déductions à la source).

31. Après l'embauche, cette information est utile pour les assurances.

■ **Le handicap.** On ne peut pas questionner le candidat sur son état de santé, ses hospitalisations antérieures ou ses accidents au travail, ou lui demander s'il doit utiliser un moyen pour pallier un handicap.

De plus, en vertu de l'article 18.2 de la *Charte des droits et libertés de la personne*, un superviseur ne peut pas refuser d'embaucher un candidat qui a été déclaré coupable d'une infraction pénale ou criminelle si cette infraction n'a aucun lien avec l'emploi sollicité ou si le candidat a obtenu le pardon.

Enfin, le superviseur doit s'assurer que toutes les questions posées au moment des entrevues, et surtout celles contenues dans les formulaires de demande d'emploi et dans l'annonce d'offre d'emploi, sont en lien direct avec l'emploi et conformes à la *Charte des droits et libertés de la personne* du Québec. Il doit tenir compte de l'aspect juridique, certes, mais aussi, et surtout, du droit des individus à leur vie privée. Toutefois, il est à noter qu'après l'embauche l'employeur a le droit de poser certaines questions destinées à compléter le dossier personnel de l'employé (voir l'annexe 2).

RÉSUMÉ

Le choix de bons candidats joue un rôle déterminant dans la bonne marche d'une entreprise. C'est pour cette raison que le superviseur doit accorder une grande attention au processus d'embauche. C'est en en observant toutes les étapes qu'il pourra s'entourer d'employés compétents qui l'aideront à atteindre les objectifs de son service, qui s'intégreront facilement à leur emploi, à leur milieu de travail, et qui seront ouverts à la culture et à la mission de l'entreprise.

Il est donc essentiel que les bonnes décisions soient prises à l'une ou l'autre des trois étapes du processus d'embauche :

■ À l'étape 1 : la préparation au processus d'embauche, soit la planification des besoins en ressources humaines (sous-étape 1), l'analyse du poste à combler (sous-étape 2) et le choix des critères de sélection (sous-étape 3) ;

■ À l'étape 2 : le processus de recrutement, soit le choix entre les sources internes et externes de recrutement pour attirer les candidats qui, compte tenu de leurs compétences personnelles, sont potentiellement intéressants pour l'entreprise et potentiellement intéressés par le poste ;

■ À l'étape 3 : le processus de sélection, soit le choix des outils de sélection pour recueillir le plus de renseignements possible sur les compétences personnelles du candidat (sous-étape 1), l'évaluation des compétences personnelles à l'aide des critères de sélection (sous-étape 2) et la décision d'embaucher le meilleur candidat, c'est-à-dire celui qui peut et veut répondre aux exigences du poste offert (sous-étape 3).

RÉSUMÉ GRAPHIQUE
Le processus d'embauche du personnel

ÉTAPE 1
La préparation au processus d'embauche

SOUS-ÉTAPE 1　PLANIFIER LES BESOINS EN RESSOURCES HUMAINES

Quel poste offrir ? À quelle date ? Combien de personnes engager ? Engager n'est pas toujours la solution privilégiée. On a souvent recours à des palliatifs, tels que la réorganisation des postes du service, la redistribution des tâches et le remplacement des employés.

SOUS-ÉTAPE 2　ANALYSER LE POSTE

Le superviseur détermine les objectifs, les responsabilités, les tâches, les étapes de réalisation du travail, les conditions de travail, les compétences acquises et à acquérir pour réaliser avec succès le travail et le plan de carrière associé au poste offert.

SOUS-ÉTAPE 3　CHOISIR LES CRITÈRES DE SÉLECTION

Pour chaque compétence organisationnelle requise par le poste, le superviseur définit les compétences personnelles recherchées chez le candidat. Ces compétences seront analysées et évaluées à l'aide de critères de sélection (savoir, savoir-faire, savoir-être, savoir-interagir), qui, en tant qu'indicateurs de réussite, permettent de prédire la performance au travail des candidats.

ÉTAPE 2
Le processus de recrutement

SOURCES INTERNES DE RECRUTEMENT
Le recrutement interne s'effectue auprès des employés de l'entreprise par voie de promotion, de rappel (dans le cas de mises à pied) ou de mutation, de transfert, de rotation de poste.

SOURCES EXTERNES DE RECRUTEMENT
Le superviseur peut utiliser les différentes sources externes de recrutement suivantes : les employés au service de l'entreprise, les médias écrits, les bureaux de placement, les établissements d'enseignement, le réseau Internet, les offres de service, les salons de recrutement.

ÉTAPE 3
Le processus de sélection

SOUS-ÉTAPE 1　CHOISIR LES OUTILS DE SÉLECTION

Le superviseur peut utiliser différents outils de sélection, tels que le curriculum vitæ et le formulaire de demande d'emploi, l'appréciation par simulation, les tests, les références, l'examen médical, l'entrevue, la période d'essai, la graphologie.

SOUS-ÉTAPE 2　PRÉPARER LES FICHES D'ÉVALUATION

Le superviseur met en relation les outils et les critères de sélection.

SOUS-ÉTAPE 3　CHOISIR LE MEILLEUR CANDIDAT

Le superviseur traite et analyse l'information obtenue objectivement à la lumière de l'analyse des tâches et des critères de sélection. Il s'efforce de prendre une décision impartiale, il met de côté ses préjugés et les stéréotypes, il prête attention à l'effet de halo, il se méfie de l'effet de miroir, de la première impression, il prête une attention particulière aux intrusions qu'il pourrait faire dans la vie privée des candidats dans le respect de la Charte des droits et libertés de la personne.

EXERCICES LIÉS À LA CONNAISSANCE

Termes et concepts à définir

1. Compétence organisationnelle.
2. Compétence personnelle au travail.
3. Travailleur autonome.
4. Salarié.
5. Description des tâches.
6. Critères de sélection.
7. Outils de sélection valides, fidèles et qui permettent la corrélation.
8. Fiches d'évaluation.
9. Effet de halo.
10. Effet de miroir.

Questions à développement

1. Qu'est-ce qu'un meilleur candidat à un poste offert ?
2. Qu'est-ce qu'un employé compétent pour l'entreprise moderne ?
3. Quels sont les risques potentiels reliés à l'embauche d'une personne surqualifiée ou sous-qualifiée pour un poste donné ?
4. Énumérez les étapes et les sous-étapes du processus d'embauche du personnel.
5. En quoi la planification des besoins en main-d'œuvre est-elle nécessaire pour se préparer au processus d'embauche ?
6. En quoi l'analyse du poste est-elle nécessaire pour se préparer au processus d'embauche ?
7. Expliquez la correspondance qui existe entre les tâches, les compétences organisationnelles et les critères de sélection.
8. Le recrutement permet déjà une présélection des candidats. Expliquez.
9. Décrivez les principales sources de recrutement.
10. « Le choix de la source de recrutement dépend de la nature du poste à combler, du budget et du temps alloué. » Expliquez cette affirmation à l'aide d'un exemple.
11. Décrivez les principaux outils de sélection.
12. Quelle différence y a-t-il entre la période d'essai et les autres outils de sélection ?
13. Expliquez la correspondance qui existe entre les tâches, les compétences organisationnelles, les critères de sélection et les outils de sélection.
14. Pour réussir une entrevue de sélection, il faut respecter certaines règles. Nommez-en cinq.
15. Quels sont, dans un contexte d'embauche, les motifs de discrimination en vertu de la *Charte des droits et libertés de la personne* du Québec ?

EXERCICES DE COMPRÉHENSION

1. Donnez un exemple d'une compétence organisationnelle qu'un représentant commercial d'une entreprise de fabrication d'articles et de vêtements de sport doit posséder pour accomplir la tâche suivante : présenter un rapport trimestriel de l'état du marché et de la concurrence.

2. Donnez un exemple de correspondance entre la compétence organisationnelle découlant des tâches d'un représentant commercial et les critères de sélection. Pour ce faire, remplissez le tableau 2.10.

TABLEAU 2.10
La correspondance entre les tâches,
les compétences organisationnelles et les critères de sélection

Tâches	Accueillir les clients. Déterminer les besoins des clients. Promouvoir les produits offerts par l'entreprise. Répondre aux besoins des clients. Conclure la vente.
Compétence organisationnelle	Accomplir les activités de représentation commerciale dans le cadre de l'approche client et du code d'éthique de l'entreprise.
Compétences personnelles	Critères de sélection :
Savoir	Connaissances théoriques : Connaissances professionnelles : Connaissances distinctives théoriques (ou acquises en cours d'emploi) :
Savoir-faire	Capable de :
Savoir-être	Attitude / Motivation :
Savoir-interagir	Capable de :

3. Donnez un exemple de renseignements que l'on peut trouver en utilisant les outils de sélection suivants pour combler le poste de cariste : le curriculum vitæ, la première entrevue, les références, le test de capacités, l'appréciation par simulation et l'examen médical.

▼

4. En vous basant sur l'analyse du curriculum vitæ de Gisèle Saint-Cyr (voir la figure 2.4), dites si vous la convoqueriez à une entrevue. Justifiez votre décision.

5. Un employeur a-t-il le droit de poser les questions suivantes ? Justifiez votre réponse en vous référant aux articles 10, 11, 16, 18 et 20 de la *Charte des droits et libertés de la personne* du Québec. Pour ce faire, consultez le site Web suivant : <www.cdpdj.qc.ca>.

   ■ Avez-vous le droit de travailler au Québec ?

   ■ Avez-vous un handicap exigeant une adaptation de l'environnement de travail à votre situation ?

   ■ Où avez-vous obtenu votre diplôme d'études secondaires ?

   ■ À quel moment avez-vous obtenu votre diplôme d'études secondaires ?

   ■ Quelles langues étrangères parlez-vous ?

   ■ Combien d'enfants avez-vous ?

   ■ Quels types d'arrangements avez-vous pris pour faire garder vos enfants ?

   ■ Connaissez-vous une personne qui travaille déjà dans l'entreprise ?

   ■ Si vous êtes appelé à déménager dans le cadre de votre emploi, quelle sera la réaction de votre conjoint ?

   ■ Est-ce que votre situation familiale vous empêche de faire des voyages d'affaires ?

   ■ Seriez-vous disponible pour voyager dans le cadre de vos fonctions ?

   ■ Participez-vous à des activités d'associations sociales ?

   ■ Quel est le numéro de votre permis de conduire ?

   ■ Quelle est votre citoyenneté ?

   ■ Avez-vous déjà eu des problèmes de santé reliés à une grossesse ?

   ■ Pouvez-vous travailler le dimanche, le samedi et le vendredi ?

   ■ Possédez-vous une voiture ?

   ■ Pourriez-vous disposer d'une voiture pour vous rendre à votre emploi ?

   ■ Quel est votre état de santé physique ?

   ■ Quel est votre numéro d'assurance sociale ?

6. Un employeur a-t-il le droit de faire les affirmations suivantes ? Justifiez votre réponse en vous référant à la *Charte des droits et libertés de la personne* du Québec. Pour ce faire, consultez le site Web suivant : <www.cdpdj.qc.ca>.

   ■ « Désolé, mais compte tenu de notre mission, nous désirons engager une femme. »

   ■ « Je ne peux vous engager, car vous ne possédez pas le diplôme d'études demandé. »

   ■ « Je ne peux vous engager, car vous avez déjà été arrêté pour possession de drogue. »

EXERCICES DE TRANSFERT

1. Analysez une offre d'emploi annoncée dans un journal ou une revue. Pour ce faire, mettez en évidence les éléments que doit généralement contenir une offre d'emploi et, le cas échéant, énumérez ceux qui manquent.

2. Combien coûte, dans un journal local, l'annonce d'offre d'emploi donnée en exemple à la figure 2.3 ?

3. Nommez le site Web d'une entreprise qui présente son service du personnel.

4. Présentez le site Web d'un bureau spécialisé dans le placement de personnel.

5. En vous référant à la *Classification nationale des professions,* présentée dans le site Web <www23.hrdc-drhc.gc.ca>, déterminez les compétences personnelles requises pour occuper le poste de commis au crédit et au recouvrement.

6. Quelle information sur l'emploi pouvez-vous obtenir à partir des sites Web suivants ?

   ■ <http://www.statcan.ca> ;

   ■ <http://www.hrdc-drhc.gc.ca> ;

   ■ <http://www.stat.gouv.qc.ca> ;

   ■ <http://www.mess.gouv.qc.ca>.

7. Résumez le guide *Recruter par Internet* présenté à l'adresse électronique suivante :

   <http://emploi-quebec.gouv.qc.ca>.

8. Quels recours un candidat se considérant victime de discrimination au moment de l'embauche peut-il avoir en vertu de la *Charte des droits et libertés de la personne* du Québec ? Pour cet exercice, consultez le site Web suivant : <http://www.cdpdj.qc.ca>.

9. Regroupez-vous en équipe de trois. Un membre de l'équipe de travail décrit à ses collègues l'emploi qu'il occupe. Ces derniers font l'analyse de l'emploi (à l'aide du questionnaire suggéré à la figure 2.1), définissent les compétences organisationnelles requises pour occuper ce poste et les principaux critères de sélection qui serviront à analyser et à évaluer les compétences personnelles des candidats.

EXERCICES D'APPLICATION[32]

La compagnie Tripalium est une entreprise familiale située dans la banlieue nord-est de Montréal. Elle a été fondée, il y a cinq ans, par Ephrem Jodoin junior. Elle fabrique et vend des pédalos, des canots de rivière et de mer, de l'équipement de sports d'hiver (skis, bottes, bâtons, planches à neige, raquettes, etc.), des planches à roulettes et des patins à roues alignées. Le chiffre d'affaires du dernier exercice financier de l'entreprise s'élevait à 25 millions de dollars. Les ventes se font surtout au Québec (60 %), aux États-Unis (35 %) et en Ontario (5 %).

32. Il est recommandé que les exercices d'application se fassent par équipes de trois élèves.

▼

Les ressources humaines de l'entreprise sont réparties entre les différents services de la façon suivante :

■ Le service de la production est sous la responsabilité d'Armand Haddad. La fabrication des produits est prise en charge par huit équipes de production comptant chacune un contremaître et cinq employés : trois équipes sont assignées à la fabrication de l'équipement de sports d'hiver, trois autres, à la fabrication de pédalos et de canots, et deux, à la fabrication des planches à roulettes et des patins à roues alignées ;

■ Serge Belmard est l'acheteur et Mireille Valcourt, son adjointe ;

■ Sylvie Sanchez est la responsable de l'entrepôt et Bill Torr, son adjoint ;

■ Le service du marketing est sous la responsabilité de Roberto Ryalto, qui dirige deux préposées au service à la clientèle et six représentants commerciaux, dont trois dans la province de Québec, deux aux États-Unis et un dans les autres provinces du Canada ;

■ Le service de la comptabilité est sous la responsabilité de Diane Saint-Amour ; ce service est en cours de restructuration.

1. La planification des besoins en ressources humaines du service de la comptabilité de l'entreprise Tripalium

Diane Saint-Amour vous demande de déterminer et de définir, à l'aide du tableau 2.11, les postes qui composeront le service de la comptabilité. Elle vous précise que la semaine de travail est de 37 h 30 min et qu'elle ne veut embaucher que du personnel à temps plein.

TABLEAU 2.11
*Les tâches relevant du service de la comptabilité
en fonction des heures de travail par semaine*

Tâche	Heures / semaine
Tient à jour les rapports des présences, des congés et des heures supplémentaires des employés.	2 h 30 min
Effectue le suivi des comptes fournisseurs.	6 h 30 min
Dactylographie la correspondance, les rapports, les procès-verbaux et autres documents au moyen d'un logiciel de traitement de texte.	18 h
Remplit les formulaires de versements des acomptes provisionnels.	1 h
Fait le rappel des créances.	2 h
Traite le courrier.	3 h
Produit les budgets au moyen d'un tableur électronique.	3 h 30 min
Approuve le crédit.	1 h
Remplit les formulaires pour le calcul de la TPS et de la TVQ.	1 h

▼

TABLEAU 2.11
Les tâches relevant du service de la comptabilité
en fonction des heures de travail par semaine (suite)

Tâche	Heures / semaine
Remplit les documents nécessaires à l'administration des avantages sociaux.	2 h
Effectue le recouvrement des comptes clients nationaux et internationaux.	5 h
Concilie le registre des paies et les relevés bancaires.	3 h
Tient à jour le système de classement des documents.	6 h
Assure le suivi des comptes clients nationaux et internationaux.	12 h
Remplit les formulaires des retenues à la source.	1 h
Fait les rapprochements bancaires.	4 h
Rédige des rapports sur l'état des comptes clients.	15 min
Effectue les démarches d'enquête sur le crédit de tout nouveau client.	2 h
Prépare les dépôts bancaires.	1 h
Effectue les dépôts bancaires.	1 h 30 min
Met à jour les dossiers des clients.	15 min
Calcule les salaires nets et bruts d'après les feuilles de présence.	2 h
Enregistre par traitement informatique le paiement des clients.	1 h 30 min
Organise et prépare les réunions du service.	2 h
Rédige des rapports sur l'état des comptes fournisseurs.	15 min
Utilise les conditions avantageuses de paiement des comptes fournisseurs.	2 h
Obtient l'autorisation du directeur du service pour le paiement des comptes fournisseurs.	30 min
Prépare et expédie les chèques pour le paiement des comptes fournisseurs.	1 h 30 min
Prépare la balance de vérification des comptes.	4 h
Classe les pièces justificatives.	3 h
Expédie les états de compte aux clients.	1 h
Met à jour les dossiers fournisseurs.	15 min
Imprime tous les journaux et les grands livres comptables.	1 h 30 min
Enregistre les transactions courantes en utilisant un système de tenue de livre informatisé.	15 h
Imprime les rapports statistiques concernant les opérations financières.	1 h 30 min

▼

2. L'embauche d'un adjoint au responsable des achats

Mireille Valcourt, l'adjointe au responsable des achats, présente sa démission à son superviseur, Serge Belmard. Ce dernier doit remplacer son employée démissionnaire.

À partir de la liste des tâches présentée dans l'encadré ci-dessous, vous avez le mandat d'enclencher et de mener à bien le processus d'embauche, c'est-à-dire d'engager le meilleur candidat au poste d'adjoint au responsable des achats.

Pour simuler des entrevues d'embauche :

- vous préparez une offre d'emploi qui doit paraître sous forme d'annonce et vous l'affichez en classe ;

- vous consultez l'annexe 4, où sont présentés quatre profils de candidats pour le poste d'adjoint au responsable des achats, dont un vous sera attribué. Pour jouer votre rôle, servez-vous du scénario proposé pour participer au processus d'embauche, par exemple pour préparer un curriculum vitæ et poser votre candidature, pour passer les entrevues, etc. ;

- vous étudiez les curriculum vitæ des candidats et vous convoquez en entrevue ceux qui répondent à vos critères de sélection ;

- vous justifiez chacune de vos décisions ;

- vous n'oubliez pas d'envoyer les lettres de refus aux candidats non retenus.

Liste des tâches de l'adjoint au responsable des achats

- *Prépare et expédie les bons de commande au moyen d'un logiciel EDI (échange de documents informatisés).*

- *Assure le suivi et la relance des commandes.*

- *Règle les problèmes d'articles manquants, de non-conformité de la qualité et les autres problèmes de livraison.*

- *Communique avec les fournisseurs pour résoudre le problème des erreurs de livraison.*

- *Prépare les notes de crédit pour les retours de marchandises.*

- *S'occupe de l'archivage des documents.*

3. L'embauche d'un représentant commercial

Ernest Bibiane, représentant commercial pour la grande région de Montréal, a été nommé responsable des ventes au Mexique. Roberto Ryalto, le responsable du service du marketing, a un mois pour le remplacer.

▼

À partir de la liste des tâches présentée dans l'encadré ci-dessous, vous avez le mandat d'enclencher et de mener à bien le processus d'embauche, c'est-à-dire d'engager le meilleur candidat au poste de représentant commercial.

Pour simuler des entrevues d'embauche :

- vous préparez une offre d'emploi qui doit paraître sous forme d'annonce, et vous l'affichez en classe ;

- chaque étudiant prépare un curriculum vitæ et pose sa candidature au poste offert. Tous les étudiants participent au processus d'embauche ;

- vous étudiez les curriculum vitæ des candidats et vous convoquez en entrevue ceux qui répondent à vos critères de sélection ;

- vous justifiez chacune de vos décisions ;

- vous n'oubliez pas d'envoyer les lettres de refus aux candidats non retenus.

Liste des tâches du représentant commercial

- *Fait la prospection de nouveaux clients et de nouveaux marchés.*
- *Visite les clients afin de les renseigner sur les différentes caractéristiques des produits offerts.*
- *Rédige le contrat de vente.*
- *Assure le suivi après-vente.*
- *Se renseigne sur l'état du marché, sur la concurrence et sur les innovations technologiques.*
- *Rédige un rapport mensuel sur le niveau de satisfaction des clients et sur leurs besoins de nouveaux produits.*

4. L'embauche de personnel pour le compte d'une entreprise

Vous avez le mandat d'engager du personnel pour le compte d'une entreprise de votre choix. Prévoyez un minimum de 15 heures pour mener à bien ce travail pratique.

Rappelez-vous qu'un processus d'embauche comprend les trois étapes suivantes :

- Étape 1 : la préparation au processus d'embauche :
  - Sous-étape 1 : la planification des besoins en ressources humaines ;
  - Sous-étape 2 : l'analyse du poste à combler ;
  - Sous-étape 3 : la détermination du profil du meilleur candidat ;
- Étape 2 : le processus de recrutement ;
- Étape 3 : le processus de sélection :
  - Sous-étape 1 : le choix des outils de sélection ;
  - Sous-étape 2 : la préparation des fiches d'évaluation ;
  - Sous-étape 3 : la prise de décision.

EXERCICES D'ANALYSE ■ ■ ■ ■ ■

1. La famille Sunmore

Les sœurs Émilie et Jeanne Sunmore ainsi que leur frère Yul ont fondé, il y a cinq ans, une entreprise de confection de vêtements haut de gamme pour enfants.

Au début, ils effectuaient toutes les tâches : recherche de fournisseurs et de distributeurs, création et fabrication des vêtements, gestion stratégique et opérationnelle de l'entreprise, etc.

Actuellement, l'entreprise emploie 50 employés à la fabrication. Yul Sunmore est chargé de la création de la gamme de vêtements, Émilie, du marketing, et Jeanne, de la gestion des opérations de l'entreprise et de la comptabilisation des transactions commerciales.

N'ayant plus le temps de s'occuper de la tenue de livres, Jeanne Sunmore, avec l'accord de sa sœur et de son frère, décide d'engager une personne capable de remplir cette tâche. Elle fait alors paraître, dans un quotidien national à fort tirage, l'annonce suivante :

Sunmore, une entreprise de confection de vêtements pour enfants, recherche une personne capable de s'occuper de sa comptabilité.

Si vous êtes une jeune femme dynamique, faisant preuve de leadership, capable de travailler en équipe et sous pression, diplômée en comptabilité, possédant plusieurs années d'expérience dans le domaine et à l'aise avec l'environnement Microsoft Office, veuillez, s'il vous plaît, faire parvenir votre c.v. par télécopieur au numéro (819) 759-6000.

P.-S. : Nous communiquons seulement avec les personnes sélectionnées en entrevue.

Durant toute la semaine qui a suivi l'annonce de l'offre d'emploi, le télécopieur n'a pas cessé de fonctionner, à un point tel que Jeanne Sunmore a été obligée de le débrancher.

Découragés devant la lourdeur de la tâche et les 550 curriculum vitæ reçus, les Sunmore se sont rencontrés le vendredi soir et ont décidé d'engager leur nièce Sophie en se disant : « De toute façon, si elle fait des erreurs, notre comptable, qui vérifie nos livres tous les mois, les corrigera. Il est payé pour ça ! »

Analysez le processus d'embauche de la famille Sunmore.

2. Danielle, Richard, André et les autres

« Danielle, ce soir à 18 h, on a une entrevue à faire passer à la remplaçante de Louis. Je n'ai personne d'autre que toi et André. J'aimerais que tu sois là », dit Richard Pouliot à sa collègue Danielle Achaoui.

« Ai-je le choix ? » demande celle-ci.

« Pas tellement ! Elle commence son travail à 19 h et la convention collective exige que l'embauche de tout nouvel employé soit approuvée par un comité de sélection formé de trois chefs d'équipe. Ce ne sera pas long ! Quinze minutes, maximum ! » lui répond son collègue.

▼

▼

À 18 h 15, le comité de sélection est prêt à recevoir en entrevue Louise Grenache, la seule et unique candidate en remplacement de Louis Bernaché, qui est en congé de maladie depuis deux semaines, et pour une période de six mois. André Ayotte se penche alors vers Richard Pouliot et lui demande en chuchotant presque : « On l'engage pour faire quoi, exactement ? » Danielle Achaoui, ayant entendu la question, se penche à son tour vers ses deux collègues et leur demande : « C'est vrai, les gars, on l'engage pour quoi ? »

Agacé, Richard Pouliot leur répond : « Oh, écoutez ! C'est juste un remplacement. Faites-moi confiance, je la connais. Bon ! On l'appelle ? »

« O.K. », dit André Ayotte, résigné.

Mais Danielle Achaoui est embarrassée :

« Vous savez qu'après deux remplacements l'employé a automatiquement priorité sur l'ouverture d'un poste permanent, selon l'article 5.4.25 de la convention collective. »

« Tu compliques toujours tout, Danielle ! Il n'y aura pas de poste permanent », tranche Richard Pouliot.

Analysez la façon dont le comité de sélection s'y prend pour remplacer temporairement Louis Bernaché.

ANNEXE 1
L'embauche de salariés ou le recours à des contractuels

Une fois les besoins en ressources humaines circonscrits, une question se pose. Elle se pose d'ailleurs de plus en plus aux entreprises, compte tenu de l'état actuel du marché du travail et de la situation économique en général. Doit-on engager des salariés ou plutôt faire appel à des contractuels ? Se poser cette question, c'est s'interroger sur la différence entre le statut d'un salarié et celui d'un contractuel.

Les articles 2085 à 2097 du *Code civil du Québec* (C.C.Q.) traitent du contrat du travail. Selon l'article 2085 du C.C.Q., « le contrat de travail est celui par lequel une personne, le salarié, s'oblige, pour un temps limité et moyennant rémunération, à effectuer un travail sous la direction ou le contrôle d'une autre personne, l'employeur ». Et l'article 2086 du C.C.Q. précise que « le contrat de travail est à durée déterminée ou indéterminée ».

À la lumière de ces deux articles, nous distinguons quatre éléments caractérisant le statut de salarié :

1. Il s'engage à travailler pour un employeur moyennant rémunération ;

2. Il se place sous la subordination juridique de son employeur, c'est-à-dire qu'il s'engage à obéir aux directives de travail de son employeur lorsqu'il lui signifie quoi faire, où le faire et quand le faire ;

3. Il est soumis à des obligations contractuelles au même titre que l'employeur. Essentiellement, l'employeur doit fournir du travail à son salarié, lui montrer comment le faire, le rémunérer et assurer sa santé et sa sécurité. Quant au salarié, il doit se présenter au travail, prendre tous les moyens à sa disposition pour bien faire son travail, obéir aux directives de travail de son employeur et lui être loyal ;

4. Il peut se prévaloir de lois, normes, codes et règlements pour faire respecter ses droits.

Le travailleur autonome offre ses services à titre d'entrepreneur. C'est un contrat qui le lie à son client. L'article 2098 du C.C.Q. définit le contrat d'entreprise comme étant « celui par lequel une personne, selon le cas l'entrepreneur ou le prestataire de services, s'engage envers une autre personne, le client, à réaliser un ouvrage matériel ou intellectuel ou à fournir un service moyennant un prix que le client s'engage à payer ».

L'obligation du client consiste alors à payer au travailleur autonome des honoraires en échange de ses services. Le client n'a pas à cotiser pour ce dernier à un régime d'assurances collectives ni aux régimes publics, n'a pas à lui accorder de vacances, ne s'engage pas à lui fournir du travail, ni les outils de travail, etc. Le contractuel ne profite donc d'aucune garantie et d'aucune protection, mais il a la liberté de son horaire de travail, des méthodes de travail, du choix de ses clients, etc.

Voici quelques avantages et inconvénients que présente pour l'entreprise le fait d'avoir recours à des contractuels :

Les avantages :

- Le contractuel répond à un besoin ponctuel de main-d'œuvre de la part de l'entreprise ;

- Il coûte moins cher qu'un salarié et ne représente pas une charge économique à long terme ;

- Il apporte un savoir-faire, une expertise, des expériences et des idées nouvelles ;

- Il apporte une vision externe à la résolution d'un problème qui n'est pas « contaminée » par le quotidien et l'aspect opérationnel de l'entreprise ;

- Il est flexible ;

- Il peut exécuter des tâches qu'aucun membre du personnel ne peut ou ne veut faire.

Les inconvénients :

- Le contractuel peut avoir un système de valeurs différent de celui de l'entreprise ;

- Il ne peut pas toujours compter sur le soutien social et professionnel d'un groupe de travail ;

- Il ne participe pas à la vie de l'entreprise ;

- Il ne nourrit pas nécessairement un sentiment d'appartenance envers l'entreprise ;

- N'ayant pas de plan de carrière au sein de l'entreprise, il peut se sentir moins impliqué dans la réalisation de la mission et des objectifs de l'entreprise ;

- Il n'est pas toujours disponible, il va souvent vers le plus offrant.

Le document *Questionnaire pour la détermination du statut de salarié ou de travailleur autonome* permet de déterminer le statut de la personne embauchée. Vous trouverez ce document dans le site Web suivant : <www.revenu.gouv.qc.ca/fr/ formulaires/rr/rr-65_a.asp>. Pointez les rubriques :

- Déclaration de revenus ;

- Les publications et formulaires ;

- Les formulaires ;

- Sociétés de personnes ;

- Autres formulaires ;

- RR-65.A (99-01).

ANNEXE 2
Le dossier de l'employé, système d'information sur les ressources humaines

Le dossier de l'employé peut contenir les renseignements suivants :

- Renseignements personnels : l'adresse, le numéro de téléphone, l'âge, l'état civil, le nombre de personnes à charge, la personne à prévenir en cas d'urgence, le numéro d'assurance sociale, l'état de santé, les loisirs, etc. ;

- Profil externe à l'entreprise : les diplômes obtenus, l'expérience professionnelle, les fonctions occupées, le salaire antérieur, la source de recrutement (pour déterminer les meilleures sources de recrutement par catégories d'emplois), etc. ;

- Profil interne à l'entreprise : la date d'entrée en fonction, les changements de fonction par voie de mutation, de transfert ou de promotion, la formation en cours d'emploi, l'évaluation du rendement, les avis disciplinaires, les absences, les accidents de travail, les congés annuels, les congés de maladie, le profil de carrière, etc. ;

- Profil de l'emploi occupé : le service duquel relève le poste, la description des tâches, l'évaluation du poste, etc. ;

- Salaire : la classe et l'échelle du salaire de l'employé, la dernière augmentation salariale accordée, les facteurs qui déterminent les augmentations salariales, les heures de travail par semaine, les heures supplémentaires, etc. ;

- Assurances : les assurances auxquelles souscrit l'employé.

Généralement, le dossier de l'employé fait partie du système d'information sur les ressources humaines (S.I.R.H.) de l'entreprise. Comme tout système d'information, le S.I.R.H. recueille, codifie, traite et administre les données concernant les ressources humaines de l'entreprise.

En plus du dossier des employés, le S.I.R.H. renseigne sur la rémunération directe et indirecte des employés, sur le climat de travail (par exemple, le nombre et la nature des griefs, le taux d'absentéisme, la fréquence des mesures disciplinaires, des congédiements ou des démissions), sur les compétences des employés, sur la santé et la sécurité au travail (par exemple, la fréquence et la gravité des accidents), sur les caractéristiques démographiques des employés, sur la productivité des services, sur la tendance du marché du travail selon les fonctions, etc.

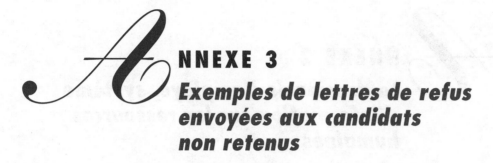

ANNEXE 3
Exemples de lettres de refus envoyées aux candidats non retenus

FIGURE 2.10
Un exemple de lettre de refus faisant suite à l'étude du curriculum vitæ

Montréal, le 16 décembre 20X7

M. Jean Duprés
2550, rue Lépine
Montréal (Québec)
H2L 2L2

Monsieur,

Nous avons reçu votre offre de service pour le poste de préposé à la perception des comptes clients.

Nous avons examiné avec attention vos compétences, mais, malgré leur grande valeur, elles ne répondent malheureusement pas entièrement à nos critères de sélection.

Nous vous remercions de l'intérêt que vous portez à notre entreprise et vous souhaitons de poursuivre avec succès votre recherche d'emploi.

Veuillez agréer, Monsieur, l'expression de nos sentiments les plus distingués.

Sylvie Pérrini
Directrice adjointe aux comptes clients

FIGURE 2.11
Un exemple de lettre de refus faisant suite à une entrevue

Montréal, le 20 décembre 20X7

Mme Henriette Leblanc
5155, rue Alexandre
Joliette (Québec)
J4A 4A4

Madame,

Nous vous remercions de l'entrevue que vous nous avez accordée le 18 décembre dernier pour le poste de préposée à la perception des comptes clients.

Même si vos compétences répondaient à nos critères de sélection, nous n'avons malheureusement pas pu retenir votre candidature. Nous avions à choisir parmi des candidats qui étaient tous de grande valeur.

Nous serions néanmoins heureux de prendre de nouveau en considération votre candidature si d'autres postes offerts par l'entreprise vous intéressaient.

Veuillez agréer, Madame, l'expression de nos sentiments les plus distingués.

Sylvie Pérrini
Directrice adjointe aux comptes clients

NNEXE 4
Le jeu de rôles pour l'exercice d'application 2 (l'embauche d'un adjoint au responsable des achats)

CANDIDAT A

Formation

- Diplôme d'études collégiales en sciences humaines (profil administration) obtenu il y a quatre ans.

- Inscrit à l'université depuis deux ans à un certificat en gestion des opérations : 10 cours réussis.

- Résultats scolaires supérieurs à la moyenne.

Expérience

- Depuis quatre ans, il travaille pour MPE, une grande entreprise de distribution de produits alimentaires. Au début, il travaillait comme adjoint au responsable de l'entrepôt ; deux ans plus tard, il a été promu au poste d'assistant au directeur des achats (promotion jugée importante compte tenu de son jeune âge). Il occupe toujours ce poste.

- Emplois d'été, par ordre chronologique (du plus récent au plus lointain) :
  - commis à l'entrepôt de l'entreprise MPE pendant deux étés ;
  - gardien de parcs municipaux ;
  - travailleur indépendant : entretien paysager.

Habiletés particulières

- Personne très douée.

- Sens de l'organisation et de la précision dans le travail.

- Sens de l'écoute et de la communication.

- Trilingue (français, anglais, espagnol).
- Très habile avec les principaux logiciels de base de données.

Traits de personnalité

Extroverti et sociable ; se pose constamment des questions existentielles de type : « Quel est le sens de la vie ? » ; très bon jugement ; très haut degré de responsabilité.

Motivation

Aime travailler en équipe ; est particulièrement attiré par le défi ; est surtout motivé par les récompenses intrinsèques à la tâche ; est attiré par des tâches variées : avec lui, il faut que ça bouge, sinon c'est la déprime.

Loisirs

Musicien (guitare) et membre d'un groupe amateur de musique.

CANDIDAT B

Formation

- Diplôme d'études professionnelles en comptabilité obtenu il y a 11 ans.
- Résultats scolaires supérieurs à la moyenne.

Expérience

- Depuis cinq ans : adjoint à la directrice des achats d'une grande entreprise de fabrication d'appareils ménagers du Québec.
- Autres postes occupés dans la même entreprise, par ordre chronologique (du plus récent au plus lointain) :
  - commis aux comptes clients (deux ans) ;
  - commis aux comptes fournisseurs (un an) ;
  - préposé au service à la clientèle (deux ans) ;
  - commis de bureau (six mois).

Habiletés particulières

- Sens élevé de la planification et de l'organisation du travail.
- Trilingue (français, anglais, espagnol).
- Très habile avec les logiciels comptables.
- Très grande capacité d'adaptation.
- Capacité à prendre des décisions.

Traits de personnalité

Introverti ; solitaire ; très ordonné ; fiable ; sens du discernement très poussé.

Motivation

Motivé par la sécurité d'emploi ; la routine dans le travail ne le déprime pas ; bien au contraire, cela le rassure ; sa devise est « ce qui mérite d'être fait mérite d'être bien fait. Sinon, on ne le fait pas ! » ; est attiré par un environnement de travail stable ; aime la comptabilité, car « il n'y a pas de surprises, puisque tout finit par balancer ».

Loisirs

La lecture, la télévision et les voyages dans le Sud.

CANDIDAT C

Formation

- D.E.C. en techniques administratives (cours du soir et par correspondance sur une période de 10 ans).
- Résultats scolaires dans la moyenne.

Expérience

- Depuis deux ans, il occupe le poste d'acheteur chez un important concessionnaire automobile. Il y a quatre mois, il a été victime d'un accident de travail : en se levant de sa chaise, il a trébuché et s'est frappé la tête sur le coin de son bureau. Résultat de l'accident : commotion cérébrale, écrasement de deux vertèbres, migraines chroniques. Il y a un mois, il a été reconnu apte à retourner au travail par la Commission de la santé et de la sécurité au travail.

- Avant d'occuper le poste d'acheteur, il a été, tour à tour :
  - gérant des comptes clients (un an) et chauffeur de taxi (le soir, pour arrondir les fins de mois, car le salaire de gérant des comptes clients ne suffisait pas à nourrir sa famille) ;
  - comptable (six ans) pour une entreprise de fabrication de portes et fenêtres. Il a été forcé de démissionner pour incompatibilité de caractère avec son nouveau supérieur ;
  - percepteur des créances douteuses (deux ans): il a été très apprécié par ses supérieurs, mais il a dû quitter son emploi, car il ne pouvait plus subir le stress du travail ;
  - vendeur de voitures d'occasion (un an) : il a démissionné, car ce n'était pas très lucratif et qu'il fallait travailler de longues heures.

Habiletés particulières

■ Sens (presque inné) de la négociation et de la persuasion.

■ Bilingue (français, anglais).

■ Capacité de communication très élevée.

■ Grande capacité à déléguer.

■ Perspicace.

Traits de personnalité

■ Extroverti ; débrouillard ; roublard.

Motivation

Motivé par le salaire et les conditions de travail ; aime le contact avec la clientèle ; est attiré par le travail varié mais simple ; met en pratique la maxime suivante : « Un minimum d'effort pour un maximum de rendement ».

Loisirs

Parier au casino de Montréal et aux courses de chevaux.

CANDIDAT D

Formation

■ D.E.C. en techniques administratives obtenu il y a trois ans.

■ Résultats scolaires supérieurs à la moyenne.

Expérience

■ Travaille depuis quatre ans au sein de l'entreprise de son père (vitrerie ayant un chiffre d'affaires de deux millions de dollars et employant huit employés).

■ S'occupe, depuis deux ans, de toute la comptabilité (comptabilité générale, comptes clients, comptes fournisseurs, paie et écritures du cycle comptable) et des achats de l'entreprise.

■ Après l'obtention de son diplôme collégial, il a voyagé pendant un an. Il a parcouru le trajet Montréal–Vancouver aller-retour à bicyclette. Pendant ce voyage, il a eu différents emplois : cueilleur de fruits, pompiste, plongeur dans un restaurant, modèle pour une école d'art.

Habiletés particulières

■ Sens élevé de la planification et de l'organisation du travail.

■ Vif d'esprit.

- Bilingue (français, anglais).
- Très habile avec les logiciels comptables.
- Capable d'établir de bonnes relations d'affaires avec les clients.

Traits de personnalité

Réservé et discret ; débrouillard ; responsable ; audacieux ; curieux.

Motivation

Aime le travail qui demande de la patience et de la minutie ; est attiré par les défis à sa mesure ; aime décortiquer un problème pour mieux le résoudre ; recherche un milieu de travail calme mais exigeant.

Loisirs

La bicyclette, le ski acrobatique et les voyages.

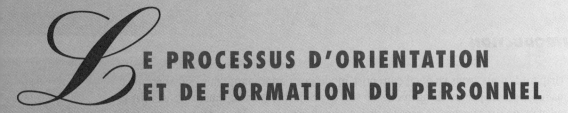

LE PROCESSUS D'ORIENTATION ET DE FORMATION DU PERSONNEL

chapitre 3

INTRODUCTION

Au chapitre 1, nous avons vu que l'entreprise moderne et **apprenante** mise sur son capital humain pour anticiper les changements de son environnement, changements causés par la mondialisation des marchés, le progrès de la technologie, la complexité des nouveaux défis de travail, l'évolution rapide des conditions des marchés, l'intensité de la concurrence, etc., et pour y répondre rapidement.

Ainsi, investir dans le savoir devient un outil stratégique permettant à l'entreprise de devenir compétitive et, surtout, de le demeurer tant sur le plan national que sur le plan international. L'entreprise s'engage alors dans une politique de formation ayant pour principal objectif l'élargissement des compétences de son personnel ainsi que sa capacité à innover.

Envisagée sous cet angle, cette formation débute alors dès l'embauche du nouvel employé et se poursuit tant et aussi longtemps que celui-ci évoluera au sein de l'entreprise.

Dans ce chapitre, notre propos portera sur les objectifs et les différents niveaux de formation, sur l'orientation des nouveaux employés et sur le processus de gestion d'un programme de formation en cours d'emploi.

3.1 LES DIFFÉRENTS NIVEAUX DE FORMATION DU PERSONNEL

Le souhait de tout superviseur est d'avoir des employés compétents[1], productifs et désireux de bien accomplir leurs tâches afin qu'ils puissent soutenir la compétitivité des autres entreprises. C'est la raison pour laquelle le superviseur doit considérer la formation de ses employés comme essentielle pour affronter les exigences actuelles et futures de leur emploi.

Par la formation, le superviseur tente alors de transformer, d'accroître ou d'étendre le savoir explicite, le savoir-faire et le savoir intégré de ses employés. Il cherche aussi à leur inculquer un savoir-être qui correspond à la culture de l'entreprise[2].

---

1. Nous avons déjà abordé ce point au chapitre 1, section 1.2.2, et au chapitre 2, section 2.1. Étant donné l'importance de ce concept, nous reprenons ici la définition d'un employé compétent : « Un employé compétent est celui qui est capable de s'adapter à différents types d'environnements de travail et, par conséquent, de transférer ses savoirs d'une situation à une autre. »

2. Savoir explicite : connaissance ; savoir-faire : habileté ; savoir intégré : capacité de saisir le sens de ses gestes et leurs fondements ; savoir-être : comportement au travail.

EXEMPLE

Les tableaux 3.1 et 3.2 illustrent des exemples de ces différents niveaux de formation.

TABLEAU 3.1
Les différents niveaux de formation portant sur l'approche client

Niveau de formation	Exemple
Savoir explicite	Décrire les différents éléments d'une communication dans un contexte d'approche client.
Savoir-faire	Résoudre le plus rapidement possible, et à sa satisfaction, les problèmes du client.
Savoir intégré	Établir un lien entre une approche client adaptée aux besoins et aux demandes des clients, et leur degré de fidélisation à l'entreprise.
Savoir-être	Adopter un comportement conforme à l'éthique professionnelle dans ses échanges avec les clients.

TABLEAU 3.2
Les différents niveaux de formation portant sur l'usinage assisté par ordinateur

Niveau de formation	Exemple
Savoir explicite	Expliquer le mode d'usinage assisté par ordinateur.
Savoir-faire	Utiliser adéquatement l'ordinateur au cours de la fabrication des boîtes de jonction.
Savoir intégré	Associer la place de la nouvelle technologie à la création de la valeur ajoutée.
Savoir-être	Adopter une attitude positive face au changement, à l'innovation et à la mise à jour continue de ses savoirs.

S'il est relativement facile pour le superviseur d'obtenir de ses employés qu'ils améliorent leurs connaissances, il n'en va pas de même lorsqu'il s'agit de leur faire acquérir de nouvelles habiletés. En effet, amener les employés à saisir le sens de leurs actions, à les situer dans un contexte de travail plus complexe et à modifier leurs comportements professionnels est une tâche encore plus ardue.

De tels degrés de difficulté s'expliquent par l'important écart qui existe entre acquérir de nouvelles connaissances, savoir les mettre en application et les utiliser à bon escient et au moment opportun. De plus, influencer les attitudes et les comportements des employés signifie être en mesure de modifier la perception de leur réalité de travail.

Or, la perception dépend de plusieurs facteurs personnels tels que le système de valeurs, le cadre de référence, le niveau de scolarité, le noyau familial, le groupe de référence, le niveau social, les priorités, les attitudes au travail, etc., sur lesquels le superviseur n'exerce pas nécessairement un contrôle.

Cependant, quels que soient ces degrés de difficulté, le superviseur doit pouvoir faire acquérir de nouvelles habiletés à ses employés pour que l'entreprise soit compétitive et réponde à la demande des marchés.

Ainsi, l'entreprise doit mettre en place une politique de formation proactive de façon à réduire ses coûts, à accélérer le temps de réponse (*time to market*), à favoriser l'amélioration continue de ses employés, à innover au chapitre de ses produits et de ses procédés (Jacob, Julien et Raymond, 1997), à améliorer ses processus (voir le chapitre 1, section 1.2), à amorcer le virage clientèle, à informatiser les postes de travail (Bouthier, 1997), etc.

3.2 LES DIFFÉRENTS PROGRAMMES DE FORMATION DU PERSONNEL

Une politique proactive de formation se traduit par trois programmes visant des objectifs spécifiques : le programme d'orientation, le programme de formation en cours d'emploi et le programme de développement des ressources humaines.

Le programme d'orientation a pour objectif de faciliter l'intégration du nouvel employé à son poste (voir la section 3.4). Le programme de formation en cours d'emploi a pour objectif de donner à l'employé tous les outils dont il a besoin pour bien faire son travail. Ces **outils** portent sur des connaissances, des habiletés et des comportements spécifiques qui permettent à l'employé de s'adapter aux exigences de son poste et d'actualiser ses compétences, l'amenant ainsi à accomplir son travail avec succès.

EXEMPLES

- Corriger de mauvaises habitudes de travail.

- Apprendre l'espagnol pour traiter avec des clients mexicains.

- Utiliser adéquatement le logiciel de planification des besoins en ressources matérielles.

- Améliorer le processus de communication avec les clients.

- Comprendre la demande de renseignements d'un client et y répondre en trois minutes.

- Établir le prix d'un produit destiné à l'exportation selon la méthode de comptabilité par activités.

▼

- Conclure une vente selon l'approche client.

- Intégrer le principe de l'assurance qualité à ses activités de travail.

- Situer l'apport de ses activités de travail relativement à la réalisation des objectifs de son service.

- Appliquer les nouveaux processus de fabrication.

Le programme de développement des ressources humaines a pour objectif de permettre à l'employé de parfaire et d'accroître ses compétences et de progresser dans son travail tout au long de sa carrière au sein de l'entreprise. L'entreprise s'assure ainsi de l'efficacité de ses employés dans l'atteinte de ses objectifs à long terme. Les stratégies de développement[3] des ressources humaines portent sur l'acquisition de connaissances et le développement d'habiletés générales, mais aussi, et surtout, sur la modification et l'adoption d'un comportement organisationnel au travail, d'attitudes et de valeurs.

EXEMPLE

L'entreprise Afcor désire reconfigurer sa structure organisationnelle en optant pour l'approche par processus. Elle décide alors de faire les activités de développement des ressources humaines suivantes :

- Un séminaire portant sur l'approche par processus pour présenter aux employés le nouveau concept d'organisation ;

- L'enrichissement des tâches et l'établissement d'équipes de travail semi-autonomes, responsables et décisionnelles pour faire adhérer les employés aux principes sous-jacents à l'approche par processus[4] ;

- Une activité de plein air pour consolider l'esprit d'équipe ;

- La rotation des postes pour permettre aux employés d'avoir une vision globale des différentes activités de travail relatives au processus auquel ils sont reliés.

---

3. Généralement, ces stratégies de développement sont élaborées par le service des ressources humaines de l'entreprise, en collaboration avec les superviseurs.

4. Ces concepts seront abordés au chapitre 5.

Le tableau 3.3 présente les caractéristiques des trois programmes de formation que nous avons examinés ci-dessus.

TABLEAU 3.3
Les trois programmes de formation du personnel en fonction de leurs caractéristiques

| Caractéristique | Politique | | |
	Orientation	Formation en cours d'emploi	Développement des ressources humaines
Quand ?	Immédiatement après l'embauche	À court terme	À long terme
Pourquoi ?	Intégrer le plus rapidement possible l'employé à son nouveau poste.	Permettre à l'employé d'accomplir avec succès son travail.	Parfaire et accroître les compétences de l'employé lui permettant de progresser dans son travail et de réaliser les objectifs stratégiques de l'entreprise.
Quoi ?	Accueil et formation initiale du nouvel employé.	Acquisition de nouvelles connaissances et développement de nouvelles habiletés reliées à son travail. Adoption d'un comportement spécifique à son travail.	Acquisition de nouvelles connaissances et développement de nouvelles habiletés reliées aux exigences futures d'un poste dans l'entreprise. Adoption d'un comportement au travail correspondant à la culture de l'entreprise.

3.3   LES CONDITIONS PRÉALABLES À L'ÉLABORATION D'UN PROGRAMME DE FORMATION

Que ce soit pour élaborer un programme d'orientation, de formation en cours d'emploi ou de développement des ressources humaines, le superviseur doit tenir compte des trois principes suivants : la formation doit répondre aux attentes de l'employé et du superviseur, elle doit être perçue favorablement par les employés et elle doit être accessible à tous les employés concernés.

3.3.1   LE PROGRAMME DE FORMATION RÉPOND AUX ATTENTES DE L'EMPLOYÉ ET DU SUPERVISEUR

L'employé est surtout intéressé par un programme de formation qui répond à ses exigences de qualification, de compétence ou de perfectionnement. Il attache de l'importance aux objectifs de la formation qui favorisent l'acquisition de connaissances et le développement d'habiletés nouvelles, de même que l'adoption d'un comportement organisationnel qui lui permettra de répondre plus efficacement aux exigences de son travail et, surtout, de relever les défis de son emploi.

Éventuellement, la formation doit aussi apporter à l'employé un changement voulu. Par exemple, elle devrait lui permettre d'accéder à un poste de travail plus stimulant ou d'obtenir une promotion, lui assurer une augmentation salariale, lui garantir un nouveau poste si le sien a été aboli pour faire place au progrès technologique, etc. En d'autres mots, l'employé doit considérer la formation comme une occasion d'améliorer son sort et non comme une menace[5]. L'employé doit être convaincu que la formation lui est utile et profitable[6].

C'est pourquoi le contenu du programme doit être étroitement lié à la réalité de travail de l'employé, afin que celui-ci puisse mettre en pratique ce qu'il a appris durant sa formation. Le **transfert des apprentissages**[7] au travail demeure la première condition à respecter lors de l'élaboration d'un programme de formation.

Le superviseur exigera, pour sa part, que la formation tienne compte des tâches de l'emploi afin que son employé atteigne le rendement de travail escompté dans les plus brefs délais. Par conséquent, il favorisera toujours un programme de formation qui augmente la productivité de ses employés, diminue les risques d'accidents au travail, permet l'adaptation à la technologie, améliore le climat social de son service, réduit l'absentéisme, le taux de roulement et les retards, etc. La formation doit donc contribuer à l'essor de son service.

3.3.2 LE PROGRAMME DE FORMATION EST PERÇU FAVORABLEMENT PAR LES EMPLOYÉS

En aucun cas, le superviseur ne doit utiliser la formation comme une mesure punitive contre ses employés. Il doit plutôt créer un climat favorable à la formation en s'assurant que les critères suivants sont respectés :

- La formation tient compte des capacités de l'employé à acquérir des connaissances, des habiletés ou des comportements nouveaux. Il faut donc respecter le rythme et la capacité d'apprentissage de l'employé, et amorcer le processus d'apprentissage graduellement ;

- La formation n'est pas un fardeau, un surplus de travail ou une activité difficile à réaliser. Ainsi, une séance de formation qui se tiendrait de 9 h à 12 h serait considérée comme une lourde contrainte par des employés qui travaillent de minuit à 8 h ;

- Les employés estiment que leur superviseur va les soutenir et les encourager à mettre en pratique ce qu'ils ont appris durant leur formation.

---

5. Il faut s'attendre à ce que certains employés résistent à des programmes de perfectionnement mis sur pied pour faire face à des changements technologiques, administratifs ou organisationnels. Le superviseur s'efforce alors d'atténuer leurs craintes.

6. N'oublions pas la trilogie des gagnants (voir le chapitre 1, section 1.3).

7. Selon Gist, Bavetta et Stevens (1990), un employé transfère ses apprentissages à son contexte de travail lorsqu'il peut reproduire les compétences acquises durant la formation à son travail et lorsqu'il peut les généraliser à de nouvelles situations de travail.

3.3.3   *LE PROGRAMME DE FORMATION EST ACCESSIBLE À TOUS LES EMPLOYÉS CONCERNÉS*

Le superviseur gère les compétences de ses employés. Il organise des activités de formation et crée des structures à l'intérieur de programmes. Cela implique que les dirigeants croient au bien-fondé de la formation et à ses avantages, et qu'ils mettent à la disposition de l'entreprise les fonds et les ressources nécessaires à sa réalisation. Ils créent alors un milieu de travail qui favorise et facilite l'émergence de compétences, auxquelles est associée une valeur ajoutée, et ils ont recours à des pratiques de formation qualifiante et continue.

TABLEAU 3.4
Les conditions préalables à l'élaboration d'un programme de formation

■ *La formation doit répondre aux attentes de l'employé et du superviseur.*
  L'employé attache de l'importance aux objectifs de la formation qui lui permettent de relever les défis de son emploi. Le superviseur exige que la formation contribue à l'essor de son service.

■ *La formation doit être perçue favorablement par les employés :*
  – La formation respecte le rythme et la capacité d'apprentissage de l'employé ;
  – La formation n'est pas un fardeau pour l'employé ;
  – L'employé a le sentiment que son superviseur va le soutenir et l'encourager à transférer ses apprentissages dans son travail.

■ *La formation doit être accessible à tous les employés concernés.*
  Les dirigeants de l'entreprise apprenante créent un milieu de travail qui favorise et facilite l'émergence de compétences à valeur ajoutée.

3.4   *L'ORIENTATION DES NOUVEAUX EMPLOYÉS*

Le superviseur doit consacrer le temps, l'énergie et les ressources nécessaires pour orienter ses nouveaux employés. C'est une question d'efficacité. Quelles que soient la qualité du candidat engagé et l'importance de son poste, il est essentiel de l'intégrer dans son milieu de travail et dans son emploi d'une façon structurée et systématique.

3.4.1   *LES AVANTAGES DU PROGRAMME D'ORIENTATION DES NOUVEAUX EMPLOYÉS*

L'intégration rapide du nouvel employé présente trois principaux avantages qui prennent la forme de trois effets : un effet psychologique, un effet économique et un effet de validation.

1. **Un effet psychologique.** Le fait que le superviseur prenne en charge le nouvel employé dès son premier jour de travail, le soutienne, lui explique clairement ses attentes vis-à-vis de la productivité et lui décrive sa nouvelle situation de travail, réduit l'anxiété, l'insécurité et les risques d'insatisfaction du nouvel employé. Généralement, cela crée en lui un sentiment d'appartenance et agit positivement sur sa motivation, car l'employé se jugera capable de se réaliser, tout en accomplissant avec succès son travail.

2. **Un effet économique.** Le fait que le superviseur montre au nouvel employé, dès son arrivée, comment bien accomplir ses tâches, et ce, au moment opportun et dans les délais prescrits, a un effet positif sur le rendement et la productivité du nouvel employé, et, indirectement, sur l'efficacité de l'ensemble du service auquel il appartient. Ainsi, l'orientation permet au nouvel employé de donner le rendement espéré sans perte de temps ni d'énergie. Cela nous ramène à l'effet psychologique, car la réussite est considérée comme un facteur important de motivation. Sentiment d'appartenance, efficacité, réussite et motivation réduisent ainsi tous les coûts qui découlent de comportements déviants au travail et du taux de roulement des employés.

3. **Un effet de validation.** Le superviseur profite de la période d'orientation pour valider les compétences de son nouvel employé, sa capacité de socialiser avec les membres de son équipe de travail et de s'intégrer à la culture de l'entreprise. Il observe le comportement au travail de son nouvel employé, fait le point sur ses forces et ses faiblesses et détermine des moyens d'ajustement.

3.4.2 LE CONTENU DU PROGRAMME D'ORIENTATION DES NOUVEAUX EMPLOYÉS

Le programme d'orientation des nouveaux employés comprend un programme d'accueil et une formation initiale.

Le programme d'accueil

Le but premier d'un programme d'accueil est de permettre à l'employé de se situer dans ses tâches, son environnement, son milieu social (ses relations avec ses collègues, ses supérieurs ou ses adjoints) et au sein de l'entreprise.

Un programme d'accueil efficace doit donc traiter des quatre éléments suivants : l'entreprise, les interrelations du poste, l'environnement interne de travail et le poste.

L'entreprise

À son arrivée, il est important de renseigner l'employé sur les différents aspects de l'entreprise. Par exemple, l'historique de celle-ci, son organigramme, ses dirigeants, son mode de gestion, ses politiques, ses règlements, ses services, son programme d'aide aux employés en difficulté, son programme de santé et de sécurité au travail, ses produits, l'évolution de son marché, ses principaux clients, ses concurrents, sa vision et ses plans d'avenir sont autant d'éléments dont il doit être informé. Une visite des différents services est également recommandée. Plusieurs entreprises remettent aux nouveaux employés une documentation écrite contenant tous ces renseignements.

Les interrelations du poste

Le superviseur présente au nouvel employé tous ses partenaires immédiats de travail, ses collègues et ses adjoints. Il est indispensable de lui présenter les personnes avec lesquelles il aura à interagir dans l'exercice de ses fonctions.

L'environnement interne de travail

Le superviseur informe le nouvel employé de son échelle salariale et de tous les avantages sociaux auxquels il a droit tels que les assurances, les vacances, les congés de maladie, les pauses santé, les repas payés, les services de garderie, les vêtements, les bottes de travail, etc. De plus, il le renseigne sur l'organisation, les conditions et les horaires de travail, de même que sur les consignes de sécurité à respecter.

Le poste

On doit indiquer au nouvel employé quelles seront ses tâches et quelles seront les ressources techniques, humaines et financières dont il disposera pour bien accomplir son travail. Le superviseur détermine avec lui les objectifs de ses tâches et les responsabilités de son poste. Il lui décrit les normes de rendement liées à son poste, les résultats de travail attendus et la façon dont il sera évalué.

La formation initiale

Une fois le nouvel employé bien renseigné sur sa situation de travail, son service et l'entreprise, il peut recevoir la formation initiale. Le superviseur lui explique alors les particularités des procédures et des méthodes de travail utilisées au sein de son service. Il lui donne une formation de base pour le préparer à assumer son rôle et ses responsabilités et pour atteindre le niveau de productivité escompté.

EXEMPLE

Le cas de l'entreprise Électron inc.

« Tout superviseur doit se consacrer entièrement à l'orientation de son nouvel employé. » C'est un principe de base de la politique d'orientation des nouveaux employés en vigueur depuis trois ans à la compagnie Électron, une entreprise de fabrication de produits électriques qui a à son service 250 employés.

« Depuis trois ans, notre taux de roulement a diminué et les nouveaux opérateurs sont efficaces plus rapidement », affirme le directeur de l'usine.

« Nous avons élaboré un programme d'orientation applicable à tous les nouveaux opérateurs de presse. La durée du programme est d'une semaine. L'objectif est de permettre au nouvel employé d'atteindre le taux de productivité d'un opérateur type un mois après son embauche.

« Au cours de la journée d'accueil, le superviseur se libère de toutes ses activités normales de travail et se consacre à son nouvel employé. Nous pensons ainsi créer chez ce dernier un sentiment d'appartenance dès sa première journée chez nous. La journée d'accueil se déroule toujours de la même façon. L'employé remplit d'abord tous les documents nécessaires à la constitution de son dossier personnel : formulaires de déclaration aux fins de retenues à la source, formulaires d'assurances, fiche de données personnelles, etc. Cela fait, le superviseur lui remet la clef de sa case, sa carte d'employé et le numéro de son emplacement de stationnement. Par la suite, il lui fait un portrait de l'entreprise : historique, mission, politiques, programmes, règlements de fonctionnement interne, etc.

« L'employé est ensuite conduit à son lieu de travail. Tout en lui présentant ses futurs collègues, le superviseur lui explique le rôle de chacun dans la réalisation de l'objectif global du service.

« Puis, c'est la visite des lieux, au cours de laquelle on lui décrit les liens qui existent entre chacun des services, leur rôle et leurs objectifs. Il est important pour nous que

▼

tous les employés sachent ce que font leurs collègues de travail. Le superviseur explique ensuite clairement à l'employé en quoi consisteront ses tâches. Il lui décrit en détail ses objectifs de travail, ses responsabilités, les normes de rendement qu'il doit atteindre en matière de qualité et de quantité de travail, et lui indique la façon dont il sera évalué.

« À l'heure du lunch, le superviseur accompagne le nouvel employé à la cafétéria et l'invite à partager son repas avec ses collègues.

« Après le repas, l'employé commence à travailler sous la surveillance de son superviseur. Ce dernier lui demande d'exécuter une tâche facile pour lui permettre de faire valoir ses compétences.

« Avant la fin de la journée, le superviseur reçoit l'employé dans son bureau afin de répondre à toutes ses questions et de lui remettre des documents contenant des renseignements sur l'entreprise, ses services et ses règlements.

« Les trois autres journées de la semaine d'orientation sont consacrées à la formation initiale de l'employé. Le superviseur assigne au nouvel employé un collègue de travail qui agira en tant que tuteur. Le nouvel employé travaille alors sous sa surveillance, profitant de son aide et de son soutien.

« À la fin des trois premières journées de travail avec le tuteur, le superviseur rencontre le nouvel employé pour passer en revue sa journée de travail et pour lui donner des renseignements supplémentaires, au besoin. Ces rencontres s'espacent ensuite au rythme d'une fois par semaine.

« Enfin, un mois après l'embauche, une rencontre officielle d'évaluation est prévue entre le superviseur et le nouvel employé pour faire le point sur la situation. »

Nous constatons qu'au sein de la compagnie Électron l'orientation du nouvel employé se fait en trois étapes, soit la journée d'accueil, la formation de base et l'évaluation du rendement. Cette dernière permet au superviseur et à l'employé d'obtenir une rétroaction. Ce point sera étudié au chapitre 4.

3.5 LE PROCESSUS D'ORIENTATION ET DE FORMATION DU PERSONNEL

Un superviseur peut assumer l'entière responsabilité de l'élaboration d'un programme d'orientation et de formation ou assister le service du personnel dans cette tâche. Dans les deux cas, il doit tenir compte des quatre étapes suivantes : la définition des besoins de formation, la préparation du programme, le suivi du déroulement du programme, l'évaluation du programme.

Ce « processus de construction de compétences » (Toupin, 1997, p. 116) est identique à tout processus de gestion. Il faut connaître le problème, établir des objectifs, planifier et organiser leur réalisation, s'assurer qu'ils seront atteints et évaluer les résultats obtenus.

3.5.1 LA DÉFINITION DES BESOINS DE FORMATION

Cette étape est la plus importante du processus de gestion, puisqu'on en dégagera les principaux paramètres du programme de formation après avoir défini la problématique.

Le contenu du programme de formation et les méthodes d'apprentissage diffèrent suivant la nature du problème à résoudre. Le superviseur doit alors prendre le temps d'analyser les besoins de formation. Le risque de commettre des erreurs est élevé à cette étape, car il est assez difficile d'établir un lien entre un effet et sa cause dans le domaine de la direction des ressources humaines.

La définition des besoins de formation se fait en quatre sous-étapes : la connaissance du problème à résoudre, l'établissement des causes probables du problème à résoudre, la description de la compétence à parfaire et la détermination des besoins de formation pour résoudre le problème.

Sous-étape 1 : la connaissance du problème à résoudre

Toute activité de formation vise à combler un écart entre les résultats attendus et le rendement actuel ou futur des employés. Pour détecter ces écarts de rendement, le superviseur consulte ses employés et les fait participer à la détermination des problèmes[8], qui peuvent être de tous ordres.

EXEMPLE

Au moment de l'orientation, le superviseur doit aider le nouvel employé à s'adapter rapidement à son poste de travail.

Dans les autres cas, les indicateurs de problèmes peuvent être :

- un taux élevé d'accidents du travail ;
- un retard dans la production ;
- une incapacité à résoudre des problèmes de travail ;
- un taux élevé de rejets de produits ;
- un rendement inférieur aux normes fixées ;
- une baisse dans la qualité des produits ;
- un coût élevé de main-d'œuvre ;
- une augmentation des plaintes ;
- une perte de clients ;
- un taux d'absence élevé ;
- un taux de roulement élevé ;
- un niveau élevé de retours de marchandises ;
- l'introduction d'une nouvelle technologie ;
- un changement dans le contenu d'une tâche, etc.

Le superviseur doit éviter, dans la mesure du possible, de définir en termes trop vagues les problèmes à résoudre. Il évitera ainsi de parler de faible motivation des ouvriers, de climat négatif de travail, de démobilisation, etc. Il préférera quantifier les facteurs de rendement : un taux de roulement de 15 % chez les nouveaux employés, 6 % de retours de pneus à l'usine, une augmentation de 15 % des plaintes des clients, etc.

---

8. Il consulte aussi tout autre employé qui prend part au processus qu'il gère.

Sous-étape 2 : l'établissement des causes probables du problème à résoudre

Le superviseur doit s'assurer que la nature du problème défini correspond à un besoin réel en formation. Il doit avoir la certitude que la formation est la solution du problème ; en effet, il doit susciter des changements en ce qui a trait aux compétences des employés et non pas modifier leur tâche, la technologie employée, l'organisation du travail ou la structure de son service. Le manque de formation des employés n'est pas toujours la source du problème. Le superviseur doit parfois la chercher ailleurs [9]. Selon Edwards W. Deming (1991), 94 % des difficultés proviennent des processus et 6 %, des employés. Nous développerons ce point au prochain chapitre.

EXEMPLE

Le tableau 3.5 présente des exemples illustrant des problèmes qui peuvent résulter autant de l'inefficacité des processus de l'entreprise que d'un manque de formation des employés.

TABLEAU 3.5

L'inefficacité des processus et le manque de formation : la source d'un même problème

Problème à résoudre	Problème découlant probablement de l'inefficacité du processus	Problème découlant probablement d'un manque de formation
Baisse de 20 % des ventes.	Produit désuet. Processus de commercialisation à revoir.	Service à la clientèle inadéquat.
Accroissement de 10 % des accidents de travail.	Rythme accéléré de production. Processus de production à revoir.	Mauvaise utilisation de l'équipement.
Baisse de 5 % de la productivité.	Technologie dépassée. Processus de fabrication à revoir.	Mauvaise application des procédures de travail.
Taux d'absence de 10 %.	Programme de reconnaissance et de récompenses inadéquat. Processus de développement des ressources humaines à revoir.	Démobilisation des employés due à un style de leadership autocratique des superviseurs.
Accroissement du coût de transmission de l'information formelle de 15 %.	Obsolescence du système d'information. Processus d'information à revoir.	Mauvaise utilisation du système d'information.
Accroissement du taux de rejets de 25 %.	Mauvaise qualité des matériaux. Processus d'approvisionnement à revoir.	Contrôle de la qualité inadéquat.

---

9. Toujours en collaboration avec les employés qui contribuent à la performance du processus qu'il gère.

Sous-étape 3 : la description de la compétence à parfaire pour résoudre le problème

Dès que le superviseur est assuré qu'il y a un besoin de formation, il définit la compétence de ses employés qu'il doit parfaire. Pour ce faire, il a recours à leur description de tâches et, ne l'oublions pas, il sollicite leur collaboration.

EXEMPLE

Le tableau 3.6 établit la relation entre un problème à résoudre, la cause probable du problème et la compétence à parfaire pour résoudre le problème.

TABLEAU 3.6
La relation entre un problème à résoudre, la cause probable du problème et la compétence à parfaire pour résoudre le problème

Problème à résoudre	Cause probable du problème	Compétence à parfaire pour résoudre le problème
Baisse de 20 % des ventes.	Service à la clientèle inadéquat.	Contribuer à l'atteinte de la satisfaction du client dans le cadre de la politique et des normes de qualité de l'entreprise.
Accroissement de 10 % des accidents de travail.	Mauvaise utilisation de l'équipement.	Fabriquer les boîtes de jonction dans le respect des normes de sécurité.
Baisse de 5 % de la productivité.	Mauvaise application des procédures de travail.	Appliquer les procédures de travail dans le respect des normes de qualité, de quantité, de délai et de coût.
Taux d'absence de 10 %.	Démobilisation des employés due à un style de leadership autocratique des superviseurs.	Encadrer, guider et diriger ses employés.
Accroissement du coût de transmission de l'information formelle de 15 %.	Mauvaise utilisation du système d'information.	Transmettre l'information propre à la prise de décision.
Accroissement du taux de rejets de 25 %.	Contrôle de la qualité inadéquat.	Contribuer au sein de son service à l'assurance qualité.

Sous-étape 4 : la détermination des besoins de formation pour résoudre le problème

Une fois le problème circonscrit, sa cause associée à un besoin de formation et la compétence à parfaire ciblée, le superviseur détermine si ce sont les connaissances, les habiletés ou les comportements des employés qu'il y a lieu d'améliorer.

EXEMPLE

Dans l'exemple qui suit, on complète le tableau 3.6, c'est-à-dire qu'on établit une relation entre le problème à résoudre, la cause probable du problème, la compétence à parfaire et le besoin de formation pour résoudre le problème.

TABLEAU 3.7

La relation entre le problème, la cause probable du problème, la compétence à parfaire et les besoins de formation pour résoudre le problème

Problème à résoudre	Cause probable du problème	Compétence à parfaire pour résoudre le problème	Besoin de formation pour résoudre le problème
Baisse de 20 % des ventes.	Service à la clientèle inadéquat.	Contribuer à l'atteinte de la satisfaction du client dans le cadre de la politique et des normes de qualité de l'entreprise.	Habileté à répondre aux demandes des clients. Comportement axé sur l'approche client.
Accroissement de 10 % des accidents de travail.	Mauvaise utilisation de l'équipement.	Fabriquer les boîtes de jonction dans le respect des normes de sécurité.	Connaissance des normes de sécurité et habileté à les appliquer.
Baisse de 5 % de la productivité.	Mauvaise application des procédures de travail.	Appliquer les procédures de travail dans le respect des normes de qualité, de quantité, de délai et de coût.	Connaissance des normes encadrant les procédures de travail et habileté à les appliquer.
Taux d'absence de 10 %.	Démobilisation des employés due à un style de leadership autocratique des superviseurs.	Encadrer, guider et diriger ses employés.	Habileté à encadrer ses employés. Attitude positive à l'égard de ses employés.

▼

TABLEAU 3.7
La relation entre le problème, la cause probable du problème, la compétence à parfaire et les besoins de formation pour résoudre le problème (suite)

Problème à résoudre	Cause probable du problème	Compétence à parfaire pour résoudre le problème	Besoin de formation pour résoudre le problème
Accroissement du coût de transmission de l'information formelle de 15 %.	Mauvaise utilisation du système d'information.	Transmettre l'information propre à la prise de décision.	Habileté à utiliser le système d'information de l'entreprise.
Accroissement du taux de rejets de 25 %.	Contrôle de la qualité inadéquat.	Contribuer au sein de son service à l'assurance qualité.	Connaissance des normes de qualité et habileté à les appliquer. Comportement proactif en ce qui a trait à l'amélioration de la qualité.

3.5.2 LA PRÉPARATION DU PROGRAMME DE FORMATION

La préparation du programme de formation s'échelonne sur sept sous-étapes.

Sous-étape 1 : la définition des objectifs du programme de formation

Lorsque les besoins de formation sont clairement définis, le superviseur fixe les objectifs de formation à atteindre. Il énumère alors les points à améliorer au cours de la formation. Dans la mesure du possible, ces objectifs doivent être mesurables, réalistes et réalisables compte tenu des ressources financières, humaines et techniques mises à la disposition du superviseur, et ils doivent indiquer quels employés ils visent.

EXEMPLES

Voici quelques exemples illustrant des objectifs de formation.

Le nouveau contremaître doit :

- résoudre d'une façon autonome l'ensemble des problèmes reliés à son poste un mois après le début du programme d'orientation ;

- faire en sorte que les nouveaux employés atteignent le taux de productivité d'un opérateur type une semaine après le début du programme d'orientation ;

▼

- diminuer les brûlures de 5 % chez les ouvriers du service du coulage ;

- amener le taux de résolution des problèmes chez les contremaîtres à 85 % ;

- augmenter de 15 % le niveau des ventes des représentants.

Toutefois, certains objectifs sont difficilement mesurables. En pareil cas, il devrait être possible de mesurer les effets causés par le problème. Ainsi, on ne peut définir un objectif mesurable quand il s'agit d'un comportement organisationnel.

EXEMPLE

On ne pourrait énoncer un objectif semblable : « Amener le superviseur à augmenter l'efficacité du comportement de ses employés de 5 % ». En revanche, on peut fixer un objectif mesurable pour corriger les effets d'un comportement au travail jugé déviant. Ainsi, l'objectif de montrer au superviseur la façon de diminuer les absences de ses employés serait mesurable si l'on estime que l'absentéisme reflète un problème comportemental. Toutefois, on ne saurait dire si un objectif de diminution de 5 % du taux d'absentéisme est réaliste et réalisable sans savoir jusqu'à quel point le superviseur peut maîtriser le comportement de ses employés. Ainsi, une convention collective qui autorise les employés à s'absenter 12 jours par année pour cause de maladie, et ce, sans réduction de salaire, vient quelque peu atténuer la capacité du superviseur à exercer une certaine influence sur le problème de comportement causé par le taux d'absentéisme de ses employés.

Sous-étape 2 : le choix du contenu du programme de formation

Le superviseur traduit les objectifs de formation en contenu de formation. Il précise alors les connaissances à acquérir, les habiletés à développer et le comportement de travail à inculquer.

La formation peut être d'ordre général et porter sur les rapports entre supérieurs et subalternes, la communication, les relations humaines, la délégation de pouvoir, la prise de décision, les nouvelles méthodes de gestion, la qualité totale, l'approche client, la résolution de problèmes, l'animation de groupe, le leadership, etc. En revanche, certaines formations répondent aussi à des besoins plus spécifiques et portent sur des habiletés ou des connaissances particulières, tels le déroulement technique du travail, les manœuvres techniques sécuritaires, l'apprentissage d'un logiciel de traitement de texte, les techniques de robotisation et d'évaluation du rendement.

Par ailleurs, étant donné que chaque poste, chaque tâche, chaque entreprise et chaque employé ont des besoins de formation particuliers, le recours à une formation sur mesure permet de mieux répondre aux besoins du superviseur et de ses employés.

Généralement, le superviseur intervient directement sur le contenu d'une formation technique et exprime son point de vue sur celui concernant le changement de comportement au travail et le développement des ressources humaines.

En outre, les collèges, les universités, les conseillers en administration et certains ministères peuvent offrir une formation sur mesure à l'entreprise qui en fait la demande.

Sous-étape 3 : le choix de la méthode d'apprentissage

L'approche pédagogique peut prendre diverses formes. Il est néanmoins de mise d'adopter celles qui font une large place aux situations réelles de travail. Ainsi, le programme de formation en entreprise mettra beaucoup plus l'accent sur la pratique de travail que sur la théorie. Il est même souhaitable que la théorie découle de la pratique et non l'inverse.

Le superviseur peut recourir à plusieurs méthodes d'apprentissage tels les cours offerts par une maison d'enseignement, par correspondance, par Internet, etc., les stages, les séminaires, les simulations, les études de cas, la formation en cours d'emploi, sur le lieu de travail ou au poste de travail, au jour le jour.

Pour donner cette formation, il peut faire appel à un tuteur, à un *coach* ou à un mentor. Mais quelle différence y a-t-il entre ces types de soutien que sont le tutorat (ou le compagnonnage), le *coaching* et le mentorat ? Le tuteur est un employé qui possède déjà les compétences visées par la formation et qui les enseigne à des collègues de travail. Le *coach* axe ses activités de formation sur le savoir-faire d'ordre technique et professionnel ; il encadre et guide les employés dans leur processus d'apprentissage en se basant sur ses propres compétences professionnelles. Le mentor, quant à lui, fonde ses activités de formation sur le savoir intégré et le savoir-être de l'employé ; il développe le potentiel de celui-ci en lui soulignant ses faiblesses et en lui proposant des moyens pour combler ses lacunes ; il soutient et oriente l'employé [10].

Notons que la méthode choisie diffère selon qu'il s'agit d'une formation individuelle ou d'une formation collective.

EXEMPLES

- Pour procéder une mise à niveau d'un employé, on optera pour le tutorat.

- Pour effectuer un changement technologique, on choisira des cours et un stage sur les lieux de travail.

Quelle que soit la méthode choisie, il est essentiel qu'elle respecte les cinq principes suivants. La méthode d'apprentissage doit :

1. prévoir la **participation** active de l'employé dans son processus de formation. Nous ne le répéterons jamais assez : la pratique revêt une importance capitale ;

2. être **significative** pour l'employé, c'est-à-dire qu'elle doit permettre à l'employé de comprendre ce qu'il apprend et de l'intégrer à son savoir ;

---

10. Souvent, le superviseur assume le rôle de *coach* et de mentor.

3. être **qualifiante**, c'est-à-dire qu'elle doit permettre à l'employé d'atteindre plus efficacement les objectifs de son emploi ;

4. favoriser le **transfert** des apprentissages, c'est-à-dire qu'elle doit permettre à l'employé d'appliquer les acquisitions faites durant la formation à sa situation de travail et de les généraliser à de nouvelles situations de travail ;

5. donner une **rétroaction immédiate** à l'employé sur son apprentissage, c'est-à-dire qu'elle doit permettre à l'employé de savoir très rapidement s'il est en voie d'atteindre les objectifs de la formation.

Sous-étape 4 : le calendrier des activités du programme de formation

Le superviseur établit un calendrier des activités de formation. Il prévoit la durée du programme de formation et l'horaire des activités.

EXEMPLE

Le tableau 3.8 illustre un exemple de calendrier d'activités.

TABLEAU 3.8

Un calendrier des activités d'un programme de formation d'une journée portant sur les techniques de vente selon l'approche client

Période	Lundi
De 8 h à 9 h	Présentation d'enregistrements vidéo sur les techniques de vente
De 9 h à 10 h	Conférence d'un professionnel de la représentation commerciale
De 10 h à 10 h 15	Pause
De 10 h 15 à 12 h	Jeux de rôles
De 13 h à 15 h	Analyse et discussion
De 15 h à 15 h 15	Pause
De 15 h 15 à 16 h	Appropriation des techniques de vente conformément au concept de l'approche client

Le tableau 3.9 illustre un autre exemple de calendrier d'activités.

▼

▼

TABLEAU 3.9
Le calendrier des activités du programme d'orientation de quatre jours des opérateurs de presse de l'entreprise Électron

Jour	Heure	Activité	Personne responsable
1er jour	De 8 h à 8 h 15	Accueil	Superviseur
	De 8 h 15 à 8 h 45	Ouverture du dossier de l'employé au service des ressources humaines	Agent des ressources humaines
	De 8 h 45 à 9 h 15	Présentation de l'entreprise	Superviseur
	De 9 h 15 à 9 h 45	Présentation des membres de l'équipe	Superviseur
	De 9 h 45 à 10 h	Pause	Membres de l'équipe
	De 10 h à 10 h 30	Visite de l'entreprise	Superviseur
	De 10 h 30 à 12 h	Description du poste	Superviseur
	De 12 h à 13 h	Repas	Membres de l'équipe
	De 13 h à 15 h 30	Utilisation de la presse	Tuteur
	De 15 h 30 à 16 h	Rencontre de mise au point	Superviseur
2e jour	De 8 h à 12 h	Utilisation de la presse	Tuteur
	De 13 h à 15 h 30	Entretien de la presse	Tuteur
	De 15 h 30 à 16 h	Rencontre de mise au point	Superviseur
3e jour	De 8 h à 14 h	Travail sur la presse	Tuteur
	De 14 h à 15 h 45	Réparation de la presse	Tuteur
	De 15 h 45 à 16 h	Rencontre de mise au point	Superviseur
4e jour	De 8 h à 15 h 45	Travail sur la presse avec encadrement	Tuteur
	De 15 h 45 à 16 h	Rencontre de mise au point	Superviseur

Il est important d'établir un calendrier des activités de formation, car le superviseur doit planifier ses besoins en main-d'œuvre, gérer les horaires de travail de ses employés en formation et permettre, s'il y a lieu, le remplacement de ces derniers.

Sous-étape 5 : le choix des ressources pour mener à bien les objectifs du programme de formation

Le superviseur choisit les ressources humaines, matérielles et techniques nécessaires à la réalisation du programme de formation :

■ Les ressources humaines : si le superviseur ne donne pas lui-même la formation[11], il recrute le formateur, l'animateur, le conférencier, le tuteur, le *coach* ou le mentor. Il peut aussi demander le soutien d'employés (agents de bureau, techniciens en informatique, etc.) qui l'aideront dans la réalisation du programme de formation ;

■ Les ressources matérielles : le superviseur commande les manuels, les fournitures de bureau, les films, les ordinateurs, etc., qui serviront d'outils pédagogiques ;

■ Les ressources techniques : le superviseur réserve les locaux, le matériel, les écrans et les vidéocassettes nécessaires.

Le choix de ces ressources se fait à partir de trois critères :

1. Le coût de la ressource. Le superviseur s'assure de l'apport positif de la ressource à la réalisation des objectifs de la formation compte tenu de son coût ;

EXEMPLE

Un conférencier dont les honoraires s'élèvent à 5 000 $ est-il plus efficace qu'un conférencier dont les honoraires sont de 500 $?

2. La disponibilité de la ressource. Compte tenu de la méthode d'apprentissage choisie, le superviseur planifie la formation en affectant les ressources nécessaires au bon déroulement du programme ;

EXEMPLE

Le superviseur réserve les locaux, commande le matériel didactique et retient les services du formateur en fonction des dates choisies pour la formation.

3. L'efficacité de la ressource. Le superviseur s'assure que la ressource choisie est celle qui permet de réaliser au mieux les objectifs du programme.

EXEMPLE

Un séminaire ayant lieu dans un grand hôtel du centre-ville est-il plus propice à une meilleure formation qu'un séminaire ayant lieu dans la salle de conférence de l'entreprise ?

11. Si le superviseur donne la formation, consultez le site Internet <www.groupemorin.com> pour savoir comment il doit préparer et donner une session de formation.

Sous-étape 6 : le budget des coûts du programme de formation

Le superviseur évalue les coûts directement liés à la formation ainsi que les coûts indirects. Il établit ensuite un budget quotidien ou hebdomadaire, selon la durée de la formation.

EXEMPLE

Pour une séance de formation d'une journée donnée à 10 vendeurs par un formateur venant de l'extérieur, le budget pourrait être semblable à celui présenté au tableau 3.10.

TABLEAU 3.10
Le budget des coûts d'une séance de formation

Poste budgétaire	Coûts
Coûts directs	
Salaires des vendeurs	500 $
Honoraires du formateur	350 $
Salaire de l'agent de bureau (soutien administratif)	50 $
Matériel didactique	750 $
Collation	35 $
Coûts indirects	
Salaire des remplaçants	300 $
Total	1 985 $
Coût moyen par employé (1 985 $ ÷ 10)	198,50 $

Le budget sert à exercer un contrôle sur l'aspect financier du programme et à corriger rapidement tous les écarts de coûts.

Sous-étape 7 : l'approbation du programme de formation

Avant d'entreprendre le programme de formation, le superviseur doit en expliquer le contenu et sa pertinence à ses employés pour qu'ils l'acceptent et en saisissent la portée. Préalablement, il aura soumis le contenu, le budget et le calendrier à l'approbation de ses supérieurs. Il vérifiera aussi, le cas échéant, les dispositions de la convention collective de ses employés ayant trait à la formation et avisera le délégué syndical de la tenue de cette activité.

3.5.3 LE SUIVI DU DÉROULEMENT DU PROGRAMME DE FORMATION

La mise en marche et le déroulement du programme de formation doivent être suivis de près par le superviseur. Il ne suffit pas de planifier et d'organiser un programme de formation pour que le succès en soit assuré. Si le superviseur ne donne pas lui-même la formation, il doit prévoir des moyens de contrôle afin que le programme se déroule selon les plans et les objectifs fixés.

Pendant la formation

Le superviseur doit intervenir dès qu'il se rend compte que le contenu du programme s'éloigne des objectifs établis, que le formateur ne répond pas à ses attentes ou à ceux de ses employés, que le calendrier des activités n'est pas observé, que le budget ne semble pas respecté ou que la motivation de ses employés diminue. Ce n'est pas tout de créer un climat favorable à l'apprentissage, le superviseur doit veiller à ce qu'il soit maintenu tout au long du programme de formation.

Après la formation

Le superviseur doit non seulement faciliter le transfert des apprentissages et aider ses employés à appliquer à leur travail ce qu'ils ont appris durant le programme de formation, il doit aussi s'assurer qu'ils le fassent en renforçant positivement toute action en ce sens. Cela ne sert à rien de former des employés qui ne mettent pas en pratique ce qu'ils ont appris par manque de ressources ou de motivation, ou par l'absence d'un environnement de travail propice au transfert des apprentissages.

3.5.4   L'ÉVALUATION DU PROGRAMME DE FORMATION

La difficulté de l'évaluation du programme de formation

L'évaluation de l'efficacité du programme de formation est très complexe à réaliser ; effectivement, il est souvent difficile d'établir un lien de causalité entre la formation et le changement souhaité, étant donné que ce dernier peut découler d'un autre élément que la formation. Ainsi, le fait d'accorder de l'attention à un employé aura un effet positif ou négatif sur son comportement selon qu'il percevra la formation comme une punition ou une récompense.

Autant il était important de définir les besoins de formation, autant il est essentiel de s'assurer que ces besoins ont été comblés. Le superviseur doit évaluer les résultats directs du programme de formation, à savoir vérifier si les objectifs ont été atteints et si les attentes ont été comblées.

En cette matière, il sait, par expérience, qu'il est plus facile d'évaluer l'atteinte d'objectifs mesurables (par exemple, augmenter la productivité de 6 %) que d'évaluer des changements de comportement de travail. La relation causale entre la formation et les résultats n'est pas toujours évidente.

Les méthodes d'évaluation de l'efficacité du programme de formation

Pour évaluer l'efficacité du programme de formation, le superviseur doit comparer la situation qui a précédé la formation avec celle qui lui a succédé. Généralement, il utilise les méthodes et les instruments dont il s'est servi pour déceler les besoins de formation. Et il se pose la question suivante : « Les écarts de rendement ont-ils été corrigés ? »

EXEMPLE

Si le superviseur a constaté que ses employés ne parvenaient à résoudre que 50 % de leurs problèmes de travail avant la formation et qu'après celle-ci ils réussissent à en résoudre 85 %, il peut alors affirmer que ses employés ont acquis les habiletés de travail visées par le programme de formation.

Si le superviseur s'attend à ce que ses nouveaux employés atteignent le niveau de productivité normal après un mois d'orientation et qu'ils n'y parviennent qu'après trois mois, il doit s'interroger sérieusement sur le succès de son programme et les composantes de la formation (par exemple, le type de formation, le contenu, le formateur, etc.).

Voici à ce propos quelques éléments qui pourraient faire l'objet d'une comparaison après le programme de formation :

■ L'accroissement des unités produites ou vendues, du taux de productivité, du taux de satisfaction des clients, du degré d'initiative des employés, etc. ;

■ La diminution du coût de fabrication, du coût d'exploitation, du délai d'exécution, du nombre de pannes, de déchets, de rebuts, de rejets, d'anomalies de production, de conflits et d'affrontements, du taux d'absentéisme, du taux de roulement, etc.

Le tableau 3.11 reprend les quatre étapes du programme de formation.

TABLEAU 3.11
Les quatre étapes du programme de formation

Étape	Sous-étapes
Étape 1 : la définition des besoins de formation.	**Sous-étape 1 :** la connaissance du problème à résoudre.
	Sous-étape 2 : l'établissement des causes probables du problème.
	Sous-étape 3 : la description de la compétence à parfaire pour résoudre le problème.
	Sous-étape 4 : la détermination des besoins de formation pour résoudre le problème.

▼

Étape	Sous-étapes
Étape 2 : la préparation du programme de formation.	**Sous-étape 1 :** la définition des objectifs du programme de formation.
	Sous-étape 2 : le choix du contenu du programme de formation.
	Sous-étape 3 : le choix de la méthode d'apprentissage.
	Sous-étape 4 : le calendrier des activités du programme de formation.
	Sous-étape 5 : le choix des ressources pour mener à bien les objectifs du programme de formation.
	Sous-étape 6 : le budget des coûts du programme de formation.
	Sous-étape 7 : l'approbation du programme de formation.
Étape 3 : le suivi du déroulement du programme de formation.	Pendant la formation : surveiller le déroulement du programme, corriger les écarts par rapport aux objectifs, maintenir un climat favorable à l'apprentissage. Après la formation : s'assurer du transfert des apprentissages.
Étape 4 : l'évaluation du programme de formation.	Comparaison de la situation qui a précédé la formation avec celle qui lui a succédé.

EXEMPLE

Le cas de l'entreprise Portes et fenêtres Léveillée inc.

L'entreprise Portes et fenêtres Léveillée inc. est la propriété des frères Jean, Gilles et Pierre Léveillée.

Cette entreprise familiale fabrique et installe des portes et des fenêtres depuis bientôt cinq ans. Son chiffre d'affaires a presque triplé depuis sa création, grâce surtout à la qualité de ses matériaux, à l'expérience et au savoir-faire de ses employés, à son service d'installation et à son service après-vente.

Jean Léveillée, le responsable administratif, nous fait part d'un sérieux problème causé principalement par la croissance rapide de l'entreprise.

« À l'origine, notre système de comptabilité avait été mis sur pied pour répondre aux besoins d'une petite entreprise. Mais depuis ce temps, le système présente de sérieuses failles. Tout est trop long : le système de paie, la facturation, le grand livre et les comptes clients. On n'y arrive plus... Il faut souvent vérifier et corriger. On contrôle mal les entrées et les sorties de fonds. On gère un trop gros volume de transactions ! On a donc fait appel à des consultants qui nous ont recommandé d'implanter le logiciel Comptable-2000. Cela se fera d'ici à un mois. »

Jean Léveillée a alors élaboré un programme de formation permettant aux cinq employés de son service d'utiliser le nouveau logiciel comptable dès son implantation. Il nous explique la façon dont il s'y est pris pour mettre sur pied son programme.

Étape 1 : la définition des besoins de formation

« Le système de comptabilité de l'entreprise Portes et fenêtres Léveillée inc. a été informatisé à l'aide du logiciel Comptable-2000. Les cinq employés du service de la comptabilité n'ont ni les connaissances ni les habiletés nécessaires pour utiliser adéquatement ce logiciel selon les besoins comptables de l'entreprise. Il faut donc concevoir un programme de formation permettant à ces cinq employés d'acquérir la compétence nécessaire pour se servir de ce logiciel. »

TABLEAU 3.12
La définition des besoins de formation des employés du service de la comptabilité de l'entreprise Portes et fenêtres Léveillée inc.

Problème à résoudre	Cause probable du problème	Compétence à parfaire pour résoudre le problème	Besoin de formation pour résoudre le problème
Introduction d'un système de comptabilité informatisé.	Adaptation des employés de bureau à cette nouvelle technologie.	Enregistrer les transactions et les opérations financières de l'entreprise.	Faire acquérir les connaissances et les habiletés nécessaires pour une utilisation adéquate du logiciel de comptabilité Comptable-2000.

Étape 2 : la préparation du programme de formation

Sous-étape 1 : la définition des objectifs du programme de formation

« L'objectif général du programme de formation consiste à doter les cinq employés du service de la comptabilité de connaissances et d'habiletés leur permettant d'utiliser le logiciel Comptable-2000 et de l'appliquer aux besoins comptables de l'entreprise.

▼

« Selon les objectifs spécifiques du programme de formation proposé, les cinq employés du service de la comptabilité, après avoir participé activement au programme de formation, devraient être capables d'utiliser le grand livre, de dresser les états financiers, de préparer une balance de vérification, de gérer efficacement les comptes clients et les comptes fournisseurs, d'effectuer un rapprochement bancaire et de calculer la paie des employés. »

Sous-étape 2 : le choix du contenu du programme de formation

« Le contenu de la formation doit répondre à des besoins précis touchant des habiletés et des connaissances particulières de travail. Pour atteindre l'objectif général et les objectifs spécifiques du programme, une formation sur mesure de 24 heures portant sur le logiciel Comptable-2000 constitue un apprentissage de base suffisant. »

Sous-étape 3 : le choix de la méthode d'apprentissage

« Pour profiter d'une façon optimale du programme de formation, les cinq employés auront accès à des ordinateurs individuels et feront leur apprentissage du logiciel à l'aide d'exercices pratiques et de simulations informatisées. Nous avons choisi des exercices comptables qui se rapprochent le plus possible de la réalité de travail des cinq employés visés par le programme de formation. La formation comporte 6 heures de cours théoriques et 18 heures de cours pratiques. »

Sous-étape 4 : le calendrier des activités du programme de formation

« L'installation du logiciel Comptable-2000 au service de la comptabilité de l'entreprise se fera dans la semaine du 14 octobre. La présence au travail des cinq employés est requise du lundi 14 octobre au mercredi 16 octobre, de façon qu'ils puissent aider les consultants à installer le logiciel. Nous considérons donc que la période du jeudi 17 au dimanche 20 octobre est le moment propice pour la tenue des séances de formation. Le programme se déroulera selon l'horaire suivant. »

TABLEAU 3.13
Le calendrier du programme de formation des employés du service de la comptabilité de l'entreprise Portes et fenêtres Léveillée inc.

Période	De 8 h à 12 h	De 13 h à 16 h
Jeudi	Grand livre	États financiers
Vendredi	Balance de vérification	Rapprochement bancaire
Samedi	Comptes clients	Comptes fournisseurs
Dimanche	Paie	

Sous-étape 5 : le choix des ressources pour mener à bien les objectifs du programme de formation

« L'entreprise Comptable-2000 fournira toutes les ressources humaines, matérielles et techniques nécessaires au bon déroulement du programme. La personne-ressource avec laquelle communiquer est Anna Carpaccio, conseillère en formation et en services conseils à l'entreprise Comptable-2000 au (514) 343-6600, poste 660. »

▼

▼

Sous-étape 6 : le budget des coûts du programme de formation

« J'ai calculé les frais directs et indirects de la formation :

- Les frais de formation facturés par l'entreprise Comptable-2000 sont de 150 $ l'heure ;

- Les employés verront leur salaire majoré de 50 % le samedi et de 100 % le dimanche. Le taux horaire de chacun des employés est le suivant : Johanne Hamel : 20 $, Sylvie Béconcours et Alain Froment : 18 $, Michel Draker : 16 $ et Mélanie Vendal : 15 $;

- L'entreprise paiera aussi quatre repas à ses employés pendant la durée du programme ;

- Les coûts indirects sont ceux occasionnés par l'absence des cinq employés au bureau ; j'estime donc que, pour rattraper le retard, les employés devront faire six heures supplémentaires (salaire horaire majoré de 50 %). »

TABLEAU 3.14
Le budget des coûts du programme de formation

Poste budgétaire	Coûts
Coûts directs	
Salaires des employés :	
Le jeudi 17 octobre et le vendredi 18 octobre	
Johanne Hamel : 20 $ × 14 heures	280 $
Sylvie Béconcours : 18 $ × 14 heures	252 $
Alain Froment : 18 $ × 14 heures	252 $
Michel Draker : 16 $ × 14 heures	224 $
Mélanie Vendal : 15 $ × 14 heures	210 $
Le samedi 19 octobre	
Johanne Hamel : 20 $ × 1,5 × 6 heures	180 $
Sylvie Béconcours : 18 $ × 1,5 × 6 heures	162 $
Alain Froment : 18 $ × 1,5 × 6 heures	162 $
Michel Draker : 16 $ × 1,5 × 6 heures	144 $
Mélanie Vendal : 15 $ × 1,5 × 6 heures	135 $
Le dimanche 20 octobre	
Johanne Hamel : 20 $ × 2 × 4 heures	160 $
Sylvie Béconcours : 18 $ × 2 × 4 heures	144 $
Alain Froment : 18 $ × 2 × 4 heures	144 $
Michel Draker : 16 $ × 2 × 4 heures	128 $
Mélanie Vendal : 15 $ × 2 × 4 heures	120 $

▼

▼

Poste budgétaire	Coûts
Honoraires du formateur : 24 × 150 $	3 600 $
Repas : 4 repas × 15 $ × 5	300 $
Coûts indirects	
Heures supplémentaires :	
Johanne Hamel : 20 $ × 1,5 × 6 heures	180 $
Sylvie Béconcours : 18 $ × 1,5 × 6 heures	162 $
Alain Froment : 18 $ × 1,5 × 6 heures	162 $
Michel Draker : 16 $ × 1,5 × 6 heures	144 $
Mélanie Vendal : 15 $ × 1,5 × 6 heures	135 $
Total	7 380 $
Coût moyen par employé : 7 380 $ ÷ 5	1 476 $

Sous-étape 7 : l'approbation du programme de formation

« Mes cinq employés sont d'accord pour suivre ce programme de formation, et mes deux frères m'ont donné leur consentement quant au contenu, au budget et à l'organisation du programme. »

Étape 3 : le suivi du déroulement du programme de formation

« J'ai choisi Johanne Hamel, une de mes cinq employés, comme intermédiaire entre l'entreprise Comptable-2000, ses collègues de travail et moi. Son principal rôle sera de s'assurer que le programme se déroule selon ce qui a été planifié et d'intervenir rapidement dès qu'elle s'apercevra d'un écart dans le déroulement des activités. »

Étape 4 : l'évaluation du programme de formation

« La formation doit avoir des effets à très court terme. Les cinq employés devront, dans le mois qui suit la formation, avoir acquis la compétence nécessaire pour utiliser le logiciel Comptable-2000 et l'appliquer aux besoins comptables de l'entreprise. Leurs habiletés à utiliser le logiciel seront évaluées à partir des critères de rendement suivants :

- Amélioration de la qualité des résultats du travail comptable. Les décideurs devront avoir accès à toute l'information comptable demandée dans des délais raisonnables ;

- Diminution du temps de préparation de la paie de 50 % ;

- Diminution du temps de facturation de trois jours ;

- Diminution du temps de perception des comptes clients : le pourcentage des comptes en souffrance de 60 jours devra diminuer de 40 % ;

- Diminution du coût du système comptable : le coût de la formation devra être absorbé par une diminution du coût du système comptable dans les six mois suivant la formation. »

▼

▼

Recommandation

« Je recommande de donner une formation plus complète du logiciel Comptable-2000 à Johanne Hamel (parmi les cinq employés, c'est elle qui me semble la plus intéressée par le logiciel), afin qu'elle devienne la personne-ressource à consulter en cas de problème. Cela nous épargnera des frais de consultants de 150 $ l'heure. Mme Hamel pourra ainsi compléter la formation de ses collègues en cours d'emploi. »

Voilà comment, par un programme de formation de quatre jours, les cinq employés du service de la comptabilité de l'entreprise Portes et fenêtres Léveillée inc. s'adapteront à un changement technologique. Par l'acquisition de nouvelles connaissances et habiletés, ces cinq employés pourront faire face à un nouvel environnement de travail.

RÉSUMÉ

Dans l'hypothèse où les gestionnaires la considèrent comme un élément essentiel à l'atteinte des objectifs stratégiques de l'entreprise, la formation du personnel joue un rôle important dans l'entreprise.

Effectivement, s'il dispose d'un tel outil, le superviseur pourra s'entourer d'une main-d'œuvre efficace, productive et adaptée à son environnement de travail, ce qui favorisera l'amélioration du rendement individuel de ses employés et, indirectement, de celui de son service ainsi que de celui de l'entreprise.

Pour y arriver, il est indispensable que le superviseur prenne les moyens nécessaires pour préparer ses employés aux exigences et aux responsabilités de leur poste de travail. Cette adaptation peut prendre différentes formes. Par exemple, immédiatement après l'embauche, le superviseur accueillera son nouvel employé et lui donnera une formation de base. En cours d'emploi, il s'assurera que tous ses employés possèdent les connaissances, les habiletés et le comportement de travail requis par les exigences de leur poste. De plus, il participera à la planification et à l'organisation d'un programme de développement des ressources humaines permettant à ses employés de parfaire et d'accroître leurs compétences et de progresser dans leur travail tout au long de leur carrière au sein de l'entreprise.

Peu importe le programme de formation, le superviseur doit suivre quatre étapes dans la gestion du processus de formation de ses employés : la définition des besoins de formation, la préparation du programme de formation, le suivi du déroulement du programme et l'évaluation du programme.

RÉSUMÉ GRAPHIQUE
Le processus d'orientation et de formation du personnel

LES DIFFÉRENTS NIVEAUX DE FORMATION DU PERSONNEL

Par la formation, on tente de transformer, d'accroître ou de parfaire les connaissances, les habiletés professionnelles et les compétences des employés en plus de chercher à leur inculquer un comportement de travail.

LES DIFFÉRENTS PROGRAMMES DE FORMATION DU PERSONNEL

Programme d'orientation. Objectif : faciliter l'intégration du nouvel employé à son poste de travail.

Programme de formation en cours d'emploi. Objectif : donner à l'employé tous les outils nécessaires pour bien faire son travail.

Programme de développement des ressources humaines. Objectif : permettre à l'employé d'augmenter sa compétence et de progresser dans son travail.

LES CONDITIONS PRÉALABLES À L'ÉLABORATION D'UN PROGRAMME DE FORMATION

Un programme de formation doit :
■ *répondre aux attentes de l'employé et du superviseur ;*
■ *être perçu favorablement par les employés ;*
■ *être accessible à tous les employés concernés.*

L'ORIENTATION DES NOUVEAUX EMPLOYÉS

■ *Un programme d'orientation comprend un programme d'accueil et une formation initiale.*

■ *Ce programme présente trois principaux avantages : il a un effet psychologique sur l'employé, un effet économique et un effet de validation.*

LE PROCESSUS D'ORIENTATION ET DE FORMATION DU PERSONNEL

Le processus comporte quatre étapes :
■ *Étape 1 : la définition des besoins de formation ;*
■ *Étape 2 : la préparation du programme ;*
■ *Étape 3 : le suivi du déroulement du programme ;*
■ *Étape 4 : l'évaluation du programme.*

EXERCICES LIÉS À LA CONNAISSANCE

Termes et concepts à définir

1. Entreprise apprenante.

2. Savoir explicite, savoir-faire, savoir-être, savoir intégré.

3. Formation en cours d'emploi et développement des ressources humaines.

4. Intégration du nouvel employé.

5. Transfert des apprentissages.

6. Formation sur mesure.

7. Tuteur, *coach* et mentor.

8. Formation qualifiante.

Questions à développement

1. Pourquoi le superviseur a-t-il recours à la formation de son personnel ?

2. Quels sont les différents niveaux de formation en cours d'emploi ?

3. Quels sont les objectifs des trois principaux programmes de formation ?

4. Quels sont les avantages du programme d'orientation ?

5. Quel est le contenu du programme d'orientation des nouveaux employés ?

6. Quelles conditions le superviseur doit-il respecter lors de la préparation d'un programme de formation ?

7. Énumérez les principales étapes d'un processus de gestion d'un programme de formation.

8. Pourquoi le superviseur doit-il accorder beaucoup d'importance à la définition des besoins de formation de ses employés ?

9. Quels sont les principes majeurs à respecter dans le choix de la méthode d'apprentissage ?

10. À quel type de difficulté le superviseur fait-il face au moment de l'évaluation de l'efficacité d'un programme de formation ?

EXERCICES DE COMPRÉHENSION

1. Donnez un exemple illustrant un problème de direction des ressources humaines dans une entreprise qu'un programme de formation du personnel ne peut pas résoudre.

2. Donnez trois exemples de causes possibles d'un taux d'accidents de travail élevé qui pourraient être corrigées par la formation.

3. Donnez un exemple d'un programme de formation qui ne répond ni aux attentes des employés ni à celles de leur superviseur.

▼

▼

4. Donnez un exemple d'une situation de travail problématique qui exige une formation du personnel visant :

   ■ l'acquisition de nouvelles connaissances ;

   ■ le développement de nouvelles habiletés ;

   ■ l'adoption d'un comportement approprié au travail.

5. Donnez différents exemples où le tutorat, le *coaching* et le mentorat s'avèrent des méthodes appropriées de formation.

6. La formation est-elle une dépense ou un investissement ? Justifiez votre réponse.

EXERCICES DE TRANSFERT ■ ■ ■

1. Regroupez-vous en équipe de trois et décrivez votre première journée de travail : l'accueil et la formation initiale reçue.

2. Planifiez, en équipe de trois, un programme d'orientation pour les nouveaux étudiants inscrits dans votre programme d'études.

3. Présentez la *Loi favorisant le développement de la formation de la main-d'œuvre*. Pour ce faire, consultez le site Web du ministère de la Solidarité sociale à l'adresse électronique suivante : <www.mss.gouv.qc.ca>.

EXERCICES D'APPLICATION ■ ■ ■ ■

1. L'orientation du nouvel adjoint au responsable des achats et de la représentante commerciale

La compagnie Tripalium inc. vient d'engager un nouvel adjoint au responsable des achats et une nouvelle représentante commerciale[12].

Les deux nouveaux employés se présentent à leur travail le lundi 25 août à 9 h. Le responsable des achats étant en vacances pour la semaine, l'adjoint au responsable des achats est reçu par le directeur des opérations, qui lui dit en maugréant :

« On aurait dû te faire rentrer la semaine prochaine, ton *boss* est en vacances. En attendant qu'il revienne, tu aideras les gars à l'emballage et à la livraison. »

Quant à la nouvelle représentante commerciale, elle est accueillie par Ernest Bibiane, l'ancien titulaire du poste, de la façon suivante :

▼

---

12. Référez-vous aux exercices d'application numéros 2 et 3 du chapitre 2.

▼

« Salut ! Écoute, je n'ai pas beaucoup de temps pour te montrer ton travail, j'ai un rendez-vous à 11 h. Si tu as des problèmes, essaie de te débrouiller, sinon va voir Roberto Ryalto, le responsable du service du marketing, mais ne le dérange pas trop souvent ! »

À l'heure de la pause de l'après-midi, les deux nouveaux employés se rencontrent à la cafétéria de la compagnie. Au cours de la conversation, Jocelyne Miron, la nouvelle représentante commerciale, confie à l'adjoint :

« Ouais ! je me demande bien dans quoi je me suis embarquée ! »

Travail à faire

Vous avez le mandat de proposer un programme d'orientation pour les deux nouveaux employés. Votre rapport doit, entre autres éléments, contenir :

- une critique de l'accueil fait aux deux nouveaux employés ;

- un programme d'orientation pour ces deux nouveaux employés fondé sur les notions qui vous ont été enseignées dans ce chapitre, notamment :

    – un programme d'accueil ;

    – une formation initiale ;

    – une évaluation de l'efficacité du programme.

Pour préparer votre rapport, aidez-vous des questions suivantes :

- À quels types de besoins le programme d'orientation répond-il ?

- Quels objectifs le programme d'orientation vise-t-il ?

- Quel sera le contenu du programme d'accueil ?

- Quelle sera la méthode d'apprentissage choisie par le programme de formation initiale ?

- Quel sera le calendrier des activités d'accueil et de formation ?

- À quel type de ressources le programme d'orientation fera-t-il appel ?

- Quels seront les fonds alloués au programme d'orientation ? Préparez un budget ventilé du programme d'orientation.

- Qui sera responsable du déroulement du programme d'orientation ?

- Quand et comment sera évalué le programme d'orientation ?

2. La qualité totale : un remède à tout ?

Le vendredi 8 août à 17 h, le directeur des opérations, François Gagnon, convoque à son bureau les cinq contremaîtres de l'usine. Il leur communique le message suivant :

« Mesdames et messieurs, le climat dans l'usine est difficile : le taux d'absentéisme est de 6,5 %, ce qui est élevé, le taux de rebuts est de 17 % , ce qui est énorme ; en plus, il y a des retards dans la production, nos délais de livraison ne sont pas respectés dans 15 % des cas et la marchandise

▼

▼

est retournée dans 10 % des cas ; il y a de fréquentes ruptures dans la ligne de production, et ces arrêts de travail entraînent une augmentation de 15 % des frais de fabrication ; 17 accidents de travail sont survenus l'an dernier, ce qui coûte très cher en frais directs et indirects. Enfin, tout cela est agrémenté d'un climat d'affrontement dans l'usine.

« Voilà l'état de la situation. Situation inadmissible compte tenu de la mondialisation des marchés. Comme vous le savez, avec le phénomène de la mondialisation, la concurrence est très féroce et pour survivre il faut se mettre à l'heure de la qualité totale. J'ai donc décidé de mettre en place un programme de qualité totale dans l'usine ; aussi, tous les matins de la semaine prochaine, de 7 h 30 à 8 h 30, M. Hervé Merrix, un consultant fort renommé dans ce domaine, viendra donner des cours sur la qualité totale à tous les contremaîtres et à tous les opérateurs de presse. Il vous apprendra, entre autres choses, à être des animateurs d'équipes de travail, des facilitateurs. Vous verrez, cela facilitera votre travail, votre vie. Avez-vous des questions ? Non ? Parfait ! Voilà, mesdames et messieurs, annoncez ce programme de formation à tous vos employés. Je m'attends à avoir des résultats positifs à partir du mois prochain. Plus de gaspillage ! D'autant plus que ce programme me coûte 2 000 $! »

En quittant le bureau du directeur, un des contremaîtres tient les propos suivants :

« Ouais ! il y a trois ans, c'était les cercles de qualité, il y a deux ans, la gestion participative, l'année dernière, la gestion par objectifs. Et voilà que cette année il faut se passionner pour la qualité totale ! Moi, un animateur ? Moi, un facilitateur ? Moi, en fait, je suis un pompier, un surveillant, un gardien de prison. Quand ça va mal, on me tape sur la tête et, à mon tour, je tape sur la tête de mes gars. Il faut que je produise : j'ai des standards de performance à atteindre. Je suis responsable de tout : des arrêts de production, de la qualité du produit fini, des rebuts, des réparations et de l'entretien des presses, etc. De plus, mes opérateurs sont incapables de prendre des décisions, à peine capables d'exécuter leurs tâches ou d'utiliser leur presse ; ça leur prend un ou deux accidents de travail avant de comprendre le fonctionnement de leur machine. L'ancienneté de mes gars se définit en fonction du nombre de doigts coupés ou écrasés. Je n'ai pas le temps de suivre des cours, moi ! Et puis, des cours le matin, ça part mal une journée ! »

Travail à faire

Vous avez le mandat de proposer un programme de formation au directeur des opérations. Votre rapport doit, entre autres éléments, contenir :

- une analyse du programme de formation établi par le directeur des opérations ;

- un programme de formation pour les contremaîtres et les opérateurs de presse fondé sur les notions qui vous ont été enseignées dans ce chapitre.

Pour préparer votre rapport, aidez-vous des questions suivantes :

- À quels types de besoins le programme de formation répond-il ?

- Quels objectifs le programme de formation vise-t-il ?

- Sur quels thèmes le programme de formation porte-t-il ? Quel en sera le contenu ?

- Quelle sera la méthode d'apprentissage choisie par le programme de formation ?

- Quel sera le calendrier des activités de formation ?

- À quel type de ressources le programme d'orientation fera-t-il appel ?

▼

▼

- Quels seront les fonds alloués au programme de formation ? Préparez un budget ventilé du programme de formation.

- Qui sera responsable du déroulement du programme de formation ?

- Quand et comment sera évalué le programme de formation ?

3. Accueillir le nouveau personnel

Cet exercice fait suite à l'exercice d'application numéro 4 du chapitre 2, où l'on vous demandait d'engager du personnel pour le compte d'une entreprise de votre choix. À présent, vous avez le mandat d'orienter ce nouveau personnel. Prévoyez une douzaine d'heures pour mener à bien ce travail pratique.

Rappelez-vous qu'un programme d'orientation comporte un programme d'accueil et une formation initiale. En ce sens, n'oubliez pas, entre autres choses, de :

- définir les objectifs du programme d'orientation ;

- préparer le contenu du programme d'accueil et la documentation appropriée ;

- déterminer la méthode d'apprentissage pour la formation initiale ;

- fixer le calendrier des activités d'accueil et de formation ;

- choisir les ressources nécessaires pour réussir le programme d'orientation ;

- préparer un budget ventilé du programme d'orientation ;

- orienter le nouveau personnel ;

- évaluer l'efficacité du programme d'orientation.

4. La formation du personnel

Vous avez le mandat de former du personnel pour le compte d'une entreprise de votre choix. Prévoyez une douzaine d'heures pour mener à bien ce travail pratique.

Rappelez-vous que le processus de formation comprend les quatre étapes suivantes :

- Étape 1 : avec la collaboration des responsables de l'entreprise, définir les besoins de formation ;

- Étape 2 : préparer et donner la formation ;

- Étape 3 : pendant la formation, surveiller le déroulement du programme, corriger les écarts par rapport aux objectifs du programme, au calendrier, au budget et maintenir un climat favorable à l'apprentissage. Après la formation, s'assurer du transfert des apprentissages ;

- Étape 4 : évaluer l'efficacité du programme de formation.

EXERCICES D'ANALYSE ■ ■ ■ ■ □ □

1. La quincaillerie Clincaille de M. Nguyen

Depuis trois mois, les ventes de la quincaillerie Clincaille sont en chute libre ; elles ont baissé de 15 % par rapport aux ventes correspondant à la même période de l'année dernière.

Cette situation inquiète le propriétaire de la quincaillerie, M. Nguyen ; aussi demande-t-il à sa directrice du marketing, Georgette Labadie, de redresser rapidement la situation.

Après avoir analysé le problème au cours d'une réunion houleuse de trois heures, Mme Labadie et les 12 vendeurs de la quincaillerie ont décidé, d'un commun accord, du programme de formation suivant :

- La formation durera trois jours et se tiendra dans une auberge de renom de Saint-Jean-de-Matha ;
- La formation a comme objectif d'améliorer la compétence des vendeurs ;
- La formation se déroulera selon le calendrier présenté au tableau 3.15.

TABLEAU 3.15
Le calendrier du programme de formation de la quincaillerie Clincaille

Thème	Horaire
La mondialisation et le profil du consommateur	Vendredi
Les techniques de vente et l'approche client	Samedi
La synergie de la vente et l'esprit d'équipe (survie en forêt)	Dimanche

Trois mois après la formation, que les vendeurs ont trouvé bénéfique, stimulante et avantageuse, les ventes n'ont toujours pas cessé de diminuer.

Analysez le programme de formation mis sur pied par Georgette Labadie.

2. La tuile numérique de M. Mêkhanos

M. Mêkhanos, le propriétaire d'une compagnie de fabrication de tuiles, revient d'un voyage en Italie où il a participé à une foire internationale de la tuile.

Il est emballé par un nouveau procédé de fabrication développé par des ingénieurs allemands. À son retour à l'usine, il convoque son directeur de la production, Alexandre Gervais, et lui fait part du projet suivant :

« Nous allons remplacer la tuile mécanique par la tuile numérique ! »

Perplexe mais curieux, M. Gervais lui dit :

« *Very interesting ! Uh... and what is* la tuile numérique *?* »

M. Mêkhanos, exaspéré, lui répond :

« C'est simple ! Actuellement, la fabrication se fait à l'aide de machines actionnées manuellement par nos opérateurs. La nouvelle machine, la CAM I, est actionnée par un ordinateur. J'en ai acheté une. Elle sera livrée et installée d'ici un mois. La semaine prochaine, un représentant de la compagnie allemande, qui est de passage à Montréal, va donner, gratuitement, un cours de formation de trois jours portant sur l'utilisation de la CAM I à nos 30 opérateurs et 6 contremaîtres. De cette façon, si cette machine nous convient, nous serons prêts au moment de remplacer nos 30 machines manuelles. »

La CAM I a été installée trois mois après le cours de formation, et on a assigné trois opérateurs à son utilisation.

Le tableau 3.16 illustre les performances de la nouvelle machine par rapport à celles de la machine manuelle.

TABLEAU 3.16
Le rendement de la CAM I après un mois d'opération par rapport à celui de la machine manuelle

Résultats	CAM I	Machine manuelle
Niveau de production	500 tuiles à l'heure	400 tuiles à l'heure
Rejets	12 %	3 %
Temps d'arrêt moyen	8 minutes à l'heure	2 minutes à l'heure

Après avoir pris connaissance de ces résultats, M. Mêkhanos, désappointé, fait à ses contremaîtres la réflexion suivante : « Un beau *trip* qui m'a coûté cher ! »

Les contremaîtres, également déçus des performances de la CAM I, ajoutent : « C'est dommage, la machine est intéressante ! »

Analysez la façon dont les opérateurs ont été formés pour être en mesure d'utiliser la CAM I.

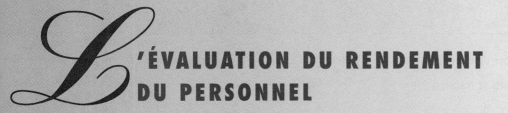

L'ÉVALUATION DU RENDEMENT DU PERSONNEL

Chapitre 4

▼

▼

Exercices de compréhension

Exercices de transfert

Exercices d'application

Exercices d'analyse

INTRODUCTION

Nous avons démontré que, pour s'entourer d'employés efficaces, le superviseur choisit le meilleur candidat à un poste de travail au cours du processus d'embauche et qu'au moyen d'un programme de formation, il aide ses employés à s'adapter aux exigences et aux responsabilités liées à leurs tâches.

Il est dès lors primordial de savoir si le travail se fait convenablement, puisque l'entreprise progresse grâce à l'amélioration de son personnel. Le superviseur doit alors relever un nouveau défi, celui d'évaluer le rendement de ses employés et de leur en faire part.

Dans le présent chapitre, nous examinerons comment une évaluation du rendement employée adéquatement constitue une critique constructive par laquelle le superviseur communique à ses employés son appréciation de la qualité de leur rendement au travail et, au besoin, ses recommandations pour l'améliorer. Cette approche constructive de l'évaluation du rendement est profitable et stimulante pour le superviseur, ses employés et l'entreprise dans son ensemble.

Ensuite, nous analyserons minutieusement le processus d'évaluation du rendement et décrirons ses principales activités, espérant ainsi répondre aux deux questions que tout superviseur se pose au moment d'évaluer ses employés : « Que dois-je évaluer ? » et « Comment dois-je m'y prendre ? »

4.1 LES OBJECTIFS DU PROCESSUS D'ÉVALUATION DU RENDEMENT DES EMPLOYÉS

Selon Edwards W. Deming[1], toute mesure de contrôle doit viser essentiellement l'amélioration de la qualité du travail. Dans cette perspective, l'évaluation du rendement ne doit

---

1. E.W. Deming (1900-1993) a participé à la reconstruction de l'industrie japonaise dans les années 1950. À son retour aux États-Unis, il a enseigné à l'Université Columbia et à l'Université de New York en plus d'être un éminent conférencier dans le domaine de la qualité totale. Dans son livre *Hors de la crise* (1991), il a énoncé 14 principes du management qui mènent à la qualité des produits. Bien que ces principes soient interdépendants et indissociables, nous ne reprenons, dans ce chapitre, que les principaux éléments concernant l'évaluation du rendement.

donc pas servir à contrôler mais plutôt à guider, à entraîner et à aider l'employé à mieux faire son travail.

L'évaluation du rendement en tant que moyen de contrôle favoriserait le rendement à court terme, puisque l'employé travaille pour son propre avancement et non pour celui de son service ni, indirectement, pour celui de l'entreprise. Par conséquent, l'employé ne visera que l'atteinte des normes de rendement fixées par le système organisationnel. Pour éviter de déplaire à son superviseur, par crainte de représailles ou par peur de ne pouvoir atteindre ses objectifs personnels et satisfaire ses propres intérêts, l'employé ne fera pas de vagues et n'essaiera pas d'améliorer son travail ou le processus dans lequel il évolue ; il fera exactement ce qu'on lui demande de faire, ni plus ni moins.

Deming recommande donc au superviseur d'évaluer ses employés non pour les contrôler, mais pour cerner les moyens d'améliorer leur rendement et l'efficacité du système lui-même[2]. Pour ce faire, le superviseur doit, entre autres comportements :

- éliminer tout ce qui empêche ses employés d'être fiers de leur travail ;

- modifier tout ce qui, dans l'organisation du travail, nuit au bon rendement des employés ;

- connaître le travail des employés qu'il dirige pour pouvoir les aider ;

- susciter un climat de confiance et de sécurité chez les employés ;

- favoriser le travail d'équipe afin que les forces des uns compensent les faiblesses des autres ;

- éliminer (autant que faire se peut) les quotas et les objectifs chiffrés pour éviter que les employés ne se limitent aux normes de rendement établies ;

- encourager chacun des employés à s'améliorer.

En adoptant ce type de comportement envers ses employés, le superviseur reconnaît alors que le rendement ne dépend pas seulement d'eux mais aussi de la nature de leur fonction, de leur environnement de travail, du contexte de travail, de leur environnement social, des ressources mises à leur disposition, du mode de supervision, du système organisationnel[3], etc.

Ainsi, l'évaluation du rendement doit principalement servir à **améliorer la qualité du travail de l'employé et le système organisationnel de l'entreprise, ce qui, par le fait même, améliore les processus d'affaires et la qualité des produits offerts**. Cela nous ramène à la trilogie des gagnants (voir le chapitre 1) : grâce à l'évaluation du rendement, l'employé est gagnant, l'entreprise est gagnante, et le client l'est aussi.

Envisagé sous cet angle, le processus d'évaluation du rendement vise deux grands objectifs :

---

2. Selon Deming, 94 % des problèmes sont dus au système et 6 % des problèmes, aux employés.

3. Puisque c'est l'entreprise qui détermine le processus de transformation, les procédures de travail, les techniques de production, la technologie utilisée, l'organisation du travail, les politiques administratives, la formation des employés, le choix des matériaux, les fournisseurs, la structure organisationnelle, etc., l'employé ne devrait pas être évalué pour une fonction qui ne relève pas de ses responsabilités.

1. Permettre au superviseur de mieux orienter ses employés vers l'atteinte des objectifs de leur travail. Cet examen rétrospectif est alors conçu pour préparer l'avenir. Grâce à l'évaluation du rendement, le superviseur peut aider son employé à améliorer son rendement et à se développer en l'encourageant à persévérer dans son travail et en l'orientant selon ses capacités ;

EXEMPLE

- Corriger des méthodes et des habitudes de travail inadéquates.
- Redéfinir, expliquer ou clarifier les responsabilités de l'employé.
- Redéfinir un poste de travail dont les tâches sont trop lourdes à assumer.
- Préparer un programme de formation pour développer les compétences de l'employé.

2. Évaluer l'efficacité des processus de l'entreprise ainsi que la cohérence et la complémentarité de leurs activités respectives.

EXEMPLE

Le tableau 4.1 met en relation les problèmes de processus décelés par l'évaluation du rendement.

TABLEAU 4.1
La relation entre l'évaluation du rendement et les processus à corriger

Problème décelé par l'évaluation du rendement	Processus à corriger	Situation de travail causant le problème
Les ouvriers n'atteignent pas le seuil de productivité escompté.	Processus de fabrication	Environnement bruyant Manque de ressources
Le nombre de rejets augmente.	Processus d'approvisionnement	Matière première non conforme aux normes de qualité Changement de fournisseur
Le nombre de plaintes des clients augmente.	Processus de traitement de la commande	Système informatique inefficace ou défectueux Manque de temps
Le programme de formation n'améliore pas les compétences des employés.	Processus de développement des employés	Climat de travail démobilisant Surcharge de travail

4.2 L'IMPORTANCE DE L'ÉVALUATION DU RENDEMENT DES EMPLOYÉS

L'évaluation du rendement permet au superviseur de faire le point sur l'apport de son employé à son poste, sur la réalisation de ses objectifs de travail et sur sa contribution à l'entreprise. En somme, il s'agit de faire le bilan[4] de la performance atteinte. D'une part, l'évaluation du rendement permet à l'employé :

- de prendre conscience de ses responsabilités ;

- de comprendre les normes de rendement à partir desquelles il sera évalué ;

- de faire siens les objectifs de travail à réaliser ;

- de savoir comment il est perçu par son superviseur ;

- de comprendre et de clarifier les attentes de son superviseur ;

- de corriger et d'améliorer son rendement.

D'autre part, l'évaluation du rendement permet au superviseur :

- de mieux observer le rendement de chacun de ses employés ;

- d'apprécier les forces et les faiblesses de ses employés et de leur donner l'heure juste à ce sujet ;

- de cibler les employés dont le rendement est supérieur aux normes et ceux dont le rendement est inférieur à celles-ci ;

- de motiver ses employés en les conseillant adéquatement sur les moyens à prendre pour améliorer leur rendement ;

- de guider et de conseiller ses employés plutôt que de les juger ;

- de favoriser le développement de ses employés ;

- de considérer les difficultés auxquelles font face ses employés dans leur travail et de déterminer leurs besoins en formation, en ressources, en encadrement, etc. ;

- de se servir des résultats de l'évaluation du rendement pour améliorer le système et non pour classer les employés ;

- de planifier ses besoins de main-d'œuvre en tenant compte des compétences de ses employés.

---

4. Il est important de noter qu'on évalue le rendement actuel de l'employé et non son potentiel à en faire plus.

4.3 LE PROCESSUS D'ÉVALUATION DU RENDEMENT DES EMPLOYÉS

Au moment de l'évaluation du rendement, le superviseur observe les réalisations de ses employés (leurs résultats au travail) et la façon dont ils atteignent leurs objectifs (leur comportement au travail), compare le fruit de cette observation avec des normes de rendement, analyse les écarts entre le niveau de rendement atteint et celui attendu, fait part à ses employés de son évaluation et finalement choisit des moyens de correction et de bonification en collaboration avec eux.

Pour y arriver, il met en branle le processus d'évaluation du rendement, c'est-à-dire qu'il :

- établit les tâches que doit accomplir l'employé ;

- détermine les objectifs que doit atteindre l'employé ;

- détermine les normes de rendement de l'employé en fonction des tâches à réaliser et des objectifs à atteindre ;

- évalue le rendement de l'employé ;

- communique son évaluation à l'employé ;

- met à jour le dossier de rendement de l'employé ;

- fait le suivi de l'évaluation du rendement.

Le processus d'évaluation du rendement comprend sept activités ; nous les étudierons dans les sous-sections qui suivent.

4.3.1 L'ÉTABLISSEMENT DES TÂCHES QUE DOIVENT ACCOMPLIR LES EMPLOYÉS

À l'aide de l'analyse du poste[5] (voir le chapitre 2), le superviseur dresse la liste des tâches que devra accomplir son employé. Ensuite, il s'assure que ces tâches s'intègrent bien dans la logique de l'approche par processus, c'est-à-dire qu'elles concourent à l'accomplissement d'activités qui contribuent à la réalisation des objectifs d'un processus. Comme nous le verrons ci-après, cette activité orientera l'évaluation du rendement de l'employé.

---

5. Et à l'aide également de la description des tâches.

EXEMPLE

Le tableau 4.2 établit la correspondance entre le processus « approvisionnement », l'activité « gestion des achats » et les tâches des acheteurs de l'entreprise Kara.

Comme nous pouvons l'observer dans ce tableau, le processus « approvisionnement » est composé de quatre activités, et l'activité « gestion des achats » comporte cinq tâches.

TABLEAU 4.2
La relation entre le processus, les activités et les tâches des acheteurs de l'entreprise Kara

Processus	Activité	Tâches de l'acheteur
Approvisionnement	Gestion des achats	Détermine les besoins des utilisateurs. Choisit le fournisseur. Transmet le bon de commande. Fait le suivi et la relance de la commande. Archive l'information pertinente.
	Gestion des stocks	
	Gestion de l'entrepôt	
	Gestion du surplus et des rebuts	

4.3.2 LA DÉTERMINATION DES OBJECTIFS QUE DOIVENT ATTEINDRE LES EMPLOYÉS

Pour une période donnée, les gestionnaires traduisent l'objectif général de l'entreprise en objectifs stratégiques, à partir desquels sont fixés les objectifs des macroprocessus[6], des processus et des activités de travail[7].

Ensuite, le superviseur analyse, de préférence en collaboration avec ses employés, les répercussions de ces objectifs sur les tâches relevant de son service.

6. Toute entreprise comporte un macroprocessus de production qui transforme les ressources en produits et un ensemble de macroprocessus d'affaires qui soutiennent celui de la production. Par exemple, la gestion de la force de vente, la gestion de l'information, la gestion des ressources financières et physiques, le contrôle de la qualité, la gestion de la paie, etc., sont des macroprocessus d'affaires. Pour plus de détails sur ce sujet, lire Rivard et Talbot (2000).

7. Nous avons déjà dit (voir le chapitre 1) que la qualité de la performance de l'entreprise dépend de la contribution de l'ensemble de ses processus ainsi que de la cohésion et de la complémentarité de leurs activités et tâches respectives. Pour plus de détails sur ce sujet, lire Barrette et Bérard (2000).

EXEMPLE

Le tableau 4.3 illustre la façon dont l'objectif général de l'entreprise Kara se traduit en objectifs de travail pour le poste d'acheteur.

TABLEAU 4.3
La détermination des objectifs que doivent atteindre les acheteurs de l'entreprise Kara

Objectif général de l'entreprise pour l'an 200X
Accroître les profits de 8 %.

Objectifs stratégiques
1. Augmenter le taux de fidélisation de la clientèle de 12 %.
2. Augmenter les ventes de 10 %.
3. Diminuer les coûts de 3 %.

Objectif du macroprocessus « production »
Diminuer le coût de revient de 2 %.

Objectifs du processus « approvisionnement »
1. Diminuer le coût des achats de 1,2 %.
2. Assurer la disponibilité immédiate des matériaux.
3. Diminuer la valeur des stocks de 12 %.
4. Lors de la vérification de la marchandise reçue, utiliser un **degré de qualité acceptable** de 1,5 % (plutôt que 2,5 %) et augmenter le contrôle de l'échantillon.

Objectifs de l'activité « achat »
1. Acquérir les matériaux dans le respect des contraintes budgétaires.
2. Doubler la rotation des stocks.
3. Négocier des procédures de réapprovisionnement automatisé basées sur le système zéro stock.

Objectifs du poste d'acheteur
1. Diminuer les coûts d'achat de 1,2 %.
2. S'assurer que les fournisseurs garantissent à l'entreprise un délai de livraison d'au plus trois jours et qu'ils offrent une procédure de réapprovisionnement par système électronique.

Une fois les différents objectifs déterminés, Louise Parent, la responsable du processus « approvisionnement », rencontre ses acheteurs pour leur faire part de leurs objectifs de travail et elle évalue avec eux l'effet qu'ils peuvent avoir sur leurs tâches. Elle leur dit :

« Mesdames et messieurs, nous avons le mandat pour la prochaine année de diminuer les coûts d'achat de 1,2 %, de nous assurer que les fournisseurs garantissent à l'entreprise un délai de livraison de trois jours plutôt que de six jours et de négocier des contrats globaux avec des fournisseurs qui offrent une procédure de réapprovisionnement par système électronique. La balle est dans notre camp. Nous allons donc déterminer ensemble l'orientation à donner à vos tâches compte tenu des objectifs de l'année. »

▼

Après discussion, Louise Parent et les acheteurs ciblent en priorité deux tâches permettant d'atteindre les objectifs fixés au cours de la prochaine année : déterminer les besoins des utilisateurs et choisir le fournisseur. Les trois autres tâches de l'acheteur, à savoir transmettre le bon de commande, faire le suivi et la relance de la commande et archiver l'information pertinente, seront évaluées à partir de normes de rendement qui ne sont pas touchées par les objectifs de la période.

Le tableau 4.4 établit la correspondance entre les objectifs de l'activité « achats », les objectifs que doivent atteindre les acheteurs et les tâches qu'ils ont à accomplir.

TABLEAU 4.4
Les tâches essentielles à l'atteinte des objectifs des acheteurs de l'entreprise Kara au cours de l'année à venir

Objectif de l'activité « achats »	Objectif du poste d'acheteur	Tâches essentielles à l'atteinte des objectifs
Acquérir les matériaux dans le respect des contraintes budgétaires.	Diminuer les coûts d'achat de 1,2 %.	Déterminer les besoins des utilisateurs.
Doubler la rotation des stocks.	S'assurer que les fournisseurs garantissent à l'entreprise un délai de livraison d'au plus trois jours.	Choisir le fournisseur.
Négocier des procédures de réapprovisionnement automatisé basées sur le système zéro stock.	S'assurer que les fournisseurs offrent une procédure de réapprovisionnement par système électronique.	

4.3.3 LA DÉTERMINATION DES NORMES DE RENDEMENT QUE DOIVENT ATTEINDRE LES EMPLOYÉS

À partir des tâches à accomplir et des objectifs à atteindre, le superviseur détermine les normes de rendement de son employé.

Ces normes de rendement permettent au superviseur de juger si ses employés ont atteint le niveau de rendement attendu. Elles comportent les sept caractéristiques suivantes :

1. **Les normes de rendement sont valides.**

   Les normes de rendement doivent être spécifiques aux tâches à accomplir et associées aux objectifs de travail que doit atteindre l'employé.

EXEMPLE

Calculer correctement les déductions à la base est une norme de rendement acceptable pour un commis à la paie. Néanmoins, sa tenue vestimentaire n'en est pas nécessairement une.

Le superviseur peut recourir à deux types de normes de rendement : celles qui évaluent des **résultats de travail** et celles qui évaluent des **comportements au travail**.

- Les normes de rendement qui évaluent les **résultats de travail**. Elles évaluent le degré d'atteinte d'un objectif de travail ou d'un rendement au travail mesurable, univoque et fixé pour une période donnée. À la fin de cette période, la rencontre d'évaluation portera sur l'atteinte de cet objectif et sur la détermination de nouveaux objectifs mesurables pour une prochaine période. Cette méthode augmente la motivation des employés en leur présentant des défis clairs et mesurables. Toutefois, la tendance à ne tenir compte que des résultats peut, à long terme, être nuisible à l'entreprise. Par exemple, le vendeur peut réussir à augmenter les ventes du produit A de 10 % en faisant de la vente sous pression et nuire ainsi à l'image de l'entreprise. Le tableau 4.5 donne des exemples de normes de rendement qui évaluent les résultats de travail.

TABLEAU 4.5
Les normes de rendement qui évaluent les résultats de travail

Tâche	Normes de rendement
Renseigner les clients sur les caractéristiques du produit A.	Pour les six prochains mois, augmenter de 10 % les ventes du produit A (objectif à atteindre).
Placer les boîtes de jonction dans des caisses.	Préparer 100 caisses de boîtes de jonction à l'heure (rendement à atteindre).

- Les normes de rendement qui évaluent les **comportements au travail**. Elles évaluent le suivi des procédés de travail, c'est-à-dire la façon dont l'employé accomplit sa tâche. Le tableau 4.6 donne des exemples de normes de rendement qui évaluent les comportements au travail.

TABLEAU 4.6
Les normes de rendement qui évaluent les comportements au travail

Tâche	Normes de rendement
Recevoir la marchandise.	Vérifier si le nombre d'articles reçus est en conformité avec le bon de commande.
Se charger de l'équipement mis à sa disposition.	Entretenir, réparer et ranger l'équipement mis à sa disposition.

Notons que l'on peut associer une norme de rendement à plusieurs tâches et plusieurs normes de rendement à une tâche.

EXEMPLE

Le tableau 4.7 présente un exemple d'une tâche à laquelle sont associées trois normes de rendement ainsi qu'un exemple de deux tâches auxquelles est associée une norme de rendement.

TABLEAU 4.7
La correspondance entre des tâches et des normes de rendement

Tâche	Normes de rendement
■ *Gérer l'inventaire. (Tâche d'un magasinier.)*	■ *Faire le décompte quotidien des entrées et des sorties d'articles à l'aide d'un progiciel de gestion intégrée.* ■ *Calculer le stock de sécurité à partir du délai de livraison et du taux d'utilisation des articles.* ■ *Établir une liste d'achats et envoyer une commande dès que le point de commande des articles est atteint.*
■ *Distribuer le courrier.* ■ *Transmettre les messages au moyen d'un télécopieur.* *(Tâches d'un commis de bureau.)*	■ *Traiter la correspondance rapidement et par ordre de priorité.*

Souvent, il est demandé au superviseur d'évaluer le comportement général au travail de son employé, par exemple son respect des valeurs, de la culture, des politiques et du code d'éthique de l'entreprise, son intégration dans le groupe de travail, etc. Il a alors recours à des **normes de rendement d'ordre général**.

Ces normes de rendement s'appliquent à tous les employés de l'entreprise, quels que soient les postes qu'ils occupent et leur niveau hiérarchique. Généralement, c'est la haute direction de l'entreprise, en collaboration avec les superviseurs, qui définit ces normes générales de rendement en conformité avec la mission et la culture de l'entreprise.

EXEMPLES

- Contribuer à l'application de l'approche client dans l'entreprise.

- Véhiculer les valeurs de l'entreprise, à savoir le respect de la personne, de l'environnement et du bien d'autrui.

- Prendre part activement aux activités de rayonnement de l'entreprise.

▼

- Adopter en tout temps un comportement de travail axé sur la coopération et l'écoute.

- Parfaire ses compétences.

2. Les normes de rendement font l'objet d'une définition claire et précise.

Autant que faire se peut, les normes de rendement ne doivent présenter aucune ambiguïté quant à leur définition et à leur interprétation. Elles peuvent être définies sous l'angle des contraintes de coût ou de temps, de la date butoir, de la quantité, de la qualité (efficacité et efficience), de la condition d'exécution, de la contrainte d'exécution, de la marge d'erreur, de la productivité ou de toute autre mesure permettant d'apprécier le niveau de rendement atteint.

EXEMPLES

- Informatiser 50 factures (norme de rendement : quantité).

- Appliquer correctement les règles et les procédures d'approvisionnement (norme de rendement : qualité).

- Proposer des moyens créatifs pour réaliser les objectifs spécifiques de chacune des activités de la colonie de vacances (norme de rendement : qualité).

- Informatiser, sans erreur (norme de rendement : aucune marge d'erreur), 50 factures (norme de rendement : quantité) à l'heure (norme de rendement : contrainte de temps).

- Régler 80 % des réclamations (norme de rendement : quantité), sans aide (norme de rendement : condition d'exécution), dans le respect de l'approche client (norme de rendement : qualité).

- Diminuer de 15 % le taux de rejets (norme de rendement : productivité).

- Envoyer les commandes à l'aide du logiciel d'échange de documents informatisés (norme de rendement : condition d'exécution).

- Présenter un rapport de ventes le premier lundi de chaque mois (norme de rendement : date butoir).

- Mettre en place les mesures de prévention dans le respect du budget alloué à la santé et à la sécurité du travail (norme de rendement : contrainte de coût).

- Répondre aux besoins des campeurs dans le respect des normes de sécurité et d'hygiène (norme de rendement : contrainte d'exécution).

Le tableau 4.8 établit la relation entre les deux types de normes de rendement (résultats de travail et comportements au travail) et les différentes mesures possibles du rendement.

TABLEAU 4.8
La relation entre les deux types de normes de rendement et les mesures du rendement

Norme de rendement	Mesures du rendement
Résultats de travail	Quantité Contrainte de coût et de temps Productivité Date butoir Marge d'erreur Autres
Comportements au travail	Qualité (efficience et efficacité dans le suivi des procédés de travail) Condition d'exécution des procédés de travail Contrainte d'exécution des procédés de travail Autres

3. **Les normes de rendement sont connues par les employés.**

Il est indispensable que le superviseur communique à ses employés les aspects qui feront l'objet de l'évaluation de leur rendement. En effet, il doit leur expliquer l'importance des normes de rendement fixées et déterminer, avec leur collaboration, la façon la plus appropriée de les atteindre.

Lorsque cela est possible, il est conseillé au superviseur de déterminer les normes de rendement en collaboration avec ses employés. Cela correspondra plus à leur réalité de travail et ils seront plus enclins à les accepter, puisqu'ils comprendront mieux leur sens et leur portée.

4. **Les normes de rendement sont réalistes.**

Le superviseur s'assure que ses employés ont la compétence et les ressources nécessaires à l'atteinte des normes de rendement.

EXEMPLES

Dans la mesure où il n'y a pas de changement en ce qui a trait aux conditions de travail, à la technologie employée, aux ressources attribuées, etc. :

- demander aux préposés à la clientèle de répondre aux demandes des clients en trois minutes, alors que la moyenne de temps pour effectuer cette tâche est actuellement de 12 minutes, est une norme de rendement irréaliste ;

- réclamer aux vendeurs un accroissement des ventes de 25 %, alors que le marché a atteint un niveau de saturation, est une norme de rendement irréaliste.

5. Les normes de rendement sont cohérentes avec les objectifs de l'entreprise.

Les normes de rendement sont déterminées en fonction des objectifs de l'entreprise.

EXEMPLE

Lorsque l'objectif à atteindre pour une période donnée est de diminuer les coûts d'achat de 1,2 %, il est impossible de fixer la norme de rendement suivante : choisir le fournisseur qui offre la meilleure qualité. Pour qu'il y ait cohérence entre l'objectif à atteindre et la norme de rendement fixée, il faudrait préciser : choisir le fournisseur qui offre la meilleure qualité dans le respect des contraintes de coût et de temps.

---

6. Les normes de rendement fournissent un défi à la mesure des employés.

Une norme de rendement trop facile à atteindre peut démotiver l'employé, tandis qu'une norme de rendement trop difficile à atteindre peut le décourager. Néanmoins, il faut être conscient qu'il arrive souvent que les objectifs à atteindre dictent des normes de rendement qui dépassent les capacités de l'employé. Dans ce cas, le superviseur doit aider son employé à assumer ses responsabilités en lui donnant, par exemple, les moyens et les ressources nécessaires pour le faire. Sinon, il faut s'attendre à faire face à un problème d'épuisement professionnel chez l'employé (voir le chapitre 8).

EXEMPLE

Demander à un acheteur de mettre en place un système informatisé des dossiers clients en une semaine, alors que l'exécution de cette tâche prend normalement un mois, est un défi de taille. À la lumière de ce fait, le responsable des achats peut proposer comme solution d'embaucher temporairement un technicien pour aider l'acheteur à atteindre la norme de rendement.

---

7. Les normes de rendement évoluent dans le temps.

Pour être concurrentielle et pour survivre, l'entreprise doit s'adapter à l'évolution de son environnement (voir le chapitre 1). Pour ce faire, elle modifie constamment ses objectifs. Il faut donc s'attendre à ce que l'entreprise modifie aussi fréquemment ses normes de rendement.

EXEMPLE

Avant la mise en place d'un logiciel comptable, le commis à la paie devait atteindre la norme de rendement suivante : calculer correctement la rémunération d'après les feuilles de présence.

Après l'installation du logiciel, la norme de rendement a été reformulée ainsi : tenir à jour le fichier des présences et le dossier du personnel relatif à la rémunération et aux avantages sociaux.

Poursuivons l'exemple de l'évaluation du rendement des acheteurs de l'entreprise Kara.

EXEMPLE

Le tableau 4.9 établit les normes de rendement pour chacune des tâches des acheteurs. Leur formulation tient compte, comme il se doit, des objectifs de travail à atteindre au cours de l'année à venir.

TABLEAU 4.9

Les normes de rendement que doivent atteindre les acheteurs de l'entreprise Kara

Tâche	Objectif de l'année	Normes de rendement
Déterminer les besoins des utilisateurs.	Diminuer les coûts d'achat de 1,2 %.	Planifier les achats en fonction du calendrier de production et de l'état du marché en amont. Proposer des moyens en vue de faire diminuer le coût des achats et la valeur des stocks.
Choisir le fournisseur.	S'assurer que les fournisseurs garantissent à l'entreprise un délai de livraison d'au plus trois jours. S'assurer que les fournisseurs offrent une procédure de réapprovisionnement par système électronique.	Faire respecter les délais de livraison qui sont de trois jours et moins. Exiger des fournisseurs qu'ils effectuent le réapprovisionnement par système électronique. S'assurer que les fournisseurs respectent les normes de qualité.
Transmettre le bon de commande.		Transmettre des bons de commande soigneusement remplis.
Faire le suivi et la relance de la commande.		S'assurer que le fournisseur respecte le délai de livraison et, au besoin, exercer une pression sur lui pour qu'il respecte sa promesse de livraison.
Archiver l'information pertinente.		Mettre à jour le dossier des fournisseurs.

4.3.4 L'ÉVALUATION DU RENDEMENT DES EMPLOYÉS

La base de l'évaluation du rendement est l'observation des faits de travail, et son succès repose sur la rétroaction que le superviseur donne à ses employés. À ce sujet, notons que :

■ la rétroaction donnée par le superviseur est un facteur important de motivation pour les employés. Ignorer ses employés est l'un des pires comportements que le superviseur peut adopter à leur égard ;

■ certaines entreprises utilisent la méthode de l'**évaluation du rendement 360 degrés**, méthode qui consiste à faire évaluer l'employé par plusieurs personnes : son superviseur, ses collègues, ses subordonnés, les clients, les fournisseurs. Signalons à ce propos que cette évaluation peut également s'assortir d'une autoévaluation. Le but de cette méthode est de s'assurer que les différents aspects du travail de l'employé sont évalués, ce que le superviseur ne peut pas réaliser seul (Werner, 1994).

Pour s'assurer de l'exactitude d'un jugement porté sur un employé, il est essentiel que le superviseur **soit formé pour le porter**. En effet, une formation lui donnera confiance en sa capacité d'évaluer et en sa méthode d'évaluation.

Nous constatons que le superviseur qui sait observer et analyser les réalisations de ses employés et la façon dont ils atteignent leurs objectifs est capable de discerner leurs forces et leurs faiblesses. Il peut aussi repérer les employés qui contribuent à la réalisation des objectifs de son service et aider les autres à y arriver. Le superviseur qui sait se prémunir contre les erreurs de jugement (voir la section 4.4) se considérera par ailleurs mieux outillé pour accomplir sa tâche et sera plus motivé à le faire. En outre, l'employé qui juge son superviseur capable d'apprécier son travail avec justesse et validité acceptera volontiers de se faire évaluer.

EXEMPLE

Jean-Yves Tremblay occupe le poste de contremaître dans une fonderie de l'est de Montréal. Il nous fait part de ses commentaires concernant l'évaluation du rendement de ses ouvriers.

« Le service du personnel m'a consulté pour concevoir un outil d'évaluation du rendement de mes ouvriers. Depuis que je sais comment la grille d'évaluation du rendement a été établie et que je connais son contenu, il me semble que j'évalue mieux mes employés, et je n'hésite plus à porter un jugement, parce que je sais maintenant d'où ça vient et à quoi ça sert ! »

Le déroulement de l'évaluation du rendement des employés

Le déroulement de l'évaluation du rendement de l'employé comporte trois étapes :

1. **L'observation**

   Le superviseur observe, à de nombreuses reprises, les faits qui sont spécifiquement liés aux tâches que doit accomplir l'employé et qui ont une conséquence immédiate sur ses résultats de travail et sur son comportement au travail. Les normes de rendement le guident dans ce sens.

Le comportement du préposé au service à la clientèle, la propreté de l'atelier du méca-nicien, le comportement du vendeur au sein de son équipe de travail et la régularité des dépôts bancaires du commis de bureau sont autant de faits de travail que le super-viseur doit évaluer.

2. L'analyse

Le superviseur analyse et compare le rendement de l'employé avec les normes de rendement à atteindre. Et pour ne pas se laisser aller à des impressions générales ni à des considérations de nature subjective au moment de l'évaluation formelle, il consigne ses observations dans un dossier de rendement, ce qui augmente la validité des résultats observés. Il y décrit objectivement les faits de travail qui ont un lien direct (positif et négatif) avec le rendement de l'employé.

■ Jocelyn reste calme en présence de clients rébarbatifs.

■ Henriette range toujours ses outils.

■ Les collègues d'Albert se sont plaints de son manque de coopération au cours des réunions d'équipe du 7 mai et du 26 mai.

■ Pendant la semaine du 2 juin, Henri a effectué les dépôts bancaires dans l'après-midi alors que ces derniers doivent être faits dans l'avant-midi.

3. La rétroaction

Le superviseur évalue régulièrement ses employés, et la fréquence de cette évaluation dépend de la nature du poste et du besoin de rétroaction. Au cours de cette étape, il donne à ses employés une rétroaction immédiate sur leur rendement au travail, car ceux-ci sont sensibles à toute forme d'interaction ; en effet, ils veulent savoir ce que leur superviseur pense d'eux et s'il est satisfait d'eux.

Pour que l'évaluation du rendement contribue à améliorer le travail des employés, elle doit se faire dès que les résultats et le comportement au travail de ceux-ci s'écartent (dans un sens ou dans l'autre) des normes de rendement. Le processus d'évaluation prend donc tout son sens lorsque, à tout moment, le superviseur et ses employés peuvent interagir et s'influencer en ce qui a trait au rendement au travail. D'où l'importance de normes de rendement clairement énoncées.

Aline Amyot, gérante d'un magasin de détail, nous confie : « Qu'ils aient atteint ou non leurs objectifs et leurs résultats de travail, j'interviens auprès de mes employés aussi souvent que possible. Je n'attends pas l'évaluation annuelle. Il est important que je leur donne l'heure juste rapidement. C'est ma façon de les récompenser pour leurs bons coups et de les aider à s'améliorer lorsqu'ils n'atteignent pas les normes de rendement. Le renforcement positif est essentiel dans ce domaine. »

L'évaluation formelle

Lorsque vient le temps de l'évaluation périodique (soit une ou deux fois par année), le superviseur remplit la grille d'évaluation en se servant d'une échelle graduée pour se prononcer sur le niveau de rendement atteint, et en recourant aux observations notées dans le dossier de rendement de l'employé.

EXEMPLE

Pour la norme de rendement qui consiste à toujours clarifier la demande du client avant de l'acheminer au service concerné, Louis Piché, préposé au service à la clientèle, a obtenu une évaluation correspondant au degré 2 de l'échelle de notation graduée de l'évaluation du rendement (voir la figure 4.1). En effet, son superviseur avait noté dans son dossier de rendement qu'à trois reprises durant le mois de février plusieurs clients s'étaient plaints d'avoir attendu longtemps avant d'obtenir une réponse à leur demande parce que, à plusieurs reprises, le préposé ne les avait pas mis en communication avec les responsables du service approprié.

FIGURE 4.1
L'échelle de notation graduée de l'évaluation du rendement

Degré 5 :   *Le rendement est nettement supérieur à la norme de rendement.*

Degré 4 :   *Le rendement dépasse la norme de rendement.*

Degré 3 :   *Le rendement correspond à la norme de rendement.*

Degré 2 :   *Le rendement est inférieur à la norme de rendement ; une amélioration est nécessaire.*

Degré 1 :   *Le rendement est nettement inférieur à la norme de rendement ; un avertissement est donné.*

Selon Deming, les degrés 1 et 2 reflètent un rendement hors du système, mais du mauvais côté, et les degrés 4 et 5 reflètent un rendement hors du système, mais du bon côté, alors que le degré 3 représente un rendement acceptable et raisonnable.

Ainsi, si la marge d'erreur acceptable se situe entre 2 % et 5 %, un taux d'erreur de 0 % est hors du système mais du bon côté, alors qu'un taux d'erreur de 8 % est hors du système mais du mauvais côté. Le superviseur récompensera alors ceux qui sont hors du système mais du bon côté et essayera d'apprendre comment ils s'y sont pris pour atteindre ce résultat afin d'aider ceux qui sont hors du système mais du mauvais côté à améliorer leur rendement.

Reprenons l'exemple de l'évaluation du rendement des acheteurs de l'entreprise Kara.

EXEMPLE

La figure 4.2 présente la grille d'évaluation de l'acheteur Ernest Lavigne.

FIGURE 4.2
L'évaluation du rendement d'Ernest Lavigne, acheteur pour l'entreprise Kara

1. Planifie les achats en fonction du calendrier de production et de l'état du marché en amont.

   1   2   3   ④   5

Commentaires : **Les prévisions de prix, de la disponibilité du produit et de la situation concurrentielle des fournisseurs ont permis une planification exacte des achats, laquelle a rendu possibles le respect du calendrier de production et une diminution du coût de revient. Néanmoins, une surestimation de la hausse du prix de la composante MP1 a occasionné un surstockage temporaire du produit.**

2. Propose aux utilisateurs des moyens de faire diminuer le coût d'achat et la valeur des stocks.

   1   2   3   ④   5

Commentaires : **Généralement, il a proposé aux utilisateurs des produits de substitution ou de remplacement à moindre coût.**

3. Exige que le délai de livraison soit de trois jours et moins.

   1   2   3   4   ⑤

Commentaires : **À l'exception des fournisseurs québécois, ontariens et américains (Vermont, Boston, New York), les fournisseurs étrangers ne peuvent pas respecter cette contrainte de délai. Notons que M. Lavigne n'a aucun pouvoir sur cette contrainte d'ordre géographique.**

4. S'assure que les fournisseurs effectuent le réapprovisionnement par système électronique.

   1   2   3   4   ⑤

Commentaires : **85 % des fournisseurs effectuent le réapprovisionnement par système électronique. Les autres ne le font pas pour une raison de mise à niveau technologique.**

5. Veille à ce que les fournisseurs garantissent le respect des normes de qualité.

   1   ②   3   4   5

Commentaires : **Trois fournisseurs (MTD Manufacturing, Canadian Resources et MP1 inc.) n'ont pas respecté les normes de qualité, ce qui a occasionné une hausse de 5 % du taux de rejets.**

6. Transmet des bons de commande soigneusement remplis.

   1   2   3   4   ⑤

Commentaires : **Toujours.**

▼

▼

FIGURE 4.2
L'évaluation du rendement d'Ernest Lavigne, acheteur pour l'entreprise Kara (suite)

7. S'assure que le fournisseur respecte le délai de livraison et, au besoin, exerce une pression sur lui pour qu'il respecte ce délai.

    1   2   3   ④   5

Commentaires : **Quelques délais de livraison n'ont pas été respectés par les fournisseurs mais, dans les circonstances, M. Lavigne pouvait plus ou moins agir.**

8. Met à jour le dossier des fournisseurs.

    1   ②   3   4   5

Commentaires : **Les dossiers des fournisseurs sont tardivement mis à jour.**

Les normes de rendement d'ordre général

1. Applique l'approche client dans son travail.

    1   ②   3   4   5

Commentaires : **M. Lavigne applique l'approche client uniquement avec les fournisseurs.**

2. Respecte la différence et la diversité dans son travail.

    1   2   3   4   ⑤

Commentaires : **Il le fait très bien !**

3. Adopte en tout temps un comportement axé sur la coopération.

    1   ②   3   4   5

Commentaires : **Il discute difficilement avec ses collègues de travail, mais le fait très bien avec les fournisseurs.**

4.3.5 LA COMMUNICATION DE L'ÉVALUATION DU RENDEMENT AUX EMPLOYÉS

Dans un esprit de critique constructive de travail, le superviseur fait participer l'employé à sa propre évaluation. Il le rencontre afin de discuter avec lui de ses réalisations au travail, de lui souligner ses points forts et de définir avec lui les moyens à prendre pour corriger ses points faibles.

Il importe ici de souligner qu'au cours de cette rencontre, le superviseur s'entretient avec son employé uniquement des faits de travail qui influent sur son rendement. Si l'employé ne parvient pas à atteindre les normes de rendement fixées à cause de problèmes personnels, le superviseur pourra, s'il en a la compétence, établir avec lui une relation d'aide. Cette relation d'aide, aussi appelée *counseling,* sera traitée au chapitre 6.

EXEMPLE

« La rencontre d'évaluation avec mes employés est un moment privilégié que j'aborde positivement étant donné que c'est l'occasion pour moi de leur fournir une rétroaction sur l'ensemble de leur rendement, dit Madeleine Chiasson, chargée de projet. Dans certains cas, je constate que l'employé fait face à des problèmes dont je ne maîtrise ni la cause ni les conséquences. Prenons le cas de Jean-Yves, qui a divorcé il y a six mois. Son rendement en a été affecté, et tout ce que j'ai réussi à faire lors de la rencontre d'évaluation a été de souligner ce fait, sans pouvoir aller plus loin. Je ne me sens pas à l'aise quand ça dépasse le cadre du travail. »

Les étapes à suivre au cours de la rencontre d'évaluation du rendement

Au cours de la rencontre d'évaluation du rendement, le superviseur joue pleinement son rôle de gestionnaire. Il est donc essentiel qu'il planifie et prépare cette rencontre. Pour ce faire, il suivra les quatre étapes suivantes :

1. **La préparation de la rencontre d'évaluation du rendement.** Pour préparer la rencontre d'évaluation du rendement, le superviseur :

   - fait une étude attentive du rendement de l'employé : il dégage ses points forts et ses points faibles ainsi que tous les événements qui ont un effet significatif sur son travail ;

   - détermine, par ordre de priorité, les points qui seront discutés ;

   - fixe la date de la rencontre avec son employé, à qui il remet la première ébauche de la grille d'évaluation remplie. Cette rencontre ne devrait avoir lieu ni avant ni pendant une période où l'employé est débordé de travail. Préférablement, elle devrait avoir lieu au début de la matinée, alors que le superviseur et son employé sont frais et dispos.

2. **Le début de la rencontre d'évaluation du rendement.** Dès le début de la rencontre d'évaluation du rendement, le superviseur essaie de dissiper les inquiétudes et les réticences de l'employé, et de créer un climat favorable à une critique constructive. Pour ce faire, il adopte une attitude et un comportement qui démontrent le caractère positif de cette rencontre. Il prend aussi le temps d'expliquer à l'employé les objectifs et le contenu de la rencontre. Il indique à son employé que la rencontre portera sur des faits concrets de travail et qu'il souhaite que celui-ci participe à l'analyse de son rendement passé et futur.

3. **Le déroulement de la rencontre d'évaluation du rendement.** Le superviseur doit profiter de la rencontre d'évaluation pour discuter avec son employé des situations de travail et, s'il y a lieu, pour tenter de l'aider à résoudre des problèmes de travail. Durant cette rencontre, il mettra l'accent sur le rendement de l'employé. Il discutera avec lui de ses réalisations, des points à améliorer, de l'écart entre son niveau de rendement et les normes de rendement à atteindre, des causes possibles de ses réussites et de ses échecs, etc.

Si un point exige des mesures correctives, le superviseur abordera la situation en appliquant le processus de résolution de problèmes présenté à la section 6.4 du chapitre 6.

Lorsque le besoin se fait sentir, le superviseur détermine avec son employé ou avec toute son équipe de travail un **plan d'amélioration des compétences**. Il enclenche alors le processus de formation du personnel étudié au chapitre 3.

4. **La fin de la rencontre d'évaluation du rendement.** Le superviseur clôture la rencontre en résumant la situation et en soulignant les éléments positifs du rendement de l'employé. Enfin, il fixe la date d'une prochaine rencontre pour revoir les ententes conclues avec l'employé.

Les principes à observer pour mener à bien une rencontre d'évaluation du rendement

Au cours d'une rencontre d'évaluation du rendement, le superviseur doit tenir compte des 10 principes suivants :

1. **La rencontre d'évaluation n'est pas une séance d'accusation, mais un outil de travail.**

   Le superviseur doit donc mettre l'accent sur les aspects positifs du travail de l'employé et l'encourager dans ses efforts. Il ne négligera pas pour autant de soulever ses principales lacunes, surtout celles qui compromettent la réalisation de son travail. Il utilisera la « règle du sandwich » : une mauvaise nouvelle entre deux bonnes nouvelles.

EXEMPLE

- « Je suis très satisfait de l'ensemble de tes ventes mensuelles, Marielle, mais il y a un petit problème. J'ai reçu deux plaintes de Jean Laliberté, notre principal client de l'est de Montréal. J'aimerais en discuter avec toi. »

- « J'apprécie beaucoup que ton rendement dépasse les normes de rendement : tu ne fais pas d'erreurs dans les comptes, les dossiers de tes clients sont toujours à jour, les lettres de recouvrement sont envoyées selon les directives que tu as reçues. Je t'encourage donc à continuer dans cette voie. Par contre, j'ai observé qu'à plusieurs reprises les dépôts bancaires n'étaient pas faits tous les jours. »

---

2. **La rencontre d'évaluation doit se faire dans un climat de confiance où l'employé se sentira à l'aise et ne craindra pas d'être évalué.**

   Pour bien s'acquitter de cette tâche difficile, le superviseur devra avoir reçu une formation adéquate qui lui permettra de développer sa capacité d'écoute, son empathie à l'égard de ses employés et son habileté à poser les bonnes questions.

3. **Le choix des questions doit viser à comprendre l'employé et non à le « cuisiner ».**

   Pour comprendre l'employé et l'aider à trouver la solution à ses problèmes, le superviseur doit tenter d'entrer dans la peau de celui-ci. Aux yeux de l'employé, le superviseur apparaîtra comme une ressource capable de l'aider à trouver sa propre solution.

Toutefois, la rencontre d'évaluation ne doit pas être considérée comme une séance de thérapie et doit permettre au superviseur d'influencer son employé pour qu'il réalise des objectifs précis de travail. Ainsi, il pourra dire à un employé mécontent : « Claude, je comprends très bien que vous n'aimiez plus votre travail, mais en attendant que le poste de magasinier soit vacant, essayons de voir ensemble ce que vous aimez le plus et le moins dans vos tâches. »

4. **La rencontre d'évaluation doit être menée en privé et toute l'attention du superviseur doit être consacrée à l'employé.**

Le superviseur aura pris soin d'aviser les personnes concernées qu'il ne reçoit ni appels téléphoniques ni visites durant la rencontre.

5. **La rencontre d'évaluation n'est pas l'occasion de blâmer l'employé.**

En effet, le superviseur doit plutôt tenter de lui faire prendre conscience de son problème, puis lui proposer de l'aider à le résoudre. Il lui dira donc « Si tu le veux bien, nous allons essayer ensemble… », au lieu de « Il est inacceptable que tu sois incapable de réaliser tes objectifs ! »

6. **Les comparaisons avec des collègues de travail sont à éviter.**

Par exemple, le superviseur s'abstiendra de dire « Regarde Jean, son travail est toujours bien fait ! »

7. **Les menaces ne servent à rien.**

Une menace, même voilée, telle que « Tu ferais mieux de corriger ton comportement ! », n'a jamais été un moyen efficace de résoudre un problème.

8. **L'employé peut exprimer son désaccord sans risques d'affrontement avec le superviseur.**

Le superviseur ne doit ni faire preuve de supériorité, ni se formaliser d'une opinion différente de la sienne, ni imposer son point de vue ; il doit plutôt faire appel à la collaboration de l'employé. Il dira donc « Bon, voyons les points sur lesquels nous sommes d'accord ou en désaccord, puis essayons de trouver la meilleure façon d'augmenter les ventes », au lieu de « Je ne suis pas convaincu que ta méthode soit la meilleure, on va plutôt opter pour ce que j'ai déjà suggéré. »

9. **Le superviseur doit éviter de s'engager émotionnellement dans la discussion.**

Il laissera plutôt l'employé exprimer ses émotions et tentera de les analyser. Il dira par exemple « Cela semble vous perturber. J'aimerais qu'on en parle », au lieu de « Écoute bien ! Moi aussi je suis capable de me fâcher ! »

10. **Le superviseur doit éviter d'interpréter les paroles de l'employé selon son propre schème de références.**

Il demandera plutôt à l'employé de préciser sa pensée. Par exemple, si l'employé déclare « Je trouve ça difficile de travailler ici ! », le superviseur répondra « Tu trouves ton travail difficile ! », et l'employé se verra obligé de clarifier ses dires : « Non, non ! Je trouve difficile de travailler avec Jean-Marie ! »

4.3.6 LA MISE À JOUR DU DOSSIER DE RENDEMENT DES EMPLOYÉS

Le superviseur consigne au dossier de l'employé la grille d'évaluation remplie, les ententes conclues et les objectifs de rendement fixés pour la prochaine période.

De plus, il remet à son employé une copie signée du formulaire d'évaluation du rendement, ainsi que la liste des recommandations suggérées et des engagements pris de part et d'autre.

Précisons bien l'importance que ce compte rendu soit écrit, et ce, afin d'éviter des problèmes judiciaires dans l'hypothèse où une mesure serait prise contre l'employé (voir la section 4.6).

4.3.7 LE SUIVI DE L'ÉVALUATION DU RENDEMENT DES EMPLOYÉS

Le processus d'évaluation du rendement ne s'arrête pas une fois la grille d'évaluation remplie et le résultat de l'évaluation communiqué à l'employé.

Durant toute la période de travail qui s'ensuit, le superviseur veille au suivi de l'évaluation du rendement en s'assurant que son employé est en voie d'atteindre ses objectifs de rendement pour la prochaine étape d'évaluation.

Ainsi, la boucle est bouclée et le processus d'évaluation du rendement se met de nouveau en branle.

TABLEAU 4.10
Les sept activités du processus d'évaluation du rendement

1. *L'établissement des tâches que doivent accomplir les employés.*
2. *La détermination des objectifs que doivent atteindre les employés.*
3. *La détermination des normes de rendement que doivent atteindre les employés.*
4. *L'évaluation du rendement des employés.*
5. *La communication de l'évaluation du rendement aux employés.*
6. *La mise à jour du dossier de rendement des employés.*
7. *Le suivi de l'évaluation du rendement des employés.*

4.4 LES ERREURS À ÉVITER AU MOMENT DE L'ÉVALUATION DU RENDEMENT DES EMPLOYÉS

Le superviseur n'est pas tout à fait à l'abri des erreurs de jugement. Ainsi, il doit éviter de commettre l'erreur de **comparer les employés entre eux** ; il doit plutôt comparer leurs résultats de travail respectifs avec les normes de rendement.

Le superviseur doit aussi éviter l'**erreur des tendances** : la tendance à être pessimiste et à donner 1 ou 2 points à tous les employés, la tendance à être optimiste et à accorder

4 ou 5 points à tous, ou la tendance à être neutre et à en attribuer 3 à tous les employés sur une échelle graduée de 1 à 5.

L'**effet de halo** est une autre erreur possible qui consiste à surévaluer un employé en ne tenant compte que des résultats positifs des premiers critères évalués ou, au contraire, à le sous-évaluer parce que ceux-ci étaient négatifs.

Enfin, le superviseur peut porter son évaluation uniquement sur les événements de travail les plus **récents**. Ce type d'erreur peut être évité en tenant à jour les dossiers de rendement des employés.

4.5 L'ATTITUDE DU SUPERVISEUR AU COURS DE L'ÉVALUATION DU RENDEMENT DE SES EMPLOYÉS

Pour obtenir la collaboration de ses employés au processus d'évaluation du rendement ainsi que leur adhésion aux principes qui le sous-tendent, le superviseur doit :

- **être présent auprès de ses employés.** Le superviseur ne doit pas s'enfermer dans sa tour d'ivoire. Il est présent quand ses employés peuvent dire de lui : « Notre superviseur ne se confine pas dans son bureau ; il vient nous voir souvent, non pas pour nous surveiller, mais pour nous aider. Nous l'appelons même le patron baladeur. Nous n'avons pas besoin de prendre rendez-vous pour le rencontrer, il est toujours là. »

- **être un facilitateur pour ses employés.** Le superviseur aide ses employés à atteindre leurs objectifs de travail et leurs normes de rendement. Il partage leurs préoccupations en servant de personne-ressource et en leur offrant un soutien dans les moments difficiles. Le superviseur est un facilitateur quand ses employés peuvent dire de lui : « Nous savons qu'il peut nous aider. Il nous a aidés à résoudre plusieurs de nos problèmes. Nous pouvons compter sur lui pour obtenir les ressources nécessaires à l'exécution de notre travail. »

- **adopter une attitude positive envers ses employés.** Le superviseur doit considérer ses employés comme des personnes capables et, surtout, désireuses d'assumer leurs responsabilités et d'atteindre les normes de rendement. C'est donc beaucoup plus sur sa façon d'être que sur sa façon de faire que le superviseur portera ses efforts. En outre, il est important que les dirigeants de l'entreprise valorisent et encouragent une telle attitude envers les employés et que le superviseur se sente appuyé dans sa démarche.

- **être empathique.** Le superviseur comprend les émotions et les sentiments de son employé de même que la perception qu'il a de la réalité, et il lui communique cette compréhension.

- **être respectueux.** Le superviseur accepte son employé avec toutes ses caractéristiques, tant positives que négatives ; il accepte sa différence.

- **être authentique.** Le superviseur est sincère dans sa relation avec l'employé en restant fidèle à ses propres sentiments et croyances.

4.6 LES ASPECTS JURIDIQUES DE L'ÉVALUATION DU RENDEMENT

Nous avons présenté l'évaluation du rendement comme étant un processus qui vise essentiellement à améliorer la qualité du travail des employés et le système organisationnel de l'entreprise. Or, dans la pratique courante de la direction des ressources humaines, l'évaluation du rendement peut aussi être utilisée pour récompenser ou pour pénaliser les employés. Voilà pourquoi le superviseur se base sur le niveau de rendement atteint par l'employé pour lui accorder ou pour lui refuser une augmentation salariale ou une promotion, ou pour prendre une mesure administrative (avertissement, mise en demeure, compression salariale, rétrogradation, suspension, congédiement) à son endroit.

Qu'est-ce qu'une mesure administrative et qu'est-ce qui la distingue d'une mesure disciplinaire ? Une mesure administrative découle d'un rendement au travail qui n'atteint pas les normes de rendement en raison de l'incompétence de l'employé, c'est-à-dire en raison de son incapacité à effectuer ses tâches selon des normes de rendement acceptables et raisonnables. En revanche, une mesure disciplinaire résulte d'un comportement au travail jugé déviant tel que le rendement insuffisant ou inacceptable causé par la négligence ou l'insouciance, la désobéissance, l'insubordination, l'absentéisme non justifié et non déclaré, le comportement agressif, le vol, etc., de l'employé. Nous traiterons de la politique disciplinaire de l'entreprise au chapitre 6.

La mesure administrative résulte du droit de gérance de l'employeur et a comme objectif d'assurer l'efficacité de l'entreprise, alors que l'objectif de la mesure disciplinaire est de punir l'employé et de le contraindre à adopter un comportement au travail jugé acceptable par l'employeur (Bernier et autres, 2001).

Ainsi, une mesure administrative est prise à la suite d'un « comportement **involontairement inadéquat** » (Bernier et autres, 2001, p. I, 1-2) que le superviseur n'espère plus corriger parce qu'il a déjà pris les moyens appropriés pour le faire, alors qu'une mesure disciplinaire est plutôt la conséquence d'un « comportement **volontairement déviant** » que le superviseur espère corriger. Or, dans la pratique, il est difficile de distinguer le caractère volontaire ou involontaire d'un comportement au travail. Tout réside dans la preuve présentée[8] !

Néanmoins, le superviseur peut se prémunir contre certaines erreurs qui peuvent donner lieu à des plaintes et à des poursuites judiciaires. Avant de prendre une mesure administrative contre son employé, il doit s'assurer qu'elle n'est pas discriminatoire, abusive ou arbitraire, c'est-à-dire qu'il l'a prise pour une **juste cause**. C'est pourquoi il est fortement conseillé de respecter certains principes[9] :

---

8. Pour plus de détails, lire Bernier et autres (2001), chapitre 1.

9. Le présent énoncé ne constitue pas un avis juridique. Il est fortement recommandé d'obtenir les conseils appropriés d'un spécialiste en la matière, car chaque cas est un cas d'espèce.

- Le superviseur :

  - possède les connaissances et les habiletés nécessaires pour évaluer son employé ;

  - communique à son employé les résultats de son évaluation d'une façon formelle, régulière, détaillée et écrite ;

  - indique clairement à son employé qu'il n'a pas atteint les normes de rendement, alors que d'autres employés les ont atteintes ;

  - avertit son employé qu'il ne peut pas tolérer son rendement inadéquat ;

  - propose à son employé des moyens à prendre pour l'aider à améliorer son rendement ;

  - alloue un temps raisonnable à son employé pour corriger son rendement inadéquat en prenant en considération la complexité des tâches à accomplir et le degré d'autonomie accordé ;

- L'employé :

  - connaît et comprend les normes de rendement qu'il doit atteindre et les objectifs de travail qu'il doit réaliser ;

  - a les compétences nécessaires pour atteindre les normes de rendement ;

  - est responsable des tâches à accomplir [10] ;

  - connaît les conséquences auxquelles il s'expose s'il n'atteint pas son niveau de rendement ;

- Le processus d'évaluation du rendement :

  - est uniformisé pour tous les employés qui accomplissent les mêmes tâches et atteignent les mêmes objectifs de travail ;

  - prévoit un mécanisme de contestation qui permet à l'employé d'exprimer son désaccord concernant son évaluation et de donner sa version des faits.

Les normes de rendement sont objectives, observables et fondées, c'est-à-dire qu'elles sont spécifiques à une tâche à accomplir, à un résultat à atteindre, à un comportement au travail à adopter.

La mesure administrative est prise contre l'employé lorsque son rendement inadéquat s'est produit à plusieurs reprises d'une façon constante, et que les principes énumérés ci-dessus ont été respectés.

---

10. Ainsi, on ne saurait blâmer le préposé aux comptes clients pour des comptes en souffrance, alors qu'il n'est même pas autorisé à en faire le recouvrement.

EXEMPLE

Le superviseur ne peut pas prendre une mesure administrative contre un vendeur parce que ce dernier, qui travaille au sein de l'entreprise depuis deux ans, a effectué pour la première fois une mauvaise analyse de crédit. Par contre, une mesure administrative peut être prise contre un vendeur parce qu'il a mal analysé le crédit de plusieurs clients et qu'il n'a pas pris en compte les recommandations de son superviseur pour corriger ses erreurs d'analyse, et ce, depuis son embauche, il y a deux semaines.

RÉSUMÉ

Nous venons de voir que l'évaluation du rendement est un outil de gestion qui vise l'amélioration de la performance de l'employé et de l'entreprise, et non pas un simple système de contrôle des résultats de travail ou des comportements au travail.

À l'aide de l'évaluation du rendement, le superviseur analyse, d'une façon continue, les réussites et les échecs de ses employés afin d'éliminer les causes des insuccès et de les encourager à persévérer dans leurs réussites, ce qui constitue un facteur positif de motivation.

Pour s'assurer de l'effet positif et de l'exactitude d'une telle évaluation, il est essentiel que le superviseur soit formé et motivé en vue de porter un jugement juste et équitable sur le rendement de ses employés, qu'il dispose, pour ce faire, d'une grille d'évaluation qui comporte des normes de rendement valides, c'est-à-dire établies d'après des tâches à accomplir et des objectifs de travail à atteindre, et que l'employé ait participé à la détermination des normes de rendement ainsi qu'à sa propre évaluation.

C'est à partir d'un tel processus d'évaluation du rendement que le superviseur peut gérer ses ressources humaines avec justesse et objectivité, et écarter le risque de prendre des décisions discriminatoires, arbitraires ou abusives.

RÉSUMÉ GRAPHIQUE
L'évaluation du rendement du personnel

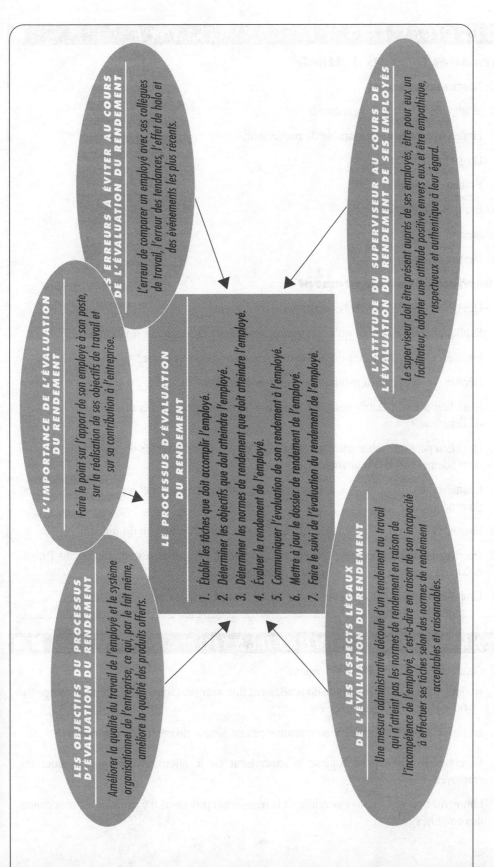

LES ERREURS À ÉVITER AU COURS DE L'ÉVALUATION DU RENDEMENT

L'erreur de comparer un employé avec ses collègues de travail, l'erreur des tendances, l'effet de halo et des événements les plus récents.

L'ATTITUDE DU SUPERVISEUR AU COURS DE L'ÉVALUATION DU RENDEMENT DE SES EMPLOYÉS

Le superviseur doit être présent auprès de ses employés, être pour eux un facilitateur, adopter une attitude positive envers eux et être empathique, respectueux et authentique à leur égard.

L'IMPORTANCE DE L'ÉVALUATION DU RENDEMENT

Faire le point sur l'apport de son employé à son poste, sur la réalisation de ses objectifs de travail et sur sa contribution à l'entreprise.

LE PROCESSUS D'ÉVALUATION DU RENDEMENT

1. Établir les tâches que doit accomplir l'employé.
2. Déterminer les objectifs que doit atteindre l'employé.
3. Déterminer les normes de rendement que doit atteindre l'employé.
4. Évaluer le rendement de l'employé.
5. Communiquer l'évaluation de son rendement à l'employé.
6. Mettre à jour le dossier de rendement de l'employé.
7. Faire le suivi de l'évaluation du rendement de l'employé.

LES OBJECTIFS DU PROCESSUS D'ÉVALUATION DU RENDEMENT

Améliorer la qualité du travail de l'employé et le système organisationnel de l'entreprise, ce qui, par le fait même, améliore la qualité des produits offerts.

LES ASPECTS LÉGAUX DE L'ÉVALUATION DU RENDEMENT

Une mesure administrative découle d'un rendement au travail qui n'atteint pas les normes de rendement en raison de l'incompétence de l'employé, c'est-à-dire en raison de son incapacité à effectuer ses tâches selon des normes de rendement acceptables et raisonnables.

EXERCICES LIÉS À LA CONNAISSANCE

Termes et concepts à définir

1. Normes de rendement.

2. Validité de la norme de rendement.

3. Limite acceptable et raisonnable de rendement.

4. Dossier de rendement.

5. Évaluation formelle.

6. Évaluation continue.

7. Mesure administrative.

8. Mesure disciplinaire.

Questions à développement

1. Quels sont les objectifs de l'évaluation du rendement ?

2. Expliquez l'effet motivant qu'a la rétroaction régulière et fréquente sur l'employé.

3. Énumérez les sept activités du processus d'évaluation du rendement.

4. Décrivez les sept caractéristiques des normes de rendement.

5. Quel lien peut-on établir entre les processus de l'entreprise et l'évaluation du rendement de l'employé ?

6. Quel lien peut-on établir entre les tâches de l'employé, ses objectifs de travail et les normes de rendement qu'il doit atteindre ?

7. Énumérez les 10 principes à observer pour mener à bien une rencontre d'évaluation du rendement.

8. Énumérez les erreurs communes commises au cours de l'évaluation du rendement.

9. Décrivez l'attitude que le superviseur doit adopter à l'égard de ses employés dans l'application du processus d'évaluation du rendement.

10. Expliquez en quoi consiste une mesure administrative prise pour une juste cause.

EXERCICES DE COMPRÉHENSION

1. Commentez les affirmations suivantes :

   ■ Tout compte fait, l'évaluation du rendement doit aller plus loin que la simple récompense ou punition d'un employé.

   ■ L'évaluation du rendement ne constitue pas un simple processus de contrôle.

2. Expliquez la raison pour laquelle le superviseur est le mieux qualifié pour évaluer ses employés.

3. Énumérez trois conditions essentielles à la réussite du processus d'évaluation du rendement des employés.

▼

4. Expliquez la raison pour laquelle le superviseur doit consigner dans un dossier de rendement les résultats et le comportement au travail de ses employés.

5. Parmi les énoncés suivants, déterminez ceux qui ne correspondent pas aux principes que le superviseur doit respecter au cours d'une rencontre d'évaluation :

   ■ « J'en ai ras-le-bol de tes jérémiades ! Je suis débordé. »

   ■ « Vous ne voulez pas obtenir une promotion ? Ce n'est pas normal ! »

   ■ « Quelle est votre part dans les erreurs commises par l'équipe de vente ? »

   ■ « Écoutez, il y a différentes façons de vendre. Je vous recommande de choisir la mienne ! »

   ■ « Parlez-en à Myriame. Elle va vous aider. Elle a vite compris, elle ! »

EXERCICES DE TRANSFERT ■ ■ ■

Regroupez-vous en équipe de trois et faites les exercices suivants :

1. Critiquez la façon dont est évalué un membre de l'équipe qui a un travail rémunéré.

2. Afin d'être renseigné sur les normes générales de rendement d'une entreprise, chacun des membres de l'équipe entre en relation avec une entreprise de sa région. Puis, en classe, vous établissez la liste des comportements au travail que chacune des entreprises locales privilégie.

3. Préparez une grille d'évaluation que vous pourrez utiliser pour apprécier l'apport de chacun d'entre vous aux travaux d'équipe des exercices du cours. Ensuite, nommez un chef d'équipe qui évaluera ses coéquipiers à l'aide de la grille d'évaluation et leur fera part de son appréciation au cours d'une rencontre individuelle d'évaluation.

4. Présentez un site Web qui traite d'une ou de plusieurs activités du processus d'évaluation du rendement abordées dans ce chapitre.

EXERCICES D'APPLICATION ■ ■ ■ ■

1. L'évaluation du rendement de Manon Lafortune

Manon Lafortune est responsable de la gestion des comptes clients et des comptes fournisseurs de l'entreprise Tripalium[11]. En tenant compte uniquement de ses tâches de gestion des comptes clients, vous avez le mandat de préparer sa grille d'évaluation du rendement.

Voici la liste de ses tâches :

- Effectuer les analyses de crédit ;

- Enregistrer par traitement informatique les paiement des clients ;

- Préparer et effectuer les dépôts bancaires ;

- Assurer le suivi des comptes clients (nationaux et internationaux) ;

- Effectuer le recouvrement des comptes clients (nationaux et internationaux) ;

- Au moyen d'un système informatisé, préparer mensuellement les factures et les états de comptes et les expédier aux clients ;

- Rédiger des rapports mensuels sur l'état des comptes clients.

2. L'évaluation du rendement du représentant commercial de l'entreprise Tripalium

À partir de la liste des tâches suivante, vous avez le mandat de préparer la grille d'évaluation du rendement du représentant commercial :

- Visiter les clients afin de faire la promotion des produits ;

- Rédiger le contrat de vente ;

- S'assurer du suivi de la vente ;

- Assurer le suivi après-vente ;

- Rédiger un rapport mensuel sur le degré de satisfaction des clients, sur l'état du marché et sur la concurrence ;

- Faire la prospection de nouveaux clients ;

- Tenir à jour les dossiers des clients.

▼

11. Référez-vous aux exercices d'application du chapitre 2.

▼

3. La grille d'évaluation du rendement

Vous avez le mandat de préparer une grille d'évaluation du rendement d'un employé d'une entreprise de votre choix. Prévoyez un minimum de neuf heures pour mener à bien ce travail pratique.

Souvenez-vous que pour préparer la grille d'évaluation du rendement d'un employé, il faut réaliser les trois premières activités du processus d'évaluation du rendement, soit :

■ Établir les tâches que doit accomplir l'employé ;

■ Établir les objectifs que doit atteindre l'employé ;

■ Déterminer les normes de rendement que doit atteindre l'employé.

EXERCICES D'ANALYSE ■ ■ ■ ■ ■

1. Robert Blueberry, représentant commercial

À l'entreprise Tripalium, les augmentations salariales sont accordées à la suite d'une évaluation positive du rendement. Insatisfait de son évaluation, Robert Blueberry, qui est représentant commercial, rencontre le gérant des ventes pour la contester. Il lui dit, en colère : « La grille d'évaluation du rendement que vous utilisez n'est pas valable. Depuis deux ans, je suis privé d'augmentation de salaire. »

Analysez la grille d'évaluation du rendement des représentants commerciaux de l'entreprise Tripalium (voir la figure 4.3).

FIGURE 4.3
La grille d'évaluation du rendement des représentants commerciaux

Degré	1	2	3	4	5
Normes de rendement					
Qualité du travail					
Quantité de travail					
Méthode de travail					
Connaissance du travail					
Capacités					
Personnalité					
Aptitudes					
Objectif à atteindre					

▼

▼

2. Alfred Belcourt, préposé au service à la clientèle

Quinze heures de formation sur l'utilisation d'un progiciel de gestion intégrée ont été données à tous les préposés du service à la clientèle du commerce de détail ACL. Trois mois plus tard, Alfred Belcourt commet toujours plusieurs erreurs au cours de l'utilisation du progiciel, dont une ayant des conséquences sérieuses : il a effacé toutes les données relatives aux ventes du mois.

« Je m'excuse, ce n'est pas ma faute, c'est une erreur. J'ai appuyé sur la mauvaise touche… je pense ! »

À trois reprises durant cette période, son superviseur l'a rencontré pour lui expliquer les inconvénients causés par ses erreurs et les conséquences négatives sur la gestion du service à la clientèle d'une mauvaise utilisation du progiciel. Chaque fois, il lui a demandé de corriger son comportement en lui proposant des moyens pour améliorer son rendement. Au cours de la première rencontre, il a été convenu qu'une séance de formation personnalisée de trois heures lui serait donnée. Au cours de la deuxième rencontre, M. Belcourt a demandé et obtenu une autre séance de formation de trois heures. « Ça s'en vient ! » a-t-il affirmé. Au cours de la troisième rencontre, son superviseur lui a assigné un collègue de travail pour l'encadrer à titre de tuteur pendant l'utilisation du progiciel et lui a dit : « Monsieur Belcourt, je ne peux plus tolérer vos erreurs. Cela nous cause beaucoup de problèmes. C'est la dernière chance que je vous donne. S'il n'y a pas d'amélioration, je vais être obligé de sévir ! »

Malgré tous les moyens pris en vue d'améliorer son rendement, ainsi que la mise en garde de son superviseur, M. Belcourt n'utilise toujours pas adéquatement le progiciel. Il se défend en disant qu'il fait ce qu'il peut. Étant donné la situation, le superviseur l'a affecté au poste de caissier. M. Belcourt conteste cette mutation, la qualifiant d'injuste.

Analysez l'aspect juridique de la mutation d'Alfred Belcourt.

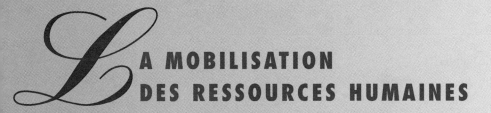

LA MOBILISATION
DES RESSOURCES HUMAINES

chapitre 5

▼

INTRODUCTION

Les intervenants dans le domaine de la gestion affirment que la meilleure façon pour l'entreprise de faire face à un environnement de plus en plus complexe et instable est de développer un avantage distinctif.

Tous conviennent que cet avantage distinctif repose sur quatre caractéristiques clés : la flexibilité, la rétroactivité, l'innovation et la qualité.

Ainsi, l'entreprise doit pouvoir s'adapter rapidement aux exigences et aux conditions de son marché (flexibilité), répondre dans les délais les plus courts aux demandes de sa clientèle (rétroactivité), lui offrir un produit comportant de nouvelles caractéristiques qu'elle ne peut trouver ailleurs, pour lesquelles elle est prête à payer le prix (innovation), et qui la satisfait au bon moment et au moindre coût (qualité).

Or, il a été démontré qu'une telle stratégie implique l'adoption d'une approche de gestion principalement axée sur la mobilisation de l'employé (*involvement-oriented approach management*), car, plus que jamais, ce dernier est considéré comme un acteur déterminant dans la survie de l'entreprise.

Et cet acteur déterminant, c'est l'employé mobilisé qui a un niveau de rendement au-dessus de la normale et qui fait un travail à valeur ajoutée, qui crée et maintient la qualité, qui est créatif et innovateur, et qui réagit rapidement et positivement aux exigences de son emploi. C'est grâce à cet employé que l'entreprise peut s'adapter à l'évolution de son environnement et aux demandes de sa clientèle.

Mais qu'est-ce qu'un employé mobilisé ? Qu'est-ce que la mobilisation du personnel et quels en sont les principaux leviers ? Quelles stratégies de mobilisation un superviseur peut-il implanter dans son service ? Voilà autant de questions auxquelles nous tenterons de répondre dans le présent chapitre.

5.1 LA DÉFINITION DE L'EMPLOYÉ MOBILISÉ

Un employé mobilisé est défini en fonction de son engagement émotif à l'égard de son travail, de l'entreprise et de son équipe de travail. D'après les auteurs Wils et autres (1998,

p. 32), « un(e) employé(e) mobilisé(e) est une personne qui déploie volontairement des efforts au-dessus de la normale pour améliorer continuellement son travail, pour l'aligner stratégiquement (c'est-à-dire sur les priorités de l'entreprise) et pour le coordonner au sein de son équipe de travail en coopérant ». Un employé mobilisé est donc celui qui fait preuve :

■ d'un **engagement professionnel**. Il endosse les objectifs relatifs à son travail et il prend les meilleurs moyens pour les atteindre ;

EXEMPLE

L'employé mobilisé :

■ cherche constamment à améliorer la qualité de son travail ;

■ ne compte pas ses heures de travail ;

■ fait preuve de dynamisme, d'enthousiasme et d'initiative dans son travail ;

■ propose des moyens créatifs pour atteindre ses objectifs de travail ;

■ parfait ses compétences en participant volontairement à des programmes de formation et de développement ;

■ considère le changement comme un défi à relever **avec plaisir** et non comme une menace ;

■ **est fier de son travail**.

■ d'un **engagement stratégique**. Il fait siens la mission, les valeurs et les objectifs de son service et de l'entreprise ;

EXEMPLE

L'employé mobilisé :

■ contribue positivement à la réalisation des objectifs de l'entreprise ;

■ est orienté vers le travail (*job oriented*). Sa principale préoccupation professionnelle est l'atteinte des résultats de travail de qualité à valeur ajoutée ;

■ s'identifie aux priorités de l'entreprise ;

■ adhère aux projets stratégiques de l'entreprise ;

■ travaille pour l'intérêt de l'entreprise et non pas uniquement pour le sien ;

■ **est fier de son entreprise**.

■ d'un **engagement collectif**. Il s'identifie à la culture et aux valeurs de son équipe de travail, il ne travaille pas en vase clos, il coopère avec ses collègues et il harmonise son travail avec le leur.

EXEMPLE

L'employé mobilisé :

- ■ s'intègre facilement à son équipe de travail ;

- ■ participe activement à toutes les réunions, discussions et prises de décision de son équipe ;

- ■ aide ses coéquipiers à atteindre les objectifs collectifs ;

- ■ exerce une influence positive au sein de son équipe en créant et en maintenant un climat d'entraide et une motivation à la participation ;

- ■ utilise aisément le *nous* lors des réunions d'équipe et est sociable ;

- ■ **est fier de son équipe de travail**.

En revanche, nous pouvons dire qu'un employé démobilisé est une personne qui a délibérément choisi de consacrer le minimum d'énergie au travail pour privilégier d'autres activités externes à l'organisation (Wils et autres, 1998).

EXEMPLES

Les comportements des employés suivants sont des indices de leur démobilisation au travail :

- ■ Brigitte s'absente de son travail à la moindre occasion et sans en avoir eu la permission afin d'exercer des activités sportives telles que la chasse, la pêche, le golf ou le ski ;

- ■ Stéphane se conforme à sa description de tâches afin d'éviter de fournir un effort supplémentaire ;

- ■ Louis considère les réunions d'équipe inutiles, car il juge qu'il perd son temps.

5.2 LES QUATRE LEVIERS DE LA MOBILISATION DU PERSONNEL

Presque toutes les études portant sur les principaux leviers de la mobilisation du personnel parviennent à la même conclusion. Ainsi, comme le souligne Lawler (1992), une entreprise qui a recours à une gestion mobilisatrice est une entreprise qui partage avec ses employés l'**information**, le **pouvoir** et la **connaissance**, et qui **reconnaît** la qualité du travail de ses employés en basant son système de récompenses sur leurs compétences et leur mérite.

Considérons maintenant ces quatre principaux leviers de la mobilisation du personnel.

5.2.1 L'INFORMATION

La mobilisation des employés ne se développe que s'il y a partage de l'information entre les différents paliers de l'entreprise. Voilà pourquoi un système de communication est mis en place afin de permettre à l'entreprise de maintenir les relations avec ses employés et de gagner leur confiance en les informant sur l'ensemble des éléments qui influencent le déroulement de leurs activités de travail. La **transparence** est ainsi recherchée par l'entreprise.

Généralement, c'est le superviseur qui communique l'information à ses employés au cours de rencontres d'équipes quotidiennes (de 10 à 15 minutes au début de l'horaire de travail) ou hebdomadaires, au cours de rencontres individuelles, par voie de communiqué, par l'affichage sur babillard, par le courrier électronique, par le bulletin ou par le journal de l'entreprise, etc. Il est le chaînon central du système de communication de l'entreprise pour autant, bien entendu, qu'il possède l'information pertinente et qu'il peut la transmettre adéquatement.

Le superviseur transmet donc à ses employés l'information qui leur permet de s'identifier à l'entreprise et de contribuer à son succès (Lawler, 1992). Pour ce faire, il utilise le système de communication dans les trois directions suivantes :

1. La communication **verticale descendante**. Le superviseur communique avec ses employés de façon claire, précise, régulière et franche sur tous les sujets qui concernent leur travail ;

EXEMPLE

La communication verticale descendante peut permettre aux employés :

■ de comprendre le contexte dans lequel évolue l'entreprise, c'est-à-dire sa situation commerciale et financière, les enjeux auxquels elle fait face, son positionnement concurrentiel, l'état du marché, le degré de satisfaction de la clientèle, les aléas émanant de l'environnement de l'entreprise, etc. ;

■ d'avoir une vision globale de l'entreprise, c'est-à-dire de ses réalisations, de ses réussites et de ses échecs, de ses performances économiques, financières et sociales (voir le chapitre 1), de ses résultats concernant différents services, etc. ;

■ de connaître et de comprendre la mission, les valeurs, les objectifs, la planification stratégique, les projets de l'entreprise ;

■ de connaître et de comprendre leurs responsabilités, les résultats escomptés, leurs normes de rendement ;

■ de recevoir une rétroaction (*feed-back*) continue qui vise la progression de la performance dans leur travail.

2. La communication **verticale ascendante**. Le superviseur établit un réseau de communication formelle qui permet à ses employés de s'exprimer sur les politiques et l'orientation de l'entreprise, sur sa mission, sur les problèmes de travail et sur les façons de les résoudre, etc. Il a été démontré que ce sont les employés mobilisés qui expriment le plus leur mécontentement par rapport à une insatisfaction associée à leurs tâches, à leurs activités de travail et à leur environnement de travail.

EXEMPLE

La communication peut porter sur la planification et l'organisation du travail, sur les horaires de travail, sur l'atteinte du niveau de qualité, sur les contraintes de ressources, sur les objectifs de travail, sur les normes de sécurité, sur les directives de travail, sur les décisions prises ou à prendre.

Dans la perspective où nous donnons le droit de parole aux employés, gardons à l'esprit qu'il faut pouvoir donner suite, le cas échéant, à leurs recommandations, à leurs idées, à leurs demandes, à leurs récriminations, etc., sinon la direction risque fort de perdre leur confiance et sa crédibilité à leurs yeux ;

3. La communication **horizontale**. Le superviseur établit un réseau de communication entre les membres de son équipe de travail et entre les différentes unités de l'entreprise afin de favoriser les relations interpersonnelles, de créer un sentiment d'appartenance et surtout de permettre le transfert des connaissances[1].

EXEMPLE

Les rencontres mensuelles entre les vendeurs, les préposés au service à la clientèle et les techniciens à la réparation d'un distributeur de cellulaires permettent de déterminer les demandes des clients, de découvrir les produits qui posent des problèmes et de proposer au service de la commercialisation des moyens pour satisfaire davantage la clientèle.

5.2.2 LE POUVOIR

Le partage du pouvoir a essentiellement pour but de permettre à l'employé de s'approprier son travail. Et cette appropriation est possible lorsque ce dernier a un « sentiment de contrôle et de maîtrise sur tous les aspects de son travail » (Rondeau et Lemelin, 1991, p. 27), c'est-à-dire lorsqu'il peut agir[2] sur ses méthodes de travail, sur les activités et sur les résultats de son travail, qu'il peut participer au processus d'innovation et au processus décisionnel, et qu'il peut assumer les conséquences (positives ou négatives) de ses choix.

---

1. Le *savoir intégré* dont il est question au chapitre 1.
2. Il s'agit du *pouvoir-agir* de l'employé dont il est question au chapitre 1.

Pour ce faire, l'employé doit avoir la collaboration et le soutien de son superviseur. Cette collaboration et ce soutien lui procurent :

- l'autonomie au travail, qui lui permet d'utiliser et d'améliorer ses compétences, de choisir comment faire son travail, d'assumer la responsabilité et le contrôle de ses résultats de travail, et d'être partie prenante dans toute décision concernant son travail ;

- les outils et les ressources requis pour exercer le pouvoir d'appropriation.

EXEMPLE

On a demandé à Réjean Couture, représentant commercial de l'entreprise Dans ma cour inc., un fabricant d'articles de jardin, d'accroître le nombre de ventes des différents produits offerts dans la région qu'il dessert. Ce mandat s'accompagne de trois conditions fixées par le comité de direction de l'entreprise, qui est composé des directeurs des finances, du marketing et des opérations :

- Tenir compte du budget des frais de représentation, qui a diminué de 5 % comparativement à celui de l'année précédente. Il faut donc faire plus avec moins ;

- Dans un souci d'harmonisation, faire approuver toute nouvelle stratégie ou pratique de vente par le comité de direction ;

- Augmenter le nombre de ventes de sécateurs de 10 %.

Pouvons-nous affirmer que Réjean Couture a une pleine appropriation de son travail ? Plus ou moins. D'une part, il n'a pas la marge de manœuvre nécessaire (autonomie et ressources) pour maîtriser son travail. D'autre part, il n'a pas participé à l'établissement des conditions fixées par le comité de direction de l'entreprise.

5.2.3 LA CONNAISSANCE

L'employé doit posséder la connaissance relative à son travail pour pouvoir agir. Or, cette connaissance ne peut être transmise que s'il a accès à l'information. La relation suivante est donc une condition *sine qua non* pour que l'employé puisse s'approprier son travail :

La connaissance implique que l'employé possède le savoir explicite, le savoir-faire et le savoir intégré[3]. Dans une situation de travail, cela suppose que l'employé connaît :

---

3.   Nous avons déjà traité ces différents savoirs aux chapitres 1 et 3.

- l'ensemble des caractéristiques de son poste de travail. Il a une vue d'ensemble de son processus de travail, il est capable d'exécuter toutes les tâches du cycle de travail auquel il est assigné, il connaît les objectifs de son poste et les responsabilités qui en découlent ;

- les interactions des différents postes de son service, des différents services et des différents processus de l'entreprise. Il sait comment son travail s'imbrique dans l'organisation interne de l'entreprise ; il connaît l'utilité de son travail et les responsabilités et les rôles des personnes avec lesquelles il interagit dans le cadre de ses fonctions. En ayant une vision globale de l'entreprise, il est capable d'établir un lien causal entre l'acte de travail posé et ses conséquences sur les résultats de l'entreprise ;

- les politiques, les normes et les procédés de travail de l'entreprise, surtout ceux associés à la qualité et à l'approche client.

Pour atteindre ce niveau de connaissance (et de compétence), l'employé doit pouvoir bénéficier d'une formation continue et pouvoir compter sur les conseils, l'encadrement, le soutien et la rétroaction continue de son superviseur. Cela nous ramène aux chapitres 3 et 4.

EXEMPLE

À la suite de l'abolition de son poste et en vertu de la clause de sécurité d'emploi de sa convention collective, Marguerite Langlois, agente de bureau, a été mutée au poste de préposée à la clientèle sans aucune orientation (accueil et formation initiale). Il est fort probable que son engagement émotif par rapport à son nouveau poste soit au plus bas degré.

5.2.4 LA RECONNAISSANCE

Un employé mobilisé est un employé qui a l'assurance qu'il sera récompensé à sa juste valeur, et ce, en fonction de ses compétences, de son comportement au travail et de ses résultats de travail. Il se mobilise parce que ses aspirations et ses attentes sont satisfaites par les pratiques de gestion et qu'il reçoit les récompenses intrinsèques et extrinsèques (pécuniaires et non pécuniaires) qu'il juge équitables compte tenu de son apport au succès de l'entreprise. La reconnaissance que témoigne le superviseur envers son employé[4] fait naître alors en lui un sentiment de fierté ; aussi se considère-t-il comme une personne importante et appréciée.

La **récompense extrinsèque non pécuniaire** se traduit par des signes d'appréciation du superviseur et de l'entreprise : le respect, la confiance, l'encouragement, les félicitations, la prise en considération de l'expertise, de l'opinion, des recommandations et des idées de l'employé, des autorisations spéciales, etc.

---

4. La reconnaissance des collègues de travail et des clients est tout aussi mobilisatrice.

EXEMPLE

Les exemples suivants sont considérés comme des autorisations spéciales :

- La permission de s'absenter du travail pour participer à un colloque ;

- L'aménagement du lieu de travail au goût de l'employé ;

- La flexibilité de l'horaire de travail pour permettre à l'employé de respecter ses obligations familiales.

La **récompense extrinsèque pécuniaire** se traduit de différentes façons. Générale-ment, un salaire de base est établi en fonction des exigences de l'emploi ou des compé-tences essentielles requises par l'emploi. Ensuite, l'augmentation salariale (ou la prime) est accordée à la suite de l'acquisition de nouvelles compétences ou en fonction de l'utilisation appropriée et efficace des compétences[5] individuelles.

EXEMPLE

L'orientation client, l'orientation vers l'équipe, l'orientation vers les résultats, la communication, l'expertise technique, le leadership, l'adaptabilité et l'innovation sont les compétences les plus souvent récompensées par les entreprises (Saint-Onge, 1999).

Les entreprises ont aussi mis en place plusieurs programmes incitatifs à caractère pécuniaire autres que le salaire.

EXEMPLE

La participation au profit, le partage du gain de productivité, l'actionnariat, le prêt d'une voiture, le prêt pour l'achat d'une résidence, le régime d'épargne-retraite (REÉR), etc.

La **récompense intrinsèque** est reliée à la satisfaction personnelle que l'employé retire de son travail. Par exemple, le sentiment de se réaliser pleinement dans son travail, ainsi que la réussite dans l'exécution de ses tâches, et ce, en jouissant d'une certaine liberté et en utilisant pleinement ses compétences, représentent des récompenses intrinsèques ; en revanche, une tâche monotone, répétitive, impersonnelle et aliénante, un emploi cul-de-sac, un travail qui ne représente qu'un gagne-pain, plus ou moins ennuyeux, sont autant de « sanctions intrinsèques » (Schumaker, 1980, p. 114-116).

---

5. La récompense pécuniaire en fonction des compétences est un concept assez complexe qui chambarde la philosophie de gestion de certaines entreprises. Nous étudierons ce concept au chapitre 7.

TABLEAU 5.1
Les quatre leviers de la mobilisation du personnel

Les quatre leviers de la mobilisation du personnel
- *L'information*
- *Le pouvoir*
- *La connaissance*
- *La reconnaissance par la récompense intrinsèque et extrinsèque*

5.3 LES PRÉCISIONS CONCERNANT LES QUATRE LEVIERS DE LA MOBILISATION DU PERSONNEL

Les six précisions concernant les leviers de la mobilisation du personnel sont les suivantes :

1. Pour optimiser les effets positifs de la gestion mobilisatrice, l'entreprise doit absolument mettre en place les quatre leviers de la mobilisation simultanément (Lawler, 1992, p. 59). Ainsi, on ne peut donner un pouvoir décisionnel aux employés sans leur donner l'information ou la connaissance pour exercer ce pouvoir ou sans souligner leurs efforts, leur réussite, leurs compétences et leur apport à l'entreprise. S'il manque un levier de la mobilisation, il ne faut s'attendre à aucun résultat positif ;

2. La culture organisationnelle[6] et la philosophie de gestion de certaines entreprises ne permettent pas toujours l'implantation des quatre leviers de la mobilisation. En effet, certains superviseurs (et gestionnaires) ont beaucoup de difficulté à modifier leurs pratiques de gestion et hésitent à partager leur pouvoir avec leurs employés en ne leur confiant pas ou pas assez de responsabilités. D'autres ne partagent l'information et la connaissance qu'au compte-gouttes ou encore ne valorisent que les récompenses pécuniaires. Enfin, il y a ceux qui ne croient pas du tout à la mobilisation de leurs employés parce qu'ils ont une attitude négative à leur égard ;

3. Pour réussir l'implantation d'une gestion mobilisatrice, il faut que :

   - la direction soit certaine que les employés souhaitent et sont capables d'assumer de tels changements ;

   - les employés, les superviseurs et les dirigeants de l'entreprise soient sensibilisés, formés et préparés à cette nouvelle approche de gestion ;

   - l'implantation se fasse progressivement sans rien déstabiliser ;

   - une évaluation soit effectuée à toutes les étapes de l'implantation, pour rectifier le tir, au besoin ;

   - le processus d'implantation se déroule avec la collaboration de tous.

---

6. La culture organisationnelle représente les valeurs, les croyances et les pratiques de gestion d'une entreprise. Elle exprime ce qui est important pour les dirigeants et les employés, et la façon dont ils s'y prennent pour réaliser la mission et les objectifs de l'entreprise.

4. Les quatre leviers de la mobilisation semblent donner des résultats positifs. Cependant, il ressort que :

   ■ la diffusion de l'information, le partage du pouvoir décisionnel et la connaissance du travail produisent des effets supérieurs à ceux produits par les récompenses monétaires ;

   ■ les récompenses intrinsèques sont plus efficaces et ont des effets à plus long terme sur la mobilisation que les récompenses extrinsèques, car généralement l'employé s'attend à recevoir plus qu'un salaire et une tape dans le dos ;

   ■ la récompense pécuniaire est le levier de la mobilisation le plus facile à mettre en place, bien qu'il semble avoir un effet à court terme sur la mobilisation ;

5. Les causes de la mobilisation les plus souvent évoquées par les employés sont les suivantes : la participation au processus de décision, la reconnaissance intrinsèque, les responsabilités et l'autonomie dans le travail, la confiance dans les gestionnaires, et le travail porteur de sens ;

6. Les causes de la démobilisation les plus souvent évoquées par les employés sont les suivantes : le manque de soutien de l'équipe de travail et du superviseur, le manque de confiance envers les gestionnaires, le manque de vision des gestionnaires, le manque de communication, de transparence et de reconnaissance du superviseur et des gestion-naires, l'obsession du contrôle par le superviseur, le favoritisme, les passe-droits.

5.4 LA RELATION ENTRE LA MOBILISATION ET LA MOTIVATION DU PERSONNEL

Quel lien existe-t-il entre la mobilisation et la motivation au travail du personnel ? Un employé mobilisé est-il motivé ? Un employé motivé est-il nécessairement mobilisé ? Précisons tout d'abord la relation qui existe entre ces deux concepts.

La mobilisation est reliée à des pratiques de gestion qui utilisent, alimentent et engendrent la motivation des employés. Quant à la motivation, elle est reliée à des facteurs personnels qui suscitent le « désir [des employés] de consacrer une part importante de leur énergie à leur travail » (Le Mouël, 1991, p. 66) afin de satisfaire un besoin, d'atteindre un but, de réaliser des attentes, de rétablir un équilibre, etc.

Ainsi, en ayant recours à une gestion mobilisatrice, l'entreprise cherche à canaliser la motivation de ses employés vers la réalisation d'objectifs organisationnels. C'est la raison pour laquelle nous parlons de leviers de la mobilisation, car à l'instar d'Archimède[7], nous pouvons dire : « Donnez-nous les quatre leviers de la mobilisation et nous motiverons vos employés. »

---

7. C'est à Archimède (287-212 av. J.-C.), qui énonça le principe du levier dans son traité *Sur l'équilibre des plans,* qu'on attribue cette célèbre phrase : « Donnez-moi un point d'appui et je soulèverai le monde. »

FIGURE 5.1
Les leviers de la mobilisation et la motivation de l'employé

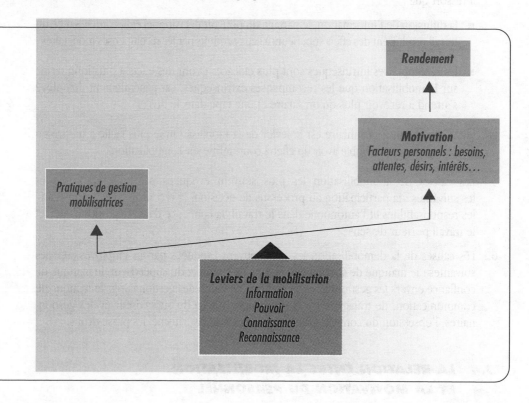

Mais qu'est-ce qui peut bien motiver les employés au travail ? Deux grands modèles théoriques tentent de répondre à cette question.

5.4.1 LES THÉORIES AXÉES SUR LE CONTENU

La théorie des besoins (drive theory)

Selon Abraham Maslow (1943), le comportement humain est dicté par la satisfaction de besoins. L'auteur a regroupé l'ensemble des besoins de l'être humain en cinq grandes catégories, qu'il a hiérarchisées selon une forme pyramidale. À la base, il y a les besoins physiologiques (se loger, se nourrir, se vêtir, se reposer), suivis des besoins de sécurité (protection, stabilité, ordre et lois), des besoins sociaux (appartenir à un groupe, avoir des amis, être accepté, être aimé), des besoins d'estime (réussite, reconnaissance, respect) et enfin des besoins de réalisation de soi (s'accomplir, se développer, créer). Ainsi, lorsque l'employé a satisfait ses besoins physiologiques, il est motivé à satisfaire ses besoins de sécurité et lorsque ceux-ci sont comblés, il passe alors aux niveaux subséquents et ainsi de suite.

EXEMPLE

Alfred Bélair est d'abord motivé par tout ce qui, dans son emploi, lui permet de mener une vie convenable et de combler ses besoins de base (le salaire, les conditions de travail, les pauses, les vacances, etc.). Ensuite, il est motivé par :

- la stabilité et la sécurité de son emploi, le régime de retraite, les avantages sociaux, un environnement de travail sécuritaire, etc. (les besoins de sécurité) ;

- son milieu de travail, qui lui permet de créer des liens sociaux et un sentiment d'appartenance, par exemple le travail d'équipe, les activités sportives d'équipe, les activités sociales, etc. (les besoins sociaux) ;

- la reconnaissance de ses efforts au travail, de ses résultats au travail, de ses compétences personnelles, etc. (les besoins d'estime) ;

- tout ce qui, grâce à son travail, lui permet de progresser, de se réaliser pleinement, etc. (les besoins de réalisation de soi).

La théorie des caractéristiques de l'emploi (job characteristics)

Selon ce modèle, certaines caractéristiques de l'emploi peuvent motiver l'employé, alors que d'autres empêchent son mécontentement. Frederic Herzberg (1968) a déterminé deux types de facteurs dans l'environnement du travail :

1. Les **facteurs de satisfaction**, qui sont reliés au **contenu** du travail : l'autonomie, les responsabilités, les défis, la reconnaissance, la possibilité de se développer, l'avancement, etc. La présence de ces facteurs est une source potentielle de motivation. Ils satisfont les trois derniers besoins de la pyramide de Maslow (les besoins sociaux, d'estime et de réalisation de soi de l'employé) ;

2. Les **facteurs d'hygiène**, qui sont reliés au **contexte** du travail : la rémunération, le style de supervision, la qualité des conditions de travail, la sécurité d'emploi, les politiques de l'entreprise, etc. L'absence de ces facteurs cause l'insatisfaction, mais leur présence ne motive pas nécessairement l'employé. Ils sont associés aux deux premiers besoins de la pyramide de Maslow (les besoins physiologiques et les besoins de sécurité).

EXEMPLE

Alfred Bélair n'est pas nécessairement motivé par son travail parce qu'il reçoit une prime au rendement. Le fait d'avoir reçu une prime ne le poussera pas à en faire plus. En fait, il est tout simplement non mécontent ou non insatisfait. C'est pourquoi il vous dira : « C'est correct ! »

Par contre, s'il considère que la prime reçue est insuffisante, Alfred Bélair risque d'être insatisfait. C'est pourquoi il vous dira : « Ce n'est pas correct ! » Et il revendiquera alors une prime plus élevée.

La figure 5.2 illustre le lien entre la théorie d'Abraham Maslow et celle de Frederic Herzberg.

FIGURE 5.2
Le lien entre la pyramide des besoins d'Abraham Maslow et les deux facteurs de Frederic Herzberg

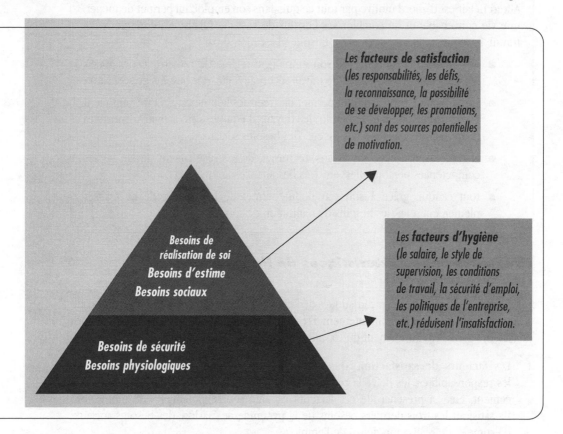

Selon Hackman et Oldham (1975), qui ont approfondi les travaux d'Herzberg, un employé motivé dans son travail est celui qui considère que son **emploi est important et porteur de sens**, qui assume des **responsabilités** et qui a une **rétroaction immédiate** sur la qualité de son travail. Ces deux chercheurs ont déterminé cinq caractéristiques de l'emploi qui mènent à cette motivation :

- La **variété des tâches**, qui permet à l'employé d'utiliser, de diversifier et de mettre au point ses compétences ;

- L'**intégralité du travail**, qui permet à l'employé d'exécuter un ensemble de tâches complètes dans un cycle de travail ;

- La **signification du travail**, qui permet à l'employé de se croire utile aux autres et à l'entreprise ;

- L'**autonomie**, qui permet à l'employé de planifier son travail et son exécution, et de développer des méthodes de travail qui lui sont propres ;

- La **rétroaction**, qui permet à l'employé de recevoir une opinion sur l'efficacité de son travail.

5.4.2 LES THÉORIES AXÉES SUR LE PROCESSUS

Selon ces modèles intégrateurs de nombreuses théories sur les attitudes au travail (voir les théories des résultats escomptés : Vroom, 1964 ; Porter et Lawler, 1968 ; Locke et Lathnam, 1990 ; Katzell et Thompson, 1990), la motivation des employés découle d'un processus d'échange entre l'entreprise et son employé. Ainsi, un employé est motivé à fournir un effort lorsqu'il est convaincu d'être capable de le faire, d'être récompensé pour l'avoir fait et que cette récompense le satisfait parce qu'elle est désirée et qu'il la juge équitable.

La récompense est jugée équitable par l'employé lorsque celui-ci considère que ce qu'il reçoit (la compensation) équivaut à ce qu'il apporte à l'entreprise (la contribution). Selon la théorie de l'équité (Adams, 1965), plus le sentiment d'iniquité est grand, plus l'employé est motivé à établir l'équilibre entre sa contribution et la compensation reçue. Il demandera alors une augmentation de la compensation et, si cela n'est pas possible, il diminuera sa contribution relativement à la quantité et à la qualité de son travail. Notons que l'iniquité existe par rapport à soi, à un collègue ou à toute autre personne. C'est pourquoi, avant de fournir un effort au travail, l'employé se pose trois questions :

1. Compte tenu de mes caractéristiques professionnelles et personnelles (compétences, expérience, valeurs, besoins, engagement envers le travail) et des pratiques de gestion (caractéristiques de l'emploi, organisation du travail, disponibilité des ressources techno-logiques, humaines, organisationnelles et temporelles nécessaires), suis-je capable de fournir l'effort requis pour atteindre le niveau de rendement escompté ?

EXEMPLE

Alfred Bélair se pose la question suivante :

« Si j'effectue trois heures de travail supplémentaires ce soir, est-ce que je vais pouvoir terminer le rapport demandé par mon superviseur sur les ventes mensuelles ? »

Si, pour diverses raisons (par exemple, il ne possède pas toutes les données néces-saires pour remplir son rapport, habituellement il fait ce rapport en cinq heures, il ne sait pas utiliser le logiciel statistique pour faire des prévisions, etc.), sa réponse est non, il ne fera pas ces heures supplémentaires ce soir-là.

2. Quelle est la probabilité que l'atteinte du niveau de rendement escompté se traduise par une récompense ?

EXEMPLE

Si Alfred Bélair a répondu *oui* à la question précédente, il devrait alors se poser la question suivante :

« Quelle récompense vais-je obtenir ? Une tape dans le dos de mon superviseur ? Une prime au rendement ? Une promotion ? »

3. Est-ce que je valorise cette récompense et est-elle équitable ? Si je réponds par l'affirmative, je serai motivé à fournir l'effort demandé. Si je réponds négativement, je ne serai pas prêt à le fournir.

EXEMPLES

La valeur de la récompense

Supposons que la récompense est une **tape dans le dos de la part du superviseur**.

Si effectuer des heures supplémentaires crée des tensions dans la vie conjugale d'Alfred Bélair, il y a de fortes chances, s'il tient à la survie de son couple, qu'il ne fasse pas ces heures supplémentaires.

Supposons que la récompense est la **prime au rendement**.

Si Alfred Bélair a un besoin urgent d'argent pour subvenir aux besoins de sa famille, il fera les heures supplémentaires.

Enfin, supposons que la récompense est la **promotion**.

Si Alfred Bélair recherche l'avancement parce que cela fait partie de son plan de carrière et qu'il valorise avant tout la réussite professionnelle, il fera alors les heures supplémentaires.

L'équité de la récompense

Supposons que la récompense est la **prime au rendement**.

Si Alfred Bélair n'obtient pas la prime au rendement à laquelle il s'attendait, ou si, pour une contribution qu'il juge égale, la prime au rendement accordée à sa collègue Jacinthe Wattiti ou celle accordée à son beau-frère Pierre Joseph, qui travaille pour une entreprise concurrente, sont supérieures à la sienne, il demandera alors une augmentation de sa prime. Et s'il n'obtient pas cette augmentation, il diminuera sa contribution au travail pour corriger l'iniquité qu'il perçoit par rapport à lui, à sa collègue ou à son beau-frère.

La figure 5.3 résume les théories axées sur le processus. Ainsi, un employé est motivé à fournir un effort au travail :

- si cela lui permet de satisfaire ses besoins ;

- s'il a les compétences pour le faire ;

- si les pratiques de gestion le poussent à le faire ;

- s'il associe la récompense promise avec le niveau de rendement obtenu ;

- s'il juge la récompense équitable, c'est-à-dire proportionnelle à l'effort fourni ;

- s'il valorise la récompense parce qu'elle est importante à ses yeux.

Source : Adapté de Porter et Lawler (1968).

Lorsque ses employés n'adoptent pas le comportement au travail escompté, le superviseur doit trouver une réponse aux six questions suivantes (Pépin, 1993).

Mes employés :

1. trouvent-ils dans leur emploi ce qu'ils désirent ?

2. ont-ils la compétence pour atteindre le niveau de rendement escompté ?

3. sont-ils incités, par les pratiques de gestion, à s'impliquer dans leur emploi ?

4. établissent-ils un lien entre le rendement et la récompense obtenue ?

5. considèrent-ils que cela vaut la peine de fournir l'effort requis compte tenu de la récompense promise ?

6. jugent-ils la récompense obtenue équitable ?

5.5 LES PRÉCISIONS CONCERNANT LA RELATION ENTRE LA MOBILISATION ET LA MOTIVATION DU PERSONNEL

À la lumière de ce qui précède, apportons les quatre précisions suivantes concernant la relation entre la mobilisation et la motivation du personnel :

1. Si nous reconnaissons volontiers qu'un employé mobilisé est un employé motivé, nous ne pouvons pas, par contre, démontrer la relation inverse. Ainsi, un employé motivé ne

fait pas automatiquement preuve d'un engagement émotif par rapport à son poste, à l'entreprise et à son équipe de travail. Il peut être motivé à promouvoir sa carrière, à s'enrichir, à agrémenter sa vie sociale, à avoir une sécurité d'emploi, etc., mais il ne veut pas nécessairement s'accomplir dans son travail, ne recherche pas de défis ni de responsabilités, ne veut pas prendre de décisions ni avoir un haut degré d'autonomie, n'est pas motivé par les récompenses intrinsèques, n'aime pas travailler en équipe et n'est pas capable de s'autodiscipliner. Il y a même des employés qui préfèrent dépendre des autres et s'en remettre à eux.

Et puis, rappelons-nous que les employés ne réagissent pas tous de la même façon pour satisfaire le même besoin. Certains employés ne veulent pas s'impliquer dans leur travail même s'ils cherchent à satisfaire des besoins sociaux, d'estime ou de réalisation de soi. Ils préfèrent peut-être le faire à l'extérieur de leur milieu de travail (par exemple, dans des activités familiales, culturelles, sportives, etc.) parce qu'ils jugent la récompense qui s'y rattache plus valorisante.

Cette première précision souligne l'importance d'investir dans un bon processus d'embauche afin d'engager des employés dont les besoins peuvent être satisfaits par les pratiques de gestion propres à l'entreprise.

2. Les raisons qui mobilisent et motivent les employés aujourd'hui ne seront pas nécessairement les mêmes demain. Il a été démontré que les attentes des employés changent, en moyenne, tous les sept ans, à cause, notamment, d'une modification de leur vie sociale, familiale et professionnelle. Par conséquent, les pratiques de gestion mobilisatrices doivent s'adapter à l'évolution des caractéristiques professionnelles et personnelles des employés (voir le chapitre 1).

3. Les employés réagissent différemment à une insatisfaction au travail. De façon générale, selon Albert Hirschman (1970), on observe quatre comportements caractérisant un employé insatisfait. Il peut :

    ■ fuir la source d'insatisfaction[8]. L'employé démissionnera[9], demandera une mutation, cherchera un nouveau poste de travail. S'il est incapable de quitter son emploi, il s'en désintéressera et négligera son travail ;

    ■ exprimer son mécontentement. L'employé tentera d'améliorer sa situation en redoublant d'effort, en discutant du problème avec son superviseur, en proposant des améliorations, en exigeant des corrections ou en provoquant une action syndicale ;

    ■ négliger son travail. L'employé s'absentera plus souvent de son travail, accumulera les retards, commettra des erreurs, adoptera une attitude négative par rapport à son travail, résistera au changement ou diminuera son effort au travail ;

    ■ attendre passivement que sa situation s'améliore. L'employé ne réagira pas à son problème. Au contraire, il demeurera loyal envers son employeur en espérant qu'une personne ou un événement vienne améliorer sa situation.

---

8. Lire à ce sujet Laborit (1976).

9. Lire plutôt : « Il aura l'intention de démissionner si le marché du travail le permet. »

À la lumière de ce qui précède, on remarque que l'employé peut réagir à une source d'insatisfaction de façon active ou passive, et de façon constructive ou destructive. Examinons davantage cette classification :

■ Fuir son emploi correspond à un comportement de travail actif et destructif : actif, en ce sens qu'il équivaut à un geste de la part de l'employé par rapport à la source d'insatisfaction ; destructif, en ce sens qu'il ne résout pas le problème, mais crée plutôt un climat négatif au sein de l'équipe de travail ;

■ Exprimer son mécontentement correspond à un comportement de travail actif et constructif : actif, en ce sens qu'il équivaut à une réaction de l'employé ; constructif, en ce sens qu'il constitue une bonne indication du degré de satisfaction de l'employé et permet au superviseur avisé de corriger la situation ;

■ Négliger son travail correspond à un comportement passif et destructif : passif, en ce sens qu'il équivaut pour l'employé à fuir le problème en ne réagissant pas ; destructif, en ce sens qu'il entraîne un autre type de problème : le comportement déviant de l'employé. Le superviseur doit alors tenir compte de la source d'insatisfaction ainsi que des absences, des retards, des erreurs de travail, etc., de l'employé insatisfait ;

■ Demeurer loyal envers son employeur correspond à un comportement passif et constructif : passif, en ce sens qu'il ne permet pas à l'employé d'améliorer son sort ; constructif, en ce sens qu'il représente une attitude de confiance et de soutien à l'égard de son employeur[10].

Comment doit réagir le superviseur face à ces quatre types de comportements ?

■ Le superviseur doit encourager ses employés à exprimer leur mécontentement car, selon Farrell et Rusbult (1985), ceux-ci étaient très impliqués dans leur travail et au sein de l'entreprise avant l'apparition de la source d'insatisfaction. En donnant un droit de parole[11] à ses employés, le superviseur a une bonne indication de leur degré de satisfaction et cela lui permet de les impliquer dans la correction de situations de travail qui causent des problèmes ;

■ L'employé loyal fait confiance à son superviseur et il le soutient. Bien que ce comportement semble être le plus acceptable selon le superviseur, l'attitude passive d'un employé n'aide pas beaucoup le superviseur. En effet, ce dernier préfère l'employé qui s'implique dans son travail ;

■ L'employé qui néglige volontairement son travail s'expose à des mesures disciplinaires. Ce thème sera traité au chapitre 6 ;

---

10. Bien qu'Albert Hirschman considère la loyauté comme un comportement passif et constructif, les résultats d'une étude empirique effectuée par Dan Farrell (1983) démontrent que la loyauté serait un comportement de travail passif et destructif, mais moins destructif que celui de quitter l'entreprise ou de négliger son travail.

11. Le superviseur encadre et contrôle ce droit de parole en mettant en place un système de communication formel (voir la section 5.2.1).

- L'employé qui fuit la source d'insatisfaction crée un climat négatif au sein de l'équipe de travail. Le superviseur doit absolument déterminer les sources de tensions qui causent ce comportement afin de les éliminer ou, à tout le moins, de les réduire. Le processus d'évaluation du rendement (voir le chapitre 4) et la relation d'aide (voir le chapitre 6) servent en partie à corriger ce type de comportement.

4. Contrairement à une certaine croyance, un employé satisfait n'est pas nécessairement un employé productif, car la satisfaction au travail est la conséquence et non pas la cause du rendement. Ainsi, l'employé qui réussit à accomplir avec succès son travail et qui a été récompensé équitablement pour cela sera satisfait. N'oublions pas que c'est la réussite qui pousse l'individu à fournir un effort.

5.6 LES PRATIQUES DE GESTION MOBILISATRICES

Maintenant que nous connaissons les leviers de la mobilisation et les principales théories de la motivation du personnel, examinons la façon dont les entreprises ont traduit ces concepts en pratiques de gestion. Les pratiques les plus couramment utilisées concernent la modification de deux éléments de l'organisation du travail[12] : la nature du travail et le style de supervision.

5.6.1 LA NATURE DU TRAVAIL

Pour mobiliser ses employés, le superviseur s'assure qu'ils accomplissent un travail stimulant, c'est-à-dire un travail qui :

- fait appel à leur intelligence, à leur imagination, à leurs talents, à leur expérience et à leur sens des responsabilités ;

- leur donne l'autonomie nécessaire pour mettre en valeur leurs compétences ;

- leur permet d'exercer des mesures d'autocontrôle ;

- est gratifiant parce qu'il est valorisant et porteur de sens ;

- favorise des structures de participation à la prise de décision ;

- crée un sentiment d'appartenance en favorisant les échanges avec des collègues qui partagent les mêmes valeurs de travail.

En pratique, cela se traduit par la modification de la nature de la tâche et du poste de travail. Désormais, la tâche de l'employé est enrichie et son poste favorise le travail d'équipe.

---

12. L'organisation du travail a pour objectif de structurer, de contrôler et d'augmenter la productivité des employés (Braverman, 1976). Elle est composée de cinq principaux éléments : la tâche, le poste, le mode de rémunération, le style de supervision et les horaires de travail. À l'annexe 1, nous présentons les deux formes d'organisation du travail qui s'opposent (l'organisation scientifique du travail et les nouvelles formes d'organisation du travail) et à l'annexe 2, les principaux types d'horaire de travail que le superviseur peut mettre en place dans son service. Au chapitre 7, nous traitons de la rémunération.

L'enrichissement de la tâche

L'enrichissement de la tâche permet à l'employé de prendre des décisions en ce qui concerne le choix de ses méthodes de travail, la planification et l'exécution de son travail, et la qualité de son travail. Une tâche enrichie est une tâche qui répond aux besoins sociaux, d'estime et de réalisation de soi de l'employé.

EXEMPLE

Agnès Mouawad est préposée à l'imprimerie à l'entreprise Cogex. Dès qu'elle reçoit une commande d'impression, au lieu d'imprimer les documents selon les directives de son superviseur (travail d'exécution), Agnès Mouawad exécute les tâches suivantes : elle analyse le bon de commande, établit ses priorités, planifie son travail, réquisitionne les ressources matérielles (encre, papier, etc.) dont elle a besoin et prend seule toutes les décisions concernant la production dont elle est responsable, et ce, tout en se conformant aux normes de rendement et de qualité établies. Agnès Mouawad est évaluée par son superviseur après chaque commande d'impression effectuée. Son travail comporte autant de tâches de conception et d'exécution que de tâches d'autocontrôle.

Il ne faut pas confondre l'enrichissement de la tâche avec la **rotation des postes**, qui consiste à changer de poste au cours de l'horaire de travail. Il ne faut pas non plus confondre l'enrichissement de la tâche avec l'**élargissement des tâches**, qui consiste à exécuter un ensemble de tâches à l'intérieur d'un cycle de travail plutôt que d'en exécuter une seule partie.

EXEMPLES

- Jacques, Henri et Éveline travaillent au restaurant Le Renouveau. Jacques débarrasse les tables des couverts, Henri lave les couverts et Éveline dispose les couverts sur les tables :

  – Avec la rotation des postes, à tour de rôle durant une journée de travail, Jacques, Henri et Éveline débarrassent les tables des couverts pendant trois heures, lavent les couverts pendant deux autres heures et les disposent sur les tables pendant trois heures ;

  – Avec l'élargissement des tâches, Jacques, Henri et Éveline débarrassent les tables des couverts, lavent les couverts et les disposent sur les tables ;

  – Avec l'enrichissement de la tâche, Jacques, Henri ou Éveline est responsable de l'achat des ustensiles, des assiettes, des verres, des serviettes, des nappes, du détergent, de l'entretien du lave-vaisselle, du nettoyage de la vaisselle selon les normes d'hygiène, etc.

- Agnès Mouawad, préposée à l'imprimerie de l'entreprise Cogex, imprime, effectue certaines réparations mineures et fait l'entretien préventif requis (élargissement de la tâche) au lieu d'uniquement imprimer sur demande (parcellisation du travail).

La rotation des postes et l'élargissement des tâches ne portent pas sur le contenu de la tâche : ils ont pour objectifs de rendre le travail moins ennuyeux et de permettre à l'employé de faire appel à plusieurs de ses compétences. En revanche, l'enrichissement de la tâche porte sur le contenu de la tâche : il vise à donner des responsabilités, de l'autonomie et du contrôle à l'employé.

Ainsi, avec l'enrichissement de la tâche :

- la parcellisation du travail est remplacée par l'intégralité du processus de travail ;

- la spécialisation des tâches est remplacée par la variété des tâches ;

- la standardisation des tâches est remplacée par des tâches présentant des défis qui permettent à l'employé de jouir d'un certain degré d'autonomie et de faire preuve d'initiative afin qu'il mette en valeur son potentiel, qu'il prenne des décisions et qu'il en assume la responsabilité.

Le travail d'équipe

Le recours au travail d'équipe repose sur le principe qu'il faut briser l'isolement de l'employé, car l'humain est un être social qui ressent le besoin de s'approprier l'environnement dans lequel il évolue et de se reconnaître dans un groupe social.

Le superviseur doit donc favoriser les rapports entre les différents postes de travail de son service afin que s'établisse un réseau d'appui entre les employés et que se crée un collectif de travail. Il facilitera alors les échanges, les interactions et les liens de travail entre ses employés. Ce faisant, il éliminera le sentiment d'isolement et d'anonymat parmi son personnel.

Les avantages et les inconvénients du travail d'équipe

Les principaux avantages du travail d'équipe sont les suivants :

- La qualité du travail et la productivité de l'équipe sont généralement élevées, car la force des uns compense la faiblesse des autres ;

- Les membres de l'équipe peuvent participer à la prise de décision ;

- La décision prise sera mieux acceptée par l'équipe si ce sont ses membres qui la prennent ;

- Le temps de réponse à un problème de travail ou à un changement est court [13] ;

- L'effet sur la mobilisation des employés est élevé. Le travail d'équipe crée un rapport de solidarité et de complicité entre les employés ;

- La communication entre les employés est améliorée ;

---

13. Si les membres de l'équipe se sentent impliqués dans la décision, ont la compétence et l'information nécessaires pour prendre la décision, et veulent bien participer à la prise de décision.

- Le climat de travail est positif ;

- La satisfaction intrinsèque associée au travail est élevée ;

- Les membres de l'équipe acquièrent de nouvelles compétences ;

- La compétence collective de l'équipe est enrichie par l'apport de chacun, par la collaboration et la communication entre les membres et l'apprentissage collectif ;

- Les ressources sont mieux utilisées.

Les principaux inconvénients du travail d'équipe sont les suivants :

- Le degré de stress s'accroît, en raison de la responsabilité qui découle de l'autonomie accordée dans la prise de décision et dans la réalisation du travail ;

- La charge de travail est élevée, puisque chaque membre de l'équipe est appelé à accomplir l'ensemble des tâches d'un cycle de travail ;

- Le temps de prise de décision peut être long, et ce, pour diverses raisons : les employés n'ont pas la compétence pour prendre la décision ou n'ont pas la motivation pour le faire, ou ils veulent prendre une décision qui va à l'encontre des objectifs du service. Le superviseur doit alors décider, reléguant ainsi au second plan la participation des employés à la prise de décision, la délégation du pouvoir aux employés et la concertation entre les employés ;

- Lorsque la cohésion au sein de l'équipe est élevée et que les membres de l'équipe ne souscrivent pas à la mission, aux objectifs et à la philosophie de gestion de l'entreprise, la productivité et la qualité du travail diminuent ;

- L'équipe peut former un clan et offrir une résistance à tout changement préconisé par l'entreprise.

L'efficacité de l'équipe de travail

Pour être efficace, une équipe de travail doit respecter les cinq éléments clés suivants :

1. **La cible commune** : l'équipe de travail a un objectif de travail commun réalisable par des tâches collectives et accepté par tous ;

2. **L'interdépendance positive** : il y a une convergence des efforts et des actions des employés pour réaliser l'objectif commun. Le rendement de l'équipe dépend de la collaboration entre ses membres. Cette collaboration n'est pas facultative ni souhaitée, elle est obligatoire ;

3. **La responsabilité individuelle et conjointe envers l'équipe** : la contribution de chaque employé à la réalisation de la tâche collective est nécessaire, utile, possible et obligatoire. L'employé doit se sentir responsable du résultat obtenu par l'équipe, car la réussite ou l'échec sont collectifs. Plus que jamais, le *nous* l'emporte sur le *je* ;

4. **Le développement d'habiletés de travail** : les membres de l'équipe de travail sont formés pour accomplir différentes tâches (rotation des postes, élargissement des tâches et enrichissement des tâches), pour travailler en équipe, pour établir des relations interpersonnelles positives ;

5. **L'autoévaluation** : l'évaluation de la performance de l'équipe de travail se fait par tous ses membres et porte sur :

    ■ le mode de fonctionnement de l'équipe de travail, à savoir le déroulement des réunions, le processus de communication, de prise de décision et de résolution de problèmes, les relations entre les membres, la gestion des conflits, la formation et le développement collectif, etc. ;

    ■ les résultats au travail de l'équipe, à savoir la réalisation de l'objectif commun, l'atteinte des normes de rendement collectives, du niveau de productivité, etc. ;

    ■ l'apport de chaque membre à l'équipe de travail, à savoir sa participation active et positive au sein de l'équipe, sa capacité d'interagir et de communiquer avec ses collègues, ses résultats au travail, etc.

Les différents types d'équipes de travail

Le superviseur peut faire appel au travail d'équipe pour diverses raisons (Roy, 1999, p. 77) :

■ Il peut former une équipe traditionnelle pour exécuter un travail : les employés agissent en tant qu'exécutants sans nécessairement participer aux décisions. Le **rôle du superviseur** : il encadre et dirige ses employés ;

EXEMPLE

Sous la surveillance et selon les instructions de Yolande Ouimet, superviseure au service des comptes clients du garage Mécanique automobile Claude, Jeanne Laliberté comptabilise les paiements des clients, Alfred Ouimet fait la perception des comptes en souffrance et Jeannine Mainfrie complète les dossiers des clients.

■ Le superviseur fait appel à une petite équipe d'employés qui se réunissent réguliè-rement pour discuter et résoudre des problèmes de travail. Les cercles de qualité en sont un exemple[14]. Le **rôle du superviseur** : il joue le rôle de *coach*, d'accom-pagnateur et de facilitateur ;

EXEMPLE

Claude Bolduc, le propriétaire du garage Mécanique automobile Claude, a formé une équipe de travail composée de six mécaniciens. Les trois dernières rencontres de l'équipe portaient sur les moyens d'améliorer leur environnement de travail.

---

14. Trois facteurs caractérisent un cercle de qualité : la participation des employés et du superviseur est volontaire, les membres de l'équipe sont formés pour résoudre des problèmes ensemble, la détermination des problèmes de travail est faite par les membres de l'équipe.

■ Le superviseur forme ponctuellement une équipe de travail pour réaliser un projet précis. Les employés ont donc des objectifs communs de travail et un pouvoir de décision qu'ils perdent dès que le projet est terminé. Le **rôle du superviseur** : il accompagne l'équipe, lui procure les ressources dont elle a besoin et s'assure qu'elle réalise le mandat dont elle est responsable ;

EXEMPLE

Pour augmenter les ventes de son entreprise La Quincaillerie Foucher, Johanne Foucher a formé une équipe de travail composée des personnes suivantes : le responsable du service à la clientèle, deux vendeurs, deux caissiers, le responsable des achats et le responsable du marketing. Le mandat de l'équipe de travail est d'analyser les besoins de la clientèle, de proposer et de mettre en place un plan marketing ayant pour objectif d'accroître les ventes de la quincaillerie au cours de la prochaine année et d'en faire le suivi.

■ Le superviseur forme une équipe de travail qui exerce ses activités d'une façon autonome en permanence. Les **équipes semi-autonomes de travail** en sont un bon exemple. Elles constituent un enrichissement collectif des tâches, puisque les membres de l'équipe ne sont pas assignés à un poste de travail mais plutôt à des tâches collectives de conception, d'exécution et d'autocontrôle. Ceux-ci accomplissent ensemble les différentes activités et tâches d'un processus dont ils sont responsables. Ils peuvent également décider de l'aménagement des lieux de travail, des horaires de travail, de la planification opérationnelle des activités de travail de l'équipe, de la répartition des tâches, des méthodes de travail, de la formation, de la santé et de la sécurité au travail, du processus d'évaluation du rendement des membres de l'équipe, du partage des primes au rendement, etc. Le **rôle du superviseur** : il fixe les objectifs et les balises de l'équipe (normes de rendement, dates butoirs, normes de qualité, etc.), lui procure les ressources nécessaires, la conseille et l'aide dans l'accomplissement de son travail. Bref, il facilite la tâche de son équipe. Les rôles sont ainsi inversés : le superviseur est au service de l'équipe et non l'inverse.

EXEMPLE

Au garage Mécanique automobile Claude, l'entretien des véhicules lourds est sous l'entière responsabilité d'une équipe semi-autonome de travail composée de six mécaniciens.

Ainsi, l'équipe est **responsable** de l'inspection des véhicules, de la détection des pièces défectueuses et de leur réparation, de l'essai sur la route, de l'entretien des outils et de l'équipement, et de l'aménagement propre et sécuritaire des lieux de travail. Les membres de l'équipe sont **autonomes** en ce qui a trait à la planification, à l'organisation, à l'exécution des tâches et au **contrôle** de la qualité de leur travail.

L'employé est alors affecté aux six tâches de l'équipe et non pas à une seule tâche ou à un seul poste. Quant au superviseur, il s'assure que l'équipe a les ressources nécessaires pour effectuer le travail dans le respect des balises établies.

Il est entendu que, plus le degré de responsabilité, d'autonomie et de contrôle accordé à l'équipe est élevé, plus un effet mobilisateur se fera sentir au sein de l'équipe. La figure 5.4 établit un lien entre le type d'équipe de travail et l'effet mobilisateur.

FIGURE 5.4
Le lien entre le type d'équipe de travail et l'effet mobilisateur

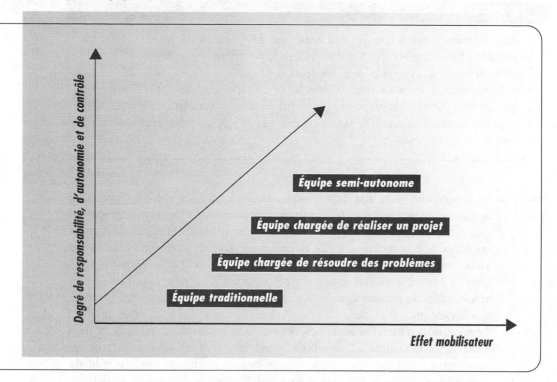

5.6.2   LE STYLE DE LEADERSHIP

Pour avoir un effet positif sur la mobilisation de ses employés, le superviseur doit agir en leader, c'est-à-dire comme un **héros** que ses employés peuvent **questionner** et qui exerce un style de leadership **démocratique** (Aktouf, 1990). Reprenons chacune de ces trois conditions.

Le superviseur est un héros

Le leader est un héros, car il excelle dans tout ce qu'il entreprend, il possède le savoir-faire[15] et ses actions sortent de l'ordinaire. Il se démarque, il n'a pas peur du changement, il défie même le *statu quo,* il vise l'excellence. C'est pourquoi il commande le respect de ses employés et il les incite à réaliser des objectifs de travail sans les obliger à le faire ; il leur insuffle le désir de se dépasser, il leur indique le chemin qui mène au succès. Il les inspire, il les fait **rêver**.

15.   Pour y arriver, le superviseur est en constant processus d'apprentissage. Il apprend à se connaître, à miser sur ses points forts et à corriger ses points faibles.

Les employés peuvent questionner leur leader

Malgré son statut de héros, le leader accorde à ses employés la prérogative de le questionner sur le bien-fondé de ses décisions. Il s'explique, il tient compte de leurs récriminations et de leurs recommandations ; il recherche la concertation[16]. Ses employés ne le suivent pas, ils l'accompagnent.

Le superviseur exerce un style de leadership démocratique

Tous les ouvrages classiques portant sur le leadership (notamment Reddin, 1970 ; Likert, 1967 ; McGregor, 1966 ; Blake et Mouton, 1968) nous démontrent que le superviseur peut orienter son style de leadership autant vers les relations avec ses employés que vers la réalisation de leur travail. En ce sens, un style de leadership démocratique veut dire que :

■ Sur le plan de sa relation avec ses employés, le superviseur :

– gagne leur confiance, car il est fiable, il les respecte, les écoute, communique avec eux et leur donne une rétroaction immédiate ;

– reconnaît la qualité de leur travail en les récompensant de façon équitable et en choisissant les récompenses qui répondent le plus à leurs désirs ;

– est ouvert aux idées nouvelles, fait preuve de souplesse, accepte l'ambiguïté, encourage la créativité et aborde les relations conflictuelles avec confiance et équité (voir le chapitre 6) ;

– les soutient, les conseille et les appuie ;

– facilite leur participation au travail d'équipe. Il permet l'interdépendance des postes, il brise l'isolement, il crée et maintient un climat de confiance au sein de l'équipe. Il fait naître un sentiment d'appartenance parmi les membres de son équipe de travail ;

■ Sur le plan de la réalisation du travail de ses employés, le superviseur :

– est orienté vers l'action. Il lève les barrières qui nuisent à la réussite. Il élabore des moyens afin de prévenir et de résoudre des problèmes. Il gère les activités de travail de ses employés pour faire en sorte qu'ils puissent réaliser les objectifs du service et atteindre un haut rendement ;

– responsabilise ses employés. Il permet à chacun d'utiliser son potentiel. Il leur donne du pouvoir formel en encourageant l'initiative, l'autonomie et la prise de décision ;

– rend possible la formation continue de ses employés afin de leur permettre de s'améliorer dans leur travail.

---

16. Cela lui permet de s'autoévaluer et ainsi d'apprendre et de s'améliorer.

Laflamme, Goyette et Mathieu (1996, p. 70) résument très bien ce nouveau style de leadership :

> Le nouveau gestionnaire doit passer graduellement de la direction et contrôle au support et appui, des rétroactions subjectives aux rétroactions descriptives, d'un style de leadership où le souci de communiquer prévaut sur celui d'informer, où le mépris fait place au respect des différences.

En reprenant la classification de Pitcher (1994) concernant les types de gestionnaires qui évoluent dans les entreprises, nous pouvons souhaiter que le superviseur de l'entreprise moderne puisse cumuler les qualités de l'artiste, de l'artisan et du technocrate, c'est-à-dire :

- qu'il soit un visionnaire qui inspire ses employés par son audace et son imagination (l'artiste) ;

- qu'il connaisse son métier, qu'il ait un esprit d'équipe, qu'il soit responsable, réaliste et digne de confiance (l'artisan) ;

- qu'il ait une pensée structurée et rationnelle, qu'il soit méthodique, analytique et cérébral (le technocrate).

5.7 LES PRÉCISIONS CONCERNANT LE STYLE DE LEADERSHIP DU SUPERVISEUR

Nous venons de voir que le superviseur oriente son style de leadership autant vers la réalisation du travail (la tâche) que vers les relations humaines (l'individu). Or, l'accent mis sur l'une ou l'autre de ces deux dimensions du leadership se fait à différents degrés. Le superviseur peut :

- **diriger** ses employés. Il oriente alors son style de leadership essentiellement vers la tâche. Il prend les décisions, les annonce à ses employés, leur donne des consignes précises (il leur dit quoi faire et comment le faire) et il exerce un contrôle rigoureux sur l'accomplissement de leur travail ;

- **persuader** ses employés. Il oriente son style de leadership autant vers la tâche que vers les relations humaines. Il prend les décisions et les *vend* à ses employés en leur fournissant l'information et les explications nécessaires. Il leur dit quoi faire et il les encourage à le faire. Le système de communication est descendant ;

- **faire participer** ses employés. Il oriente son style de leadership beaucoup plus vers les relations humaines que vers la tâche. Il présente les problèmes à ses employés, indique les choix possibles et leur demande de prendre part à la prise de décision. Il les responsabilise et leur donne le soutien, l'encouragement et le renforcement nécessaires pour réussir leur travail. Le système de communication est bidirectionnel (ascendant et descendant) ;

- **déléguer**. Le superviseur s'implique peu dans sa relation avec ses employés ainsi que dans la réalisation de leurs tâches. Il les responsabilise en leur permettant de prendre des décisions d'une façon autonome, et ce, dans le respect des limites de la

FIGURE 5.5
Les quatre styles de leadership

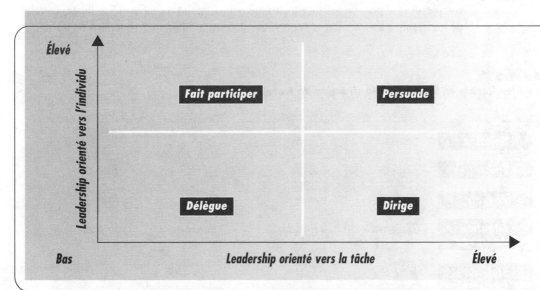

délégation qu'il a préalablement clairement établies[17]. Il les aide à planifier, à exécuter et à exercer le contrôle de leur travail. La figure 5.5 classe les quatre styles de leadership du superviseur selon que le style de ce dernier est orienté vers l'individu ou vers la tâche.

Le choix du style de leadership dépend des trois facteurs suivants (Tannebaum et Schmidt, 1973) :

1. **Du superviseur.** Les caractéristiques personnelles et professionnelles du superviseur influent sur le style de leadership, de même que son système de valeurs, sa confiance à l'égard de ses employés, sa capacité à déléguer, à partager son pouvoir, à assumer la responsabilité du travail de ses employés, etc.

EXEMPLE

Le superviseur, Réjean Laprise, a une attitude négative à l'égard de ses employés, car il est convaincu que ceux-ci sont paresseux et irresponsables. Aussi aura-t-il beaucoup de difficultés à déléguer son pouvoir. Et s'il est obligé de le faire, il s'y prendra mal.

2. **De la situation de travail.** Selon Fiedler (1971), lorsque la situation de travail est très favorable ou très défavorable au superviseur, il doit orienter son style de leadership vers la tâche. Et lorsqu'elle lui est plus ou moins favorable, il doit orienter son style de leadership vers l'individu.

17. Ne l'oublions pas : le superviseur demeure toujours responsable du travail de ses employés.

Le superviseur définit la situation de travail en fonction de trois éléments : la qualité des relations interpersonnelles (bonne, mauvaise), la structure de la tâche (simple, complexe) et le pouvoir qui lui est attribué (élevé, faible). Le tableau 5.2 illustre le style de leadership à adopter par le superviseur dans huit différentes situations de travail.

TABLEAU 5.2
Le style de leadership en fonction de la situation de travail

Relation	Bonne	Bonne	Bonne	Bonne
Tâche	Simple	Simple	Complexe	Complexe
Pouvoir	Élevé	Faible	Élevé	Faible
Situation de travail	Très favorable 1	Favorable 2	Favorable 3	Favorable 4
Style de leadership orienté vers...	Tâche	Tâche	Moins vers la tâche, plus vers l'individu	Individu

Relation	Mauvaise	Mauvaise	Mauvaise	Mauvaise
Tâche	Simple	Simple	Complexe	Complexe
Pouvoir	Élevé	Faible	Élevé	Faible
Situation de travail	Défavorable 5	Défavorable 6	Défavorable 7	Très défavorable 8
Style de leadership orienté vers...	Individu	Individu	Moins vers l'individu, plus vers la tâche	Tâche

Source : Adapté de Fiedler (1971).

EXEMPLE

Une situation de travail est très favorable au superviseur lorsque les relations interpersonnelles sont bonnes, la tâche, simple, et le pouvoir, élevé. Dans pareils cas, le superviseur n'a pas besoin de persuader, de convaincre, d'expliquer, de faire participer ; il dirige ses employés, qui acceptent de le suivre.

▼

▼

Une situation de travail est très défavorable au superviseur lorsque les relations interpersonnelles sont mauvaises, la tâche, complexe, et le pouvoir, faible. Dans pareils cas, le superviseur doit diriger ses employés ; il oriente alors son style de leadership vers la tâche.

3. **Des employés.** Selon Hersey et Blanchard (1977), le superviseur doit adapter son style de leadership à la maturité professionnelle de ses employés. Ces auteurs définissent la maturité professionnelle en fonction de la compétence de l'employé et de sa volonté :

- La compétence : l'employé sait quoi faire, comment le faire, pourquoi le faire, avec qui le faire et quand le faire. Il connaît donc ses objectifs de travail et il utilise les bonnes méthodes pour les atteindre, car il possède les savoirs[18] appropriés ;

- La volonté : l'employé veut accomplir son travail, car il est intéressé, motivé et il se sent capable de le faire.

La maturité professionnelle s'exprime selon les quatre niveaux suivants :

- Niveau de maturité 1 (faible) : **l'employé ne peut pas et ne veut pas ;** le superviseur doit alors le diriger ;

- Niveau de maturité 2 : **l'employé ne peut pas, mais veut bien ;** le superviseur le persuade ;

- Niveau de maturité 3 : **l'employé peut, mais ne veut pas (ou veut autrement) ;** le superviseur le fait participer ;

- Niveau de maturité 4 (élevée) : **l'employé peut et veut ;** le superviseur lui délègue des responsabilités.

EXEMPLES

- Alain Bélair considère qu'il est inutile de fournir l'effort de travail demandé (ne veut pas) pour informatiser les dossiers clients, car, d'une part, il ne sait pas utiliser le logiciel Access et, d'autre part, il ne comprend pas la raison pour laquelle il faut tout informatiser (ne peut pas). Sa superviseure, Marcelle Billodeau, doit alors orienter son style de leadership vers la tâche en expliquant à son employé les objectifs de l'informatisation des dossiers clients, en lui montrant les méthodes appropriées pour le faire et en lui donnant les explications nécessaires pour réussir son travail. Marcelle Billodeau dirige son employé.

▼

---

18. Savoir, savoir-faire, savoir-être, savoir-interagir.

▼

- Jeannette Latrimouille se donne beaucoup de peine pour réussir son travail (veut), mais elle a de la difficulté à y arriver ; en effet, elle n'a pas la compétence requise pour atteindre ses normes de rendement (ne peut pas). Elle s'attend à ce que son superviseur oriente son style de leadership autant vers la tâche (c'est-à-dire qu'il lui enseigne les méthodes de travail appropriées) que vers les relations humaines (c'est-à-dire qu'il l'encourage et la persuade à persévérer dans son travail).

- Jeannette Perras est la meilleure représentante commerciale de l'entreprise (peut), mais n'est pas d'accord avec son directeur des ventes sur la façon de réagir par rapport à la concurrence (veut autrement). Son superviseur doit alors orienter son style de leadership beaucoup plus vers les relations humaines que vers la tâche en lui présentant les enjeux de la situation, en lui précisant les objectifs à atteindre, en lui expliquant la manière dont il voit les choses et en la faisant participer à la prise de décision.

- Denis Joseph est un technicien en comptabilité reconnu par son superviseur comme étant compétent et expérimenté (peut) et qui fait preuve d'engagement professionnel (veut). Son superviseur peut faire en sorte qu'il ait l'autonomie dont il a besoin pour planifier, exécuter et maîtriser son travail.

La figure 5.6 associe les styles de leadership à adopter par le superviseur en fonction de chacun des niveaux de maturité de ses employés.

FIGURE 5.6
Les styles de leadership en fonction de chacun des niveaux de maturité des employés

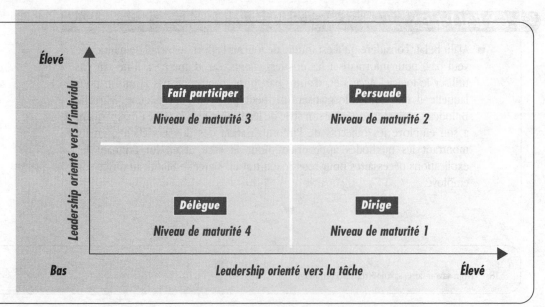

Nous constatons que lorsque des êtres humains sont impliqués dans une situation de travail, tout n'est pas blanc et noir. Il existe de nombreuses zones grises. Voilà pourquoi il faut savoir nuancer. Quel style de leadership adopter ? Il apparaît évident qu'il n'y a pas de réponse unique à cette question. Cela dépend de la situation de travail (favorable, défavorable), des employés impliqués (compétence, volonté) et du superviseur (attitude à l'égard des employés, capacité à partager son pouvoir). Aussi, ce n'est qu'après avoir analysé ces trois facteurs que le superviseur décidera de l'intensité avec laquelle il orientera son style de leadership vers l'une ou l'autre des deux dimensions du leadership.

La figure 5.7 présente la relation entre les pratiques de gestion mobilisatrices et les théories de la motivation et le tableau 5.3, la relation entre les trois pratiques de gestion mobilisatrices et les quatre leviers de la mobilisation.

FIGURE 5.7
La relation entre les pratiques de gestion mobilisatrices et les théories de la motivation

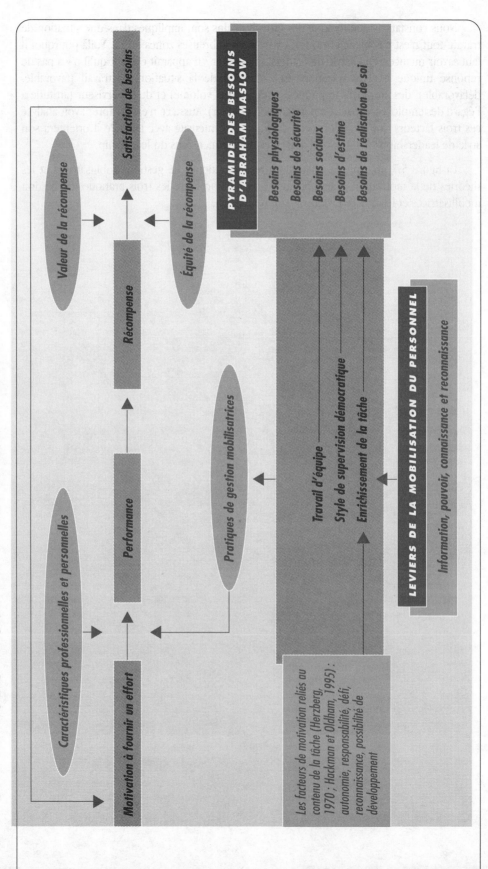

TABLEAU 5.3
La relation entre les trois pratiques de gestion mobilisatrices et les quatre leviers de la mobilisation

Leviers de la mobilisation	Pratiques de gestion mobilisatrices		
	Enrichissement de la tâche	Travail d'équipe	Style de supervision démocratique
Information	La variété des tâches est une source d'information privilégiée.	L'information circule plus facilement entre les membres d'une équipe. Pour réaliser adéquatement son travail, l'employé doit avoir le plus d'information possible sur les activités de travail des autres membres de l'équipe.	Le superviseur donne toute l'information nécessaire à la prise de décision et à la réalisation du travail. Il communique une *rétroaction descriptive* dans le but de soutenir son employé.
Pouvoir	L'enrichissement de la tâche donne le pouvoir à l'employé de prendre des décisions.	L'équipe peut prendre des décisions relativement à son travail.	Le superviseur permet à son employé de s'approprier son travail en lui donnant un degré élevé d'autonomie dans la prise de décision.
Connaissance	L'employé doit connaître toutes les étapes du processus de travail. Il doit savoir faire son travail, car des tâches de conception remplacent des tâches d'exécution. La délégation du pouvoir développe de nouvelles compétences.	La connaissance se transmet mieux entre les membres de l'équipe. L'interdépendance des postes oblige l'employé à connaître toutes les tâches du cycle de travail et à développer de nouvelles compétences. La délégation du pouvoir développe de nouvelles compétences.	Le superviseur donne à son employé tous les outils dont il a besoin pour bien faire son travail.
Reconnaissance	La récompense est intrinsèque, puisque l'enrichissement permet de réaliser un travail beaucoup plus gratifiant que les tâches d'exécution.	Lorsque la cohésion est élevée au sein d'une équipe de travail, la récompense intrinsèque est très élevée, puisque la performance de l'équipe est plus élevée que celle de l'employé isolé.	La reconnaissance et la considération du travail bien fait sont immédiates et continues.

RÉSUMÉ

Le présent chapitre nous a permis de constater qu'une approche de gestion axée sur la mobilisation des employés permet à l'entreprise de s'adapter rapidement aux exigences d'un environnement de plus en plus complexe et instable, et de développer un avantage distinctif basé sur la flexibilité, la rétroactivité, l'innovation et la qualité.

Nous avons défini l'employé mobilisé comme étant celui qui déploie volontairement des efforts au-dessus de la normale afin d'améliorer continuellement son travail, de l'aligner sur les priorités de l'entreprise et de le coordonner au sein de son équipe de travail.

Nous avons souligné que cette mobilisation n'est possible que lorsque l'entreprise accepte de partager avec ses employés l'information, le pouvoir, la connaissance et qu'elle reconnaît la qualité de leur travail.

Par la suite, nous avons déterminé les trois principales pratiques de gestion mobilisatrices – l'enrichissement de la tâche, le travail d'équipe et le style de leadership – en prenant comme point de départ les quatre leviers de la mobilisation.

Nous avons précisé que toutes ces pratiques de gestion ne fonctionnent qu'avec les employés qui présentent les caractéristiques suivantes : ces employés désirent satisfaire des besoins sociaux, d'estime et de réalisation de soi, possèdent la compétence et ont la volonté d'accomplir avec succès leur travail, sont capables de communiquer, de travailler en équipe, d'assumer des responsabilités, de prendre des décisions et ont une attitude positive envers l'acquisition permanente du savoir.

Nous avons également précisé que le style de leadership peut prendre quatre différentes formes. En effet, selon les caractéristiques du superviseur, la situation de travail et le niveau de maturité professionnelle des employés impliqués, le superviseur nuance sa relation avec ses employés : il peut les diriger, les persuader, les faire participer ou leur déléguer son autorité.

Enfin, soulignons que même si toutes ces conditions existent, les pratiques de gestion n'ont pas toujours un effet mobilisateur sur les employés. Toutefois, rien n'indique qu'elles aient un effet démobilisateur. Pourquoi une telle ambiguïté ? Tout repose sur la relation entre la mobilisation et la motivation au travail : la mobilisation motive, mais la motivation ne mobilise pas nécessairement.

Compte tenu de ces considérations, nous pensons que lorsqu'elles sont bien mises en place, les pratiques de gestion préconisées dans ce chapitre, au mieux, ont des effets positifs sur la mobilisation et, au pire, n'ont pas d'effets négatifs.

RÉSUMÉ GRAPHIQUE
La mobilisation des ressources humaines

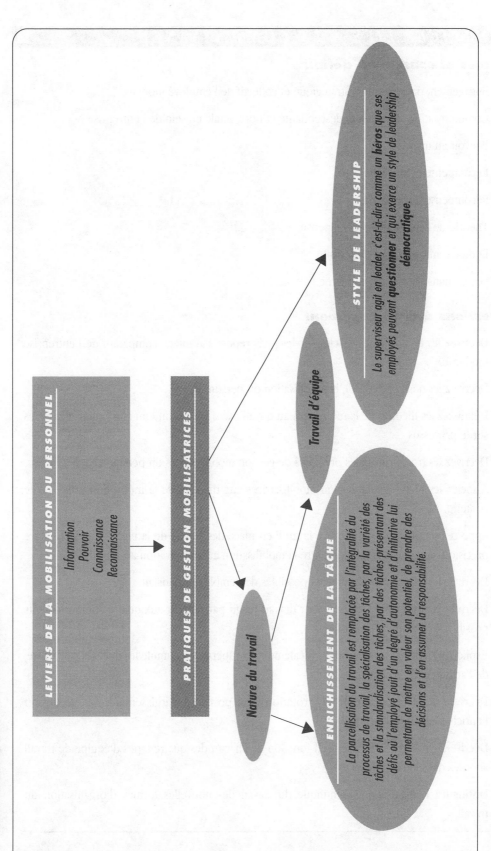

LEVIERS DE LA MOBILISATION DU PERSONNEL

Information
Pouvoir
Connaissance
Reconnaissance

PRATIQUES DE GESTION MOBILISATRICES

Nature du travail

Travail d'équipe

STYLE DE LEADERSHIP

Le superviseur agit en leader, c'est-à-dire comme un héros que ses employés peuvent **questionner** *et qui exerce un style de leadership démocratique.*

ENRICHISSEMENT DE LA TÂCHE

La parcellisation du travail est remplacée par l'intégralité du processus de travail, la spécialisation des tâches, par la variété des tâches et la standardisation des tâches, par des tâches présentant des défis ou l'employé jouit d'un degré d'autonomie et d'initiative lui permettant de mettre en valeur son potentiel, de prendre des décisions et d'en assumer la responsabilité.

EXERCICES LIÉS À LA CONNAISSANCE

Termes et concepts à définir

1. Engagement professionnel, stratégique et collectif de l'employé mobilisé.

2. Communication ascendante, descendante et horizontale en sein de l'entreprise.

3. Pouvoir au travail.

4. Récompense extrinsèque.

5. Récompense intrinsèque.

6. Théorie de l'équité de la récompense.

7. Équipe semi-autonome de travail.

8. Leader dans l'entreprise moderne.

Questions à développement

1. Décrivez les quatre concepts clés sur lesquels repose l'avantage comparatif de l'entreprise moderne.

2. Décrivez les quatre leviers de la mobilisation du personnel.

3. Définissez les théories de la motivation au travail axées sur le contenu ainsi que celles axées sur le processus.

4. Décrivez les trois principales pratiques de gestion mobilisatrices du personnel.

5. Associez les pratiques de gestion mobilisatrices aux théories de la motivation axées sur le contenu.

6. Apportez six précisions relatives à la mise en place des leviers de la mobilisation et quatre précisions relatives à la relation entre la mobilisation et la motivation au travail.

7. Décrivez les quatre comportements possibles de l'employé insatisfait.

8. Décrivez la façon dont le superviseur devrait réagir par rapport aux quatre comportements possibles de l'employé insatisfait.

9. Expliquez l'affirmation suivante : « Idéalement, le superviseur cumule les qualités de l'artiste, de l'artisan et du technocrate. »

10. Décrivez la différence entre la rotation des postes, l'élargissement des tâches et l'enrichissement des tâches.

11. Décrivez le rôle du superviseur en fonction de chacun des quatre types d'équipe de travail abordés dans le chapitre.

12. Distinguez l'organisation scientifique du travail des nouvelles formes d'organisation du travail.

EXERCICES DE COMPRÉHENSION

1. En vous basant sur la définition de l'employé mobilisé, donnez des exemples de comportements au travail sur le plan de l'engagement professionnel, de l'engagement stratégique et de l'engagement collectif d'un employé démobilisé.

2. Expliquez l'affirmation suivante : « Un employé mobilisé est un employé fier de lui, de son travail, de son entreprise et de son équipe de travail. »

3. Donnez trois raisons qui peuvent inciter un employé à se mobiliser et trois autres qui peuvent l'inciter à se démobiliser.

4. À l'aide de différents exemples, montrez comment les quatre leviers de la mobilisation peuvent agir sur chacun des trois niveaux d'engagement émotif de l'employé mobilisé. Par exemple, permettre à l'employé de maîtriser les principaux aspects de son travail agit sur l'engagement professionnel de l'employé.

5. De quelle façon l'enrichissement de la tâche, le travail d'équipe et le style de leadership démocratique agissent-ils sur les quatre leviers de la mobilisation du personnel ?

6. Donnez trois exemples de pratiques de gestion démobilisatrices.

7. Donnez des exemples illustrant le fait qu'il est préférable pour le superviseur de diriger, de persuader, de faire participer, de déléguer.

EXERCICES DE TRANSFERT

Regroupez-vous en équipe de trois.

1. Demandez aux membres de l'équipe qui occupent ou qui ont occupé un emploi de répondre au questionnaire suivant.

Pour chacun des énoncés suivants, entourez le chiffre qui reflète le plus fidèlement votre opinion. Si vous êtes fortement d'accord avec l'énoncé, choisissez 5. Par contre, si vous êtes fortement en désaccord avec l'énoncé, choisissez 1.

Mon travail est une source stimulante de défis.

| 1 | 2 | 3 | 4 | 5 |

Je trouve mon travail intéressant.

| 1 | 2 | 3 | 4 | 5 |

Mon travail comporte de nombreuses responsabilités.

| 1 | 2 | 3 | 4 | 5 |

Mon superviseur communique beaucoup avec ses employés.

| 1 | 2 | 3 | 4 | 5 |

Mon travail n'est pas ennuyeux.

| 1 | 2 | 3 | 4 | 5 |

▼

▼

Mon travail me permet de me dépasser.

| 1 | 2 | 3 | 4 | 5 |

Je participe activement à la réalisation d'objectifs d'une équipe de travail.

| 1 | 2 | 3 | 4 | 5 |

Mon superviseur m'aide à accomplir mon travail.

| 1 | 2 | 3 | 4 | 5 |

Mes tâches sont variées.

| 1 | 2 | 3 | 4 | 5 |

Mon superviseur encourage l'initiative chez ses employés.

| 1 | 2 | 3 | 4 | 5 |

Mon travail me donne la possibilité de faire appel à toutes mes compétences.

| 1 | 2 | 3 | 4 | 5 |

Dans mon travail, j'ai l'impression d'accomplir quelque chose d'important.

| 1 | 2 | 3 | 4 | 5 |

Mon superviseur reconnaît la qualité de mon travail.

| 1 | 2 | 3 | 4 | 5 |

J'ai des relations de travail étroites avec d'autres employés.

| 1 | 2 | 3 | 4 | 5 |

Mon superviseur aborde de façon constructive les récriminations de ses employés.

| 1 | 2 | 3 | 4 | 5 |

Additionnez les chiffres que vous avez entourés. Plus le résultat est élevé, plus le répondant occupe un travail mobilisateur.

2. Décrivez les caractéristiques d'un emploi que vous avez apprécié et celles d'un emploi que vous n'avez pas aimé.

3. Analysez le contenu du document « La motivation dans l'entreprise » présenté dans le site Web suivant : <http://www.cnam.fr/depts/te/dso/lecture/levy.htm>.

EXERCICES D'APPLICATION ■ ■ ■ ■

1. **La réorganisation du service de la comptabilité et du service à la clientèle de l'entreprise Tripalium** [19]

Manon Lafortune, la préposée aux comptes clients et aux comptes fournisseurs, s'entretient avec sa supérieure, Diane Saint-Amour, la directrice du service de la comptabilité.

« Madame Saint-Amour, j'aime bien les deux préposées à la clientèle, mais elles sont toujours en train de me déranger… Elles me posent souvent des questions sur les états de compte, elles parlent toute la journée au téléphone, qui sonne sans arrêt, elles s'énervent, parfois elles crient. Il y a un va-et-vient continuel dans le bureau. Je les aime bien, mais elles me dérangent ! Ça m'empêche de travailler. D'autant plus qu'il faut que je me concentre sur mon travail, que j'appelle les clients, que j'exerce des pressions sur eux pour qu'ils effectuent leurs paiements. Ce n'est pas facile, vous savez. Surtout que vous me demandez de ramener les comptes clients à 30 jours. Je ne sais pas si je vais y arriver. Et puis, je passe beaucoup de temps à répondre aux clients qui demandent des renseignements sur leur état de compte. »

Après cet entretien, la directrice du service de la comptabilité a convoqué les deux préposées à la clientèle dans son bureau. Écoutons la version de Manon Larivière :

« Tous les appels entrent chez nous, je n'ai pas le temps de résoudre des problèmes, de donner suite aux plaintes… Tout ce que je fais alors, c'est d'acheminer les appels aux personnes concernées. Renseignements sur les produits ? Je mets le client en communication avec le service du marketing. Renseignements sur les états de compte ? Je mets le client en communication avec Mme Lafortune. Renseignements sur la livraison ? Je mets le client en communication avec un responsable de l'entrepôt… Un travail d'opératrice, quoi, et puis cela me convient. De toute façon, on ne peut pas faire notre travail comme on nous le demande. On devrait être quatre. La preuve : Gisèle est sur le point de craquer ! »

Écoutons maintenant la version de Gisèle Labonté, qui diffère quelque peu de celle de sa collègue, Manon Larivière :

« Moi, ce que j'aime le plus dans mon travail, c'est résoudre des problèmes, c'est répondre aux clients, c'est donner suite à leurs plaintes. Je pose des questions, je cherche, je ne reste pas assise, j'aime mon travail parce que ça bouge. Et puis notre bureau est situé au centre, on est au milieu de l'action. J'aime ça ! »

Jocelyne Miron, la préposée à la comptabilité générale et à la paie, qui a aussi eu un entretien avec la directrice, semble être également satisfaite de son travail. Écoutons sa version :

« Ah moi, tout va bien ! Je suis assez chanceuse d'avoir du travail ! Elles sont toutes très gentilles, Gisèle, Marie, les deux Manon, Mme Saint-Amour… tout le monde est correct ! Je n'ai rien à redire ! S'ils veulent me donner autre chose à faire, je vais le faire. Pas de problème, amenez-en de l'ouvrage ! »

▼

---

19. Référez-vous aux exercices d'application du chapitre 2.

Quant à Marie Dufour, la technicienne de bureau, elle a avoué, au cours de l'entretien avec la directrice, que bien qu'elle doive répondre souvent aux demandes de renseignements des clients, elle aimait son travail :

« C'est distrayant, cela me permet de sortir de mon bureau, de parler avec les autres et surtout de faire plus que ce que je fais actuellement. »

À partir de la liste des tâches de chacune des employées de l'encadré ci-dessous et de l'emplacement actuel des bureaux (voir la figure 5.8), proposez, en appliquant les principes relatifs aux pratiques de gestion mobilisatrices :

■ une reconfiguration de l'organisation du travail des employées du service de la comptabilité et du service à la clientèle ;

■ une reconfiguration de l'emplacement de leurs bureaux.

Liste des tâches des employées concernées par la situation

■ Manon Lafortune, préposée aux comptes clients et aux comptes fournisseurs (elle possède un diplôme d'études collégiales en comptabilité et elle a cinq ans d'ancienneté) :

– effectue les démarches d'enquête sur le crédit de tout nouveau client ;

– approuve le crédit ;

– enregistre par système informatique le paiement des clients ;

– prépare et effectue les dépôts bancaires ;

– assure le suivi des comptes clients (nationaux et internationaux) ;

– fait le rappel des créances ;

– effectue le recouvrement des comptes clients (nationaux et internationaux) ;

– expédie mensuellement les états de compte aux clients ;

– effectue le suivi des comptes fournisseurs ;

– utilise les conditions avantageuses de paiement des comptes fournisseurs ;

– obtient l'autorisation du directeur du service pour le paiement des comptes fournisseurs ;

– prépare et expédie les chèques pour le paiement des comptes fournisseurs ;

– met à jour les dossiers clients et les dossiers fournisseurs ;

– rédige des rapports mensuels sur l'état des comptes clients et des comptes fournisseurs.

■ Jocelyne Miron, préposée à la comptabilité générale et à la paie (elle possède un diplôme d'études professionnelles en comptabilité et elle a 15 ans d'ancienneté) :

– enregistre les transactions courantes en utilisant un système de tenue de livres informatisé ;

– classe les pièces justificatives ;

– prépare la balance de vérification des comptes ;

- fait les rapprochements bancaires ;

- tient à jour les rapports des présences, des congés et des heures supplémentaires des employés ;

- calcule les salaires nets et bruts d'après les feuilles de présence ;

- concilie le registre des paies et les relevés bancaires ;

- remplit les formulaires de versements des acomptes provisionnels ;

- remplit les formulaires pour le calcul de la TPS et de la TVQ ;

- remplit les formulaires des retenues à la source ;

- remplit les documents nécessaires à l'administration des avantages sociaux ;

- imprime tous les journaux et les grands livres comptables.

■ Marie Dufour, technicienne de bureau (elle possède un diplôme d'études collégiales en techniques de bureautique et elle a un an d'ancienneté) :

- saisit la correspondance, les rapports, les procès-verbaux et autres documents au moyen d'un logiciel de traitement de texte ;

- traite le courrier ;

- produit les budgets au moyen d'un tableur électronique ;

- tient à jour le système de classement des documents ;

- organise et prépare les réunions du service ;

- imprime les rapports statistiques concernant les opérations financières.

■ Les préposées à la clientèle, Manon Larivière (elle possède un diplôme d'études secondaires et elle a un an d'ancienneté) et Gisèle Labonté (elle possède un diplôme d'études collégiales en sciences humaines et elle a six mois d'ancienneté) :

- répondent aux demandes de renseignements des clients ;

- traitent les plaintes des clients ;

- expliquent aux clients leur état de compte ;

- renseignent les clients sur les services et les produits offerts par l'entreprise ;

- acheminent les appels des clients vers les personnes concernées ;

- traitent les retours de marchandises ;

- donnent suite aux réclamations des clients.

▼

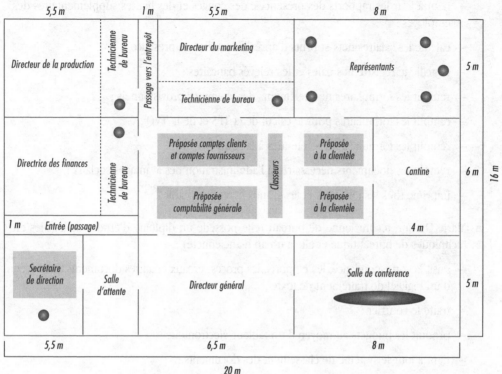

FIGURE 5.8
L'emplacement des bureaux

2. **L'équipe semi-autonome de travail au service de la comptabilité de l'entreprise Tripalium**

Diane Saint-Amour, la directrice du service de la comptabilité, vous demande de mettre en place une équipe semi-autonome de travail qui sera responsable des 32 tâches accomplies par les trois employées de son service :

- Manon Lafortune, préposée aux comptes clients et aux comptes fournisseurs ;

- Jocelyne Miron, préposée à la comptabilité générale et à la paie ;

- Marie Dufour, technicienne de bureau.

En vous basant sur les principes de l'approche par processus (voir le tableau 4.2 au chapitre 4 et le tableau 1.2 au chapitre 1), de l'enrichissement de la tâche et de la formation d'une équipe semi-autonome de travail, proposez une répartition des tâches entre les trois employées du service de la comptabilité.

Référez-vous à l'exercice d'application 1 pour connaître leurs commentaires relativement à leur emploi et la description de leurs tâches actuelles.

EXERCICES D'ANALYSE ■ ■ □ □ □

1. Denise Laramel, directrice du service de la comptabilité de l'entreprise Benex inc.

Le service de la comptabilité de l'entreprise Benex inc. est composé de cinq personnes : la directrice du service, une préposée à la comptabilité générale et à la paie, un préposé aux comptes clients, une préposée aux comptes fournisseurs et une technicienne de bureau. La directrice du service, Denise Laramel, effectue les tâches suivantes :

■ Établit la description des tâches de ses employés en s'assurant que chacun d'eux est spécialisé dans son domaine afin de maximaliser son rendement ;

■ Édicte les modalités de travail. Elle ne tolère aucune dérogation aux règles et aux procédures de travail inscrites dans le manuel d'application du processus de travail ;

■ Exige de ses employés qu'ils lui fassent approuver toutes les décisions qu'ils prennent ;

■ Contrôle l'exécution du travail selon une procédure bien définie : elle vérifie une fois par semaine les résultats de travail obtenus par ses employés. L'employé qui n'atteint pas les normes de rendement relatives à son poste doit se reprendre dans la semaine qui suit ;

■ Étale les heures de travail de ses employés sur une période de quatre semaines. Ainsi, les heures de travail hebdomadaires peuvent être variables pourvu qu'en moyenne, sur les quatre semaines, l'employé travaille 35 heures. Par exemple, l'employé peut travailler 40 heures une semaine, 30 heures une autre semaine, 50 heures une troisième semaine et 20 heures la quatrième semaine ; la moyenne d'heures travaillées au cours des 4 semaines étant alors de 35 heures. Cet étalement permet à Mme Laramel de ne pas payer des heures supplémentaires à ses employés en période de pointe ;

■ Travaille dans la même pièce que ses employés, auxquels elle demande le silence le plus complet, car elle doit se concentrer sur son travail.

Analysez l'organisation du travail des quatre employés relevant de l'autorité de Denise Laramel.

2. Mariette Bélland et Louise Parrenteau

Depuis bientôt un an, Louise Parrenteau est responsable de la perception des comptes clients chez Médée Électronique.

Son mandat à l'embauche était de ramener la période de recouvrement à 30 jours en un an, ce qu'elle est parvenue à faire en l'espace de seulement 8 mois. Mais depuis, la directrice des finances, Mariette Bélland, a reçu de nombreuses plaintes des vendeurs de la compagnie et de plusieurs clients. Le directeur des ventes a même qualifié les méthodes de recouvrement de Mme Parrenteau de coercitives parce qu'elles ont occasionné une baisse des ventes.

Mme Bélland décrit ainsi la situation :

« Louise et moi, nous nous entendons très bien. Nous avions un objectif commun, celui d'augmenter le ratio de liquidité immédiate de l'entreprise. Nous avons réussi ! C'est vrai que

▼

▼

parfois elle bouscule certains clients. Je lui en ai déjà parlé ; je lui ai même donné certains conseils, mais elle ne semble pas en avoir tenu compte. Je ne peux aller plus loin avec elle. Elle est tellement convaincue que c'est la seule façon d'agir. Je vais lui parler à nouveau. La subtilité est de mise en pareilles circonstances. »

Analysez le style de leadership de Mariette Bélland.

3. Les quatre employés de l'entreprise Roselaie

Voici la description de quatre employés concernant le climat de travail à l'entreprise Roselaie :

■ Hélène Maheu : « Je ne suis au courant de rien. On me demande de faire un travail, je le fais, mais je ne sais pas pourquoi je le fais et, le pire, c'est que souvent je ne sais même pas ce que je fais. Il y a deux mois, les patrons ont mis à pied la moitié des employés de mon service sans un mot d'explication ; certains avaient plus de 20 ans d'ancienneté. Puis, ils viennent tous d'être réembauchés. Pour quelle raison ? Selon les patrons, la situation s'est rétablie, mais ils ajoutent qu'ils doivent être prudents, respecter des budgets, réaliser des objectifs de croissance… et patati et patata. »

■ Gilles Tremblay : « On est étroitement surveillés. Les patrons ne nous demandent jamais notre opinion, ils nous donnent des ordres parce qu'ils considèrent que ce sont eux qui pensent, alors que nous, nous devons exécuter. Pourtant, on est très bien placés pour trouver des solutions aux problèmes. Il s'agit de s'asseoir et d'en parler, mais Lamerture, le directeur général de l'entreprise, et son équipe de direction pensent posséder la vérité, alors ils nous ignorent. »

■ Sylvie Laprise : « Je me suis déjà impliquée dans mon travail dans le passé, mais les patrons m'ont tellement déçue. Il faut toujours faire plus avec moins. Notre tâche augmente constamment mais pas le salaire. Ils ne partagent rien avec leurs employés. Alors, souvent, on fait des erreurs et on écope ! Le vase a débordé lorsque j'ai été réprimandée parce que j'avais expédié de la marchandise à un client qui ne réglait pas son compte et qui avait été radié de notre liste de clients, alors que je n'avais pas été avisée par mon superviseur de cette décision. Ce dernier m'a dit que cette information est fournie par le progiciel de gestion intégrée. Mais je ne sais même pas utiliser son fichu progiciel. Ils me découragent. »

■ Robert Petit : « Depuis trois mois, j'ai été muté à quatre postes. Actuellement, je suis le concierge de l'entreprise, mais les patrons disent que je suis à l'accueil. Moi, pour autant que j'aie ma paie, le reste m'importe peu. Pourquoi faire plus lorsqu'on est considéré comme un pion ? Les patrons ne se gênent pas, alors pourquoi me gêner ! »

Analysez le climat de travail de l'entreprise Roselaie en fonction des quatre leviers de la mobilisation du personnel.

NNEXE 1
L'organisation scientifique du travail et les nouvelles formes d'organisation du travail

Deux types d'organisation du travail s'opposent. D'une part, il y a l'organisation scientifique du travail, l'O.S.T. (aussi appelée « organisation traditionnelle du travail »), implantée par Frederic W. Taylor (1856-1915) au début du XXe siècle, qui préconise la **division sociale du travail** entre ceux qui conçoivent et ceux qui exécutent, la **division technique du travail** en tâches simples et chronométrées, et la motivation par la récompense financière. L'organisation scientifique du travail a donné lieu au fordisme (une extension abusive de l'O.S.T.), qui a introduit le travail à la chaîne et les tâches parcellisées, spécialisées et standardisées. D'autre part, il y a les nouvelles formes d'organisation du travail, qui prônent le **partage** par l'enrichissement de la tâche, par les équipes semi-autonomes de travail, par l'approche sociotechnique, par la qualité de vie au travail, etc. Le tableau 5.4 fait ressortir les 10 principales différences entre ces deux types d'organisation du travail.

TABLEAU 5.4
Les différences entre l'organisation scientifique du travail et les nouvelles formes d'organisation du travail

Organisation scientifique du travail	Nouvelles formes d'organisation du travail
Une structure hiérarchique verticale où la direction conçoit le travail des employés qui l'exécutent.	L'employé est responsable, à des degrés divers, de la conception, de l'exécution et du contrôle de son travail.
Une division du travail en tâches d'exécution simples.	L'employé exécute des tâches variées qui lui offrent des défis et qui lui permettent d'utiliser, d'accroître et de diversifier ses compétences.
L'employé est spécialisé et isolé.	L'employé est polyvalent et travaille en collégialité.
Les méthodes de travail sont définies et chronométrées par la direction.	L'employé définit ses propres méthodes de travail.

▼

▼

TABLEAU 5.4
*Les différences entre l'organisation scientifique du travail
et les nouvelles formes d'organisation du travail (suite)*

Organisation scientifique du travail	Nouvelles formes d'organisation du travail
La technologie utilisée impose une cadence et un rythme de travail. L'employé est au service de la technologie.	*La technologie respecte l'employé en faisant appel à son savoir-faire, à son jugement et à sa créativité. La technologie est au service de l'employé.*
L'employé est une ressource à utiliser.	*L'employé a des ressources à développer.*
La motivation par la récompense extrinsèque, spécialement financière.	*La motivation par la mobilisation, c'est-à-dire par le partage de l'information, de la connaissance, du pouvoir, et par la reconnaissance intrinsèque et extrinsèque.*
Le rôle du superviseur est de coordonner et de contrôler l'exécution du travail de ses employés, et son autorité s'appuie sur un pouvoir hiérarchique.	*Le rôle du superviseur est de convaincre l'employé d'adhérer à la culture de l'entreprise, à sa vision globale, à sa mission et à ses objectifs.*
La gestion par fonctions.	*La gestion par processus.*
La gestion centrée sur le bon fonctionnement des fonctions.	*La gestion des processus orientée vers l'approche client.*

ANNEXE 2
Les horaires de travail

Le superviseur peut adapter l'horaire de travail aux besoins de ses employés en choisissant l'un ou l'autre des horaires suivants avec eux :

■ L'**horaire flexible**, qui permet à l'employé d'effectuer son temps de travail en ayant le choix de ses heures d'arrivée, de départ et de repas (plage variable) tout en assurant une présence obligatoire pendant les heures prédéterminées par le superviseur (plage fixe). Cette présence obligatoire est fixée d'après les exigences du travail. Le superviseur prévoit :

– le moyen de vérifier les heures travaillées afin de tenir à jour la feuille de présence ;

– le mode d'utilisation des heures excédentaires, c'est-à-dire comment et quand l'employé dispose des heures travaillées au-delà des heures normales de travail hebdomadaires ;

– le mode de récupération des heures déficitaires, c'est-à-dire comment et quand l'employé récupère les heures de travail qu'il n'a pas effectuées durant la semaine ;

– le calcul des heures supplémentaires, c'est-à-dire au-delà de quelle heure est calculée une heure de travail supplémentaire ;

– le calcul des heures de travail que représentent les jours fériés, les congés autorisés et les vacances ;

EXEMPLE

■ Amplitude : de 7 h 30 à 18 h.

■ Plage variable : de 7 h 30 à 9 h 30 et de 16 h à 18 h.

■ Plage fixe : de 9 h 30 à 11 h 30 et de 13 h 30 à 16 h.

■ Heure de repas variable : de 11 h 30 à 13 h 30.

▼

- L'utilisation des heures excédentaires : l'employé peut utiliser les heures accumulées au-delà de 37,5 heures de travail hebdomadaires pour des activités personnelles, mais il doit être présent durant les plages fixes ; il peut aussi s'en servir pour prolonger d'une semaine ses vacances annuelles.

- La récupération des heures déficitaires pour obtenir 37,5 heures de travail hebdomadaires se fait dans le mois qui suit.

- Le calcul des heures supplémentaires : les heures supplémentaires sont les heures demandées par le superviseur en sus de la plage fixe quotidienne.

- Le calcul des heures non travaillées pour les jours fériés, les congés autorisés et les vacances : 7 heures.

- La **semaine de travail comprimée**, qui permet à l'employé d'effectuer toutes ses heures de travail en moins de cinq jours. Le superviseur doit être prudent dans la gestion de ce type d'horaire. Il doit tenir compte du type d'emploi et du nombre d'heures travaillées par jour ;

EXEMPLE

Dans une fonderie, par exemple, il est déconseillé pour des préposés aux fours de travailler 10 heures par jour. En effet, la fatigue chez ces employés augmente les risques d'accidents.

- Le **temps partagé**, qui permet à deux employés, parfois plus, de partager volontairement un même poste. Le superviseur doit prévoir des moyens de coordonner le travail de ces employés de façon que chacun sache ce que fait l'autre ;

EXEMPLE

Aline Bélanger occupe le poste de préposée au service à la clientèle du lundi au mercredi, et Pierre Chamberland la remplace le jeudi et le vendredi.

- Le **temps partiel permanent**, qui permet à l'employé de travailler un nombre d'heures inférieur à une semaine normale de travail tout en étant considéré comme un employé permanent. Ce type d'horaire permet au superviseur de faire face à un surcroît de travail à des moments précis de la semaine (par exemple, chez les caissiers et les vendeurs).

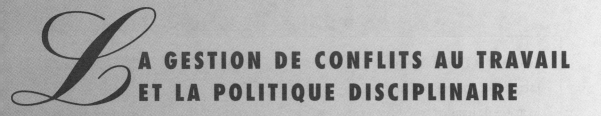

LA GESTION DE CONFLITS AU TRAVAIL ET LA POLITIQUE DISCIPLINAIRE

chapitre 6

▼

INTRODUCTION

Tous les superviseurs souhaitent avoir des employés qui s'investissent dans leur travail, qui sont productifs et coopératifs, et qui adoptent volontairement un comportement adéquat au travail. En d'autres termes, ils veulent éviter d'avoir à diriger des employés à problèmes.

Mais, très vite, ils se rendent compte que, malheureusement, une organisation du travail positive et mobilisatrice (voir le chapitre 5) n'est pas nécessairement le remède à tous les conflits émanant des problèmes personnels des employés dans l'entreprise.

Dans ce chapitre, nous allons apprendre comment un superviseur peut intervenir dans la gestion de situations conflictuelles au travail, et ce, dans le meilleur intérêt de son employé et de son service.

Ainsi, nous mettrons l'accent sur la résolution de problèmes de comportements des employés conformément à l'approche gagnant-gagnant, où tout est mis en œuvre pour gérer positivement et d'une façon constructive les conflits humains au travail.

Mais nous constaterons que, quelle que soit l'approche adoptée, il existera toujours des employés à problèmes. Au chapitre 4, nous avons vu que lorsque l'employé n'améliore pas un rendement inadéquat, le superviseur peut lui imposer une mesure administrative.

Dans ce chapitre, nous traiterons des comportements volontairement déviants et chroniques qui dictent une mesure disciplinaire. Dans pareils cas, le superviseur devra recourir à la politique disciplinaire de l'entreprise pour obliger l'employé qui cause des problèmes à corriger son comportement au travail.

Enfin, nous verrons comment le superviseur peut aider les employés aux prises avec des problèmes personnels qui ont une influence négative sur ses résultats et sur son comportement au travail.

6.1 LA DÉFINITION DU CONFLIT DANS UN MILIEU DE TRAVAIL

Selon les psychologues, un conflit est un désaccord déclaré entre au moins deux personnes qui survient lorsque l'une menace les intérêts de l'autre, l'empêchant ainsi d'atteindre des objectifs et de satisfaire des besoins. Dans un milieu de travail, il y a donc conflit lorsqu'un employé ou une équipe de travail empêche un autre employé ou son superviseur d'atteindre les objectifs de travail dont il est responsable et les normes de rendement qui sont fixées, c'est-à-dire lorsque « des motivations contraires s'opposent » (Adler et Towne, 1998, p. 276). Ainsi, les quatre éléments suivants sont une source potentielle de conflits :

1. Le rendement au travail

L'employé qui n'atteint pas ses objectifs de travail et ses normes de rendement (résultats et comportements au travail) et qui n'utilise pas les méthodes de travail appropriées est en conflit avec son superviseur et s'expose ainsi à des mesures administratives (voir le chapitre 4).

EXEMPLES

- Bertrand Maher fait preuve d'agressivité en ce qui a trait au traitement des plaintes des clients.

- Michèle Paiement n'a pas présenté son rapport de ventes des deux derniers mois.

2. La dynamique de l'équipe de travail

Pour qu'il y ait une dynamique positive de travail, il faut :

- que règnent au sein de l'équipe des **sentiments** de confiance mutuelle, d'ouverture à l'autre et de souci de l'autre, de collaboration et de liberté d'action ;

- qu'il y ait une **interdépendance** positive des membres de l'équipe ;

- que les membres de l'équipe respectent les **normes** de celle-ci, dictant ce qui peut être fait ou ne pas être fait ;

- que des **activités** de travail permettent une interaction entre les membres de l'équipe.

Ainsi, chacune de ces quatre conditions peut être une source de conflits.

EXEMPLES

- L'employé n'accomplit pas les tâches qui lui incombent (la responsabilité individuelle et conjointe envers l'équipe) ou ne coopère pas avec ses collègues pour atteindre l'objectif commun de l'équipe de travail (l'interdépendance positive).

  – John Malovitch reproche à Marielle Boulard de l'empêcher de recouvrer correctement les créances de l'entreprise, car elle ne tient pas à jour les comptes clients.

> — Afin d'en tirer un avantage personnel, Myriam Taillon ne partage pas avec Marc Parent, son collègue de travail, l'information privilégiée qu'elle possède sur un important client.
>
> ■ L'employé vit des problèmes avec son équipe de travail ou avec un membre de l'équipe de travail.
>
> — Denis Nadeau est rejeté par son équipe de travail, car il veut toujours faire plus pour plaire à son superviseur, ce qui va à l'encontre de la norme fixée par son équipe, qui est de faire le minimum.
>
> — L'équipe de travail de Viviane Dejours l'a mise à l'écart, car elle s'absente souvent, violant ainsi la norme d'assiduité acceptée par ses collègues de travail.
>
> — Lili Bélanger et Normand Lafleur ne se parlent pas, car ils se méfient l'un de l'autre.

3. Le comportement au travail volontairement déviant

Un employé adopte un comportement au travail volontairement déviant lorsqu'il contrevient, en toute connaissance de cause, aux règles de comportements à suivre sur les lieux de travail.

EXEMPLES

■ Denise Labrosse fait usage d'un langage vulgaire à l'endroit de ses collègues.

■ Marc Biron fait preuve d'insubordination envers son superviseur.

■ Mireille Lafond conteste l'autorité de son superviseur en l'affrontant en présence de tous les membres de son équipe de travail.

■ L'équipe de travail conteste le leadership de son superviseur en ralentissant le rythme de travail.

4. Le comportement déviant causé par des problèmes personnels

Un employé peut adopter un comportement déviant s'il a des problèmes personnels qui l'empêchent d'accomplir avec succès son travail et de respecter les règles de l'entreprise. Ce thème est abordé à la section 6.7.

EXEMPLES

■ Marc Billodeau s'absente souvent du travail, car il est sujet aux dépressions nerveuses.

■ Léla Valmont vient de divorcer, ce qui explique son irascibilité.

6.2 LES PRINCIPES À OBSERVER AU MOMENT DE LA RÉSOLUTION DES CONFLITS

Pour intervenir efficacement dans la gestion des conflits, le superviseur doit respecter les six principes suivants :

1. Il aborde le conflit d'une façon **constructive**, car il tente de tirer parti du conflit en convertissant la menace en une occasion d'avancer ;

2. Pour tirer parti d'un conflit, le superviseur **fait participer** l'employé (et son équipe de travail) à sa résolution. Il interroge son employé et lui fait connaître sa manière de voir les choses, car tous deux doivent partager les mêmes intérêts afin de déterminer les sources du conflit et de concilier ainsi ce qu'il y a de conciliable ;

3. Le superviseur doit **trouver une solution au conflit**, c'est-à-dire qu'il doit y faire face et tenter de le résoudre en mettant l'employé face à ses responsabilités. Dans cette perspective, il ne doit pas :

   ■ **imposer son point de vue**. Cette attitude peut corriger le comportement de l'employé, mais pas nécessairement la cause du conflit. De plus, la contrainte suscite souvent chez l'employé de la rancune, de l'amertume et du mécontentement. Celui-ci peut même être perçu comme une victime aux yeux de ses collègues ;

   ■ **éviter le problème**. Le superviseur ne règle ni le problème ni le comportement déviant de son employé ; le problème risque même de s'accentuer ;

   ■ **céder devant l'employé fautif**. Céder mine la crédibilité du superviseur ;

   ■ **trouver un compromis**. C'est une solution intéressante, mais peut-on faire un compromis dans un cas de désobéissance, de refus de travailler, d'abandon du poste de travail et d'affrontement ? Certes, non ;

4. Le superviseur aborde le conflit en adoptant une **attitude positive et respectueuse** envers l'employé. Ainsi, il remplace le rapport de force et de rivalité par un rapport de coopération axé sur la recherche de solutions aux divergences. Il remplace le climat de méfiance et d'affrontement par un climat de confiance, d'ouverture d'esprit et de transparence ;

5. Le superviseur **n'essaie pas de changer la personnalité de son employé**. Tout au plus peut-il espérer modifier son comportement. Dans ce chapitre, nous traitons des conflits de besoins et non des conflits de valeurs. Un conflit de valeurs tire son origine de différences de croyances, de morale, d'idéologie, de mœurs, de religion, d'origines sociales, de goûts, etc. Comme aucune entreprise n'est à l'abri des conflits de valeurs, lorsqu'un tel conflit survient, le superviseur doit porter son intervention sur les résultats de travail et le comportement au travail qui découlent de ce conflit. Il tente alors de convertir le conflit de valeurs en conflit de besoins en portant son intervention sur les effets du conflit de valeurs ;

EXEMPLE

Le superviseur n'essaie pas de résoudre un conflit de personnalité entre Jonathan Laberge et André Mammet. Cependant, il s'assure que ce conflit n'a pas de conséquences sur le volume de ventes et sur le climat au sein de l'équipe des vendeurs.

6. Le superviseur gère le règlement du conflit selon l'**approche gagnant-gagnant**, par laquelle la solution satisfait les besoins des personnes impliquées.

6.3 L'APPROCHE GAGNANT-GAGNANT POUR RÉSOUDRE UN CONFLIT

Pour résoudre un conflit selon l'approche gagnant-gagnant, les personnes impliquées dans le conflit discutent, cernent les effets du conflit, s'expliquent, comprennent les besoins et les intérêts de l'autre, négocient et trouvent ensemble des solutions pour résoudre le conflit.

Selon Fisher, Ury et Patton (1991), pour arriver à résoudre un conflit, l'intervention du superviseur doit porter :

- sur le désaccord et non sur la personne. Le superviseur essaie de comprendre la perception qu'a son employé de la réalité et évite d'analyser la situation problématique selon sa propre perception ;

- sur les intérêts en jeu et non sur la prise de position des personnes impliquées dans le conflit. « Pourquoi y a-t-il un conflit ? » est la question à se poser ;

- sur la recherche d'un éventail de solutions acceptables et bénéfiques pour les personnes impliquées, car il ne s'agit pas de gagner ou de perdre mais d'arriver à ce que ces personnes s'estiment satisfaites ;

- sur des critères (et des faits) objectifs pour justifier les propositions et pour évaluer les solutions envisagées.

6.4 LE PROCESSUS DE RÉSOLUTION DE CONFLITS

Le processus de résolution de conflits donne la possibilité au superviseur d'inciter son employé à améliorer son comportement au travail en lui indiquant :

- son insatisfaction en ce qui a trait à son comportement ;

- ses attentes en la matière ;

- qu'il doit s'améliorer ;

- ce qu'il doit améliorer ;

- comment il peut s'améliorer.

Cette approche dite positive consiste à responsabiliser l'employé en l'obligeant à assumer la responsabilité de ses actions et à en subir les conséquences. Ainsi, l'employé évitera de s'absenter de son travail non pas pour obéir à une directive, mais parce qu'il est conscient de l'importance de sa présence au travail.

L'approche positive est une approche préventive qui prépare l'avenir. Lorsque le superviseur décide d'adopter une telle approche, il doit toutefois :

■ s'assurer que cette philosophie de gestion correspond à ses croyances et à ses valeurs et être convaincu que la coopération et l'encouragement donnent de meilleurs résultats que la punition, laquelle est absente dans cette approche. Ainsi, lorsque le superviseur suspend un employé dont le comportement est déviant, le contrevenant reçoit un congé payé pour réfléchir à sa volonté de respecter les directives et, surtout, de continuer à travailler pour l'entreprise ;

■ être persuadé que ses employés sont capables d'assumer des responsabilités et de prendre des décisions (le degré de maturité professionnelle ; voir le chapitre 5) ;

■ obtenir l'appui de ses supérieurs et de la direction de l'entreprise.

Huit étapes sont à suivre au cours d'un processus de résolution de conflits :

1. La préparation

Le superviseur recueille les renseignements sur les actes reprochés à l'employé, sur les circonstances entourant l'événement et sur les faits objectifs se rapportant au conflit. Il se pose alors les questions suivantes :

■ Qu'est-ce qui est reproché à l'employé ?

■ Quand a eu lieu l'incident ?

■ Dans quelles circonstances est-ce arrivé ?

■ Quelles sont les causes possibles du problème ?

■ Qui est impliqué dans le problème ?

■ Quels sont les renseignements contenus dans le dossier disciplinaire de l'employé ?

EXEMPLES

Le cas de Julien Labrecque

Julien Labrecque est un jeune mécanicien travaillant au garage Unital depuis un mois. Son superviseur a constaté qu'il ne range pas ses outils à la fin de son quart de travail.

Le cas de Jean Desbiens

Jean Desbiens est responsable de la perception des comptes clients. Il travaille depuis cinq ans pour l'entreprise Back inc. Son dossier disciplinaire est vierge et son rendement est satisfaisant. De plus, il a toujours été ponctuel. Toutefois, depuis trois semaines, il est en retard d'une demi-heure tous les lundis.

---

2. La convocation de l'employé à la rencontre de résolution du conflit

Une fois les données recueillies, le superviseur convoque l'employé à une rencontre au cours de laquelle :

- il lui présente et lui décrit l'acte ou le comportement reproché. Le superviseur porte son intervention sur des faits de travail plutôt que sur la personnalité de l'employé ;

- il apporte des précisions sur les règles et les attentes de l'entreprise en la matière ;

- il lui explique les enjeux concernant le problème et les conséquences de ses actes ;

- il lui explique la raison pour laquelle il doit corriger ses lacunes.

EXEMPLES

Le cas de Julien Labrecque (*suite*)

Le superviseur convoque Julien Labrecque et lui parle en ces termes : « J'ai remarqué que vous ne rangez pas vos outils à la fin de votre quart de travail (la description objective du comportement reproché). Par souci d'efficacité et de sécurité, il est très important de ranger vos outils après les avoir utilisés (la clarification des règles). Si vous le voulez bien, nous allons essayer de trouver une solution ensemble. » Il ne doit pas lui dire : « Vous êtes désordonné, c'est inacceptable : il va falloir que vous vous ramassiez, et ça presse ! »

Le cas de Jean Desbiens (*suite*)

Le superviseur convoque Jean Desbiens dans son bureau et lui dit : « C'est le troisième lundi que vous arrivez en retard d'une demi-heure, ce mois-ci (la description objective du comportement reproché). Vous savez que notre directive sur la ponctualité est très stricte (la clarification des règles). Je crains que vos retards ne donnent le mauvais exemple aux autres employés (l'explication des conséquences des actes). J'ai aussi remarqué que vous ne faites pas les dépôts bancaires à 10 h le lundi, comme il se doit (la description objective du comportement reproché). Pouvez-vous m'expliquer ce qui se passe ? »

3. L'écoute

Le superviseur écoute d'une façon empathique la version des faits de l'employé. Comme nous l'avons vu au chapitre 4, il doit se garder de réagir de façon émotive. Il prend un certain recul pour rester objectif. Pour ce faire, il porte son attention sur des faits observés et non sur la personnalité de l'employé, car il essaie de trouver une solution à un problème et non de changer la personnalité de l'employé.

Il essaie de comprendre le pourquoi du comportement déviant. Aussi en discute-t-il franchement avec son employé dans un climat d'entraide. Parfois, l'employé n'est pas la seule source du problème. Certains facteurs indépendants de sa volonté peuvent influer sur son rendement.

En laissant les employés s'exprimer librement, le superviseur peut apprendre des choses intéressantes sur ce qui se passe dans le milieu de travail.

EXEMPLES

Le cas de Julien Labrecque (*suite*)

Julien Labrecque pourrait répliquer à son superviseur : « Moi, je range toujours mes outils. Ce sont mes collègues qui les laissent traîner après me les avoir empruntés. »

Le cas de Jean Desbiens (*suite*)

Jean Desbiens pourrait justifier ses retards en disant : « J'ai acheté un chalet à Sainte-Béatrix, il y a un mois. J'y passe toutes mes fins de semaine. Le lundi matin, la circulation est très dense sur les autoroutes ! »

La rencontre de résolution du conflit peut être menée selon la technique directive ou la technique non directive. La différence entre ces deux techniques réside dans le rôle du superviseur. S'il adopte la technique directive, le superviseur dirige l'entretien de façon à traiter le problème à la place de l'employé ; s'il applique la technique non directive, il aide l'employé à prendre en charge son propre problème.

■ **La technique directive.** En appliquant la technique directive, le superviseur prend en charge le problème de son employé. Il posera des questions précises afin de recueillir de l'information, d'explorer certains aspects de l'entretien, de connaître le point de vue de l'employé sur des sujets particuliers, de choisir les thèmes de l'entretien et de le diriger vers un but précis. Par exemple, les questions posées pourraient être du type suivant :

– « Pouvez-vous me parler de vos difficultés à travailler avec votre logiciel ? »

– « Comment, d'après vous, pourrions-nous résoudre le problème ? »

– « Quelle importance accordez-vous aux normes de sécurité ? »

■ **La technique non directive.** La technique non directive, qui découle d'une approche humaniste beaucoup plus large, a été mise au point par Carl Rogers. Elle consiste à **aider l'employé à exprimer ses sentiments et à trouver lui-même la solution de son problème**.

Cette technique permet de reformuler d'une façon sélective ce qui a été dit par l'employé afin de l'aider à cerner et à exprimer ses sentiments et ses émotions. Le superviseur amène ainsi l'employé à se dévoiler, à s'exprimer et à expliquer son comportement. Il s'intéresse à ce que l'employé a voulu dire ou ne pas dire. Voici un exemple d'entretien non directif :

L'employé : « Ce n'est pas facile de travailler avec Jean-Marie ! »

Le superviseur : « Jean-Marie vous empêche de travailler ? »

L'employé : « Non, mais il veut toujours m'aider ! »

Le superviseur : « Et ce serait plus facile pour vous s'il ne vous aidait pas ? »

L'employé : « Oui et non. J'aimerais mieux qu'il m'aide seulement quand je le lui demande ! »

Le superviseur : « Vous apprécieriez plus son aide si vous la souhaitiez ? »

L'employé : « Oh oui ! mais je ne sais pas comment le lui dire. »

Le superviseur : « Vous aimeriez trouver un moyen de le lui dire sans le vexer ? »

Au cours de la rencontre d'évaluation, le superviseur peut alterner l'utilisation des deux techniques. L'ordre dans lequel elles seront utilisées dépendra de leurs caractéristiques respectives et de la possibilité qu'elles offriront d'atteindre l'objectif de la rencontre. La capacité de confronter les autres à leurs sentiments et de reformuler ces sentiments n'est pas donnée à tous. Dans ce domaine, la formation et l'expérience sont souvent indispensables. Le tableau 6.1 résume les particularités des deux techniques.

TABLEAU 6.1
Les particularités de la technique directive et de la technique non directive

Particularités de la technique directive — Technique centrée sur le problème	Particularités de la technique non directive — Technique centrée sur l'employé
Le superviseur :	Le superviseur :
■ cherche de l'information sur le problème et pose des questions directes et précises ;	■ cherche de l'information sur la façon dont l'employé vit son problème ;
■ cherche à résoudre le problème à la place de l'employé ;	■ s'intéresse à la façon dont l'employé aborde son problème ;
■ intervient souvent et directement. La technique est directive lorsque le superviseur intervient dans la discussion cinq à six fois plus souvent que son employé. Ce dernier réagit alors aux interventions de son superviseur ;	■ intervient très peu dans la discussion. La technique est non directive lorsque le superviseur cherche à comprendre son employé ;
■ contrôle le fil conducteur de la discussion. Il indique l'objectif de la discussion et n'en dévie pas ;	■ cherche le fil conducteur de la discussion. Il décode le dit et le non-dit de son employé ;
■ trouve les causes du problème. Il diagnostique le problème et en détermine les causes ;	■ amène l'employé à reconnaître les causes de son problème. Il facilite alors la résolution du problème ;
■ propose des solutions au problème. Il soumet à son employé des voies de solution au problème.	■ guide l'employé vers la solution du problème. Il le responsabilise et l'aide à participer à la solution.

4. La recherche de solutions

Le superviseur et l'employé explorent ensemble des solutions pour résoudre le conflit. Toutefois, la réussite de cet exercice d'échange dépend de la maturité professionnelle de l'employé. Ce dernier a-t-il les capacités et la volonté de trouver une solution ? Le superviseur doit-il, comme nous l'avons vu au chapitre 5, diriger son employé, le persuader, le faire participer ou lui déléguer la responsabilité de la résolution du conflit ?

Quel que soit le degré de maturité de son employé, le superviseur cherche avec lui, dans un climat de confiance et de coopération, des moyens pratiques pour corriger la situation le plus tôt possible.

EXEMPLES

Le cas de Julien Labrecque (*suite*)

Le superviseur, à Julien Labrecque : « Il faudra que vous fassiez rapidement comprendre à vos compagnons qu'ils doivent ranger les outils qu'ils vous empruntent. »

Le cas de Jean Desbiens (*suite*)

Le superviseur : « Écoutez, Jean, je comprends que vous souhaitez profiter de votre chalet. N'oubliez pas, cependant, que vous avez aussi des responsabilités envers nous. Ne pourriez-vous pas quitter votre chalet plus tôt, le lundi matin, ou revenir le dimanche soir ? »

Jean Desbiens : « Plus tôt, je ne peux pas. Le lundi, je dois conduire mon fils à l'école et il n'y a pas de surveillant avant 8 h 15. Si l'on quitte le chalet le dimanche soir, on se couchera tard et on sera fatigués le lendemain matin. De toute façon, mon retard ne dérange personne ; je fais le dépôt à 10 h 30 au lieu de 10 h. Quelqu'un s'est-il plaint ? »

5. Le choix de la solution

Le superviseur et l'employé choisissent ensemble la façon de résoudre le problème. La solution envisagée doit pouvoir susciter un comportement positif chez l'employé, donc porter sur l'avenir.

EXEMPLES

Le cas de Julien Labrecque (*suite*)

Julien Labrecque pourrait avancer qu'il ne peut pas refuser d'aider ses compagnons étant donné qu'ils sont ses aînés et qu'ils lui ont appris son métier.

Le superviseur pourrait alors ajouter : « Ils ne vous aident cependant pas à respecter les normes de sécurité. Voulez-vous que je leur en parle ? »

Julien Labrecque : « Surtout pas, ils vont m'accuser de vouloir les dénoncer. »

▼

▼

Le superviseur : « Qu'est-ce qu'on peut faire pour trouver une solution ? »

Julien Labrecque : « J'en parlerai à Alain, puisque c'est lui qui m'emprunte le plus souvent mes outils. »

Le cas de Jean Desbiens (*suite*)

Le superviseur : « Vous savez, Jean, que je ne peux pas accorder de passe-droits. Il faut régler cette situation avant qu'elle ne se détériore. C'est vrai que le fait de commencer à 8 h 30 au lieu de 8 h ne dérange pas votre travail. Pourtant, vous comprenez que vous décidez unilatéralement de changer votre horaire de travail. S'il fallait que tous les employés agissent ainsi, on n'en finirait plus ! Il faut trouver une solution ! »

Jean Desbiens : « C'est simple et j'y ai déjà pensé. Les lundis, lorsque je suis en retard, je pourrais travailler de 8 h 30 à 17 h au lieu de 8 h à 16 h. Ça vous va ? »

Le superviseur : « Hum ! c'est intéressant ! Vous pourrez ainsi préparer vos dépôts le lundi soir au lieu du mardi matin. De cette façon, vous gagnerez du temps le mardi. C'est intéressant ! »

6. Le résumé de la rencontre

Le superviseur résume la discussion, s'assure que l'employé a bien compris ce qu'on attend de lui et fixe une prochaine rencontre pour réévaluer la situation qui pose problème.

EXEMPLES

Le cas de Julien Labrecque (*suite*)

Le superviseur : « Vous pourrez expliquer à Alain que c'est important que vos outils soient rangés à leur place, car c'est vous qui subissez les conséquences de ce manquement aux règles de sécurité. »

Julien Labrecque : « Oui, on verra bien ! »

Le superviseur : « Essayez et nous nous en reparlerons le 27 août. Qu'en pensez-vous ? »

Julien Labrecque : « J'essaierai. »

Le cas de Jean Desbiens (*suite*)

Le superviseur : « Vous me demandez donc de réaménager votre horaire du lundi. Vous travaillerez de 8 h 30 à 17 h. Vous préparerez vos dépôts le lundi soir. Il va de soi que vous vous engagez à ne plus être en retard. Bon, nous allons essayer ça pendant un mois et nous pourrons réévaluer la situation. »

7. La consignation des ententes

Le superviseur prend en note toutes les données du problème, la version de l'employé, la solution envisagée, les dates, les témoins, etc. Il est important de consigner tout ce qui s'est dit. Ces notes pourront servir plus tard si le problème se complique et qu'un grief doit être tranché par un arbitre ou un juge.

Le cas de Julien Labrecque (*suite*)

Le superviseur a noté que les 12, 13 et 16 juillet 200X, Julien Labrecque n'avait pas rangé ses outils à la fin de ses quarts de travail. Pour sa défense, celui-ci a allégué que c'est son collègue Alain Patenaude qui en était la cause et qu'il allait résoudre le problème avec lui. Prochaine rencontre : le 27 août 200X.

Le cas de Jean Desbiens (*suite*)

Le superviseur a noté que Jean Desbiens était arrivé en retard de 30 minutes les lundis 6, 13 et 20 janvier 200X. La raison invoquée : les embouteillages sur l'autoroute quand il revient de son chalet.

Il a aussi noté qu'ils se sont entendus sur les points suivants au cours d'une rencontre le 20 janvier 200X :

- L'horaire du lundi sera de 8 h 30 à 17 h au lieu de 8 h à 16 h ;
- Les dépôts du mardi seront préparés le lundi, avant 17 h ;
- L'employé s'engage à ne plus arriver en retard ;
- Cette décision sera réévaluée le 17 février 200X.

8. Le suivi des ententes

Le suivi des ententes est très important dans l'application de la solution. Dans un but de renforcement positif, le supérieur doit fournir à l'employé une rétroaction sur ses efforts à vouloir adopter un comportement positif.

6.5 LA POLITIQUE DISCIPLINAIRE

Lorsque le processus de résolution de conflits ne donne pas les résultats escomptés et que l'employé persiste, en toute connaissance de cause et d'une façon chronique, à contrevenir aux règles de comportement à suivre sur les lieux du travail, le superviseur doit alors intervenir en conformité avec la politique disciplinaire de l'entreprise afin de pénaliser les manquements volontaires du salarié et d'assurer sa réhabilitation.

Les retards, les absences volontaires et répétées, les pauses-café prolongées, la désobéissance, le vol, l'insubordination, les ralentissements de travail et les bris de matériel sont des comportements volontairement déviants qui demandent une intervention immédiate du superviseur.

Par ailleurs, certains comportements, tels que la violence (physique, morale et sexuelle ; voir l'annexe 1), l'usage de drogue sur les lieux de travail et le racisme, dictent l'application du principe de la *tolérance zéro*. Le superviseur doit alors intervenir immédiatement dès qu'il apprend qu'un de ses employés adopte de tels comportements déviants.

La politique disciplinaire de l'entreprise élaborée par la direction de l'entreprise (en collaboration avec le service du personnel, s'il y en a un) est largement diffusée auprès des employés avant d'être mise en application. Elle comprend les éléments suivants :

- Les objectifs poursuivis par la politique disciplinaire. Celle-ci :
    - responsabilise l'employé ;
    - oriente l'employé vers la solution désirée ;
    - encourage l'employé à avoir le bon comportement ;
    - vise la résolution du problème d'un comportement déviant avec la collaboration de l'employé.

- L'énumération (à titre indicatif) des comportements au travail que l'on demande aux employés d'adopter ;

EXEMPLE

L'assiduité, la ponctualité, le respect des biens et des personnes, etc.

- Les manquements qui commandent une mesure disciplinaire ;

EXEMPLE

Le langage vulgaire, les absences et les retards répétés non justifiés et non autorisés, etc.

- Les mesures disciplinaires qui peuvent être appliquées ;

EXEMPLE

Une rencontre avec le superviseur, une note au dossier, une suspension, un congédiement, etc.

- Les modalités d'application des mesures disciplinaires ;

EXEMPLE

Qui applique la mesure disciplinaire ? Quels sont les délais de prescription ? De quelles circonstances faut-il tenir compte ?

■ La procédure d'appel.

EXEMPLE

L'employé peut faire appel de la mesure disciplinaire imposée par le superviseur auprès du directeur du personnel de l'entreprise.

6.6 LES PRINCIPES À OBSERVER DANS L'APPLICATION D'UNE MESURE DISCIPLINAIRE

Le superviseur respecte les huit principes suivants dans l'application de la mesure disciplinaire :

1. Les comportements de travail escomptés, les attentes et les règlements disciplinaires sont raisonnablement associés à une gestion efficace et sécuritaire des activités de l'entreprise. Par exemple :

    ■ La première responsabilité de l'employé, qui consiste à faire preuve de ponctualité, est un règlement raisonnablement associé à une gestion efficace des activités de l'entreprise ;

    ■ Le port obligatoire de lunettes protectrices est un règlement raisonnablement associé à une gestion sécuritaire des activités de l'entreprise ;

    ■ Le port obligatoire d'un t-shirt n'est pas un règlement raisonnablement associé à la gestion efficace et sécuritaire des activités de l'entreprise.

    Si l'employé considère que l'ordre ou le règlement de l'employeur n'est pas raisonnablement associé à une gestion efficace et sécuritaire des activités de l'entreprise, il doit malgré tout obéir et porter plainte par la suite. Néanmoins, s'il considère que cet ordre est une atteinte sérieuse et immédiate à sa dignité, à son intégrité et à sa sécurité, il peut désobéir en alléguant le fait que cet ordre est contraire à l'ordre public, aux bonnes mœurs ou à la loi (voir la section 9.2.1 du chapitre 9 portant sur l'obligation d'obéissance de l'employé).

2. Les conséquences des actes et des comportements déviants sont diffusées dans l'entreprise d'une façon claire et précise et elles sont connues par tous les employés. Par exemple : « Quiconque s'absente sans y être autorisé par son superviseur sera suspendu sans salaire. »

    Cependant, il n'est pas indispensable que l'employeur énumère les conséquences de certains comportements déviants jugés contraires à la loi, aux bonnes mœurs et à l'ordre public tels que la désobéissance, le harcèlement sexuel et psychologique, la violence physique et toute autre attitude ou tout comportement inadmissible entre membres du personnel, la consommation de drogue et d'alcool sur les lieux de travail, etc.

3. Avant d'imposer une mesure disciplinaire, le superviseur effectue une enquête objective et juste afin de prouver la faute de l'employé.

En ce qui a trait à l'enquête, trois principes fondamentaux de justice naturelle dans un processus démocratique doivent être respectés :

- L'employé a le droit de savoir ce qui lui est reproché. Le superviseur décrit à l'employé l'acte ou le comportement non conforme à ses attentes ;

- L'employé a le droit de se faire entendre. Le superviseur donne la possibilité à l'employé de donner sa version des faits ;

- L'employé a droit à une défense pleine et entière. Le superviseur ne cache aucun élément de preuve ou aucune information à l'employé ou à son représentant syndical. À leur demande, il leur facilite la consultation de tous les documents pertinents à la plainte.

En ce qui a trait au degré de la preuve, la jurisprudence nous indique qu'en matière disciplinaire et surtout de congédiement, la norme de la preuve requise est celle qui s'applique en matière civile, c'est-à-dire celle de la **prépondérance de la preuve** (où le demandeur présente au tribunal la preuve la plus véridique, la plus probable et la plus plausible) mais à un degré plus élevé. Le degré de la preuve varie en fonction de chaque type de situation.

Ainsi, le superviseur doit prouver d'une façon **nettement prépondérante**, c'est-à-dire d'une façon particulièrement claire et convaincante, que l'employé est fautif et qu'il mérite la mesure disciplinaire imposée. Ainsi, le degré de la preuve exigé est plus élevé qu'en droit civil mais moins élevé qu'en droit criminel.

Cette preuve peut être :

- directe : **documentaire**, **testimoniale** (déclaration d'un témoin, d'un expert, aveu de l'employé, etc.) et **matérielle** (vidéo, enregistrement téléphonique, etc.). Bien que cette preuve puisse être considérée comme une atteinte à la vie privée de l'employé selon l'article 5 de la *Charte des droits et libertés de la personne* et l'article 2058 du *Code civil du Québec,* il ne faut pas automatiquement la rejeter, car la jurisprudence nous indique qu'elle est recevable si elle est crédible ;

- indirecte : **présomption des faits**. À partir d'un fait connu, on déduit l'existence d'un autre fait sans pouvoir le prouver. Par exemple, Alfred accuse Claude de lui avoir cassé le nez dans la salle de bains de l'entreprise. Georges témoigne de ce qui suit : « Oui, je les ai vus sortir de la salle de bains. Alfred avait le visage en sang. J'ai entendu Claude lui dire qu'il espérait bien que ce dernier avait compris. »

  Un autre type de preuve indirecte est le **ouï-dire**. Georges témoigne de ce qui suit : « Alfred m'a dit que Claude lui a cassé le nez. » La preuve indirecte est une preuve faible et difficile à faire accepter ; elle est donc à éviter.

Compte tenu de la complexité des nuances à établir entre les différents degrés de la preuve, il est fortement conseillé de consulter un avocat pour avoir un avis juridique complet sur le sujet.

4. La mesure disciplinaire est appliquée de façon uniforme, constante et prévisible, c'est-à-dire qu'elle sera la même pour tous les comportements déviants similaires, et ce, sans aucune discrimination et iniquité. Par exemple, l'employé ne devrait pas être en

mesure de dire à son superviseur : « Vous n'avez pas le droit de couper ma paie, je suis arrivé en retard la semaine passée et vous ne m'avez pas pénalisé. Et puis, comment ça se fait que vous ne coupez jamais la paie de Pierre ? Il est toujours en retard, lui. »

5. La mesure disciplinaire est imposée à l'intérieur du délai prévu à la convention collective ou, selon le cas, à l'intérieur d'un délai raisonnable après l'accomplissement de l'acte répréhensible. Il ne doit donc pas s'écouler des mois entre l'infraction et l'application d'une mesure disciplinaire. Par exemple, le superviseur ne devrait pas dire : « Marie, il y a trois mois, vous avez été en retard une fois et vous avez quitté votre poste 10 minutes avant la fin de votre horaire de travail. »

6. Le superviseur suit une certaine gradation dans les mesures disciplinaires. Une mesure progressive est une mesure dont la sévérité s'accroît avec la fréquence et la gravité de l'infraction. Par exemple :

    ■ Premier avertissement verbal. Le superviseur souligne le comportement déviant et avise l'employé que, dans le cas de récidive dans le mois qui suit, la sanction sera plus sévère ;

    ■ Deuxième avertissement écrit avec note au dossier. Le superviseur souligne la récidive et avise l'employé que, dans le cas de récidive dans le mois qui suit, la sanction sera plus sévère ;

    ■ Troisième avertissement écrit avec note au dossier. Le superviseur souligne la récidive et avise l'employé que, dans le cas de récidive dans le mois qui suit, la sanction sera plus sévère ;

    ■ Suspension d'une journée avec salaire. Le superviseur souligne la récidive et avise l'employé que, dans le cas de récidive dans le mois qui suit, la sanction sera plus sévère ;

    ■ Suspension d'une semaine sans salaire. Le superviseur souligne la récidive et avise l'employé que, dans le cas de récidive dans le mois qui suit, la sanction sera plus sévère ;

    ■ Dans le cas de récidive, le superviseur imposera une suspension prolongée sans salaire ;

    ■ Dans le cas de récidive, l'employé sera congédié.

7. La mesure disciplinaire est proportionnelle à la gravité de la faute reprochée. Ainsi, un retard de 15 minutes ne sera pas puni de la même façon que le vol d'un bien appartenant à l'employeur. Par exemple, on ne congédie pas un employé pour un retard de cinq minutes, mais on peut le congédier pour trois absences non autorisées et six retards injustifiés au cours du mois.

8. Le superviseur tient compte de l'ensemble des circonstances entourant le comportement reproché. Cependant, le plus difficile est de déterminer les circonstances qu'il faut prendre en compte. Par exemple, la provocation de la part du superviseur, l'absence de dossier disciplinaire de l'employé et ses problèmes personnels viennent atténuer la sévérité de la mesure disciplinaire.

En résumé, la mesure disciplinaire ne doit pas être discriminatoire, abusive, déraisonnable ou arbitraire.

6.7 LES CONFLITS DÉCOULANT DE PROBLÈMES PERSONNELS

Les problèmes psychologiques, d'alcool, de drogue, de surconsommation de médicaments, de dépression ou d'épuisement professionnel ne peuvent être abordés par des superviseurs qui ne possèdent pas la formation requise pour gérer ce type de problèmes.

Dans ces circonstances, le superviseur sera bien inspiré d'adresser l'employé à des spécialistes. Du reste, bon nombre d'entreprises ont mis en place un programme d'aide aux employés, dont le but principal est d'aider l'employé à s'adapter à la situation qui pose des problèmes. C'est ce que nous appelons le *counseling* d'adaptation.

6.7.1 LE STRESS EXCESSIF AU TRAVAIL

Autant les pratiques de gestion peuvent être des leviers de mobilisation, autant elles peuvent être aussi des facteurs de stress excessif pouvant affecter la santé physique et mentale des employés, leur bien-être psychologique et leur motivation.

Ainsi, une charge mentale, physique ou émotionnelle insuffisante ou trop grande (par exemple, le manque ou l'excès de responsabilités, de défis ou d'exigences au travail, etc.), l'isolement, les conflits de rôles, le déséquilibre entre les responsabilités et l'autorité, le manque de temps ou de ressources pour l'exécution d'un travail, le manque de reconnaissance, de récompenses, de formation, de communication, de mesures de prévention en matière de sécurité au travail, de respect et de contrôle sur l'organisation du travail, le harcèlement, la discrimination, etc., peuvent être la cause d'un stress excessif chez certains travailleurs.

Un tel milieu de travail constitue alors une menace en ce qui concerne la santé mentale et physique de plusieurs travailleurs lorsque ceux-ci ne peuvent pas répondre adéquatement à la tension que créent en eux ces facteurs de stress excessif. La figure 6.1 présente un modèle illustrant les sources de stress excessif au travail.

En règle générale, nous pouvons dire que l'employé vit un stress excessif lorsqu'il ne peut pas contrôler d'une façon appropriée les exigences de son travail (Karasak et Theorell, 1990) ou lorsqu'il considère que ses efforts pour répondre aux exigences de son travail ne sont pas récompensés adéquatement par l'entreprise (Siegrist, 1996). Ce niveau de stress peut être accentué par le stress que l'employé vit à la maison ou atténué grâce à un soutien social ou grâce à ses caractéristiques personnelles et professionnelles lui permettant de faire face aux facteurs de stress excessif.

Ainsi, la capacité de s'adapter et de répondre aux exigences de l'organisation du travail varie en fonction de chacun des individus. Chacun a un seuil de tolérance au stress excessif qu'il ne peut dépasser qu'en en payant le prix. Selon leurs attitudes et leurs attentes par rapport à leur travail, leur vision de la vie, leur personnalité, leur perception de la réalité, leur état de santé physique et mentale, leurs caractéristiques démographiques et leur milieu familial et social, les travailleurs réagissent différemment aux facteurs stressants ; en effet, ce qui est excessivement stressant pour l'un ne le sera pas nécessairement pour l'autre. Le stress excessif découle donc de la relation que le travailleur entretient avec son environnement de travail et, surtout, de la façon dont il vit et subit cette relation.

EXEMPLE

Un travailleur, chef de famille monoparentale de 40 ans ayant trois enfants à charge, introverti, perfectionniste, incapable de déléguer son pouvoir, sans expérience dans la gestion de projet et souffrant d'hypertension artérielle pourrait vivre difficilement la responsabilité de mettre en place un système de gestion intégrée de la qualité.

FIGURE 6.1
Le modèle de stress excessif au travail

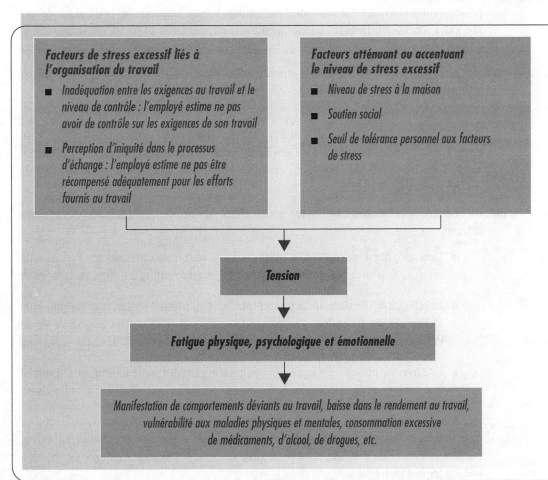

Une source de stress excessif devient problématique à partir du moment où l'individu persiste à la subir malgré les difficultés qu'il éprouve. Pour parvenir à vivre une telle situation, il doit alors fournir un effort physique et psychologique supplémentaire.

Toutefois, aucun être humain ne peut supporter une pression ou une tension continuelle sans finir par ressentir une fatigue physique, psychologique et émotionnelle.

La fatigue est le premier signe avertissant le travailleur qu'il doit cesser de dépenser excessivement son énergie, et prendre du repos.

Si le travailleur néglige de tenir compte de ce signal d'alarme, il pourra se manifester des symptômes physiques tels que des migraines, des nausées, des douleurs musculaires, de l'hypertension artérielle, de l'insomnie, des étourdissements, des palpitations, des rhumes répétés, de l'asthme ou des problèmes cardiaques. À cette liste s'ajouteront des symptômes psychologiques tels que l'anxiété, le désabusement, un sentiment d'impuissance, l'irritabilité et une attitude négative par rapport au travail, qui se traduira par un comportement déviant (absentéisme répété, agressivité, insubordination, etc.), par une baisse du rendement au travail, etc.

Le superviseur doit savoir que les sources de stress excessif au travail peuvent être l'élément déclencheur d'un épuisement professionnel. L'employé qui souffre d'épuisement professionnel a tendance à ressentir une grande fatigue physique et psychologique par rapport à son travail. Dans un tel état, son bien-être mental et physique est sérieusement compromis.

Aussi, une façon de prévenir le stress excessif au travail est de s'assurer que l'organisation du travail respecte certaines des caractéristiques définies au chapitre 5.

On peut aussi prévoir d'autres types d'interventions qui se rattachent davantage aux effets qu'aux causes. Ainsi, le superviseur peut aider un employé souffrant de stress excessif en lui faisant **prendre conscience de son problème**. Généralement, l'employé est tellement préoccupé par son travail et par ses tentatives de s'y adapter qu'il ne prend pas le temps de comprendre ce qui lui arrive.

L'employé peut combattre lui-même les effets du stress excessif à l'aide des moyens suivants :

- L'exercice physique régulier (la pratique d'une activité sportive adaptée à son état de santé, trois heures par semaine, par exemple), qui minimise les effets de la fatigue ;

- La relaxation, qui diminue la tension physique et psychologique. Il existe plusieurs techniques de relaxation. L'employé devra choisir celle qui lui permettra de se défendre contre les effets de la tension, de faire le vide et de se détendre ;

- Une hygiène personnelle équilibrée, tant sur le plan de l'alimentation et du sommeil que sur le plan émotif. L'individu qui vit un stress excessif doit éviter tous les abus.

Pour prévenir les problèmes dus au stress excessif, il est important que l'employé réfléchisse à sa situation et s'interroge sur le temps qu'il consacre à son travail. En outre, il adoptera un mode de vie qui protège sa santé mentale et physique tout en contribuant à son rendement au travail.

6.7.2 LA TOXICOMANIE EN MILIEU DE TRAVAIL

Le superviseur doit intervenir immédiatement et avec fermeté dès qu'il apprend qu'un employé consomme des drogues ou de l'alcool sur les lieux de travail. Notons que la jurisprudence québécoise et la *Charte canadienne des droits de la personne* reconnaissent l'alcoolisme comme une maladie. Par conséquent, le superviseur et l'entreprise doivent venir en aide à un employé aux prises avec ce problème avant de lui imposer des mesures disciplinaires punitives.

De nombreuses études sur le sujet ont démontré que la toxicomanie en milieu de travail a une portée économique et sociale importante : elle diminue le rendement de l'employé, accroît les risques d'accidents de travail, est la source de dissensions entre les employés et entraîne l'augmentation des délits et des vols à l'intérieur de l'entreprise. De plus, l'usage de drogues en milieu de travail peut donner lieu à un trafic de stupéfiants *intra-muros* qui ne doit être toléré sous aucun prétexte. Il importe que le superviseur ne ferme pas les yeux sur cette situation. Il doit déceler rapidement les problèmes de comportement associés à la toxicomanie. Cette opération comporte trois étapes :

1. La reconnaissance de l'employé éprouvant un problème

Le superviseur peut reconnaître l'employé qui éprouve un problème à l'aide de certains indices et **non à l'aide de tests de dépistage des drogues et de l'alcool effectués au hasard**, car la jurisprudence québécoise ne permet une telle pratique que lorsque l'employé occupe un poste à sécurité inhérente, c'est-à-dire lorsque ses facultés affaiblies peuvent causer un préjudice à autrui. Par ailleurs, les entreprises qui relèvent de la compétence fédérale (voir le chapitre 9, section 9.2.2) doivent tenir compte de la politique révisée de la Commission canadienne des droits de la personne sur le dépistage des drogues et de l'alcool[1], qui juge inacceptables, en vertu de la *Loi canadienne sur les droits de la personne*, les tests de dépistage des drogues et de l'alcool préalables à l'emploi et ceux effectués au hasard auprès des employés qui n'occupent pas un poste critique pour la sécurité, c'est-à-dire un poste où l'altération des facultés attribuable à la consommation de drogues ou d'alcool pourrait présenter un risque important et direct d'accident pour l'employé, d'autres personnes ou l'environnement.

Au moment de l'interprétation des indices d'une présumée consommation de drogues, le superviseur doit **faire preuve d'une extrême prudence**. En effet, certains indices peuvent être attribués à d'autres causes ou à des maladies qui ne sont aucunement reliées à la toxicomanie. Néanmoins, les indices suivants révèlent généralement un problème de toxicomanie[2].

---

1.   Pour en savoir plus sur cette politique, consultez le site Web suivant : <www.chrc-ccdp.ca>.

2.   Pour plus de détails à ce sujet, consultez le site Web suivant : <www.cept.lu/site/alc_trav.pdf>.

- L'absentéisme, surtout les lundis, les lendemains de jours de paie et de jours fériés ;

- Les retards au poste de travail, les départs avant l'heure prévue, les pauses-café prolongées, les absences fréquentes du poste de travail ;

- Un taux de fréquence et un indice de gravité des accidents de travail plus élevés que la moyenne ;

- Une baisse de productivité à certaines périodes ;

- Un comportement social plus agressif et plus irascible, qui crée un climat de travail tendu ;

- Une attitude au travail généralement négative ;

- L'aspect physique, qui dépend du type de drogue absorbée. Toutefois, nous réitérons notre mise en garde concernant la prudence avant de porter un jugement sur l'aspect physique des travailleurs, car certaines maladies et la prise de certains médicaments peuvent entraîner les mêmes symptômes que la consommation de drogues illicites (par exemple, le diabète cause aussi la somnolence, et certaines gouttes ophtalmiques provoquent une dilatation des pupilles).

Voici les symptômes observés chez les usagers de certaines drogues énumérées ci-après :

- Cannabis : yeux rougis, prononciation difficile et propos décousus ;

- Hallucinogènes : dilatation des pupilles, tremblement des membres et déformation de la réalité ;

- Stimulants : très grande excitation, transpiration abondante, dilatation des pupilles, congestion nasale chez les usagers de la cocaïne ;

- Analgésiques et narcotiques : agitation, nausées, vomissements, contraction des pupilles et transpiration ;

- Antidépresseurs (spécialement l'alcool) : tremblement des mains, trous de mémoire, haleine qui sent l'alcool, somnolence, paupières lourdes et diminution de la coordination et de la motricité ;

- Tranquillisants : calme inhabituel, nonchalance, légère altération de l'équilibre et étourdissements.

2. La rencontre du superviseur avec l'employé

Le superviseur doit rencontrer l'employé, lui faire part de ses observations portant sur des faits de travail objectifs et mesurables tels que ses absences, ses accidents de travail, ses retards et la baisse de sa productivité. Il doit tenter d'établir une relation d'aide.

Souvent, le superviseur constate qu'il n'a pas la formation requise pour établir ce type de relation. Il dirige alors l'employé vers des personnes-ressources de l'entreprise ou vers des spécialistes de l'extérieur. Selon le cas, le superviseur adressera l'employé :

■ aux professionnels de la santé, à un employé ex-toxicomane ou ex-alcoolique qui saura communiquer avec les personnes intoxiquées, ou au responsable du programme d'aide aux employés (P.A.E.)[3], à supposer qu'un tel programme existe au sein de l'entreprise ;

■ aux intervenants des centres locaux de services communautaires (C.L.S.C.), des départements de santé communautaire (D.S.C.), du mouvement des Alcooliques Anonymes ou des centres de désintoxication, ou aux thérapeutes de cliniques privées.

3. Les mesures d'accommodement

Si l'employé accepte d'entreprendre une cure de désintoxication, le superviseur peut faciliter sa réadaptation :

■ en révisant le contenu de sa tâche de façon à rendre son travail moins exigeant physiquement, psychologiquement ou mentalement ;

■ en réaménageant son environnement de travail de façon à adapter son horaire à son traitement ;

■ en lui accordant un congé sans solde pour lui permettre de suivre un programme de désintoxication ;

■ en l'encourageant pendant son traitement.

■ en l'aidant à réintégrer son milieu de travail après la cure de désintoxication.

RÉSUMÉ

Une organisation du travail dans laquelle on considère les employés comme des personnes ayant des ressources à développer et non comme des ressources à exploiter permet d'éviter de nombreux problèmes de comportement.

Cette organisation du travail ne met cependant pas le superviseur à l'abri des infractions aux normes de comportement de l'entreprise. Lorsqu'il reconnaît un comportement déviant, le superviseur intervient, dans un premier temps, en appliquant le processus de résolution de conflits afin de responsabiliser l'employé fautif.

Lorsque le problème de comportement persiste, le superviseur impose alors une mesure disciplinaire juste et équitable, c'est-à-dire une mesure qui n'est pas discriminatoire, abusive, déraisonnable ou arbitraire.

Lorsqu'un employé connaît un problème personnel, un problème d'épuisement professionnel ou un problème d'alcoolisme par exemple, le superviseur doit l'aider à le résoudre. S'il en est incapable, il le dirigera vers des spécialistes engagés dans le cadre d'un programme d'aide aux employés.

---

3. Pour plus de détails sur les P.A.E., voir l'annexe 2.

RÉSUMÉ GRAPHIQUE
La gestion de conflits au travail et la politique disciplinaire

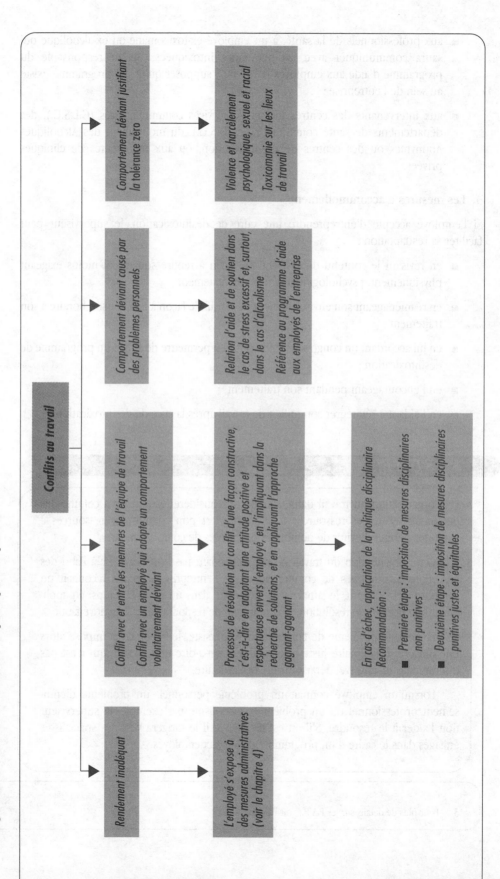

Conflits au travail

Rendement inadéquat

L'employé s'expose à des mesures administratives (voir le chapitre 4)

Conflit avec et entre les membres de l'équipe de travail

Conflit avec un employé qui adopte un comportement volontairement déviant

Processus de résolution du conflit d'une façon constructive, c'est-à-dire en adoptant une attitude positive et respectueuse envers l'employé, en l'impliquant dans la recherche de solutions, et en appliquant l'approche gagnant-gagnant

En cas d'échec, application de la politique disciplinaire
Recommandation :
- Première étape : imposition de mesures disciplinaires non punitives
- Deuxième étape : imposition de mesures disciplinaires punitives justes et équitables

Comportement déviant causé par des problèmes personnels

Relation d'aide et de soutien dans le cas de stress excessif et, surtout, dans le cas d'alcoolisme
Référence au programme d'aide aux employés de l'entreprise

Comportement déviant justifiant la tolérance zéro

Violence et harcèlement psychologique, sexuel et racial
Toxicomanie sur les lieux de travail

EXERCICES LIÉS À LA CONNAISSANCE

Termes et concepts à définir

1. Conflit dans un milieu de travail.

2. Approche gagnant-gagnant pour résoudre un conflit.

3. Technique directive et technique non directive d'entretien individuel.

4. Mesure disciplinaire progressive.

5. Comportement volontairement déviant au travail.

6. Stress excessif au travail.

7. Toxicomanie.

Questions à développement

1. Quelles sont les sources potentielles de conflits au travail ?

2. Quels sont les principes à observer au moment de la résolution des conflits au travail ?

3. Énumérez les différentes étapes du processus de résolution de conflits au travail.

4. Dans quelles circonstances le superviseur doit-il appliquer une mesure disciplinaire ?

5. Énumérez les principaux éléments d'une politique disciplinaire.

6. Quels principes doit respecter le superviseur lorsqu'il applique une mesure disciplinaire ?

7. Énumérez les sources potentielles de stress excessif au travail.

8. Comment un superviseur doit-il gérer un problème de toxicomanie chez un employé ?

9. Pourquoi faut-il être prudent dans l'interprétation des indices qui aident à reconnaître les employés aux prises avec un problème de toxicomanie ?

10. Quel est le principal objectif d'un programme d'aide aux employés ?

EXERCICES DE COMPRÉHENSION

1. Associez les informations qui suivent avec l'une des huit étapes du processus de résolution de conflits.

   a) « Je n'ai pas eu le temps d'accomplir cette tâche hier soir. J'avais hâte de rentrer à la maison. C'était l'anniversaire de ma femme. Vous comprenez… Je comptais tout ranger ce matin en arrivant. »

   b) « Hier soir, des boîtes traînaient dans votre allée. Vous savez qu'il y a un règlement de sécurité concernant la propreté, l'encombrement et l'état des lieux de travail. »

▼

▼

c) Gilles Paré est opérateur de presse ; il a 32 ans et travaille à l'usine depuis 5 ans. Il n'a pas de dossier disciplinaire, son comportement au travail est irréprochable ; toutefois, il n'a pas respecté, le 8 octobre 200X, l'article 10 des règles de sécurité associées au lieu de travail.

d) « Écoutez, M. Paré, il faut respecter les règles de sécurité quelle que soit l'heure. Comment pensez-vous vous y prendre pour ne plus avoir ce type de problème ? »

e) Le 9 octobre 200X, à 8 h, Gilles Paré a été convoqué à mon bureau. Fait reproché : le 8 octobre 200X, son lieu de travail était encombré par des boîtes, ce qui constituait une infraction à l'article 10 des règlements internes de sécurité. Un avertissement verbal lui a été donné.

f) « Vous comprenez, M. Paré, que nous sommes tous responsables de notre propre sécurité et de celle des autres. C'est la raison pour laquelle j'interviens et prends ce type de décision. C'est un rappel des règles de sécurité. On s'entend donc sur le fait que, quelle que soit l'heure à laquelle vous terminez votre travail, tout doit être rangé, les allées dégagées. Rien ne doit traîner. »

g) « Compte tenu que c'est le premier reproche, je vous donne un avertissement verbal. »

2. Donnez un exemple d'une mesure disciplinaire qui :

a) n'a pas été appliquée d'une façon progressive ;

b) n'est pas proportionnelle à la faute reprochée ;

c) ne tient pas compte du dossier disciplinaire de l'employé ;

d) ne tient pas compte de l'ensemble des circonstances de l'incident ;

e) n'a pas été appliquée de la même façon pour deux infractions similaires ;

f) n'a pas été imposée à l'intérieur d'un délai raisonnable ;

g) a été imposée malgré un comportement au travail escompté qui n'était pas connu de l'employé fautif ;

h) a été imposée à un employé n'ayant pas eu la possibilité de donner sa version des faits.

EXERCICES DE TRANSFERT ■■■

1. Décrivez une mesure disciplinaire que vous ne jugez ni juste ni équitable. Faites ressortir l'aspect discriminatoire, abusif, déraisonnable ou arbitraire d'une telle mesure.

2. L'entreprise pour laquelle vous travaillez a-t-elle une politique disciplinaire et offre-t-elle un programme d'aide à ses employés ? Dans l'affirmative, prenez-en connaissance et écrivez vos commentaires à la lumière de ce que vous avez appris dans le présent chapitre.

3. Consultez les sites Web suivants :

   ■ **Loi sur le tabac :**
     – <www.msss.gouv.qc.ca/loi-tabac> ;

   ■ **Harcèlement sexuel :**
     – <www.hsexuel.umontreal.ca/guide/guide.html> ;
     – <www.ulaval.ca/harcelement> ;
     – <www.cdpdj.qc.ca/htmfr/htm/4_1.htm> ;

   ■ **Violence au travail :**
     – <www.ilo.org/public/french/bureau/inf/pr/1998/30.htm> ;
     – <www.canadian-health-network.ca/2sante_en_milieu_de_travail.html>. Cliquez sur la rubrique Questions courantes, et choisissez la question 11 ;
     – <www.gestionrh.ca>. Choisissez les onglets Français / Santé et sécurité au travail / Harcèlement et violence au travail ;

   ■ **Stress au travail :**
     – <www.canadian-health-network.ca/2sante_en_milieu_de_travail.html>. Cliquez sur la rubrique Santé mentale au travail ;
     – <www.canadian-health-network.ca/2sante_en_milieu_de_travail.html>. Cliquez sur la rubrique Questions courantes et choisissez la question 18 ;
     – <www.redpsy.com/infopsy/stress.html> ;
     – <www.multimania.com/tipical/formulaire.html> ;
     – <www.pratique.fr/sante/forme/> ;
     – <www.hc-sc.gc.ca/hppb/sai/travail/pdf/gestion_risques_associes_1.pdf> ;
     – <www.hc-sc.gc.ca/hppb/sai/travail/pdf/gestion_risques_associes_2.pdf> ;

   ■ **Racisme au travail :**
     – <www.mrci.gouv.qc.ca/civiques/fr/373_2asp> ;

   ■ **Dépistage des drogues ou de l'alcool :**
     – <www.barreau.qc.ca/revue/2000/no1/pdf/81.pdf> ;
     – <www.chrc-ccdp.ca>.

4. Est-ce que la Commission de la santé et de la sécurité du travail reconnaît les traumatismes liés au harcèlement psychologique comme des accidents du travail ?

5. Demandez à un membre de l'équipe d'exposer à ses collègues un problème qu'il voudrait résoudre ou une question qui le préoccupe. Puis, nommez un autre membre de l'équipe qui mènera la rencontre en se servant des techniques directives et non directives d'entretien individuel. Ce dernier tentera de situer son interlocuteur, de le comprendre, de trouver le fil conducteur de la discussion et, surtout, de l'aider à trouver une solution à son problème. Enfin, un troisième membre de l'équipe notera et classera les interventions selon que l'intervieweur aura utilisé la technique directive ou la technique non directive. Un retour peut se faire en classe.

EXERCICES D'APPLICATION ■ ■ ■ ■

1. Aline Lavoie, contremaîtresse

15 août, 15 h 35 :

« Où est Joseph ? demande Aline Lavoie, la contremaîtresse de Joseph Lavigne, opérateur de presse.

— On ne le sait pas, répond Marie-Andrée, une collègue de travail.

— Comment ça, vous ne le savez pas ? L'heure de la pause-café est terminée depuis cinq minutes et il n'est pas à son poste de travail ! » reprend Aline Lavoie en se dirigeant vers la salle de bains, à la recherche de son employé.

Effrayée en voyant que Joseph Lavigne s'est affaissé, elle court à sa rescousse. Mais elle s'aperçoit rapidement, au bruit de ses ronflements, qu'il dort profondément.

« Joseph, réveille-toi, et ça presse ! hurle Aline Lavoie en le secouant énergiquement.

— Ah ! Salut boss ! marmonne Joseph Lavigne en ouvrant péniblement les paupières.

— Prends tes cliques et tes claques, et dehors ! Tu ne reviens plus ! Tu es dehors ! C'est terminé pour toi ! Je t'avais pourtant averti qu'à la prochaine récidive, tu serais congédié ! » lance Aline Lavoie en quittant la salle de bains en furie.

Voici le rapport relatant les faits :

■ Du mois de janvier au mois de mars de cette année, Joseph Lavigne s'est absenté neuf fois et il est arrivé dix fois en retard à son poste de travail. Après chacun de ces manquements aux règles, il a reçu un avertissement. Puis il a reçu, à la fin du mois de mars, un avertisse-ment écrit lui reprochant tous ces manquements aux règles et lui signalant qu'il serait suspendu s'il récidivait dans le mois qui suivait cet avis.

■ Au mois d'avril de la même année, Joseph Lavigne s'est absenté une fois et il a été trois fois en retard. Il a alors été suspendu pour trois jours sans solde et il a été prévenu que s'il récidivait dans les 12 mois suivant cette suspension, il serait congédié.

■ Joseph Lavigne travaille pour la compagnie Tripalium depuis trois ans : son rendement est moyen. Au cours des quatre premiers mois de l'année, Joseph Lavigne a eu quatre acci-dents professionnels mineurs, chacun entraînant un arrêt de travail d'une journée. Ses collègues de travail, connaissant son problème d'alcool, ont tendance à le protéger ; aussi, il n'a jamais été surpris en état d'ébriété sur les lieux de travail.

Travail à faire

Vous avez le mandat de résoudre un problème de mesure disciplinaire.

■ Décrivez les actions qu'Aline Lavoie aurait dû entreprendre pour résoudre ce problème.

■ Simulez une rencontre d'intervention en demandant à un élève de jouer le rôle de Joseph Lavigne et à un autre, le rôle d'Aline Lavoie.

▼

▼

2. Albert Lajoie, contremaître

15 août, 15 h :

« Maudite machine, je suis assez tanné de travailler ici, il n'y a rien qui marche, je dois tout faire, on n'est même pas bien payé, et il fait chaud dans cette maudite usine ! » crie Louis Ladouceur en lançant de toutes ses forces son tournevis dans la poubelle.

Les quatre opérateurs de presse de sa section arrêtent de travailler. Un lourd silence plane sur les lieux. Des regards furtifs se posent sur Albert Lajoie, le contremaître. Louis Ladouceur quitte son poste de travail et se dirige triomphalement vers la salle de bains. Aussitôt, le contremaître s'adresse à Louis Ladouceur :

« Qu'est-ce que tu fais là, Louis ?

— Tu vois bien, … !

— Pardon, je n'ai pas bien compris ! As-tu blasphémé ?

— Ma presse est finie, … Tu la répares sinon, moi, je pars ! menace Louis Ladouceur.

— Arrête de blasphémer, Louis Ladouceur ! La presse, c'est toi qui vas la réparer, mon grand ! Tu as été formé pour ça, cet été ! lui dit sans broncher Albert Lajoie, les poings sur les hanches.

— Oh que non ! C'est ton travail ! Et n'oublie pas de mettre des gants pour ne pas salir tes jolis doigts », réplique Louis Ladouceur en lui tapotant légèrement l'épaule de la main droite.

Et se retournant vers ses collègues, il lève les bras en signe de victoire et crie :

« Les gars, vous allez voir ! Notre boss, c'est de la qualité… totale !

— Louis Ladouceur, tu es dehors ! » lui annonce Albert Lajoie.

Voici quelques renseignements concernant le dossier de Louis Ladouceur. Cet employé :

- travaille pour la compagnie Tripalium depuis 10 ans ;

- a un rendement au travail au-dessus de la moyenne ;

- n'a pas de dossier disciplinaire bien qu'il tienne tête fréquemment à son contremaître ;

- est considéré comme le leader des opérateurs de presse ;

- a une attitude très négative au travail : il se plaint de ses tâches, de ses conditions de travail, de ses collègues, de son employeur, de son contremaître, etc. ;

- est critiqueur à un point tel que lorsqu'il pleut il en impute la faute à la compagnie ;

- n'est pas considéré comme un employé très coopératif ;

- est sur le point de former un syndicat des employés de l'usine.

Travail à faire

- Décrivez les actions qu'Albert Lajoie aurait dû entreprendre pour résoudre ce problème.

- Simulez une rencontre d'intervention en demandant à un élève de jouer le rôle de Louis Ladouceur et à un autre, le rôle d'Albert Lajoie.

EXERCICES D'ANALYSE

1. Louise Christian, technicienne de bureau

Louise Christian est technicienne de bureau au service du marketing de l'entreprise Boulons et Vis de Saguenay depuis 10 ans.

Renée Cauchon, qui est chargée de ce service depuis trois mois, est décontenancée par l'attitude de Mme Christian. Aussi se demande-t-elle comment se comporter envers son employée.

Voici les faits rapportés par Mme Cauchon.

« Mme Christian est pénible, vraiment pénible ! Elle critique toujours tout : le travail, ses collègues, son voisin, la société, le monde, les Américains, les Russes… Elle a une attitude négative par rapport à tout et à l'égard de tous. Elle ne se sent jamais bien, elle a toujours mal quelque part. Souvent, elle ne rappelle pas les clients ; elle commet des erreurs en prenant les messages téléphoniques ; elle fait de nombreuses fautes de français ; elle ne met pas à jour la liste d'envoi des catalogues de produits destinés aux clients. Elle ne prend pas part à la conversation au cours des réunions de travail. Et savez-vous ce qu'elle m'a répondu lorsque je lui ai demandé de faire un peu attention à la qualité de son travail et à son comportement ? Elle m'a répondu : "Tu es payée pour corriger mes erreurs, et ce n'est pas à mon âge, la jeune, que je vais changer." Franchement, elle me siphonne ! »

Décrivez à Renée Cauchon les différentes procédures pouvant résoudre le problème que pose Louise Christian. Puis, proposez-lui celle qui vous semble la plus appropriée.

2. Luc Bonneville, préposé à la clientèle

Lundi, 10 h :

« Luc, encore avec ton amie au téléphone ? demande Marcel Benjamin, le superviseur de Luc Bonneville, préposé à la clientèle depuis neuf mois.

— Bien sûr, patron ! »

Mardi, 10 h :

« Luc ! Es-tu capable de lâcher ton amie un petit peu ?

— Bien sûr, patron, que je peux le faire ! »

Mercredi, 10 h :

« Luc, il me semble t'avoir demandé de ne plus parler au téléphone avec ton amie pendant les heures de travail !

— Non, patron, vous m'avez demandé si je pouvais la lâcher et je vous ai répondu oui. Vous ne m'avez pas demandé de ne plus parler avec elle au téléphone !

— Franchement, Luc ! Est-ce que tu ris de moi ?

— Non, patron !

— Tu me cherches, alors ?

— Est-ce que c'est une menace, patron ?

— Non, Luc, non, c'est juste une promesse ! »

▼

▼

Jeudi, 11 h :

« Oui, oui, oui, on s'en reparle ! dit Luc Bonneville en raccrochant le téléphone.

— Luc, je t'ai averti trois fois : lundi, mardi et mercredi. Tu ne sembles pas comprendre. Vas-y la voir, ton amie. Tu pourras lui parler jusqu'à lundi prochain, tu es suspendu !

— Pourquoi ?

— Pour insubordination !

— Je ne vous ai pas désobéi, patron ! »

Analysez la décision de Marcel Benjamin de suspendre Luc Bonneville.

ANNEXE 1
Le harcèlement psychologique, sexuel et racial au travail

Le harcèlement psychologique au travail [4]

Hirigoyen (1998) définit ainsi le harcèlement psychologique (aussi appelé « harcèlement moral ») :

> Conduite abusive qui se manifeste [fréquemment et sur une longue période, donc d'une façon répétitive et persistante] par des comportements, des paroles, des actes, des gestes, des écrits [exprimés ou manifestés par une ou plusieurs personnes] pouvant porter atteinte à la personnalité, à la dignité ou à l'intégrité physique ou psychique d'une [tierce] personne, mettre en péril l'emploi de celle-ci ou dégrader le climat de travail.

Ce type de harcèlement peut se faire entre employés (harcèlement horizontal), et entre le superviseur et ses employés (harcèlement vertical). Les exemples suivants sont des formes de harcèlement psychologique :

- Disqualifier, isoler, rabrouer, se moquer, ridiculiser, mépriser, dénigrer dans le but de « se débarrasser de quelqu'un, de le casser, de le paralyser, de l'empêcher de penser et d'être au mieux de ce qu'il peut être. Éventuellement, de l'amener à se mettre en faute » (Thomas, 1999, p. 14) ;

- Miner la confiance de l'employé, lui faire constamment des remarques désobligeantes, l'accuser, l'infantiliser au point où celui-ci se dit : « Je ne suis bon à rien, je suis nul… »

---

4. L'aspect juridique du harcèlement psychologique est abordé au chapitre 9, où il est question de la *Loi sur les normes du travail*.

Le harcèlement sexuel au travail

En se basant sur les articles 10 et 10.1 de la *Charte des droits et libertés de la personne,* la Commission des droits de la personne du Québec définit le harcèlement sexuel comme suit :

> Conduite se manifestant par des paroles, des actes ou des gestes à connotation sexuelle, répétés et non désirés, et qui est de nature à porter atteinte à la dignité ou à l'intégrité physique ou psychologique de la personne ou de nature à entraîner des conditions de travail défavorables ou un renvoi.

Selon cette définition, pour qu'il y ait harcèlement sexuel au travail, il faut donc que les quatre éléments suivants coexistent :

1. Le comportement dénoncé a une connotation sexuelle ;

2. Le comportement dénoncé est non désiré par l'autre personne ;

3. Le comportement dénoncé est répété ;

4. Le comportement dénoncé occasionne des conséquences négatives à l'autre personne.

Le harcèlement racial au travail

Le harcèlement racial est une forme de discrimination raciale qui peut prendre la forme de moqueries, d'insinuations désobligeantes, de remarques offensantes, d'insultes, d'hostilités, de menaces verbales ou physiques à caractère racial ou ethnique.

Les moyens pour contrecarrer le harcèlement psychologique, sexuel et racial au travail

L'article 2087 du *Code civil du Québec* (C.C.Q.) oblige l'employeur à mettre fin à toute forme de harcèlement au travail :

> L'employeur, outre qu'il est tenu de permettre l'exécution de la prestation de travail convenue et de payer la rémunération fixée, doit prendre les mesures appropriées à la nature du travail, en vue de protéger la santé, la sécurité et la dignité du salarié.

Notons que mettre fin au harcèlement dans un milieu de travail va au-delà d'une obligation légale. Il s'agit aussi et surtout d'une obligation sociale de l'entreprise envers ses employés, qui doit être intégrée dans son code d'éthique.

Pour ce faire, l'employeur s'y prendra de la façon suivante :

■ L'entreprise adopte une **politique** claire, dont l'objectif premier est de prévenir toute atteinte à l'intégrité physique et psychologique de ses employés ;

■ Cette politique de *tolérance zéro* est accompagnée d'une **campagne d'information** sur les façons de lutter contre le harcèlement psychologique, sexuel et racial dans le milieu de travail ;

■ L'entreprise apporte le **soutien** et l'**aide** nécessaires aux personnes qui subissent ce type de violence au travail.

ANNEXE 2
Le programme d'aide aux employés

L'objectif du programme d'aide aux employés

Le principal objectif de ce programme consiste à venir en aide aux employés aux prises avec des problèmes personnels qui portent atteinte à leur qualité de vie, à leur santé physique et mentale ou à leur rendement au travail.

Cette relation d'aide avec l'employé, appelée aussi *counseling*, est un moyen à envisager avant d'imposer une mesure disciplinaire dans les cas d'alcoolisme ou de toxicomanie.

Les problèmes personnels sont de nature variée. Les plus fréquents sont les problèmes familiaux ou conjugaux, les problèmes de nature juridique ou financière, les problèmes reliés à la drogue, à l'alcool ou aux médicaments, les problèmes consécutifs à une lésion physique ou psychologique due à un accident ou à une agression, les problèmes d'épuisement professionnel ou de dépression ainsi que les problèmes de réorientation de carrière.

Quand un employé est incapable de surmonter un problème personnel, l'entreprise peut l'adresser à des spécialistes qui lui donneront l'assistance professionnelle requise.

De nombreuses entreprises et organisations ont déjà adopté un programme d'aide aux employés. Parmi celles-ci, mentionnons Air Canada, Alcan, Bell Canada, Canadien National, Hydro-Québec, Pratt et Whitney, Radio-Canada, la Société des alcools du Québec, Gaz Métropolitain, l'Institut de cardiologie de Montréal, l'Université du Québec à Montréal (UQAM), la Commission scolaire de Montréal-CSDM, ainsi que les cégeps de Rosemont, de Trois-Rivières et du Vieux-Montréal.

Les principes de base d'un programme d'aide aux employés

Un programme d'aide aux employés (P.A.E.) doit **absolument** satisfaire aux trois conditions suivantes :

■ L'employé qui fait appel au P.A.E. doit le faire librement et volontairement. L'employé doit prendre conscience de son problème seul ou avec l'aide de son superviseur et doit exprimer le désir de le résoudre ;

■ L'employé qui fait appel au P.A.E. doit avoir l'assurance que sa démarche demeurera confidentielle. L'employeur n'a pas à savoir qu'un employé recourt au P.A.E. et ne doit pas avoir accès à son dossier. Souvent, les bureaux des responsables du P.A.E. sont situés à l'extérieur de l'entreprise. L'employé peut donc s'y rendre sans gêne après les heures de travail ;

■ L'employé qui fait appel au P.A.E. ne doit subir aucun préjudice. En aucun cas l'employé ne peut être pénalisé pour avoir utilisé ce service ou pour avoir refusé de le faire. Par contre, s'il ne respecte pas les obligations qui découlent de son programme de réadaptation, le superviseur est en droit de sévir.

Les services offerts par un programme d'aide aux employés

Un programme d'aide aux employés peut offrir plusieurs types de services. De façon générale, les services les plus couramment offerts sont :

■ la définition du problème de comportement ;

■ le choix de spécialistes qui procureront à l'employé l'aide professionnelle dont il a besoin ;

■ la réinsertion de l'employé dans son milieu de travail.

Certaines entreprises et organisations se servent aussi des P.A.E. pour prévenir, dépister et traiter les problèmes personnels, donner des conseils, de l'information et de la formation, faire du *counseling* et assurer le suivi de la démarche personnelle.

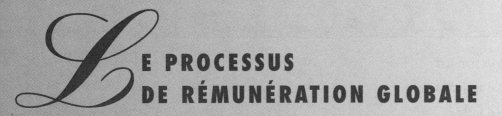

LE PROCESSUS DE RÉMUNÉRATION GLOBALE

Chapitre 7

▼

INTRODUCTION

Nous avons vu au chapitre 5 que la rémunération est une des principales composantes de l'organisation du travail au même titre que la tâche, le poste de travail, l'horaire de travail et le style de supervision. À ce titre, elle peut agir comme levier de la mobilisation du personnel lorsqu'elle représente une reconnaissance du travail bien fait et une récompense jugée acceptable par l'employé compte tenu de son apport au succès de l'entreprise.

Dans le présent chapitre, nous étudierons la façon d'établir une rémunération qui respecte ces deux grands principes : la rémunération en tant que reconnaissance et la rémunération en tant que récompense acceptable.

Nous étudierons les cinq activités du processus de rémunération qui mèneront à l'égalité salariale (à travail égal, salaire égal), à l'équité salariale (à travail équivalent, salaire égal), à la reconnaissance des qualifications (à compétences égales, salaire égal) et à la reconnaissance des résultats (à performance égale, salaire égal).

Mais avant d'aborder ces différentes étapes, nous allons définir le rôle du superviseur dans le processus de rémunération, les facteurs qui déterminent l'élaboration du processus de rémunération et les différents éléments qui composent la rémunération globale.

7.1 LE RÔLE DU SUPERVISEUR DANS LE PROCESSUS DE RÉMUNÉRATION

En matière de rémunération, il est essentiel que le superviseur ait une compréhension particulière de tous les éléments du processus de rémunération de l'entreprise afin de pouvoir jouer adéquatement son rôle dans ce domaine, car il peut être appelé :

- à participer à l'évaluation des postes de ses employés, afin d'établir une rému-nération selon les exigences de l'emploi, et à la détermination des compétences qui seront rémunérées ;

■ à prendre des décisions qui ont des incidences salariales, par exemple, accorder des augmentations salariales, attribuer des heures supplémentaires et, dans certaines entreprises, déterminer le salaire des nouveaux employés en tenant compte de leur expérience et de leurs compétences ;

■ à expliquer à ses employés le processus de rémunération. Bien qu'habituellement cette tâche relève du service des ressources humaines de l'entreprise, le superviseur peut être appelé à présenter le processus de rémunération de l'entreprise à ses employés à l'étape de l'accueil et à répondre à leurs questions à ce sujet.

En ce sens, le superviseur agit en tant qu'intermédiaire dans le processus de régulation de l'échange qui s'établit entre l'entreprise et ses employés (voir la figure 7.1). La rémunération jouant un rôle primordial dans ce processus, elle peut avoir des effets économiques, sociaux et psychologiques importants sur l'employé.

FIGURE 7.1
Le processus de régulation de l'échange entre l'entreprise et l'employé

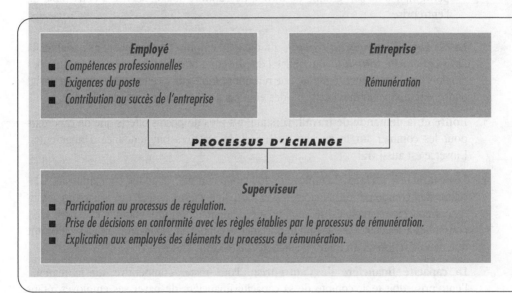

Employé
■ *Compétences professionnelles*
■ *Exigences du poste*
■ *Contribution au succès de l'entreprise*

Entreprise
Rémunération

PROCESSUS D'ÉCHANGE

Superviseur
■ *Participation au processus de régulation.*
■ *Prise de décisions en conformité avec les règles établies par le processus de rémunération.*
■ *Explication aux employés des éléments du processus de rémunération.*

7.2 LES FACTEURS QUI DÉTERMINENT L'ÉLABORATION DU PROCESSUS DE RÉMUNÉRATION

Voici les sept principaux facteurs qui déterminent l'élaboration du processus de rémunération de l'entreprise (voir aussi le tableau 7.1) :

1. **La perception de l'employé en matière d'équité salariale.** La notion de l'équité étant très subjective, l'employé évalue à sa façon, et selon des critères précis, sa contribution à l'entreprise et la compensation financière qu'il en retire. S'il juge que cette équité n'est pas assurée, c'est-à-dire que le processus d'échange n'est pas équitable, il peut prendre les moyens pour l'établir en exigeant des augmentations salariales, en diminuant sa contribution au travail ou en quittant son travail pour un autre mieux

rémunéré. Cette équité salariale recherchée par l'employé peut être interne, externe, individuelle et collective (Saint-Onge et autres, 2002, p. 46-47) :

- L'équité interne. L'employé s'attend à recevoir le même salaire qu'un collègue occupant un emploi similaire dans l'entreprise. L'évaluation des exigences de la tâche sert à déterminer la valeur relative de chacun des postes et, par le fait même, le niveau salarial qui y correspond ;

- L'équité externe. L'employé s'attend à recevoir le même salaire que celui offert par d'autres entreprises pour un poste similaire. L'employeur doit alors pratiquer une politique de rémunération qui peut concurrencer celles des entreprises de même taille, à même vocation, situées dans un même secteur géographique, comportant des postes identiques et utilisant une même base de rémunération ;

- L'équité individuelle. L'employé s'attend à être rémunéré selon son rendement, ses compétences, son expérience, son ancienneté, etc. ;

- L'équité collective. L'employé s'attend à une rémunération qui tient compte de la performance de son groupe de travail, de l'apport de son service à l'ensemble de l'entreprise ;

2. **La *Loi sur les normes du travail*,** qui dicte à l'employeur un plancher salarial, **et la *Loi sur l'équité salariale*,** qui oblige l'employeur à offrir aux personnes occupant des emplois à prédominance féminine une rémunération égale à celle versée pour un travail équivalent aux personnes occupant des emplois à prédominance masculine ;

3. **L'offre et la demande de travail.** Lorsqu'il y a plus de postes offerts que de candidats pour les combler sur le marché du travail, les salaires ont tendance à augmenter. L'inverse est aussi vrai ;

4. **Les avantages sociaux.** L'employeur doit tenir compte, dans les comparaisons salariales, des compensations financières et non financières autres que salariales (assurances collectives, régimes de retraite supplémentaires, jours chômés et payés, etc.) consentis à ses employés. D'où l'importance de parler de rémunération globale plutôt que de salaire lorsqu'on traite ce sujet (voir la section 7.3) ;

5. **La capacité financière de l'entreprise.** Pour rester compétitive sur le marché, l'entreprise doit tenir compte de sa capacité financière de payer ses employés, étant donné que la rémunération entre dans le calcul du coût de revient des produits vendus ;

6. **La force de négociation du syndicat.** Le pouvoir du syndicat en place influe sur l'importance de la masse salariale de l'entreprise. Plus le pouvoir de négociation du syndicat est fort, plus la structure salariale de ses membres sera élevée ;

7. **Le pouvoir d'achat des employés.** L'inflation diminue le pouvoir d'achat des employés. Le processus de rémunération doit donc prévoir des mécanismes d'indexation des salaires au coût de la vie (voir la section 7.5.5).

7.3 LA DÉFINITION DE LA RÉMUNÉRATION GLOBALE

Comme nous venons de le voir, la rémunération globale est l'ensemble des compensations financières et non financières consenties aux employés. En plus du salaire de base de

1. *Perception de l'employé en matière d'équité salariale*
2. *Loi sur les normes du travail et Loi sur l'équité salariale*
3. *Offre et demande de travail*
4. *Avantages sociaux*
5. *Capacité financière de l'entreprise*
6. *Force de négociation du syndicat*
7. *Pouvoir d'achat des employés*

l'employé, la rémunération globale comprend les avantages sociaux accordés par l'employeur, c'est-à-dire :

- les régimes de protection publics, payés par l'employeur aux deux ordres de gouvernement : le fonds des services de santé, le fonds national de formation de la main-d'œuvre, le régime des rentes du Québec, l'assurance-emploi et les cotisations versées à la Commission de la santé et de la sécurité du travail et à la Commission des normes minimales du travail ;

- les régimes d'assurance collective supplémentaires, tels le régime de retraite, l'assurance-maladie, l'assurance-vie, l'assurance-salaire, l'assurance dentaire, l'assurance-invalidité, le remboursement d'appareils optiques, etc. ;

- les avantages divers : l'uniforme, les chaussures, les repas payés à la cafétéria, les services de garde d'enfants, le stationnement gratuit, le nettoyage des uniformes, les frais de scolarité, les primes au rendement, l'achat d'actions, le partage des profits, etc. ;

- le temps non travaillé mais payé : les vacances annuelles, les jours fériés, les pauses, les congés sociaux, les congés de maladie, les congés personnels, les congés parentaux, etc.

EXEMPLE

Pour bien comprendre tous ces calculs, examinons la rémunération globale de Martine Vallerand, employée de bureau. Son salaire annuel est de 35 000 $. Elle travaille pour une entreprise dont la masse salariale annuelle est de 325 000 $. Mme Vallerand travaille 37 h 30 min par semaine et elle a droit à :

- 12 jours de congés fériés et payés par an ;

- 15 jours de vacances annuelles ;

- 30 minutes de pause par jour ;

- une assurance-maladie et une assurance-vie collective auxquelles contribue l'employeur. Le coût de la contribution assumée par l'employeur représente 1 % du salaire de base de l'employée ;

▼

▼

- un régime de retraite. L'employeur souscrit à une caisse de retraite supplémentaire pour ses employés. La part de l'employeur correspond à 6 % du salaire de base des employés ;

- une prime de 150 $ à la fin de l'année.

Le tableau 7.2 présente le coût des régimes publics en 2002[1], le tableau 7.3, le calcul des avantages sociaux supplémentaires, et le tableau 7.4, le temps de travail réel, et ce, en utilisant l'exemple de Martine Vallerand.

TABLEAU 7.2
Le coût des régimes publics en 2002

Régime des rentes du Québec	
(Salaire — 3 500 $) × 4,7 %	
(salaire maximal de 39 100 $)	
(35 000 $ ÷ 3 500 $) × 4,7 % =	1 480,50 $
Fonds des services de santé	
La cotisation est fonction de la masse salariale annuelle de l'entreprise.	
■ Pour une masse salariale de moins de 1 million de dollars, le taux de cotisation est de 2,7 % du salaire : 325 000 $ × 2,7 % =	945 $
■ Pour une masse salariale comprise entre 1 et 5 millions de dollars, le taux de cotisation est égal à : 2,31 % + [0,39 % × (masse salariale ÷ 1 million)]	
■ Pour une masse salariale de plus de 5 millions de dollars, le taux de cotisation est de 4,26 %.	
Commission de la santé et de la sécurité du travail	
La cotisation est fonction du niveau de risque rattaché à l'entreprise et à son secteur.	
Par exemple :	
Salaire × 2,65 %	
35 000 $ × 2,65 % =	927,50 $

▼

---

1. Notez que le calcul de ce coût peut varier chaque année selon le budget des gouvernements fédéral et provincial. Pour mettre à jour les taux utilisés dans cet exemple, consultez les sites Web suivants : Revenu Québec : <www.revenu.gouv.qc.ca/fr/retenues> (cliquez sur la rubrique Guide de l'employeur – Retenues à la source et cotisations [TP-1015.G]) et Revenu Canada : <www.ccra-adrc.gc.ca/tax/business/menu-f.html> (cliquez sur les rubriques Retenues sur la paie et Tables de retenues sur la paie [T4032]).

▼

Commission des normes du travail
Salaire × 0,0008
(salaire maximal de 52 500 $)
35 000 $ × 0,0008 =
| | 28 $ |

Fonds national de formation de la main-d'œuvre
Pour l'entreprise qui a une masse salariale supérieure à 250 000 $:
Salaire × 0,01
35 000 $ × 0,01 =
| | 350 $ |

Assurance-emploi
Salaire × 2,20 % × 1,4
(salaire maximal de 39 000 $)
35 000 $ × 2,20 % × 1,4 =
| | 1 078 $ |

Total
| | 4 809 $ |

TABLEAU 7.3
Le calcul des avantages sociaux supplémentaires

Assurances collectives diverses
35 000 $ × 1 % =   350 $
Caisse de retraite
35 000 $ × 6 % =   2 100 $
Prime   150 $
Total   2 600 $

TABLEAU 7.4
Le temps de travail réel

Jours payés
52 semaines de travail par année × 5 jours par semaine   260 jours payés
Moins :
Jours fériés   12 jours
Jours de vacances   15 jours

Nombre de jours travaillés   233 jours
Moins :
Pause de 30 minutes par jour : (30 min × 233 jours) ÷ 60 min = 116 h 30 min
La journée de travail étant de 7 h 30 min, les pauses correspondent alors à :
116 h 30 min ÷ 7 h 30 min   15,5 jours

Total des jours travaillés   217,5 jours
Temps de travail réel
217,5 jours ÷ 260 jours   84 % du temps payé

▼

▼

Le coût de la rémunération globale de Martine Vallerand est alors égal à :
35 000 $ + 4 809 $ + 2 600 $ = 42 409 $ pour 84 % du temps payé.
Et le coût de la rémunération globale du temps travaillé est égal à :
42 409 $ ÷ 84 % = 50 486,91 $, soit 144 % du salaire de base
(50 486,91 $ ÷ 35 000 $).

7.4 LES OBJECTIFS D'UNE POLITIQUE DE RÉMUNÉRATION GLOBALE

La politique de rémunération globale d'une entreprise qui respecte une contrainte finan-cière importante, celle d'assurer à l'entreprise une compétitivité accrue en gérant effica-cement son coût de revient, poursuit les quatre objectifs suivants :

1. Rémunérer les employés selon les exigences de leurs emplois ;

2. Offrir une rémunération concurrentielle afin de retenir les employés susceptibles d'être attirés ailleurs par une rémunération plus avantageuse ;

3. Élaborer une structure salariale non discriminatoire ;

4. Offrir une rémunération qui reconnaît les qualifications des employés et qui récom-pense leurs efforts.

7.5 LES CINQ ACTIVITÉS DU PROCESSUS DE RÉMUNÉRATION GLOBALE

Le processus de rémunération globale d'une entreprise, qui découle de la politique dont les objectifs viennent d'être énoncés, comprend les cinq activités suivantes :

1. L'évaluation des postes. Elle vise à assurer l'égalité salariale en rémunérant l'employé selon les exigences de son poste (voir la section 7.5.1) ;

2. L'étude salariale. Elle renseigne sur la rémunération globale des employés occupant un poste semblable dans des entreprises similaires (voir la section 7.5.2) ;

3. La détermination d'une structure salariale produisant une rémunération juste et concurrentielle (voir la section 7.5.3) ;

4. L'équité salariale. Elle vise à assurer une rémunération non discriminatoire en procédant aux ajustements salariaux des emplois à prédominance féminine (voir la section 7.5.4) ;

5. Les augmentations salariales. Elles peuvent faire suite à l'acquisition de nouvelles compé-tences, à une évaluation du rendement favorable, à une année d'ancienneté supplé-mentaire, à l'ajustement au coût de la vie, etc. (voir la section 7.5.5).

Chacune de ces activités est commentée dans le tableau 7.5 et dans les sections suivantes.

Les quatre objectifs	Les cinq activités nécessaires à l'atteinte du processus de rémunération
1. Rémunérer les employés selon les exigences de leur poste.	1. Évaluer les exigences du poste afin d'en déterminer la valeur relative.
2. Offrir une rémunération concurrentielle, établie selon la structure salariale de l'industrie.	2. Comparer la rémunération globale des employés avec celle associée à des postes semblables dans des entreprises similaires.
3. Élaborer une structure salariale non discriminatoire.	3. Déterminer la rémunération en tenant compte des données obtenues aux activités 1 et 2.
4. Offrir une rémunération qui reconnaît les qualifications des employés et qui récompense leurs efforts.	4. Procéder aux ajustements salariaux des emplois à prédominance féminine.
	5. Accorder des augmentations salariales qui reconnaissent et rétribuent les compétences des employés et leur rendement, ou qui sont assujetties à l'acquisition d'une année d'ancienneté supplémentaire, à l'ajustement au coût de la vie, etc.

7.5.1 L'ÉVALUATION DES POSTES

Pour établir le salaire de différents postes, on se sert de l'évaluation des postes, qui permet de déterminer la valeur relative de chacun des postes et de fixer l'échelle des salaires. Le superviseur joue un rôle d'importance dans cette activité. En effet, ayant lui-même effectué l'analyse des postes, il connaît mieux que quiconque les exigences inhérentes aux tâches assignées à ses employés.

L'évaluation des postes peut se faire de différentes façons. Nous étudierons la méthode de comparaison par facteurs, par degrés et par points, cette dernière étant la plus utilisée par les entreprises canadiennes. À titre d'exemple, nous adapterons le système proposé par la National Electrical Manufacturers Association. D'application facile, ce système constitue un outil pédagogique fort utile qu'on peut adapter aux caractéristiques des différentes catégories d'emplois de l'entreprise. **Cet outil ne constitue donc pas une norme à respecter telle quelle.** On peut modifier le nombre de facteurs et de degrés, ainsi que les points correspondants.

Cette méthode comporte quatre étapes :

1. Il s'agit d'abord de dégager les facteurs communs à tous les postes évalués. Généralement, quatre types de facteurs servent à mesurer l'importance relative des postes : les capacités, l'effort, les responsabilités et l'environnement de travail. Pour bien évaluer chacun des facteurs, on les répartit en sous-facteurs. Un exemple est donné au tableau 7.6 ;

TABLEAU 7.6
Le choix des facteurs communs

Facteur	Sous-facteurs
Capacités	Instruction Expérience Initiative
Effort	Physique Intellectuel
Responsabilités	Travail des employés Équipement Qualité du travail Sécurité des autres
Environnement de travail	Conditions de travail Risques pour la santé et la sécurité des autres

2. Étant d'inégale importance les uns par rapport aux autres, ces facteurs doivent être pondérés. À titre d'illustration, le sous-facteur « instruction », comparativement à l'ensemble des autres sous-facteurs, pourrait être évalué à 15 % (voir le tableau 7.7) ;

TABLEAU 7.7
Le choix de la valeur relative des sous-facteurs

Sous-facteur	Pourcentage
Instruction	15 %
Expérience	20 %
Initiative	15 %
Effort physique	5 %
Effort intellectuel	10 %
Responsabilité du travail des employés	5 %
Responsabilité de l'équipement	5 %
Responsabilité de la qualité du travail	5 %
Responsabilité de la santé et de la sécurité des autres	5 %
Conditions de travail	10 %
Risques pour la santé et la sécurité des autres	5 %
Total	100 %

3. Les exigences d'un poste étant différentes pour chacun des facteurs, il convient de déterminer des degrés pour chacun d'eux et d'attribuer un certain nombre de points par degré. Dans notre exemple, chaque sous-facteur comporte quatre degrés et les points sont attribués selon une progression arithmétique (voir le tableau 7.8).

TABLEAU 7.8
Le choix des degrés et des points par rapport à chaque sous-facteur

Sous-facteur	Degré			
	1	2	3	4
Instruction	15	30	45	60
Expérience	20	40	60	80
Initiative	15	30	45	60
Effort physique	5	10	15	20
Effort intellectuel	10	20	30	40
Responsabilité du travail des employés	5	10	15	20
Responsabilité de l'équipement	5	10	15	20
Responsabilité de la qualité du travail	5	10	15	20
Responsabilité de la santé et de la sécurité des autres	5	10	15	20
Conditions de travail	10	20	30	40
Risques pour la santé et la sécurité des autres	5	10	15	20
Total	100	200	300	400

On peut déterminer autant de degrés que l'on désire pour chacun des sous-facteurs et faire varier ce nombre d'un sous-facteur à l'autre. Par exemple, le sous-facteur « instruction » peut avoir quatre degrés et le sous-facteur « initiative », huit degrés. Néanmoins, dans la pratique, on observe que le nombre de degrés varie entre 4 et 12 ;

4. En dernier lieu, on procède à la définition de chaque degré de façon à pouvoir les choisir selon les exigences de l'emploi (voir le tableau 7.9).

TABLEAU 7.9
La définition de chaque degré en fonction de chaque sous-facteur

Sous-facteur	Degré	Définition
Instruction	1	Diplôme secondaire
	2	Diplôme collégial
	3	Diplôme universitaire
	4	Diplôme postuniversitaire
Expérience	1	6 mois
	2	12 mois
	3	24 mois
	4	Jusqu'à 36 mois
Initiative	1	Ne résout aucun problème de travail.
	2	Résout régulièrement des problèmes de travail.
	3	Résout souvent des problèmes et prend des décisions.
	4	Résout des problèmes d'une façon autonome.

L'annexe propose un exemple de définition des sous-facteurs et d'attribution des degrés.

Il reste dès lors à évaluer chacun des postes d'après les sous-facteurs et les degrés définis, et à attribuer les points correspondant à ces sous-facteurs et à ces degrés. Les postes sont ensuite classés selon le total des points qui leur ont été respectivement attribués.

EXEMPLE

Pour mieux nous familiariser avec cette méthode, nous évaluerons le poste de directeur de succursale d'une caisse populaire.

Supposons que ce poste exige du titulaire qu'il possède un diplôme universitaire en administration et une expérience de 10 ans, qu'il fasse preuve de beaucoup d'initiative, qu'il fournisse un effort intellectuel considérable et peu d'efforts physiques et qu'il soit responsable de tous les employés, de leur travail, de leur sécurité et de l'équipement. Précisons que les conditions de travail sont satisfaisantes.

Attribuons maintenant un nombre de points à chacun de ces sous-facteurs. Ainsi, le diplôme universitaire correspond au degré 3 du sous-facteur « instruction » et vaut 45 points (voir le tableau 7.8). Les 10 années d'expérience correspondent au degré 4 du facteur « expérience » et équivalent à 80 points. Le sous-facteur « initiative » ajoute 60 points au total, et ainsi de suite. Selon le tableau suivant, le poste de directeur de succursale totalise donc 330 points.

TABLEAU 7.10
L'évaluation du poste de directeur de succursale d'une caisse populaire

Sous-facteur	Degré 1	Degré 2	Degré 3	Degré 4	Total
Instruction			45		45
Expérience				80	80
Initiative				60	60
Effort physique		10			10
Effort intellectuel				40	40
Responsabilités :					
— Travail des employés				20	20
— Équipement			15		15
— Qualité du travail				20	20
— Santé et sécurité des autres				20	20
Conditions de travail	10				10
Risques pour la santé et la sécurité des autres		10			10
Total	10	20	60	240	330

Nous venons de voir qu'au moyen d'une évaluation d'un poste, on peut classer les postes d'**une même catégorie d'emplois** les uns par rapport aux autres selon le total des points qui leur ont été respectivement attribués, et ainsi attribuer une rémunération proportionnelle au classement obtenu.

7.5.2 L'ÉTUDE SALARIALE

L'étude salariale consiste à recueillir des données statistiques sur les salaires accordés aux employés du secteur d'activité auquel appartient l'entreprise[2].

L'analyse et l'interprétation des résultats de l'étude salariale doivent tenir compte des cinq facteurs suivants :

1. **La taille de l'entreprise**. Généralement, la structure salariale d'une entreprise correspond à son chiffre d'affaires. Plus le chiffre d'affaires d'une entreprise est important, plus les salaires qu'elle offre sont élevés ;

2. **L'emplacement géographique**. Les entreprises situées dans les grandes villes accordent des salaires plus élevés que les entreprises installées en région ;

3. **La description des tâches**. Les fonctions d'un poste peuvent varier d'une entreprise à l'autre. C'est pourquoi il faut se fier à l'évaluation et à la description du poste plutôt qu'à son titre ;

4. **La rémunération globale**. L'étude salariale doit aussi prendre en considération le coût de l'ensemble des avantages sociaux offerts par les entreprises ;

5. **Le secteur d'activité**. Les salaires sont souvent différents selon les secteurs. Ainsi, l'échelle des salaires dans le secteur des aliments est plus élevée que dans celui du caoutchouc ou du textile.

EXEMPLE

Joseph Robichaud, propriétaire d'un magasin d'articles de sport, désire établir le salaire de ses quatre vendeurs. Une enquête maison lui indique que les salaires horaires offerts par cinq magasins d'articles de sport de la région sont les suivants : 12 $, 10 $, 12,50 $, 14 $ et 11,80 $.

Des considérations diverses peuvent expliquer ces différences salariales pour un même poste : la compétence, l'ancienneté, l'expérience de travail, la taille de l'entreprise, etc.

▼

2. Ces renseignements peuvent provenir de différentes sources. L'Institut de la statistique du Québec (<www.stat.gouv.qc.ca>) publie chaque année une *Enquête sur la rémunération globale (ERG) des emplois repères au Québec*. Divers organismes, associations patronales, chambres de commerce, entreprises de consultation privées font leurs propres enquêtes salariales. L'entreprise elle-même peut aussi recueillir des données sur la rémunération en menant sa propre enquête maison. Aussi, plusieurs entreprises de haute technologie « participent à un réseau informel d'échange d'information en ce qui concerne les pratiques de rémunération dans leur secteur d'activité » (Barrette et autres, 2002, p. 61).

▼

À l'aide de cette distribution des salaires, M. Robichaud peut faire ressortir quatre données, soit le salaire minimal, le salaire maximal, le salaire moyen et le salaire médian.

Ainsi, le salaire minimal est de 10 $, le salaire maximal, de 14 $, et le salaire moyen, de 12,05 $.

Pour trouver la médiane, il suffit de placer les éléments de la distribution par ordre croissant ou par ordre décroissant : 10 $, 11,80 $, 12 $, 12,50 $, 14 $. Le salaire médian équivaut à la valeur centrale de la distribution, c'est-à-dire que 50 % des éléments de la distribution se situent au-dessous de ce salaire et 50 %, au-dessus de celui-ci. En l'occurrence, le salaire médian correspond au troisième salaire, soit 12 $[3].

La moyenne et la médiane sont deux indices de tendance centrale d'une distribution. Néanmoins, il est préférable de n'utiliser la médiane que pour résumer et comprendre l'information obtenue, car elle ne reflète pas les extrêmes trop élevés. Un salaire trop haut ou trop bas influence la moyenne, mais ne modifie pas la médiane.

À l'aide de ces données, M. Robichaud peut prendre des décisions concernant l'établissement des salaires.

7.5.3 LA DÉTERMINATION D'UNE STRUCTURE SALARIALE JUSTE ET CONCURRENTIELLE

On peut déterminer la structure salariale d'un poste en particulier et celle de l'ensemble des postes d'un service ou d'une catégorie d'emplois.

La détermination d'une structure salariale d'un poste en particulier

Lorsqu'on veut établir la structure salariale d'un poste en particulier, on doit aligner le salaire de ce poste sur le salaire médian, le salaire moyen, le salaire minimal ou le salaire maximal offert sur le marché. Ensuite, comme on ne veut pas que tous les employés qui occupent ce poste aient le même salaire, on établit différents niveaux de salaires, ou échelons, auxquels les employés pourront accéder pendant qu'ils occuperont le même poste de travail.

Le nombre d'échelons d'une classe est inversement proportionnel aux possibilités de promotion, c'est-à-dire que plus les chances de promotion sont élevées, moins il y a d'échelons dans une classe, et que moins les chances de promotion sont élevées, plus il y a d'échelons dans une classe.

EXEMPLE

Joseph Robichaud (voir l'exemple de la section 7.5.2) décide d'aligner le salaire de ses vendeurs sur le salaire médian de ses concurrents, soit 12 $ l'heure, et ainsi de définir la structure salariale présentée au tableau 7.11.

▼

---

3. Dans une distribution contenant un nombre pair d'éléments, la médiane est égale à la moyenne des deux éléments centraux. Par exemple, pour la distribution suivante : 19,75 $, 20 $, 21,80 $, 22 $, le salaire médian serait égal à 20,90 $, soit (20 $ + 21,80 $) ÷ 2.

▼

TABLEAU 7.11
La structure salariale des vendeurs

Échelon	Ancienneté	Salaire
Échelon 1	0 à 1 an	11,00 $
Échelon 2	1 an à 2 ans	11,50 $
Échelon 3	2 ans à 3 ans	12,00 $
Échelon 4	3 ans à 4 ans	12,50 $
Échelon 5	4 ans et plus	13,00 $

Selon cette structure salariale, les salaires minimal et maximal d'un vendeur sont respectivement inférieur et supérieur de 1 $ au salaire médian.

Ces différences peuvent aussi être exprimées en pourcentage. Pour des salaires minimal et maximal qui se situent à 20 % du salaire médian, la structure salariale sera conçue de la façon proposée au tableau 7.12.

TABLEAU 7.12
La structure salariale des vendeurs en pourcentage

Échelon	Ancienneté	Salaire
Échelon 1	0 à 1 an	9,60 $ (soit 12 $ × 80 %)
Échelon 2	1 an à 2 ans	10,80 $ (soit 12 $ × 90 %)
Échelon 3	2 ans à 3 ans	12 $ (soit 12 $ × 100 %)
Échelon 4	3 ans à 4 ans	13,20 $ (soit 12 $ × 110 %)
Échelon 5	4 ans et plus	14,40 $ (soit 12 $ × 120 %)

Dans les deux cas, le vendeur obtiendra le salaire médian de sa classe après deux ans d'ancienneté et son salaire plafonnera après quatre ans.

La détermination d'une structure salariale pour un ensemble de postes

La détermination de la structure salariale pour l'ensemble des postes d'un service ou d'une catégorie d'emplois se fait en quatre étapes :

1. Comme il est relativement astreignant d'avoir une structure salariale pour chacun des postes d'un service, on regroupe les points d'évaluation des postes en classes salariales ;

2. On détermine le salaire attribué à un poste repère. Un poste repère est celui qui représente l'ensemble des postes d'une même catégorie et à partir duquel on établit le salaire correspondant à ces postes ;

3. On établit les échelons salariaux pour la classe salariale à laquelle appartient le poste repère ;

4. On détermine les classes salariales des différents postes du service en fonction de celle du poste repère.

EXEMPLE

Le service de la comptabilité de l'entreprise AMPI comprend les quatre postes suivants :

- Commis de bureau ;
- Préposé à la paie ;
- Préposé aux comptes clients ;
- Préposé aux comptes fournisseurs.

L'évaluation de ces quatre postes donne le total de points suivant :

- Commis de bureau :   150 points
- Préposé à la paie :   245 points
- Préposé aux comptes clients :   275 points
- Préposé aux comptes fournisseurs :   285 points

En classant ces postes par ordre décroissant d'après le total de points qui leur a respectivement été attribué, on obtient le poste de préposé aux comptes fournisseurs, le poste de préposé aux comptes clients, le poste de préposé à la paie et le poste de commis de bureau.

1. On établit que la structure salariale des employés de bureau comporte trois classes. Ainsi,

- la classe salariale 1 englobe les points d'évaluation 150 à 199 ;
- la classe salariale 2 englobe les points d'évaluation 200 à 249 ;
- la classe salariale 3 englobe les points d'évaluation 250 à 299.

Donc, le poste de commis de bureau correspondant à 150 points (poste repère) appartient à la classe 1, le poste de préposé à la paie correspondant à 245 points, à la classe 2, et les postes de préposés aux comptes fournisseurs et aux comptes clients correspondant respectivement à 275 points et à 285 points, à la classe 3.

2. On détermine le salaire du poste repère.

Si le poste repère de cette catégorie d'emplois est le poste de commis de bureau, les salaires des employés du service de la comptabilité de l'entreprise AMPI seront établis d'après le salaire du poste de commis de bureau.

On procède d'abord à une étude salariale concernant le poste repère. Pour ce faire, on recueille des informations sur les salaires auprès de plusieurs entreprises de même taille, exerçant des activités dans le même secteur, à même vocation et situées dans la même région que l'entreprise AMPI.

On obtient les salaires horaires suivants : 10 $, 11 $, 12 $, 15,50 $, 14 $, 10,50 $, 13,75 $, 16 $.

- Le salaire minimal est de 10 $;
- Le salaire maximal est de 16 $;

▼

▼

- Le salaire moyen est de 12,85 $;
- Le salaire médian est de 12,88 $.

À partir de ces données statistiques, les responsables de l'entreprise AMPI conviennent d'aligner le salaire du poste repère, soit celui de commis de bureau, sur le salaire médian du secteur.

3. Puis, on prend les décisions suivantes :

- Chaque classe salariale comporte 11 échelons ;

- L'échelon 6[4] représente le salaire médian ;

- L'échelon minimal et l'échelon maximal d'une classe se situent à 20 % de l'échelon médian.

  - Échelon 1 : 80 % × salaire médian ;
  - Échelon 2 : 80 % + (20 % ÷ 5 échelons = 4 %) = 84 % × salaire médian ;
  - Échelon 3 : 84 % + 4 % = 88 % × salaire médian ;
  - Échelon 4 : 88 % + 4 % = 92 % × salaire médian ;
  - ...
  - Échelon 10 : 112 % + 4 % = 116 % × salaire médian ;
  - Échelon 11 : 116 % + 4 % = 120 % × salaire médian.

Ainsi, la classe salariale du poste repère, soit le poste de commis de bureau, est celle présentée au tableau 7.13.

TABLEAU 7.13
La classe salariale du poste repère, en l'occurrence celui de commis de bureau

Échelon	Pourcentage	Classe 1 [150-199]
1	80 %	10,30 $
2	84 %	10,82 $
3	88 %	11,33 $
4	92 %	11,85 $
5	96 %	12,36 $
6	100 %	12,88 $
7	104 %	13,40 $
8	108 %	13,91 $
9	112 %	14,43 $
10	116 %	14,94 $
11	120 %	15,46 $

▼

4. Pour trouver l'échelon médian, on effectue l'opération suivante : (nombre d'échelons + 1) ÷ 2.

▼

4.   Enfin, on établit le salaire médian des classes 2 et 3 de la façon suivante :

■   On détermine le salaire par point d'évaluation à l'échelon médian de la classe salariale à laquelle appartient le poste repère.

$$\frac{\text{Salaire à l'échelon médian de la classe du poste repère}}{\text{Point milieu de la classe}}$$

$$= 12,88 \ \$ \ \div \ [(199 + 150) \div 2] = 12,88 \ \$ \ \div \ 174,50$$

$$= 0,073812 \ \$ \text{ par point d'évaluation.}$$

■   On détermine les échelons salariaux médians des classes 2 et 3.

On multiplie le point milieu de la classe salariale par le salaire par point d'évaluation à l'échelon médian de la classe salariale à laquelle appartient le poste repère.

Échelon 6 de la classe 2 : $224,50 \times 0,073812 \ \$ = 16,57 \ \$$

Échelon 6 de la classe 3 : $274,50 \times 0,073812 \ \$ = 20,26 \ \$$

■   On détermine la structure salariale des trois classes comme le montre le tableau 7.14.

TABLEAU 7.14
La structure salariale des employés du service de la comptabilité de l'entreprise AMPI

Échelon	Pourcentage	Classe 1 [150-199]	Classe 2 [200-249]	Classe 3 [250-299]
1	80 %	10,30 $	13,26 $	16,21 $
2	84 %	10,82 $	13,92 $	17,02 $
3	88 %	11,33 $	14,58 $	17,83 $
4	92 %	11,85 $	15,24 $	18,64 $
5	96 %	12,36 $	15,91 $	19,45 $
6	100 %	12,88 $	16,57 $	20,26 $
7	104 %	13,40 $	17,23 $	21,07 $
8	108 %	13,91 $	17,90 $	21,88 $
9	112 %	14,43 $	18,56 $	22,69 $
10	116 %	14,94 $	19,22 $	23,50 $
11	120 %	15,46 $	19,88 $	24,31 $

Notons que cette façon de déterminer la structure salariale n'est pas universelle. L'entreprise peut utiliser une autre méthode pour établir une relation entre le salaire d'un poste repère et les autres postes auxquels il est associé, par exemple la droite de régression.

Il s'agit alors de calculer la droite des salaires ($Y = aX + b$) à partir des résultats d'une étude salariale dans laquelle sont mis en relation les points d'évaluation attribués à des postes et les salaires qui y sont associés. Cette opération nous permet d'uniformiser la structure salariale d'un ensemble de postes. Le tableau 7.15 donne les salaires médians pour différents points d'évaluation.

TABLEAU 7.15
La relation entre les points d'évaluation des postes et le salaire

Points d'évaluation des postes	Salaires médians (taux horaire)
200	18 $
235	19 $
250	19,75 $
275	21 $
280	21 $
310	24 $
325	25 $
350	30 $
400	35 $

La figure 7.2, obtenue à l'aide du logiciel Excel, illustre la droite des salaires, qui est égale à $Y = 0,088 \times - 2,0241$.

Le coefficient de détermination est égal à 0,9255, ce qui signifie qu'il y a une très forte relation entre les salaires et les points d'évaluation : plus les points d'évaluation augmentent, plus les salaires augmentent.

À partir de cela, nous pouvons déterminer le taux horaire salarial de n'importe quel total de points d'évaluation. Par exemple, le salaire attribué à un poste évalué à 450 points sera calculé ainsi : $Y = (0,088 \times 450) - 2,0241 = 37,58 \$$.

FIGURE 7.2
La droite des salaires

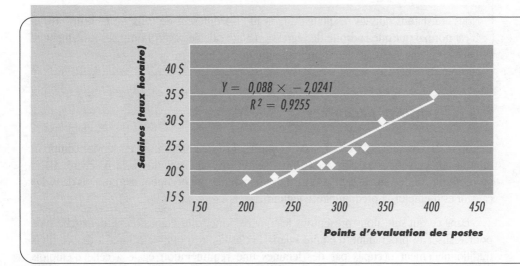

EXEMPLE

Reprenons l'exemple précédent et calculons les trois classes salariales avec la droite des salaires $Y = 0,088 \times - 2,0241$.

Dans un premier temps, nous calculons le salaire attribué à l'échelon médian de chacune des classes :

Échelon 6 de la classe 1 : $Y = (0,088 \times 174,50 \text{ points}) - 2,0241 = 13,33 \$$;

Échelon 6 de la classe 2 : $Y = (0,088 \times 224,50 \text{ points}) - 2,0241 = 17,73 \$$;

Échelon 6 de la classe 3 : $Y = (0,088 \times 274,50 \text{ points}) - 2,0241 = 22,13 \$$.

Ensuite, nous calculons la structure salariale, comme le montre le tableau 7.16.

TABLEAU 7.16
La structure salariale des employés du service de la comptabilité de l'entreprise AMPI

Échelon	Pourcentage	Classe 1	Classe 2	Classe 3
1	80 %	10,66 $	14,18 $	17,70 $
2	84 %	11,20 $	14,89 $	18,59 $
3	88 %	11,73 $	15,60 $	19,47 $
4	92 %	12,26 $	16,31 $	20,36 $
5	96 %	12,80 $	17,02 $	21,24 $
6	**100 %**	**13,33 $**	**17,73 $**	**22,13 $**
7	104 %	13,86 $	18,44 $	23,02 $
8	108 %	14,40 $	19,15 $	23,90 $
9	112 %	14,93 $	19,86 $	24,79 $
10	116 %	15,46 $	20,57 $	25,67 $
11	120 %	16,00 $	21,28 $	26,56 $

Nous constatons que les résultats du tableau 7.14 diffèrent de ceux du tableau 7.16. C'est normal puisque la droite de régression a été calculée avec 9 données seulement (voir le tableau 7.15), au lieu d'un minimum de 30.

7.5.4   L'ÉQUITÉ SALARIALE

Depuis le 21 novembre 2001, la *Loi sur l'équité salariale* oblige toute entreprise comptant plus de 10 personnes salariées à corriger les écarts salariaux dus à la **discrimination systémique fondée sur le sexe** à l'égard des personnes qui occupent des emplois dans des catégories d'emplois à prédominance féminine.

Dans ce qui suit, nous présentons les quatre principales étapes d'une démarche type pour réaliser le programme d'équité salariale, c'est-à-dire pour « attribuer à des emplois traditionnellement occupés par des femmes une rémunération égale à celle d'emplois traditionnellement occupés par des hommes, même si ces emplois sont différents, pourvu qu'ils soient de même valeur ou de valeur comparable dans l'entreprise[5] ».

La première étape du programme d'équité salariale : déterminer les catégories d'emplois à prédominance féminine et les catégories d'emplois à prédominance masculine

Dans un premier temps, il faut **regrouper les emplois par catégories**[6] selon les trois caractéristiques suivantes :

- Les fonctions ou les responsabilités semblables ;

- Les qualifications semblables ;

- La même rémunération, soit un même taux ou une même échelle de salaires.

Dans un deuxième temps, on établit la **prédominance de chacune des catégories d'emplois.** La loi prévoit quatre critères pour déterminer la prédominance féminine ou masculine d'une catégorie d'emplois :

1. Au moins 60 % des personnes salariées faisant partie de la catégorie d'emplois sont du même sexe ;

EXEMPLE

Le service de la comptabilité compte sept employés, dont cinq sont des femmes. Cette catégorie d'emplois est considérée comme une catégorie à prédominance féminine, puisque 71 % des employés sont des femmes.

2. L'évolution historique du taux de représentation des femmes ou des hommes dans cette catégorie au sein de l'entreprise confirme une prédominance ou l'autre ;

EXEMPLE

Le service de la comptabilité a été, depuis les 10 dernières années, composé uniquement d'hommes. Depuis six mois, cinq employés sur sept sont des femmes. Cette catégorie d'emplois est considérée comme une catégorie à prédominance masculine.

3. La catégorie d'emplois est couramment associée aux femmes ou aux hommes (les stéréotypes professionnels) ;

---

5. Commission de l'équité salariale. *Guide pour réaliser l'équité salariale,* Québec, p.77. Pour plus d'information, consultez aussi le site Web de la Commission d'équité salariale à l'adresse électronique suivante : <www.ces. gouv.qc.ca>.

6. Souvent, dans les petites entreprises, un emploi est unique et constitue à lui seul une catégorie d'emplois.

EXEMPLE

Le service de laboratoire médical compte six techniciens, dont trois sont des hommes. Cette catégorie d'emplois est considérée comme une catégorie à prédominance féminine en vertu des stéréotypes professionnels.

4. Il existe un écart significatif entre le taux de représentation des femmes et celui des hommes au sein de la catégorie d'emplois par rapport à leur proportion dans l'effectif total de l'entreprise.

EXEMPLE

Le service de graphisme compte 13 employés, dont sept sont des femmes. L'entreprise compte 50 employés, dont les sept femmes du service de graphisme. Les femmes représentent donc 54 % du service de graphisme et 14 % de l'effectif de l'entreprise ; par conséquent, la catégorie d'emplois constituant le service de graphisme sera considérée comme une catégorie à prédominance féminine.

La deuxième étape du programme d'équité salariale : évaluer la valeur des catégories d'emplois

À cette étape, on évalue les catégories d'emplois en fonction de quatre grands facteurs :

- Les qualifications (scolarité, expérience, connaissance de logiciels informatiques, dextérité manuelle, etc.) ;

- Les responsabilités (par rapport à l'équipement, au résultat du travail des employés, aux ressources financières, etc.) ;

- L'effort requis (physique, mental, psychologique, etc.) ;

- Les conditions de travail (exigences physiques et psychologiques de l'environnement de travail, horaire, rythme de travail, etc.).

Cette démarche est identique à celle effectuée à la première activité du processus de rémunération (voir la section 7.5.1), sauf qu'ici on évalue la valeur des catégories d'emplois et non celle des postes qui les constituent.

EXEMPLE

La catégorie « emplois de bureau » peut être composée des postes de commis de bureau, de préposé à la paie, de préposé aux comptes clients et de préposé aux comptes fournisseurs.

À la première activité du processus de rémunération (voir la section 7.5.1), nous devons évaluer chacun de ces quatre postes pour nous assurer de l'égalité salariale. Et, pour nous assurer de l'équité salariale, nous évaluons la catégorie « emplois de bureau ».

La troisème étape du programme d'équité salariale : évaluer les écarts salariaux entre les catégories d'emplois de valeur équivalente ou de même valeur

Dans un premier temps, nous calculons la rémunération globale maximale des catégories d'emplois à prédominance masculine et féminine à l'aide de l'équation suivante (voir la section 7.3) :

$$\text{Rémunération globale maximale} =$$

$$\frac{\text{Salaire maximal} + \text{Bonis} + \text{Primes} + \text{Valeur des avantages sociaux et particuliers}}{\text{Nombre d'heures travaillées (Heures normales de travail} - \text{Vacances} - \text{Congés} - \text{Pauses)}}$$

Ensuite, on évalue les écarts salariaux entre les catégories d'emplois de valeur équivalente ou de même valeur en utilisant soit une méthode individuelle de comparaison, soit une méthode globale de comparaison.

La **méthode individuelle** (la comparaison par paire) consiste à calculer l'écart salarial entre la rémunération d'une catégorie d'emplois à prédominance féminine et celle d'une catégorie d'emplois à prédominance masculine.

EXEMPLE

Lorsqu'il existe au sein de l'entreprise une catégorie d'emplois à prédominance masculine de même valeur que celle d'une catégorie d'emplois à prédominance féminine, l'écart de rémunération se calcule en soustrayant les deux rémunérations (voir le tableau 7.17).

TABLEAU 7.17
Le calcul de l'écart de rémunération entre une catégorie d'emplois à prédominance féminine et une catégorie d'emplois à prédominance masculine de même valeur

	Catégorie d'emplois	
	À prédominance masculine	À prédominance féminine
Évaluation de la catégorie	500 points	500 points
Rémunération maximale	15,25 $	14 $
Écart		15,25 $ − 14 $ = 1,25 $

Lorsqu'il existe au sein de l'entreprise plusieurs catégories d'emplois à prédominance masculine de même valeur qu'une catégorie d'emplois à prédominance féminine, mais auxquelles sont associés des salaires différents, l'écart de rémunération se calcule entre la moyenne des rémunérations de la catégorie d'emplois à prédominance masculine et la rémunération de la catégorie d'emplois à prédominance féminine (voir le tableau 7.18).

▼

TABLEAU 7.18
**Le calcul de l'écart de rémunération entre une catégorie d'emplois
à prédominance féminine et plusieurs catégories d'emplois
à prédominance masculine de même valeur**

	Catégorie d'emplois	
	À prédominance masculine	À prédominance féminine
Évaluation de la catégorie 1 Rémunération maximale	500 points 15,25 $	500 points
Évaluation de la catégorie 2 Rémunération maximale	500 points 16 $	
Rémunération moyenne	(15,25 $ + 16 $) ÷ 2 = 15,63 $	14 $
Écart		15,63 $ − 14 $ = 1,63 $

TABLEAU 7.19
**Le calcul de l'écart de rémunération d'une catégorie d'emplois à prédominance
féminine en l'absence de catégorie d'emplois à prédominance masculine
de même valeur**

	Catégorie d'emplois	
	À prédominance masculine	À prédominance féminine
Évaluation de la catégorie 1 (dont la valeur est la plus proche de la catégorie d'emplois à prédominance féminine) Rémunération maximale	375 points 10 $	400 points
Évaluation de la catégorie 2 (dont la valeur est la plus proche de la catégorie 1) Rémunération maximale	450 points 16 $	
Rémunération par points d'évaluation entre les catégories d'emplois à prédominance masculine	16 $ − 10 $ ÷ (450 − 375 points) = 0,08 $	
Rémunération de la catégorie d'emplois à prédominance féminine		10 $ + [(400 − 375 points) × 0,08 $] = 12 $

▼

Lorsqu'il n'existe pas au sein de l'entreprise de catégorie d'emplois à prédominance masculine de même valeur que la catégorie d'emplois à prédominance féminine, nous pouvons déterminer la rémunération de la catégorie d'emplois à prédominance féminine en ajoutant à la rémunération de la catégorie d'emplois à prédominance masculine la plus proche la valeur pécuniaire d'un point d'évaluation des catégories d'emplois à prédominance masculine (voir le tableau 7.19).

La **méthode globale** de comparaison consiste à calculer l'écart de rémunération à partir de la droite des salaires (voir la section 7.5.3) des catégories d'emplois à prédominance masculine.

EXEMPLE

La droite des salaires de l'ensemble des catégories d'emplois à prédominance masculine de l'entreprise est à égale à $Y = 0,1032 \times -4,28$.

Pour calculer l'écart de rémunération d'une catégorie d'emplois à prédominance féminine d'une valeur de 450 points et dont la rémunération maximale horaire est de 36 $, nous calculons la rémunération de la catégorie d'emplois à prédominance féminine avec la droite des salaires :

$Y = (0,1032 \times 400 \text{ points}) - 4,28 = 37$ \$.

Ensuite, nous calculons l'écart de la rémunération horaire :

37 \$ $-$ 36 \$ $= 1$ \$.

La quatrième étape du programme d'équité salariale : définir les modalités de versement des ajustements salariaux

Lorsqu'il existe un écart de rémunération entre une catégorie d'emplois à prédominance masculine et une catégorie d'emplois à prédominance féminine, un ajustement salarial doit avoir lieu. L'entreprise a jusqu'au 21 novembre 2005 pour corriger cet écart.

EXEMPLE

Au 21 novembre 2001, une entreprise a observé un écart de rémunération de 2,50 $ entre une catégorie d'emplois à prédominance masculine et une catégorie d'emplois à prédominance féminine ; cette entreprise peut décider d'ajuster la rémunération de la catégorie d'emplois à prédominance féminine selon l'une ou l'autre des modalités établies au tableau 7.20.

TABLEAU 7.20
Les modalités d'ajustement de rémunération au 21 novembre 2001

Modalité	2001	2001 et 2002	2001, 2002 et 2003	2001, 2002, 2003 et 2004	2001, 2002, 2003, 2004 et 2005
Ajustement	2,50 \$	2,50 \$ ÷ 2 = 1,25 \$	2,50 \$ ÷ 3 = 0,83 \$	2,50 \$ ÷ 4 = 0,625 \$	2,50 ÷ 5 = 0,50 \$

▼

▼

Ainsi, si le taux horaire de la catégorie d'emplois à prédominance féminine est de 15 $, la rémunération augmentera progressivement pour atteindre 17,50 $ au plus tard au 21 novembre 2005. Le tableau 7.21 donne les différentes rémunérations selon l'étalement choisi par l'entreprise pour corriger les écarts de rémunération.

TABLEAU 7.21
La rémunération selon les différentes modalités d'ajustement

Étalement	Au 21/11/01	Au 21/11/02	Au 21/11/03	Au 21/11/04	Au 21/11/05
Aucun	17,50 $				
2 ans	16,25 $	17,50 $			
3 ans	15,83 $	16,66 $	17,50 $		
4 ans	15,63 $	16,25 $	16,88 $	17,50 $	
5 ans	15,50 $	16,00 $	16,50 $	17,00 $	17,50 $

7.5.5 LES AUGMENTATIONS SALARIALES

Il existe plusieurs façons pour le titulaire d'un poste d'obtenir une augmentation salariale (ou de gravir les échelons de sa classe salariale). Cela peut se faire par l'obtention d'une année additionnelle d'ancienneté, par l'indexation du salaire au coût de la vie, à la suite d'une évaluation du rendement positive (la rémunération des résultats), par l'acquisition de compétences additionnelles (la rémunération des compétences) ou par la combinaison de l'un ou l'autre de ces facteurs.

Dans ce qui suit, nous abordons ces différents systèmes de rémunération. Particulièrement, nous analysons la rémunération des résultats, la rémunération des compétences, les primes au rendement et l'indexation des salaires à l'indice des prix à la consommation.

La rémunération des résultats

Le processus de rémunération des résultats (ou rémunération au mérite) établit un lien entre le rendement au travail (individuel et collectif) et l'augmentation de salaire. Bien que l'évaluation ait comme objectif premier d'améliorer le rendement et d'élaborer un plan d'action visant à développer les compétences et à orienter les efforts des employés, elle a aussi des incidences salariales.

Dans le cas de la rémunération des résultats, c'est essentiellement la qualité du rendement qui détermine la fréquence des augmentations salariales. Le superviseur établit une relation entre la note globale de l'évaluation du rendement de l'employé et son échelle salariale. Comme c'est lui qui évalue le rendement de ses employés, il joue un rôle de premier plan quand vient le temps des augmentations salariales.

Certains considèrent que le salaire relié au rendement est un facteur de motivation important, c'est-à-dire un stimulant qui aide les employés à atteindre les objectifs de leur emploi. Or, plusieurs études portant sur les incitatifs de l'emploi démontrent que la satisfaction personnelle, la valorisation de soi au travail, la réussite au travail, le bien-être personnel, la sécurité d'emploi, la sécurité au travail, etc., sont aux yeux des travailleurs plus importants que le salaire.

De plus, nous avons appris au chapitre 5 que les facteurs intrinsèques de l'emploi, c'est-à-dire ceux qui sont directement associés au contenu du travail (l'accomplissement de soi, la reconnaissance au travail, les tâches valorisantes, le degré de responsabilité, la promotion, l'avancement, etc.), ont plus d'effet sur la motivation de l'employé que les facteurs extrinsèques, reliés, quant à eux, à l'environnement du travail, au salaire, à la sécurité d'emploi, aux conditions de travail, etc.

Ainsi, un salaire jugé inacceptable par l'employé devient, pour lui, une préoccupation et une source d'intérêt. Il s'appliquera donc à rétablir l'équilibre entre ce qu'il reçoit et ce qu'il souhaite recevoir, et, une fois qu'il aura obtenu un salaire qu'il juge acceptable, il sera privé du stimulant qui le poussait à agir. Il n'est pas rare que l'employé ne donne plus le rendement escompté dès qu'il a atteint un niveau de salaire satisfaisant. Le superviseur doit être en mesure de faire face à ce type de situation.

Par ailleurs, lorsque le salaire est perçu comme une **récompense** par l'employé, il constitue un facteur de motivation au même titre qu'une promotion. En d'autres mots, ce n'est pas le salaire à proprement parler qui est le facteur de motivation, mais plutôt ce qu'il représente, à savoir la reconnaissance du travail bien fait. L'employé trouve donc un stimulant dans l'augmentation salariale, car elle est la preuve qu'on reconnaît la qualité de son travail.

Dans cette perspective, le salaire sera pour le superviseur un outil qu'il pourra utiliser tant pour satisfaire que pour motiver ses employés. C'est là une tâche délicate, et à plus forte raison si le superviseur ne contrôle pas la masse salariale de son service. Dans la limite de ses moyens, il utilisera l'augmentation salariale pour **récompenser son employé et lui permettre d'accéder à un salaire satisfaisant et équitable**. Ainsi, ce dernier pourra dire :

- « Ma rétribution reflète ma contribution à l'entreprise. »

- « Ma rétribution est celle que j'espérais recevoir. »

- « Ma rétribution, en tant que récompense, est une source d'énergie qui me pousse à agir. »

La rémunération des compétences

La rémunération des compétences est une rémunération individualisée établie en fonction des compétences de l'employé plutôt qu'uniquement en fonction des exigences et de la valeur du poste qu'il occupe :

- Les compétences rémunérées peuvent être associées à des savoirs, des savoir-faire, des savoir-être et des savoir-interagir (voir les chapitres 2 et 3) ;

- Ces compétences peuvent être horizontales (compétences diverses requises par un élargissement de la tâche), verticales (compétences supérieures requises par un enrichissement de la tâche) et spécialisées (compétences pointues dans un domaine en particulier requises par un approfondissement de la tâche), car n'oublions pas que l'entreprise moderne recherche des employés polyvalents (voir le chapitre 1) ;

■ Enfin, les compétences peuvent être requises par le poste et utilisées par l'employé dans son travail, ou acquises par l'employé mais non utilisées par lui dans son travail.

Le modèle le plus souvent adopté par les entreprises est celui de la rémunération des compétences requises par le poste et utilisées par l'employé. En cette matière, deux façons de rémunérer les compétences sont employées :

– Les exigences du poste sont traduites en compétences requises et un salaire y est associé ;

– L'évaluation du poste (voir la section 7.5.1) détermine un salaire de base auquel s'ajoute sous forme d'augmentation salariale la rétribution de l'accroissement, du développement ou de l'approfondissement de compétences reliées à la situation de travail de l'employé.

EXEMPLE

Le tableau 7.22 présente un exemple type du processus de rémunération des compétences. Nous sommes en présence d'un processus d'affaires comportant trois activités. L'activité A1 comporte deux postes (P1 et P2), l'activité A2, un poste (P3) et l'activité A3, un poste (P4). Le poste P1 comporte deux tâches (T1 et T2). Pour accomplir efficacement ces tâches, le titulaire de ce poste doit posséder la compétence C1. Le poste P2 comporte les tâches T1, T2 et T3. Pour accomplir efficacement la tâche T3, le titulaire de ce poste doit posséder la compétence C2.

Supposons que le salaire horaire de base établi en fonction des exigences du poste est de 8 $. Si la compétence C1 est rémunérée au taux horaire de 1 $ et la compétence C2, au taux horaire de 2 $, le titulaire du poste P1 est rémunéré 9 $ l'heure, et le titulaire du poste P2 est rémunéré 11 $ l'heure, et ainsi de suite.

TABLEAU 7.22
Un exemple type de processus de rémunération des compétences

Activité	Poste	Tâche	Compétence	Salaire attribué à la compétence	Salaire de base attribué au titulaire du poste
A1	P1	T1, T2	C1	1 $	8 $ + 1 $ = 9 $
	P2	T1, T2	C1	1 $	
		T3	C2	2 $	8 $ + 1 $ + 2 $ = 11 $
A2	P3	T1, T2	C1	1 $	
		T3	C2	2 $	8 $ + 1 $ + 2 $ + 1 $
		T4	C3	1 $	= 12 $
A3	P4	T1, T2	C1	1 $	
		T4	C3	1 $	8 $ + 1 $ + 1 $ = 10 $

L'exemple suivant porte sur la détermination des salaires selon la rémunération des compétences des employés du service de l'imprimerie d'une entreprise.

EXEMPLE

Le tableau 7.23 présente les compétences horizontales (qui correspondent à l'élargissement de la tâche ; voir la section 5.6.1 du chapitre 5), les compétences verticales (qui correspondent à l'enrichissement de la tâche ; voir la section 5.6.1. du chapitre 5) et les compétences spécialisées requises par les différents postes composant le processus d'affaires « Imprimer les documents » de l'entreprise Cogex.

TABLEAU 7.23

Des exemples de compétences horizontales, verticales et spécialisées

Compétence horizontale	Compétence verticale	Compétence spécialisée
Imprimer selon les spécifications établies.	Établir des priorités de production.	Participer au comité de prévention en matière de santé et de sécurité au travail.
Entretenir l'imprimante.	Planifier et organiser son travail.	Participer au comité de développement des produits.
Réparer l'imprimante.	Superviser une équipe de travail.	Former les préposés à l'imprimerie.

Le tableau 7.24 donne les salaires attribués aux différents postes composant ce processus d'affaires. Le salaire de base est de 10 $.

- Le titulaire du poste de niveau 1 est payé 12 $ l'heure pour imprimer les documents selon les spécifications établies ;

- Le titulaire du poste de niveau 2 est payé 13 $ l'heure pour imprimer et entretenir l'imprimante ;

- Le titulaire du poste de niveau 3 est payé 15 $ l'heure pour imprimer, entretenir et réparer l'imprimante ;

- Le titulaire du poste de niveau 4 est payé 16 $ l'heure pour imprimer, entretenir et réparer l'imprimante, établir des priorités de production, planifier et organiser son travail ;

- Le titulaire du poste de niveau 5 est payé 18,50 $ l'heure, car il a démontré qu'il possède l'ensemble des compétences horizontales et verticales (voir le tableau 7.23) requises par son poste ;

▼

■ Le titulaire du poste de niveau 6A est payé 19 $ l'heure, car en plus de posséder les compétences requises par le poste de niveau 5, il a l'habileté de participer au comité de prévention en matière de santé et de sécurité au travail ; et ainsi de suite.

TABLEAU 7.24
Les salaires attribués aux différents postes du processus d'affaires « Imprimer les documents », le salaire de base étant de 10 $

Poste	Compétences reconnues	Salaire selon la compétence	Salaire
Niveau 1	Imprimer selon les spécifications établies.	2,00 $	12,00 $
Niveau 2	Imprimer selon les spécifications établies.	2,00 $	
	Entretenir l'imprimante.	1,00 $	13,00 $
Niveau 3	Imprimer selon les spécifications établies.	2,00 $	
	Entretenir l'imprimante.	1,00 $	
	Réparer l'imprimante.	2,00 $	15,00 $
Niveau 4	Imprimer selon les spécifications établies.	2,00 $	
	Entretenir l'imprimante.	1,00 $	
	Réparer l'imprimante.	2,00 $	
	Établir des priorités de production.	0,50 $	
	Planifier et organiser son travail.	0,50 $	16,00 $
Niveau 5	Imprimer selon les spécifications établies.	2,00 $	
	Entretenir l'imprimante.	1,00 $	
	Réparer l'imprimante.	2,00 $	
	Établir des priorités de production.	0,50 $	
	Planifier et organiser son travail.	0,50 $	
	Superviser une équipe de travail.	2,50 $	18,50 $
Niveau 6 A	Imprimer selon les spécifications établies.	2,00 $	
	Entretenir l'imprimante.	1,00 $	
	Réparer l'imprimante.	2,00 $	
	Établir des priorités de production.	0,50 $	
	Planifier et organiser son travail.	0,50 $	
	Superviser une équipe de travail.	2,50 $	
	Participer au comité de prévention en matière de santé et de sécurité au travail.	0,50 $	19,00 $
Niveau 6 B	Imprimer selon les spécifications établies.	2,00 $	
	Entretenir l'imprimante.	1,00 $	
	Réparer l'imprimante.	2,00 $	
	Établir des priorités de production.	0,50 $	
	Planifier et organiser son travail.	0,50 $	
	Superviser une équipe de travail.	2,50 $	
	Participer au comité de développement des produits.	0,50 $	19,00 $

▼

Poste	Compétences reconnues	Salaire selon la compétence	Salaire
Niveau 6 C	Imprimer selon les spécifications établies.	2,00 $	
	Entretenir l'imprimante.	1,00 $	
	Réparer l'imprimante.	2,00 $	
	Établir des priorités de production.	0,50 $	
	Planifier et organiser son travail.	0,50 $	
	Superviser une équipe de travail.	2,50 $	
	Former les préposés à l'imprimerie.	0,50 $	19,00 $

Selon ce processus d'affaires, l'employé doit acquérir de nouvelles compétences, préférablement en suivant et en réussissant une formation appropriée, pour obtenir une augmentation salariale. Idéalement, cette formation est donnée par l'entreprise ou tout au moins encouragée par elle (voir le chapitre 3).

Mais la question qu'il faut se poser ici est la suivante : Est-ce que la rémunération des compétences encourage l'employé à les utiliser dans son travail et à offrir la performance escomptée ?

La réponse à cette question nous est donnée par Saint-Onge et Péronne-Dutour (1998) : « [L'employé] le plus compétent (ou le mieux formé) n'[est] pas nécessairement le plus vaillant ou celui qui obtient les meilleurs résultats [...] » De plus, Saint-Onge (1999, p. 29) souligne ceci :

> En somme, la rémunération des compétences et la rémunération des résultats s'avèrent tout au moins des partenaires pour réaliser la stratégie d'affaires : d'une part, la rémunération des compétences incite à acquérir les compétences constituant une plate-forme pour atteindre les résultats ; d'autre part, la rémunération des résultats encourage l'application des compétences acquises afin d'atteindre les objectifs.

Klarsfeld et Saint-Onge (2000, p. 70) proposent alors les primes au rendement pour récompenser l'atteinte des résultats, et les augmentations de salaire pour reconnaître l'acquisition, le développement et l'approfondissement de compétences.

Une augmentation salariale se distingue d'une prime de rendement en ce qu'elle est ajoutée au salaire de l'employé. La prime n'étant pas intégrée au salaire, l'employé est toujours dans l'obligation d'être de plus en plus efficace, productif et rentable s'il ne veut pas voir son salaire fluctuer. La prochaine section traite de ce système de rémunération basé sur le rendement.

Les primes au rendement

Certains régimes d'intéressement établissent une relation entre l'effort, la performance et la rétribution des employés (voir le chapitre 5, section 5.4.2). Ils prévoient accorder des primes calculées selon le rendement individuel de l'employé, le rendement de son équipe de travail, le rendement global de l'entreprise ou encore selon une combinaison des trois.

EXEMPLE

Un superviseur affirme accorder les primes de rendement à ses employés en tenant compte des deux facteurs suivants :

■ Le rendement global de son service, qui est évalué selon le rapport entre les bénéfices et les ventes. À ce rendement sont associées des primes collectives (voir le tableau 7.25).

TABLEAU 7.25
Les primes collectives au rendement

Atteinte de l'objectif global du service	Prime collective
80 % de l'objectif de rendement	1 %
90 % de l'objectif de rendement	2 %
95 % et plus de l'objectif de rendement	3 %

■ Le rendement individuel de ses employés, qui leur donne droit à des primes de rendement (voir le tableau 7.26).

TABLEAU 7.26
La prime individuelle au rendement

Évaluation du rendement	Prime individuelle
Note globale de	
90 % et plus	3 %
Entre 80 % et 89 %	2 %
Entre 70 % et 79 %	1 %

Dans ces conditions, examinons le cas de Mario Lavigne. « Cette année, mon service a atteint 90 % de ses objectifs de rendement. » M. Lavigne a donc droit à une prime collective de 2 %. De plus, il a obtenu une note de 87 % au moment de l'évaluation de son rendement, ce qui lui vaut une prime individuelle de 2 %. Sa prime globale totalise donc 4 % de son salaire, soit 1 440 $ (36 000 $ × 4 %), somme forfaitaire (qui n'est pas ajoutée à son salaire de base) qui lui est versée à la fin de l'année et de laquelle seront retranchées les déductions à la source.

Lorsque le superviseur accorde des primes à la suite d'une évaluation du rendement positive, il est tenu de respecter certaines conditions importantes. Il doit :

■ faire une nette distinction entre l'évaluation qui vise l'amélioration du rendement et celle qui sert à déterminer les primes au rendement. La première prépare le rendement futur, tandis que la seconde a pour objet de récompenser le rendement déjà atteint ;

■ rencontrer son employé à des moments différents pour chacune des évaluations du rendement afin de lui permettre d'établir la distinction entre les deux types d'évaluation ;

■ expliquer à son employé le mode d'évaluation dont il s'est servi pour établir la prime accordée. De cette façon, le superviseur se protège des accusations d'avoir pris une décision arbitraire ;

■ tenir compte de plusieurs critères dans le calcul de la prime. Le rendement au travail de l'employé peut dépendre de plusieurs facteurs (voir le chapitre 5) : connaissances, habiletés, potentiel, progrès réalisés, facteurs qui ne relèvent pas de l'employé mais qui influent sur son rendement, tels le rendement de son groupe de travail, les ressources disponibles, etc. ;

■ respecter les limites salariales prévues pour son service ;

■ tenir compte du niveau salarial atteint par l'employé. Dans certaines entreprises, on jumelle les primes au rendement aux augmentations salariales pour faire progresser les bas salariés plus rapidement que les hauts salariés et pour freiner l'ascension de ces derniers dans leur classe salariale.

EXEMPLE

« J'accorde les primes au rendement et les augmentations salariales à mes employés selon leur rendement et leur échelon par rapport au point milieu de leur classe salariale. Nous pensons ainsi favoriser les bas salariés en leur permettant d'atteindre rapidement le salaire médian de leur classe. Cette année, les primes et les augmentations salariales ont été établies d'après le tableau suivant, explique Normand Latendresse, directeur administratif.

TABLEAU 7.27
Le pourcentage d'augmentation salariale

Échelon	Résultat à l'évaluation du rendement		
	90 % et plus	De 80 % à 89 %	De 70 % à 79 %
1	6 %	4,5 %	3 %
2	5 %	4 %	2 %
3	4 %	3 %	1,5 %
4	3 %	2 %	1 %
5	2,5 %	1 %	0 %
6 à 9 (prime)	2 %	1 %	0 %

« Pierrette Lavigne, par exemple, se situe à l'échelon 4 de sa classe salariale et elle a obtenu une note globale de 92,5 % au moment de l'évaluation de son rendement. Je lui ai donc accordé une augmentation salariale de 3 %, qui a été ajoutée à son salaire. Mario Bergeron se situe à l'échelon 8 et il a obtenu une note globale de 90 % au moment de l'évaluation de son rendement. Je lui ai accordé une prime au rendement (montant forfaitaire) de 2 %. »

L'indexation des salaires à l'indice des prix à la consommation (IPC)

L'indice des prix à la consommation (IPC) indique la valeur du dollar à une certaine période de l'année, ce qui détermine, par le fait même, le pouvoir d'achat des travailleurs.

Cet indice représente la valeur d'un panier de produits de consommation dont la dernière mise à jour sur la base 100 remonte à 1992. L'IPC est calculé dans différentes villes du Canada, dont Montréal, Halifax, Toronto, Ottawa et Vancouver.

On calcule l'effet de l'IPC sur le dollar de la façon suivante : en septembre 200X, l'IPC de Montréal était de 118,9 et en septembre de l'année suivante (200Y), il s'élevait à 127,5, ce qui signifie qu'à Montréal le dollar de septembre 200X valait $100 \div 118,9 = 0,8410$ le dollar de 1992, et que celui de septembre 200Y valait $100 \div 127,5 = 0,7843$ le dollar de 1992.

EXEMPLE

Prenons comme exemple le salaire hebdomadaire de Denise Hamel, qui était de 500 $ en 200X et de 515 $ en 200Y. Son salaire hebdomadaire réel en septembre 200X était de 420,50 $ en dollars de 1992 (500 $ $\times$ 0,8410) et, en septembre 200Y, de 403,92 $ en dollars de 1992 (515 $ $\times$ 0,7843).

TABLEAU 7.28
L'effet de l'IPC sur le salaire de Denise Hamel

IPC de Montréal	Valeur du dollar de 1992	Salaire en dollars de 1992
Septembre 1992 = 100	1 $	
Septembre 200X = 118,9	0,8410 $ (100 ÷ 118,9)	420,50 $ (500 $ × 0,8410)
Septembre 200Y = 127,5	0,7843 $ (100 ÷ 127,5)	403,92 $ (515 $ × 0,7843)

Donc, l'augmentation réelle du salaire de Denise Hamel, en dollars de 1992, n'était pas de 3 % malgré les apparences : $[(515 - 500) \div 500] \times 100 = 3\%$; il a plutôt subi une diminution de 3,944 % : $[(403,92 - 420,50) \div 420,50] \times 100 = -3,944\%$.

On constate que l'inflation gruge le pouvoir d'achat de Mme Hamel puisqu'en septembre 200Y son salaire réel a diminué d'à peu près 4 % en dollars de 1992.

L'entreprise doit décider de quelle façon elle tiendra compte de l'IPC dans sa politique de rémunération. En règle générale, le superviseur intervient très peu dans ce type de décision.

Il existe trois façons d'indexer le salaire des employés. Cette indexation peut être intégrée à l'échelle salariale ou remise aux employés sous forme d'une somme forfaitaire :

1. Une **indexation pleine et entière** (pratique plutôt rare). Par exemple, si l'IPC a augmenté de 4,5 %, les salaires augmenteront de 4,5 % ;

2. Une **indexation à partir d'une augmentation de *x* pour cent de l'IPC**. Par exemple, l'employeur peut décider d'accorder une indexation à partir de 2,5 % d'augmentation de l'IPC. Si l'IPC augmente de 2 %, les salaires ne seront pas indexés, mais si l'IPC augmente de 3,5 %, les salaires seront indexés de 1 % (3,5 % − 2,5 %) ;

3. Une **indexation jusqu'à un certain pourcentage de l'augmentation de l'IPC**. Par exemple, l'employeur peut indexer les salaires jusqu'à 3 % d'augmentation de l'IPC. Si l'IPC augmente de 2 %, les salaires seront indexés de 2 % et si l'IPC augmente de 4 %, les salaires seront alors indexés de 3 % seulement.

RÉSUMÉ

Une politique de rémunération globale doit favoriser une bonne gestion de la masse salariale d'une entreprise et doit reposer sur deux grands principes : la rémunération en tant que reconnaissance de la qualité du travail et la rémunération en tant que récompense acceptable.

Ainsi, le processus de rémunération tiendra compte principalement des exigences du poste, des compétences des employés et de leur productivité, et de la capacité de payer de l'entreprise. De là découlent les concepts suivants :

- À travail égal, salaire égal ;
- À travail équivalent, salaire égal ;
- À compétences égales, salaire égal ;
- À performance égale, salaire égal.

Dans cette perspective, le processus de rémunération est plus qu'un simple exercice mathématique où l'on définit une structure salariale comprenant des classes et des échelons. Il a des répercussions économiques, sociales et psychologiques indéniables sur les employés. De là, l'importance pour le superviseur d'assurer une gestion éclairée et équitable et, surtout, de savoir expliquer à ses employés toutes les décisions concernant les salaires.

RÉSUMÉ GRAPHIQUE
Le processus de rémunération globale

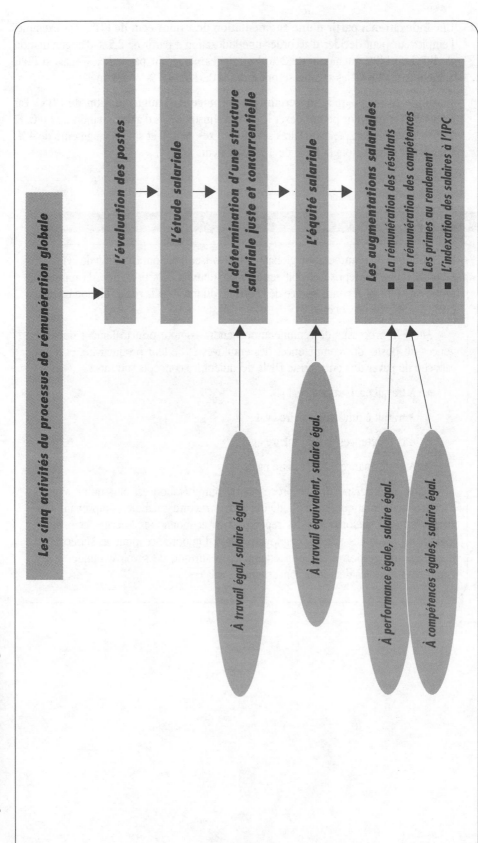

EXERCICES LIÉS À LA CONNAISSANCE

Termes et concepts à définir

1. Rémunération des résultats.
2. Rémunération des compétences.
3. Rémunération globale.
4. Régimes de protection publics.
5. Régimes d'assurance collective.
6. Équité salariale.
7. Poste repère.
8. Échelon salarial.
9. Prime au rendement.
10. Indexation salariale.

Questions à développement

1. Expliquez les quatre concepts salariaux suivants :

    a) À travail égal, salaire égal ;

    b) À travail équivalent, salaire égal ;

    c) À compétences égales, salaire égal ;

    d) À performance égale, salaire égal.

2. Peut-on considérer le salaire comme un facteur de motivation ? Justifiez votre réponse.

3. Énumérez les sept facteurs influant sur un processus de rémunération.

4. Quels sont les objectifs d'une politique de rémunération ?

5. De quels coûts faut-il tenir compte dans la rémunération globale ?

6. Quelle utilisation l'entreprise fait-elle d'une étude salariale ?

7. Quelle utilisation l'entreprise fait-elle de l'évaluation des postes ?

8. Quel est le rôle d'un poste repère dans l'étude salariale ?

9. Quelles conditions le superviseur doit-il respecter au moment d'accorder des augmentations salariales ?

10. Énumérez les différentes façons d'indexer les salaires au coût de la vie.

EXERCICES DE COMPRÉHENSION ■ ■ ■

1. Déterminez, à l'aide de la distribution salariale suivante, le salaire minimal, le salaire maximal, le salaire moyen et le salaire médian.

TABLEAU 7.29
Les salaires annuels

Entreprise	Salaire annuel offert
A	27 000 $
B	24 000 $
C	26 000 $
D	22 000 $
E	19 000 $
F	21 000 $
G	19 500 $

2. À l'aide du logiciel Excel, trouvez la droite de régression ($Y = aX + b$) des salaires suivants :

TABLEAU 7.30
Le taux horaire salarial et les points d'évaluation correspondants

Taux horaire salarial	Points d'évaluation
12,00 $	125
16,00 $	150
18,50 $	225
20,00 $	275
22,50 $	325
24,75 $	375
25,00 $	400
26,00 $	425
26,25 $	450
26,70 $	475
28,00 $	500

Selon cette droite, fixez le salaire attribué à un poste dont la valeur a été évaluée à 350 points.

3. En vous référant au *Guide pour réaliser l'équité salariale* de la Commission de l'équité salariale, donnez des exemples de stéréotypes professionnels.

4. Donnez trois différences entre la rémunération des compétences et la rémunération traditionnelle basée sur l'évaluation du poste.

5. Quelle est la différence entre la rémunération des résultats et la rémunération des compétences ?

EXERCICES DE TRANSFERT ■ ■ ■

1. Consultez et faites un résumé des sites Web suivants :
   - \<www.multimania.com/equitesalariale\> ;
   - \<www.ces.gouv.qc.ca/pdfdocs/guide.pdf\> ;
   - \<www.ces.gouv.qc.ca/savoir/demarchehaut.htm\> ;
   - \<www.stat.gouv.qc.ca\> ;
   - \<www.stat.gouv.qc.ca/donstat/remuneration\> ;
   - \<www.stat.gouv.qc.ca/publications/remuneration/flash-info.htm\>.

2. Regroupez-vous en équipe de trois et évaluez le poste de l'un des membres de l'équipe. Servez-vous du tableau 7.8. Puis, faites un retour en classe pour comparer les résultats de l'évaluation des postes avec les salaires qui leur sont associés. Ensuite, calculez le salaire médian, le salaire moyen, le salaire minimal et le salaire maximal des étudiants qui occupent un poste rémunéré.

3. Regroupez-vous en équipe de trois en vous assurant qu'au moins un membre du groupe occupe un poste à prédominance masculine ou à prédominance féminine. Évaluez le poste de cette personne. Puis, faites un retour en classe pour calculer et corriger les écarts entre les salaires des postes à prédominance féminine et ceux des postes à prédominance masculine.

4. Au Québec, quel pourcentage du salaire de base de l'employé représente le coût des avantages sociaux payés par l'employeur ?

5. Au Québec, quel pourcentage du salaire de base de l'employé représente la rémunération du temps travaillé ?

EXERCICES D'APPLICATION ■ ■ ■ ■

Gérald Gagnon, directeur général de l'entreprise Tripalium[7], convoque les directeurs de service à son bureau et leur fait part de ses préoccupations.

« Comme vous le savez, la concurrence vient de toutes parts et elle est difficile, et même féroce. La meilleure façon d'y faire face, selon tous les experts dans le domaine, ce n'est pas de baisser nos prix de vente mais plutôt de réduire nos coûts. Il faut diminuer le coût d'acquisition de nos matières premières, le coût d'entreposage, le coût des commandes, les frais d'administration, les frais de vente, les frais d'exploitation, bref, tout doit y passer. Et comme une large part de nos coûts est liée aux salaires, nous devons mieux gérer les coûts de main-d'œuvre de notre entreprise. En soumettant notre masse salariale à un contrôle, nous avons plus de chances d'avoir un coût de fabrication concurrentiel !

« Je vous demande donc d'instaurer une politique de rémunération qui soit équitable pour les employés de votre service et qui remplisse les cinq conditions suivantes :
   - Les salaires sont établis selon les exigences des postes ;
   - Les classes salariales comportent 15 échelons, et les salaires correspondant aux échelons 1 et 15 sont à 20 % du salaire à l'échelon médian de la classe ;

▼

---

7. Référez-vous à l'exercice d'application du chapitre 2.

■ Les salaires sont alignés sur les salaires du secteur ;

■ La politique d'augmentation salariale devra être intégrée au processus de rémunération ;

■ La politique de rémunération ne devrait pas occasionner de baisse de salaire pour vos employés. »

Premier travail à faire

En gardant à l'esprit le mandat de Gérald Gagnon, aidez le directeur du service du marketing dans ses tâches :

a) **Déterminer le salaire des employés de son service** en tenant compte de la description des tâches de ses employés (voir le tableau 7.31) et des résultats d'une étude salariale portant sur le poste repère de préposé à la clientèle (voir le tableau 7.32). Cette étude a été menée auprès de cinq entreprises exerçant dans le même secteur d'activité, situées dans la même région et ayant à peu près le même chiffre d'affaires que la compagnie Tripalium.

TABLEAU 7.31
La description des tâches des employés du service du marketing de l'entreprise Tripalium

Poste	Tâches
Représentant	■ Visite les clients afin de faire la promotion des produits. ■ Rédige le contrat de vente. ■ S'assure du suivi de la vente. ■ Assure le suivi après-vente. ■ Rédige un rapport mensuel sur le degré de satisfaction des clients, sur l'état du marché et sur la concurrence. ■ Fait la prospection de nouveaux clients. ■ Tient à jour les dossiers des clients.
Préposé à la clientèle	■ Répond aux demandes de renseignements des clients. ■ Traite les plaintes des clients. ■ Explique aux clients leur état de compte. ■ Renseigne les clients sur les services et les produits offerts par l'entreprise. ■ Achemine les appels des clients vers les personnes concernées. ■ Traite les retours de marchandises. ■ Donne suite aux réclamations des clients.
Technicien de bureau	■ Tape la correspondance, les rapports, les procès-verbaux et autres documents au moyen d'un logiciel de traitement de texte. ■ Traite le courrier. ■ Produit les budgets au moyen d'un tableur électronique. ■ Tient à jour le système de classement des documents. ■ Organise et prépare les réunions du service. ■ Imprime les rapports statistiques concernant les opérations du service.

TABLEAU 7.32
Les résultats de l'étude salariale de l'entreprise Tripalium

Entreprise	Salaire
Quincaillerie	22 750 $
Serrurerie	21 000 $
Électricité	25 700 $
Plomberie	27 500 $
Électroménager	28 500 $

b) **Mettre en place cette nouvelle politique de rémunération** en tenant compte de l'ancienneté et du salaire actuel des huit employés du service (voir le tableau 7.33)

TABLEAU 7.33
La liste d'ancienneté et des salaires des employés du service du marketing de l'entreprise Tripalium

Nom	Fonction	Ancienneté	Salaire annuel
Georges Bastien	Représentant	10 ans	46 500 $
Arnold White	Représentant	10 ans	46 000 $
Victor Bolduc	Représentant	7 ans	42 500 $
Windy Wright	Représentante	5 ans	40 250 $
Suzie de Lamontagne	Représentante	1 an	33 500 $
Manon Larivière	Préposée à la clientèle	3 ans	23 000 $
Gisèle Labonté	Préposée à la clientèle	1 an	21 700 $
Gabrielle D'Amours	Technicienne de bureau	5 ans	25 000 $

c) **Calculer la masse salariale annuelle des employés du service du marketing** une fois la nouvelle politique de rémunération mise en place, et ce, en tenant compte :

- du coût actuel des régimes publics ;

- du coût de la contribution de l'employeur à un régime collectif d'assurance-vie et d'assurance-médicament : 1 % du salaire de base ;

- du coût de la contribution de l'employeur à un régime de retraite : 5 % du salaire de base ;

- du fait que les représentants ont à leur disposition une voiture dont le coût, pour l'utilisation à des fins personnelles, s'élève à 2 500 $ par année ;

- du temps travaillé : les employés du service travaillent 37 h 30 min par semaine ;

- du temps non travaillé : les employés ont droit à :

  – 10 congés fériés par année ;

▼

– 10 jours ouvrables de vacances annuelles ;

– deux pauses-café de 15 minutes par jour.

Deuxième travail à faire

En gardant en tête le mandat de Gérald Gagnon, aidez le directeur du service de la comptabilité dans ses tâches :

a) **Déterminer le salaire des employés de son service** en tenant compte de la description des tâches de ses employés (voir le tableau 7.34) et des résultats d'une étude salariale portant sur le poste repère de commis à la comptabilité générale (voir le tableau 7.35). Cette étude a été menée auprès de cinq entreprises exerçant dans le même secteur d'activité, situées dans la même région et ayant à peu près le même chiffre d'affaires que la compagnie Tripalium.

TABLEAU 7.34
La description des tâches des employés du service de la comptabilité de l'entreprise Tripalium

Poste	Tâches
Préposé aux comptes clients et aux comptes fournisseurs	■ Effectue les démarches d'enquête sur le crédit de tout nouveau client.
	■ Approuve le crédit.
	■ Enregistre par traitement informatique le paiement des clients.
	■ Prépare et effectue les dépôts bancaires.
	■ Assure le suivi des comptes clients (nationaux et internationaux).
	■ Fait le rappel des créances.
	■ Effectue le recouvrement des comptes clients (nationaux et internationaux).
	■ Expédie mensuellement les états de compte aux clients.
	■ Effectue le suivi des comptes fournisseurs.
	■ Utilise les conditions avantageuses de paiement des comptes fournisseurs.
	■ Obtient l'autorisation du directeur du service pour le paiement des comptes fournisseurs.
	■ Prépare et expédie les chèques pour le paiement des comptes fournisseurs.
	■ Met à jour les dossiers clients et les dossiers fournisseurs.
	■ Rédige des rapports mensuels sur l'état des comptes clients et des comptes fournisseurs.
Préposé à la comptabilité générale et à la paie	■ Enregistre les transactions courantes en utilisant un système de tenue de livres informatisé.
	■ Classe les pièces justificatives.
	■ Prépare la balance de vérification des comptes.
	■ Fait les rapprochements bancaires.
	■ Tient à jour les rapports des présences, des congés et des heures supplémentaires des employés.
	■ Calcule les salaires nets et bruts d'après les feuilles de présence.
	■ Concilie le registre des paies et les relevés bancaires.

▼

▼

Préposé à la comptabilité générale et à la paie (suite)	■ Remplit les formulaires de versements des acomptes provisionnels. ■ Remplit les formulaires pour le calcul de la TPS et de la TVQ. ■ Remplit les formulaires des retenues à la source. ■ Remplit les documents nécessaires à l'administration des avantages sociaux. ■ Imprime tous les journaux et les grands livres comptables.
Technicien de bureau	■ Tape la correspondance, les rapports, les procès-verbaux et autres documents au moyen d'un logiciel de traitement de texte. ■ Traite le courrier. ■ Produit les budgets au moyen d'un tableur électronique. ■ Tient à jour le système de classement des documents. ■ Organise et prépare les réunions du service. ■ Imprime les rapports statistiques concernant les opérations financières.

TABLEAU 7.35
Les résultats de l'étude salariale de l'entreprise Tripalium

Entreprise	Salaire
Quincaillerie	29 750 $
Serrurerie	26 500 $
Électricité	32 000 $
Plomberie	33 650 $
Électroménager	35 400 $

b) **Mettre en place cette nouvelle politique de rémunération** en tenant compte de l'ancienneté et des salaires actuels des trois employés (voir le tableau 7.36) :

TABLEAU 7.36
La liste d'ancienneté et des salaires des employés du service de la comptabilité de l'entreprise Tripalium

Nom	Fonction	Ancienneté	Salaire annuel
Jocelyne Miron	Préposée à la comptabilité générale et à la paie	3 mois	26 500 $
Manon Lafortune	Préposée aux comptes clients et aux comptes fournisseurs	6 ans	32 000 $
Adèle Zammour	Technicienne de bureau	15 ans	29 250 $

▼

▼

c) **Calculer la masse salariale annuelle des employés du service de la comptabilité** une fois la nouvelle politique de rémunération mise en place, et ce, en tenant compte :

■ du coût actuel des régimes publics ;

■ du coût de la contribution de l'employeur à un régime collectif d'assurance-vie et d'assurance-médicament : 1 % du salaire de base ;

■ du coût de la contribution de l'employeur à un régime de retraite : 5 % du salaire de base ;

■ du temps travaillé : les employés du service travaillent 37 h 30 min par semaine ;

■ du temps non travaillé : les employés ont droit à :

– 10 congés fériés par année ;

– 10 jours ouvrables de vacances annuelles ;

– deux pauses-café de 15 minutes par jour.

EXERCICES D'ANALYSE ■ ■ ■ ■ ■

1. Amesse Lafayette-Poitou, le nouveau magasinier

« Monsieur Bellevue, ces derniers temps, j'ai comparé mon salaire avec celui d'autres magasiniers. Je trouve que je suis sous-payé ! » se plaint Amesse Lafayette-Poitou, le nouveau magasinier de l'entreprise Mulliard à son directeur des opérations.

« Mais vous êtes très bien payé, monsieur Lafayette-Poitou. Votre salaire est de 10 % supérieur à ce qu'il était lorsque vous occupiez votre ancien poste d'aide-magasinier », le rassure Roger Bellevue.

« Pourquoi 10 % et pas 20 % ? » demande Amesse Lafayette-Poitou.

« 10 %, c'est beaucoup ! Trouvez-moi quelqu'un qui a eu 10 % d'augmentation de salaire ces derniers temps ! » lui répond Roger Bellevue.

Analysez la démarche de Roger Bellevue, le directeur des opérations de l'entreprise Mulliard, au moment de la détermination de la rémunération d'Amesse Lafayette-Poitou, le nouveau magasinier.

2. Hélène Laverdure, responsable d'entrepôt

« Madame Amyot, mon beau-frère, qui occupe le même poste que moi dans une autre entreprise, est payé 36 000 $ par année, alors que moi, je reçois 26 000 $. Est-ce que je peux m'attendre à avoir une petite augmentation salariale ? » demande Hélène Laverdure, responsable de l'entrepôt de l'entreprise Amyot et Amyot inc.

Mme Amyot saisit sa calculatrice, fait un calcul rapide et lui répond, avec un petit sourire en coin :

« Mais, madame Laverdure, vous coûtez à l'entreprise exactement 36 400 $ par année. »

Hélène Laverdure, surprise et irritée par le raisonnement de sa supérieure, réplique :

« Voyons donc ! Mon salaire brut par paie est de 1 000 $. Si je multiplie 1 000 $ par 26 paies, cela donne 26 000 $ par année ! On est loin de votre 36 400 $. De plus, je suis moins payée que les gars de l'informatique. Il y a discrimination et injustice. »

Analysez la situation d'Hélène Laverdure. Y a-t-il discrimination et injustice salariale commises à son égard ? Justifiez votre réponse.

NNEXE
Un exemple de définition des sous-facteurs et des degrés utilisés pour évaluer les catégories d'emplois

TABLEAU 7.37
Définition des degrés pour chacun des sous-facteurs d'évaluation de poste

Sous-facteur	Degré	Définition
Instruction	1	Diplôme secondaire
	2	Diplôme collégial
	3	Diplôme universitaire
	4	Diplôme postuniversitaire
Expérience	1	6 mois
	2	12 mois
	3	24 mois
	4	Jusqu'à 36 mois
Initiative	1	Ne résout aucun problème de travail.
	2	Résout régulièrement des problèmes de travail.
	3	Résout souvent des problèmes et prend des décisions.
	4	Résout des problèmes et prend des décisions d'une façon autonome.
Effort physique	1	Normal
	2	Mouvements répétés du corps
	3	Activité physique soutenue
	4	Activité physique intense durant tout le cycle de travail
Effort intellectuel	1	Travail routinier
	2	Attention et application au travail par intervalles
	3	Attention et application pendant la majeure partie du travail
	4	Attention et application pendant toute la durée du travail

▼

TABLEAU 7.37
Définition des degrés pour chacun des sous-facteurs d'évaluation de poste (suite)

Sous-facteur	Degré	Définition
Responsabilités		
— Travail des employés	1	N'est responsable d'aucun employé.
	2	Est responsable d'un à trois employés.
	3	Est responsable de trois à six employés.
	4	Est responsable de plus de six employés.
— Équipement	1	N'utilise aucun équipement.
	2	Utilise de l'équipement, mais ne peut pas l'endommager.
	3	Peut endommager l'équipement utilisé.
	4	Peut sérieusement endommager l'équipement utilisé.
— Qualité du travail	1	Le résultat du travail est étroitement soumis à un contrôle.
	2	Le résultat du travail est soumis régulièrement à un contrôle.
	3	Le résultat du travail est soumis à des vérifications périodiques.
	4	L'employé est le seul responsable de son travail.
— Santé et sécurité	1	L'exécution du travail ne nuit pas à la sécurité et à la santé des autres.
	2	L'exécution du travail peut nuire à la sécurité et à la santé des autres.
	3	L'exécution du travail peut nuire sérieusement à la sécurité et à la santé des autres.
	4	Doit être constamment sur ses gardes pour ne pas nuire sérieusement à la santé et à la sécurité des autres.
Conditions de travail	1	Travaille dans des conditions convenables.
	2	Travaille dans des conditions acceptables.
	3	Travaille dans des conditions désagréables.
	4	Travaille dans des conditions difficiles.
Risques pour la santé et la sécurité des autres	1	Les risques pour la santé et la sécurité des autres sont presque inexistants.
	2	Doit faire attention pour ne pas s'exposer à certains risques pour la santé et la sécurité des autres.
	3	Doit être sur ses gardes pour ne pas s'exposer à des risques pour la santé et la sécurité des autres.
	4	Le travail comporte des risques très élevés pour la santé et la sécurité des autres.

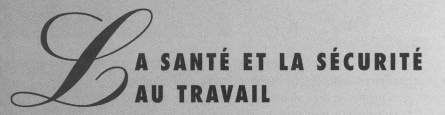

LA SANTÉ ET LA SÉCURITÉ AU TRAVAIL

chapitre 8

INTRODUCTION

Les accidents du travail, les maladies professionnelles, les décès, les lésions professionnelles, les incapacités temporaires ou permanentes, le droit au retrait préventif pour la travailleuse qui a des raisons de croire que son milieu de travail est nuisible à sa santé ou à celle de l'enfant qu'elle porte ou allaite, le droit de refuser d'exécuter un travail jugé dangereux et les programmes de prévention et de santé concernent non seulement l'employeur mais aussi tout un ensemble de personnes ayant chacune, à des titres divers, des droits et des obligations.

En effet, un milieu de travail sain et sécuritaire est le résultat de la concertation et de la volonté d'un groupe d'individus. Pour être efficace, cette action commune doit être concrète et dépasser l'expression des intentions, autrement dit elle doit se traduire par un programme de prévention bien adapté aux risques que présentent les postes de travail.

Les risques d'accidents et de maladies professionnelles peuvent provenir de différentes sources telles que les méthodes de travail, les procédés, les tâches à exécuter, l'aménagement des lieux, l'environnement physique, l'équipement, l'organisation du travail, les produits toxiques ; par conséquent, les interventions dans le domaine sont très variées.

La première partie du présent chapitre sera consacrée à l'étude des principales dispositions de la *Loi sur la santé et la sécurité du travail* (L.S.S.T.) et la *Loi sur les accidents du travail et les maladies professionnelles* (L.A.T.M.P.).

Dans la deuxième partie du chapitre, nous analyserons les trois aspects du rôle du superviseur en matière de santé et de sécurité du travail :

1. Connaître le milieu de travail de ses employés afin de dégager les facteurs de risque mettant en danger leur santé et leur sécurité ;

2. Prendre les dispositions nécessaires pour corriger les situations de travail dangereuses ;

3. Collaborer à l'élaboration et à l'établissement d'un programme de prévention visant à maintenir des conditions de travail sécuritaires.

8.1 LE CADRE JURIDIQUE EN MATIÈRE DE SANTÉ ET DE SÉCURITÉ AU TRAVAIL[1]

La *Loi sur la santé et la sécurité du travail (*L.S.S.T.) et la *Loi sur les accidents du travail et les maladies professionnelles* (L.A.T.M.P.) sont aux antipodes de la chaîne de causalité en matière de risques pour la santé et la sécurité au travail. La L.S.S.T. prévoit différentes dispositions concernant les mesures à prendre pour éliminer à la source (ou tout au moins minimiser) les risques d'accidents et de maladies professionnelles, alors que la L.A.T.M.P. porte sur l'indemnisation et la réadaptation des travailleurs à la suite d'un accident de travail ou d'une maladie professionnelle.

---

1. Nous nous référons aux lois et aux règlements s'appliquant aux entreprises qui sont de compétence québécoise. Au chapitre 9, nous ferons la distinction entre les juridictions fédérale et provinciale en matière de relations de travail.

8.1.1 LA LOI SUR LA SANTÉ ET LA SÉCURITÉ DU TRAVAIL (L.S.S.T.)

La *Loi sur la santé et la sécurité du travail* (L.S.S.T.) fait de la prévention des accidents de travail et des maladies professionnelles l'instrument privilégié pour **éliminer à la source** les dangers se rapportant à la santé et à la sécurité au travail.

La L.S.S.T. prévoit que les travailleurs et leurs employeurs auront à se concerter et à trouver ensemble les moyens pour éliminer ces dangers.

Cette **gestion commune** de la prévention est prévue à l'article 2 de la L.S.S.T., où le travailleur est considéré comme un participant privilégié à la prévention dans son entreprise. L'extrait suivant de cet article est très explicite sur ce point :

> La présente loi a pour objet l'élimination à la source même des dangers pour la santé, la sécurité et l'intégrité physique des travailleurs. Elle établit les mécanismes de participation des travailleurs et de leurs associations, ainsi que des employeurs et de leurs associations à la réalisation de cet objet.

Pour appliquer la prévention en matière de santé et de sécurité au travail et ainsi atteindre son objectif, la L.S.S.T. cible des participants et des intervenants, et établit un programme de prévention, des droits et des obligations pour les travailleurs et pour les employeurs.

Les principaux participants dans le domaine de la santé et de la sécurité au travail

Le travailleur

Comme l'indique l'article 2 de la L.S.S.T., le travailleur est le premier intéressé par la santé et la sécurité au travail, en tant que victime potentielle d'abord, mais aussi en qualité de premier participant à la prévention.

L'employeur

Outre qu'il verse une cotisation[2] à la Commission de la santé et de la sécurité du travail[3], l'employeur doit assumer les coûts directs et indirects d'une lésion professionnelle. C'est aussi à lui qu'il revient de mettre en place un programme de prévention qui vise essentiellement à éliminer à la source les dangers pour la santé et la sécurité des travailleurs.

Il fait alors appel à des ergonomes, à des hygiénistes, à des toxicologues, à un médecin du travail et à des infirmiers qui l'aideront à mettre en place un environnement et une organisation du travail qui ne présentent aucun risque pour la santé, la sécurité et l'intégrité physique de ses employés. L'effort de l'ensemble de ces intervenants sera axé sur la prévention des accidents de travail et des maladies professionnelles dans l'entreprise.

---

2. Tous les secteurs d'activité sont couverts par le régime, sauf celui des athlètes professionnels.

3. La cotisation est établie en fonction du risque, de la fréquence et de la gravité des accidents reliés aux activités économiques de l'entreprise et du secteur auquel elle appartient. Pour connaître les taux de cotisation applicables en 2003 aux secteurs d'activité économique, consultez la Table des taux sur le site Web suivant : <www.employeur.csst.qc.ca/publications/table_des_taux_2003.pdf >.

Le comité de santé et de sécurité de l'entreprise

La L.S.S.T. prévoit la création d'un comité de santé et de sécurité au sein de l'entreprise (art. 68 à 87). Il s'agit d'un comité paritaire composé de représentants de l'employeur et des travailleurs. Ce comité, qui peut être formé dans les entreprises comptant plus de 20 employés (art. 68), permet à l'employeur et à ses employés de travailler conjointement au dépistage des risques d'accidents et de maladies professionnelles et à la définition des moyens de prévention, de correction et de contrôle. La création de ce comité est obligatoire dans les secteurs prioritaires[4]. Les principales fonctions de ce comité (art. 78) sont de désigner le médecin responsable des services de santé dans l'entreprise, d'approuver le programme de santé, de choisir les équipements de protection individuels et le programme de formation et d'information, et de faire des recommandations à l'employeur concernant le programme de prévention.

Le **représentant à la prévention** (art. 87 à 97) est désigné par les travailleurs d'établissements appartenant à un secteur prioritaire[5]. Ses fonctions (art. 90) sont de faire l'inspection des lieux de travail, d'enquêter sur les accidents de travail, de dégager les facteurs qui sont à l'origine même de tout danger, de faire des recommandations au comité de santé et de sécurité, d'accompagner l'inspecteur de la Commission de la santé et de la sécurité du travail à l'occasion des visites d'inspection, d'intervenir dans les cas où les travailleurs exercent leurs droits, de déterminer les contaminants et les matières dangereuses présents dans les postes de travail.

Les principaux intervenants dans le domaine de la santé et de la sécurité au travail

La L.S.S.T. détermine aussi des intervenants avec lesquels l'entreprise a à interagir :

■ La **Commission de la santé et de la sécurité du travail** (C.S.S.T.) (art. 137 à 193). Elle a pour mandat de s'occuper de la réadaptation sociale et physique du travailleur victime d'accident ou de maladie professionnelle, et de le dédommager de la perte de son revenu. À la suite des accidents, la C.S.S.T. doit mener des enquêtes et inspecter les lieux de travail. De plus, elle procède à l'analyse et à l'évaluation des programmes de prévention des entreprises et donne une formation et de l'information en matière de santé et de sécurité au travail. La C.S.S.T. agit à titre de tribunal administratif et, en ce sens, voit à l'application de la L.S.S.T. et de la L.A.T.M.P. ;

---

4. C'est-à-dire les secteurs suivants : bâtiments et travaux publics, chimique, forêt et scierie, mines et carrières, produit en métal, bois, caoutchouc, matières plastiques, équipement de transport, première transformation de métaux, produits minéraux non métalliques, administration publique, industrie des aliments et boissons, industrie du meuble et des articles d'ameublement, industrie du papier et activités diverses, transport et entreposage.

5. C'est-à-dire un des secteurs suivants : bâtiments et travaux publics, chimique, forêt et scierie, mines et carrières, produit en métal, bois, caoutchouc, matières plastiques, équipement de transport, première transformation de métaux, produits minéraux non métalliques.

■ Le **réseau de la santé** (art. 107 à 136). La régie régionale de la santé, les centres hospitaliers, les départements de santé communautaire, les centres locaux de services communautaires et les médecins en milieu de travail veillent à l'application des programmes de santé dans les entreprises, assurent les services de santé aux travailleurs et veillent à promouvoir la prévention en matière de santé et de sécurité au travail ;

■ Les **associations sectorielles, syndicales et patronales** (art. 98 à 106). Elles fournissent aux travailleurs et aux employeurs des cours de prévention, une formation et de l'information en matière de santé et de sécurité au travail.

Les droits et les obligations des travailleurs et des employeurs

La L.S.S.T. établit les droits et les obligations des travailleurs. Selon l'article 1 de la loi, le travailleur est :

> Une personne qui exécute, en vertu d'un contrat de louage de services personnels ou d'un contrat d'apprentissage, même sans rémunération, un travail pour un employeur, y compris un étudiant dans les cas déterminés par le règlement, à l'exception d'une personne qui est employée à titre de gérant, surintendant, contremaître ou représentant de l'employeur dans ses relations avec les travailleurs.

Néanmoins, ces derniers ont droit à des conditions de travail qui respectent leur santé, leur sécurité et leur intégrité physique (art. 9, 10 et 11).

Ainsi, en vertu de la L.S.S.T., le travailleur a des droits et des obligations.

1. **Les droits du travailleur** (art. 9 à 49)

   ■ Le **droit de refus** (art. 12 à 31) : un travailleur, tel que le définit l'article 1 de la L.S.S.T., « a le droit de refuser d'exécuter un travail s'il a des motifs raisonnables de croire que l'exécution de ce travail l'expose à un danger pour sa santé, sa sécurité ou son intégrité physique ou peut avoir l'effet d'exposer une autre personne à un semblable danger » (art. 12).

EXEMPLE

Dans toutes les situations de travail suivantes, les travailleurs ont exercé leur droit de refus : surface glissante, température inférieure à 20 °C dans le bureau, panne d'électricité entraînant une obscurité totale des lieux, mauvaise ventilation des locaux, charge excessive, odeurs nauséabondes, réparation d'un coupe-circuit sans couper le courant, pavage de la voie publique sans signalisation pour faire dévier la circulation.

Cependant, le travailleur ne peut exercer son droit de refus si cela met en péril la vie, la santé et la sécurité ou l'intégrité physique d'une autre personne ou si les conditions d'exécution de ce travail sont normales dans ce genre de travail (art. 13).

Le travailleur qui exerce son droit de refus reçoit son salaire et ne peut être mis à pied, congédié, suspendu, déplacé ou être l'objet de mesures discriminatoires ou de représailles de la part de son employeur (art. 30).

Comment exercer un droit de refus ? Le travailleur qui exerce son droit de refus doit aussitôt aviser son superviseur et lui donner les raisons de son refus (art. 15). Celui-ci doit alors convoquer le représentant à la prévention en matière de santé et de sécurité au travail de l'entreprise pour examiner et corriger la situation (art. 16).

Si le travailleur persiste dans son refus d'exécuter le travail, alors que son superviseur et le représentant à la prévention en matière de santé et de sécurité au travail sont d'avis qu'il n'existe pas de danger justifiant ce refus, l'employeur peut faire exécuter le travail par un autre travailleur. Celui-ci peut accepter de faire le travail seulement après avoir été informé qu'un droit de refus a été exercé et des motifs pour lesquels il a été exercé (art. 17).

Si l'employeur et le représentant à la prévention en matière de santé et de sécurité au travail ne s'entendent pas sur l'existence d'un danger, ils font alors appel à un inspecteur de la C.S.S.T. (art. 18). Celui-ci doit être sur les lieux de travail au plus six heures après que son intervention a été requise dans le cas où l'exercice du droit de refus a pour conséquence qu'au moins deux autres travailleurs ne peuvent exercer leur travail (art. 26).

La décision de l'inspecteur a effet immédiatement, même si elle peut faire l'objet d'une révision et d'un appel (art. 20) ;

- Le **retrait préventif** (art. 32 à 39) : un travailleur dont l'état de santé se détériore à cause d'une exposition au plomb, par exemple, peut demander à son employeur de l'affecter à d'autres tâches qu'il est en mesure d'accomplir et qui ne comportent pas une exposition à de tels contaminants. Un certificat médical émis par le médecin de l'entreprise ou par un autre médecin doit attester que l'exposition au contaminant en question constitue un danger pour la santé du travailleur ;

- Le **retrait préventif de la travailleuse enceinte** (art. 40 à 48) : une travailleuse enceinte ou qui allaite peut demander d'être affectée à d'autres tâches si elle considère que son travail peut être dangereux pour elle ou pour l'enfant à naître ou qu'elle allaite. La travailleuse enceinte ou qui allaite peut demander un retrait préventif lorsqu'elle est exposée à des solvants, des radiations ou des virus, du monoxyde de carbone, du plomb, du mercure ou d'autres contaminants, ou lorsqu'elle doit, dans le cadre de ses fonctions, soulever des charges lourdes, qu'elle est en position debout ou assise pendant une longue période ou encore qu'elle s'expose à d'autres risques de nature ergonomique ;

- Les **droits généraux** (art. 9 à 11) : les travailleurs ont droit à des conditions de travail qui respectent leur santé, leur sécurité et leur intégrité physique. Ils ont droit à des services de formation, d'information et de conseil en matière de santé et de sécurité au travail, particulièrement en relation avec leur travail et leur milieu de travail, et de recevoir la formation, l'entraînement et la supervision appropriés. Ils ont aussi droit à des services de santé préventifs et curatifs en fonction des risques auxquels ils peuvent être exposés dans leur milieu de travail (art. 10).

2. Les obligations du travailleur

La loi confère des droits au travailleur, mais lui impose aussi des obligations (art. 49). Le travailleur doit :

- prendre connaissance du programme de prévention de son établissement ;

- prendre les mesures nécessaires pour protéger sa santé, sa sécurité ou son intégrité physique ;

- veiller à ne pas mettre en danger la santé, la sécurité ou l'intégrité physique des autres personnes qui se trouvent sur les lieux de travail ;

- se soumettre aux examens de santé exigés pour l'application de la loi et des règlements ;

- participer à la définition et à l'élimination des risques d'accidents de travail et de maladies professionnelles sur les lieux de son travail ;

- collaborer avec le comité de santé et de sécurité de son établissement.

La L.S.S.T. reconnaît aussi que les employeurs ont des droits et des obligations.

1. Les droits de l'employeur

La L.S.S.T. reconnaît à l'employeur le droit à des « services de formation, d'information et de conseil en matière de santé et de sécurité au travail » (art. 50).

2. Les obligations de l'employeur

La section 2 de la *Loi sur la santé et la sécurité du travail* contient 12 articles traitant des obligations de l'employeur en matière de santé et de sécurité au travail. Selon cette loi (art. 51), l'employeur doit :

- s'assurer que son établissement est équipé et aménagé de façon sécuritaire ;

- s'assurer que l'organisation du travail et les méthodes et techniques utilisées sont sécuritaires ;

- contrôler la tenue des lieux de travail, fournir des installations sanitaires, l'eau potable, un éclairage, une aération et un chauffage convenables et faire en sorte que les repas pris sur les lieux de travail soient consommés dans des conditions hygiéniques ;

- fournir un matériel sécuritaire et assurer son maintien en bon état ;

- s'assurer que l'émission d'un contaminant ou l'utilisation d'une matière dangereuse ne porte pas atteinte à la santé ou à la sécurité de quiconque sur un lieu de travail ;

- informer adéquatement les travailleurs des risques reliés à leur travail et leur assurer la formation, l'entraînement et la supervision appropriés afin qu'ils aient l'habileté et les connaissances requises pour accomplir de façon sécuritaire le travail qui leur est confié ;

- fournir gratuitement aux travailleurs tous les moyens et l'équipement de protection individuel choisis par le comité de santé et de sécurité, et s'assurer qu'ils les utilisent ;

- permettre aux travailleurs de se soumettre aux examens de santé en cours d'emploi ;

- communiquer aux travailleurs, au comité de santé et de sécurité, à l'association accréditée, au chef du département de santé communautaire et à la C.S.S.T. la liste des matières dangereuses utilisées dans l'établissement et des contaminants qui peuvent y être émis ;

- dresser et tenir à jour un registre des caractéristiques des postes de travail et un registre des caractéristiques du travail exécuté par chaque travailleur, et mettre ces deux registres à la disposition des membres du comité de santé et de sécurité de l'établissement (art. 52) ;

■ établir un programme de prévention ayant pour objectif d'éliminer à la source les risques d'accidents de travail et de maladies professionnelles (art. 58 et 59). Bien que l'obligation juridique d'établir un programme de prévention n'existe que pour certains secteurs appelés *secteurs prioritaires*[6] (art. 58), toutes les entreprises ont intérêt à élaborer un tel programme. Ce programme distingue trois dispositions nécessaires pour corriger et prévenir les situations dangereuses au travail : éliminer à la source le danger pour la santé et la sécurité des travailleurs (art. 59) ; si l'employeur ne peut le faire, il doit empêcher les travailleurs de s'exposer à un danger dans l'exécution de leurs tâches (ou réduire le contact avec l'agent agresseur) ; si l'employeur ne peut le faire, il doit protéger les travailleurs en leur procurant un équipement de protection individuel. Mais cela ne doit pas diminuer les « efforts requis pour éliminer à la source même les dangers pour leur santé, leur sécurité et leur intégrité physique » (art. 3). Le contenu du programme de prévention sera étudié plus en détail à la section 8.2.3.

8.1.2 LA LOI SUR LES ACCIDENTS DU TRAVAIL ET LES MALADIES PROFESSIONNELLES (L.A.T.M.P.)

La *Loi sur les accidents du travail et les maladies professionnelles* (L.A.T.M.P.) régit les conséquences d'un accident de travail ou d'une maladie professionnelle. L'article 1 de cette loi dit : « La présente loi a pour objet la réparation des lésions professionnelles et des conséquences qu'elles entraînent pour les bénéficiaires. »

Le processus de réparation des lésions professionnelles comprend la fourniture des soins nécessaires à la consolidation d'une lésion, la réadaptation physique, sociale et professionnelle du travailleur victime d'une lésion, le paiement d'indemnités de remplacement du revenu, d'indemnités pour dommages corporels et, le cas échéant, d'indemnités de décès.

Au sens de cette loi, un travailleur est une personne physique qui exécute un travail pour un employeur, moyennant rémunération, en vertu d'un contrat de louage de services personnels ou d'apprentissage, à l'exclusion du domestique, de la personne physique engagée par un particulier pour garder un enfant, une personne malade, handicapée ou âgée, et de la personne qui pratique le sport qui constitue sa principale source de revenu (art. 2). C'est donc dire que les cadres de l'entreprise sont aussi protégés par les dispositions de cette loi.

Spécifions que les droits conférés par cette loi le sont sans égard à la responsabilité de quiconque (art. 25), et que le travailleur victime d'une lésion professionnelle ne peut intenter une action en responsabilité civile contre son employeur en raison de sa lésion (art. 438). Cette loi ne cherche pas des responsables ; elle vise principalement à indemniser et à réparer les conséquences des lésions professionnelles. Elle représente, à l'instar de l'assurance-automobile, une protection qui dédommage l'assuré sans considération de la responsabilité des parties impliquées.

---

6. À cause de la fréquence et de la gravité des accidents survenant dans ces secteurs.

Les accidents de travail

Selon l'article 2 de la L.A.T.M.P., un accident de travail est défini ainsi :

> Un événement imprévu et soudain attribuable à toute cause, survenant à une personne par le fait ou à l'occasion de son travail et qui entraîne pour elle une lésion professionnelle.

La lésion professionnelle est définie dans ce même article de la façon suivante :

> Une blessure ou une maladie qui survient par le fait ou à l'occasion d'un accident de travail, ou une maladie professionnelle, y compris la récidive, la rechute ou l'aggravation.

Par conséquent, selon la L.A.T.M.P., un travailleur sera indemnisé à la suite d'un accident de travail s'il a été blessé sur les lieux du travail alors qu'il est à son travail ou s'il a contracté une maladie dans l'exercice de son travail.

EXEMPLE

Pour bien comprendre l'article 2 de la L.A.T.M.P., examinons le cas de Jean Lavigueur, qui a été victime d'un accident. Son contremaître lui ayant demandé de visser un madrier au plafond de l'usine, Jean Lavigueur est monté sur un escabeau, a manqué une marche, a basculé et est tombé sur ses deux pieds sans se faire aucun mal.

Y a-t-il eu un accident de travail ? Au sens de la L.A.T.M.P., il n'y a pas eu d'accident, puisqu'il n'y a pas eu de blessure. Au sens de la prévention des accidents de travail, il y a eu un **incident de travail**.

Modifions le scénario de cet incident. Jean Lavigueur monte sur l'escabeau, manque une marche, bascule, tombe et se fracture le tibia. Dès lors, il y a eu un accident du travail au sens de la loi. Cela signifie que Jean Lavigueur sera indemnisé pour ses blessures, tandis que son contremaître devra chercher les causes précises de cet accident afin d'éliminer à la source même la possibilité qu'il se reproduise, conformément à la L.S.S.T.

Les étapes à suivre après un accident de travail ayant causé une lésion professionnelle

En vertu de la L.A.T.M.P., l'employeur a certaines obligations envers un employé victime d'un accident de travail. Il doit :

- lui prodiguer les premiers soins immédiatement (art. 190). À cet égard, l'article 191 oblige l'employeur à maintenir à ses frais un service de premiers soins et de premiers secours, et à tenir un registre de premiers soins et de premiers secours conformément au règlement ;

- le faire transporter dans un établissement de santé, chez un professionnel de la santé choisi par le travailleur ou à la résidence de ce dernier. Les frais de transport sont assumés par l'employeur (art. 190 et 193) ;

- lui verser 100 % de son salaire net pour la première journée de l'accident (art. 59) et lui faire signer le registre des accidents si son accident ne le rend pas incapable d'exercer son emploi au-delà d'une journée (art. 280) ;

- lui verser 90 % de son salaire net pour chaque jour ou partie de jour où il aurait normalement travaillé pendant les 14 jours suivant le début de son incapacité (art. 60). La C.S.S.T. rembourse cette somme à l'employeur si celui-ci en fait la demande à l'aide du formulaire « Avis de l'employeur et demande de remboursement » (art. 60).

L'affectation temporaire à un poste de travail

L'article 179 de la L.A.T.M.P. permet à l'employeur d'affecter temporairement à un autre poste de travail le travailleur victime d'une lésion professionnelle, même si la lésion n'est pas complètement guérie. Au préalable, il doit toutefois obtenir l'accord du médecin traitant. Cet accord sera donné sous réserve des conditions suivantes :

- Le travailleur doit être raisonnablement capable d'accomplir ce travail ;

- Cette affectation temporaire ne doit pas comporter de danger pour la santé, la sécurité et l'intégrité physique du travailleur compte tenu de sa lésion ;

- Cette affectation temporaire doit favoriser la réadaptation du travailleur.

Lorsqu'un travailleur est affecté temporairement à un poste, l'employeur doit lui accorder le salaire et les avantages liés à l'emploi qu'il occupait avant qu'apparaisse la lésion professionnelle (art. 180).

EXEMPLE

Bruno Lajoie est mécanicien de véhicules à moteur diesel. Il se blesse au genou droit durant son travail. Le médecin traitant lui prescrit un repos complet pour une durée de 10 jours. Dans ce cas, l'employeur peut assigner M. Lajoie à un emploi de bureau s'il peut rester assis, la jambe en extension.

L'inspection à la suite d'un accident de travail

Lorsque dans l'exercice de ses fonctions l'inspecteur de la Commission de la santé et de la sécurité du travail juge qu'un danger grave, réel et imminent existe dans une entreprise, il doit :

- **convaincre** l'employeur et les travailleurs de l'importance de la prévention et de l'élimination à la source de ce danger ;

- les **soutenir** dans leur démarche de résoudre le problème de santé et de sécurité au travail ;

- et, le cas échéant, les **contraindre** à corriger des situations dangereuses.

Lorsque survient un accident de travail entraînant le décès d'un travailleur, des blessures rendant un travailleur incapable d'accomplir ses fonctions pendant 10 jours ouvrables, des blessures rendant plusieurs travailleurs incapables d'accomplir leurs fonctions pendant un jour ou des dommages matériels de 50 000 $ et plus, l'employeur doit en aviser la Commission de la santé et de la sécurité du travail dans les 24 heures qui suivent. Par la suite, un inspecteur de la C.S.S.T. doit intervenir dans l'entreprise pour y faire enquête (L.S.S.T., art. 62) et émettre un avis de correction (L.S.S.T., art. 182), avis auquel l'employeur doit donner suite (L.S.S.T., art. 184).

Il est à noter que l'inspecteur de la C.S.S.T. peut aussi intervenir dans une entreprise lorsqu'une plainte est déposée à la C.S.S.T. par le représentant à la prévention en matière de santé et de sécurité au travail ou par tout autre travailleur, lorsque le droit de refus est exercé par un travailleur ou dans le cadre de ses fonctions d'inspection de conformité de l'entreprise aux lois et aux règlements en matière de santé et de sécurité.

La réparation des lésions professionnelles

La L.A.T.M.P. a pour objet « la réparation des lésions professionnelles et des conséquences qu'elles entraînent pour les travailleurs » (art. 1). La réparation des lésions professionnelles comprend :

- les soins et les traitements nécessaires à la guérison d'une lésion (art. 188 à 198). Cette assistance médicale englobe les services de professionnels de la santé, les soins hospitaliers, les médicaments, les prothèses et orthèses et tous les autres soins déterminés par la C.S.S.T. (art. 189) ;

- la réadaptation physique, sociale et professionnelle du travailleur victime d'une lésion (art. 145 à 178). La réadaptation physique a pour objectif « d'éliminer ou d'atténuer l'incapacité physique du travailleur et de lui permettre de développer sa capacité résiduelle afin de pallier les limitations fonctionnelles qui résultent de sa lésion professionnelle » (art. 148). La réadaptation sociale a pour objectif « d'aider le travailleur à surmonter dans la mesure du possible les conséquences personnelles et sociales de sa lésion professionnelle, à s'adapter à la nouvelle situation qui découle de sa lésion et à redevenir autonome dans l'accomplissement de ses activités habituelles » (art. 151). La réadaptation professionnelle a pour objectif « de faciliter la réintégration du travailleur dans son emploi ou dans un emploi équivalent ou, si ce but ne peut être atteint, l'accès à un emploi convenable » (art. 166) ;

- des indemnités de remplacement du revenu (art. 44 à 82) tant que le travailleur « a besoin de réadaptation pour redevenir capable d'exercer son emploi ou, si cet objectif ne peut être atteint, pour devenir capable d'exercer à plein temps un emploi convenable » (art. 47), des indemnités pour dommages corporels (art. 83 à 91) qui « tiennent compte du déficit anatomo-physiologique et du préjudice esthétique [...], des douleurs et de la perte de jouissance de la vie [...] » (art. 83) qui résultent de la lésion professionnelle, des indemnités de décès aux personnes à charge et au conjoint du travailleur décédé à la suite d'un accident de travail ou d'une lésion professionnelle (art. 92 à 111) ou d'autres indemnités pour le remplacement, la réparation et le nettoyage de vêtements, de prothèses ou d'orthèses endommagés par l'accident de travail ou par le fait ou à l'occasion de son travail (art. 112 et 113) ;

- le droit au retour au travail (art. 234 à 264). Le travailleur peut se prévaloir de ce droit dans l'année suivant le début de sa période d'absence continue en raison de sa lésion professionnelle s'il occupait un emploi dans un établissement comptant

20 travailleurs ou moins au début de cette période, ou dans les deux ans suivant le début de sa période d'absence continue en raison de sa lésion professionnelle s'il occupait un emploi dans un établissement comptant plus de 20 travailleurs au début de cette période (art. 240).

8.2 LE RÔLE DU SUPERVISEUR EN MATIÈRE DE SANTÉ ET DE SÉCURITÉ AU TRAVAIL

Le rôle du superviseur en matière de santé et de sécurité au travail comporte trois aspects :

1. **Connaître le milieu de travail** de ses employés afin de dégager les facteurs de risque pour la santé et la sécurité ;

2. **Prendre les dispositions nécessaires pour corriger** les situations de travail dangereuses ;

3. **Collaborer à l'élaboration et à l'établissement d'un programme de prévention** visant à maintenir des conditions de travail sécuritaires.

Dans les sous-sections qui suivent, nous verrons plus en détail ces trois aspects.

8.2.1 CONNAÎTRE LE MILIEU DE TRAVAIL DE SES EMPLOYÉS

Pour connaître les risques reliés au milieu de travail, le superviseur doit :

■ déterminer les risques d'accidents de travail et de maladies professionnelles ;

■ évaluer les risques reliés aux postes de travail et aux fonctions exécutées par l'employé ;

■ mesurer la fréquence et la gravité des accidents de travail et des maladies professionnelles ;

■ effectuer une enquête sur les accidents de travail dont sont victimes ses employés et procéder à une analyse de ces accidents.

La détermination des risques d'accidents de travail et de maladies professionnelles

Définissons d'abord les différents risques auxquels sont exposés les travailleurs. À cette fin, nous les regrouperons en quatre grandes catégories.

Les risques d'accidents

Cette catégorie comprend les accidents causés par des pièces de machines en mouvement, des objets lourds à déplacer ou à soulever, un équipement défectueux ou mal entretenu, des outils ou une machine mal adaptés au travail à exécuter, etc. Ces accidents peuvent occasionner des brûlures, des chutes, des électrocutions, des contusions, des fractures, des amputations, des entorses, des foulures, des coupures, des lombalgies ou la mort.

Les risques de maladies professionnelles

Ces risques sont causés par des agents chimiques ou biologiques. On trouve dans cette catégorie les maladies professionnelles entraînées par les gaz d'échappement, de chlore, la vapeur de peinture, la fumée de zinc, les solvants, la poussière de pierre, de bois, de talc, les bactéries et les virus, le plomb, l'ammoniaque, l'huile, le mercure, l'oxyde de fer, le toluène, l'acide chlorhydrique, le soufre, le phosphore, le méthanol, etc. Ces produits peuvent pénétrer le corps humain par :

- les voies respiratoires : par exemple, l'inhalation de vapeur ou de gaz peut avoir un effet sur le système nerveux et sur l'état de conscience du travailleur ;

- les voies digestives : par exemple, l'ingestion d'aliments contaminés au plomb provoque le saturnisme ;

- la peau : par exemple, un solvant ou un détergent en contact avec la peau peut causer une dermatite aiguë ;

- les yeux : par exemple, les éclaboussures de produits chimiques contaminent les yeux et sont souvent la cause d'inflammations.

Les risques de nature ergonomique

Le principal défi de l'ergonome consiste à adapter le travail, l'environnement, l'équipement et le poste à la personne. Il tente de diminuer ou, mieux, d'éliminer les risques de problèmes ergonomiques entraînés par :

- la température ambiante. Selon la nature de l'emploi, il existe des normes de température minimales et maximales à respecter ;

- la vibration des outils tels le marteau-pilon et la scie mécanique ;

- le bruit de la machinerie. Au Québec, le niveau sonore du bruit autorisé est fixé à 90 décibels pour 8 heures de travail. La surdité due à une exposition prolongée à un niveau sonore de bruit élevé est l'une des maladies professionnelles les plus fréquentes au Québec. Outre la surdité, le bruit occasionne une grande fatigue et une tension chez le travailleur, diminuant ainsi sa résistance aux maladies et son rendement au travail ;

- les caractéristiques du poste de travail. La cadence du travail, les périodes de repos insuffisantes, les mauvaises postures (par exemple, le dos courbé, les bras en extension, les coudes plus hauts que les épaules, la flexion répétée des poignets, etc.), les méthodes utilisées (par exemple, les tâches répétitives, qui provoquent souvent de sérieuses lésions aux coudes, aux poignets, aux épaules, aux mains et au dos), les exigences physiques (par exemple, le fait de soulever des charges très lourdes en se servant uniquement des muscles du dos peut être la source de graves maux de dos), etc. ;

- l'exposition à des radiations qui peuvent avoir des effets mutagènes chez le travailleur ;

- les exigences sensorielles de l'emploi et une mauvaise perception des signaux d'alarme ;

■ les horaires de travail. Le travail de nuit est à l'origine de problèmes physiques, psychologiques et sociaux chez le travailleur. Le déséquilibre du rythme circadien[7] a pour effet de modifier la quantité et la qualité des heures de sommeil et de nuire à la récupération physique et mentale du travailleur. Par voie de conséquence, la vie familiale et la vie sociale sont aussi désorganisées.

Les risques de nature psychologique

Les risques de nature psychologique peuvent être associés à un contenu de travail aliénant ou à une charge de travail physique, intellectuelle ou émotionnelle incompatible avec les capacités du travailleur. Une technologie qui ne respecte pas la créativité et l'intelligence des travailleurs, une rémunération au rendement ou à la pièce, le travail de nuit, un style de supervision autoritaire et un climat organisationnel tendu sont d'autres éléments susceptibles d'entraîner des risques de nature psychologique. Ces difficultés d'adaptation du travailleur à l'organisation du travail peuvent être une cause de tension et de fatigue excessive tant physique que psychologique, d'absentéisme, de surconsommation d'alcool, de médicaments ou de tabac, ou encore d'épuisement professionnel (voir le chapitre 6, à la section 6.7.1).

L'évaluation des risques reliés aux postes de travail et au travail exécuté

Le superviseur doit connaître les risques reliés aux postes de travail et aux tâches exécutées par ses employés avant d'élaborer son programme de prévention. Pour ce faire, il lui faut analyser les tâches, l'environnement physique de travail, l'aménagement des postes et l'équipement de production de façon à découvrir les conditions, les comportements et les pratiques non sécuritaires.

Selon l'article 52 de la *Loi sur la santé et la sécurité du travail* :

> L'employeur dresse et maintient à jour, conformément aux règlements, un registre des caractéristiques concernant les postes de travail identifiant notamment les contaminants et matières dangereuses qui y sont présents et un registre des caractéristiques concernant le travail exécuté par chaque travailleur à son emploi [...].

Le registre des caractéristiques du poste de travail

Le registre des caractéristiques du poste de travail permet au superviseur de se faire une idée précise de l'environnement de travail de chacun des postes et, par conséquent, de déceler les risques possibles d'accidents de travail et de maladies professionnelles. Il reconnaît les risques reliés :

■ aux caractéristiques du poste : emplacement, fonctions exécutées, outils, appareils et machines utilisés et modes d'opération ;

---

7. L'être humain fonctionne normalement en mode diurne. Le travail de nuit perturbe le rythme de la faim et du sommeil, de même que les rythmes biologique et physiologique du travailleur. Ces perturbations produiraient à long terme des effets nocifs sur la santé.

■ aux produits utilisés dans l'exercice des tâches reliées à ce poste : composantes toxiques des produits, quantité mensuelle d'utilisation des produits et nombre de jours d'utilisation par mois ;

■ aux conditions environnementales du poste : éclairage, chaleur, bruit, vibrations, aménagement des lieux, qualité de l'air et risques possibles d'accidents.

À l'aide de ce document, le superviseur détermine également les moyens et les équipements de protection collectifs et individuels.

Le registre des caractéristiques du travail exécuté

Le registre des caractéristiques du travail exécuté aide le superviseur à mettre en évidence les risques d'accidents et de maladies professionnelles reliés à l'exécution du travail et, plus particulièrement, les risques d'accidents qui peuvent être occasionnés par :

■ le travail exécuté par l'employé : à l'aide de la description de l'emploi (voir le chapitre 2), le superviseur évalue les risques associés à chacune des tâches exécutées par le travailleur ;

■ les activités physiques que comportent les fonctions du poste de travail : le superviseur évalue les risques d'accidents associés à la posture de travail, à la force et à l'effort requis pour soulever ou porter des poids ;

■ l'organisation du travail : le superviseur mesure le temps d'exposition du travailleur à un risque en tenant compte de l'horaire de travail, de l'alternance entre les jours travaillés et les jours de repos ainsi que de la durée des pauses et des repas ;

■ le mode de rémunération : le superviseur étudie la relation possible entre le mode de rémunération et les risques d'accidents. À titre d'exemple, la rémunération à la pièce impose un rythme de travail qui peut provoquer un risque élevé d'accidents ;

■ le type de travail : le superviseur tente de déterminer si la cadence du travail (imposée par le rythme de travail ou par la machine), le caractère répétitif de la tâche ou le fait que l'employé travaille seul ou en équipe constituent à proprement parler des risques possibles d'accidents.

Ces deux registres sont à la base de tout programme de prévention[8]. Ils permettent au superviseur d'avoir une connaissance détaillée des risques d'accidents de travail et de maladies professionnelles reliés à chacun des postes de son unité.

La mesure du taux de fréquence et l'indice de gravité des accidents de travail

Le taux de fréquence et l'indice de gravité des accidents permettent au superviseur d'inventorier les risques d'accidents de travail et de maladies professionnelles les plus fréquents et les plus graves.

---

8. Vous pouvez vous procurer ces deux documents de la C.S.S.T. sur le site Web suivant : <www.csst.qc.ca>.

Le **taux de fréquence** des accidents indique, par catégorie d'accidents, la fréquence relative des accidents de travail. Pour calculer le taux de fréquence, il suffit de diviser le nombre d'accidents recensés par le nombre d'heures travaillées pendant la période donnée, et de multiplier le résultat par 200 000 heures. Cette formule établit le taux de fréquence des accidents de travail par rapport à un équivalent de 100 employés travaillant 2 000 heures par année. Ainsi, si 25 cas de lombalgie ont été recensés pour 50 000 heures de travail, le taux de fréquence sera le suivant :

$$(25 \div 50\ 000) \times 200\ 000 = 100 \text{ lombalgies pour 200 000 heures travaillées.}$$

L'**indice de gravité** indique le nombre de jours non travaillés par type d'accidents. Pour le calculer, il suffit de diviser le nombre de jours non travaillés par le nombre d'accidents. Ainsi, si les 25 lombalgies ont fait perdre aux employés 100 jours de travail, l'indice de gravité sera le suivant :

$$100 \text{ jours} \div 25 \text{ accidents} = 4 \text{ jours non travaillés par accident.}$$

Le taux de fréquence et l'indice de gravité des accidents, calculés par type d'accidents, sont deux données statistiques qui aident le superviseur à mieux orienter ses recherches quant à la définition et au dénombrement des risques d'accidents de travail et de maladies professionnelles.

L'enquête et l'analyse des accidents de travail

L'enquête sur les accidents de travail permet au superviseur de mettre en évidence les principaux éléments de l'environnement de travail qui représentent un risque d'accidents et de maladies professionnelles. L'analyse de l'accident, quant à elle, fournit au superviseur les renseignements dont il a besoin pour définir des mesures préventives et correctives propres à éliminer les dangers de nouveaux accidents.

Rappelons que, selon la *Loi sur les accidents du travail et les maladies professionnelles,* un travailleur sera indemnisé à la suite d'un accident de travail s'il a été blessé ou s'il a contracté une maladie dans l'exercice de son travail (L.A.T.M.P., art. 2) et que, du point de vue préventif, qu'il y ait ou non lésion professionnelle, c'est-à-dire qu'il s'agisse d'un accident ou d'un incident de travail, l'événement fera l'objet d'une enquête et d'une analyse de façon à écarter toute possibilité ultérieure de blessure ou de maladie.

C'est donc dire que le superviseur s'intéresse aux conséquences d'un accident ou d'une maladie professionnelle et se préoccupe d'éliminer à la source les causes des accidents, des incidents et des maladies professionnelles en remontant la chaîne de causalité, ou l'arbre des causes, afin de déterminer les différentes causes possibles de l'accident ou de l'incident de travail.

FIGURE 8.1
La chaîne de causalité

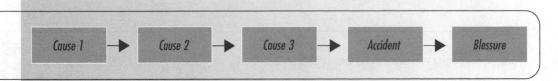

L'analyse d'un accident de travail comporte trois étapes :

1. **La description de l'accident et de la lésion qui en résulte**. On procède à une recherche minutieuse de tous les faits concrets et objectifs qui ont pu causer l'événement ;

2. **L'analyse des faits marquants**. Pour faire l'analyse des faits marquants, il faut remonter l'arbre des causes ;

3. **La recherche des faits déterminants de l'accident**. Cette étape permet de trouver les causes et de définir les moyens correctifs et préventifs appropriés à la situation. Pour faciliter notre étude, répartissons les causes en cinq volets (Pérusse, 1988) :

Le travailleur

- Le travailleur est-il la cause de son propre accident ?
- Le travailleur a-t-il eu recours à une méthode de travail dangereuse ?
- Le travailleur avait-il les caractéristiques physiques, professionnelles et psychologiques appropriées pour accomplir sa tâche ?
- Dans quel état physique ou psychologique le travailleur était-il au moment de l'accident ?
- Combien d'heures de travail consécutives le travailleur avait-il accumulées dans sa journée de travail au moment de l'accident ?
- Le travailleur avait-il l'entraînement requis pour effectuer le travail demandé ?
- Le travailleur avait-il déjà fait ce type de travail ?
- Le travailleur portait-il son équipement de protection individuel ?

Les tâches

- Les tâches à effectuer ou la méthode utilisée sont-elles dangereuses en elles-mêmes ?
- Les tâches associées au poste de travail mettent-elles le travailleur dans une situation dangereuse ?
- La charge physique ou intellectuelle du travail était-elle trop lourde pour le travailleur ?

L'équipement

- Les outils, les appareils, les machines et l'équipement utilisés par le travailleur peuvent-ils être la cause de l'accident ?
- L'entretien des outils, des appareils, des machines et de l'équipement utilisés a-t-il été fait ?
- A-t-on remplacé les pièces usées ?

L'environnement

- L'environnement physique de travail comporte-t-il des facteurs de risque ayant pu causer l'accident ?
- L'espace physique de travail, l'ordre, la propreté, l'encombrement et l'aménagement des lieux, ou encore l'état du plancher, sont-ils directement liés à l'accident ?

- Le bruit, l'éclairage, la chaleur, les gaz, la radiation, la poussière peuvent-ils être la cause de l'accident ?

- La composition et les caractéristiques des produits utilisés dans le processus de fabrication ont-elles pu causer l'accident ? Le travailleur utilise-t-il des contaminants ou des matières dangereuses dans l'exercice de ses fonctions ?

Le mode de gestion

Pouvons-nous trouver dans le mode de gestion de l'employeur la cause de l'accident ? N'oublions pas que c'est l'employeur qui décide des pratiques organisationnelles, de la technologie utilisée, de l'achat de l'équipement, des méthodes de travail, des programmes de formation des employés, du programme de prévention en matière de santé et de sécurité au travail, de la planification du travail, des horaires, du mode de rémunération, du processus d'embauche, des affectations, de la supervision, du règlement de sécurité, de la cadence de travail imposée et du système de communication interne.

FIGURE 8.2
Les cinq volets des causes d'un accident de travail

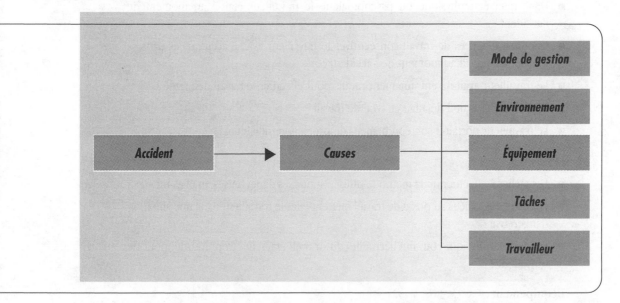

L'employeur a le **pouvoir de contrôler le système de transformation** de l'entreprise et sa **force de travail**. Il définit l'organisation du travail. C'est la raison pour laquelle, lorsqu'on remonte l'arbre des causes d'un accident, on conclut souvent à une pratique patronale fautive en matière de santé et de sécurité au travail.

Les efforts de prévention du superviseur devront donc porter, par ordre d'importance, sur :

- le mode de gestion de l'employeur ;

- l'environnement ;

- l'équipement ;

- les tâches ;

- le travailleur.

EXEMPLE

Pour bien comprendre, reprenons le cas de l'accident de travail de Jean Lavigueur (voir la section 8.1.2).

1. La description de l'accident de Jean Lavigueur serait la suivante : Jean Lavigueur est monté sur un escabeau, a manqué une marche, est tombé et s'est fracturé le tibia.

2. On détermine pourquoi et comment les faits se sont déroulés, on examine ce qui a pu provoquer l'accident de Jean Lavigueur et on cherche à connaître les circonstances dans lesquelles il est tombé de l'escabeau (voir le tableau 8.1).

On apprend ainsi qu'à la demande de son contremaître, Jean Lavigueur devait consolider rapidement une partie du plafond de l'usine, haut de trois mètres, en y vissant un madrier de deux mètres de long. En gravissant les marches de l'escabeau, Jean Lavigueur tenait d'une main le madrier et de l'autre, une perceuse. Le madrier lui a fait perdre l'équilibre, et il a manqué une marche. Voilà, analysés, les faits de travail à l'origine de l'accident.

3. Les causes de l'accident de Jean Lavigueur peuvent être multiples.

TABLEAU 8.1
L'arbre des causes de l'accident de monsieur Jean Lavigueur

- *Sur l'ordre de son contremaître, Jean Lavigueur doit visser rapidement un madrier de deux mètres au plafond de l'usine, haut de trois mètres.*
- *Il est seul pour exécuter cette tâche.*
- *Il monte sur l'escabeau en tenant d'une main le madrier et de l'autre, une perceuse.*
- *Il perd l'équilibre.*
- *Il manque une marche.*
- *Il tombe de l'escabeau.*
- *Il se fracture le tibia.*

Cet exemple démontre que le contremaître de Jean Lavigueur, qui représente l'employeur et qui, par conséquent, applique les consignes patronales, aurait dû demander à son employé de monter sur un échafaudage plutôt que sur un escabeau pour réparer le plafond.

En outre, le contremaître aurait dû demander à un collègue de Jean Lavigueur d'aider ce dernier à dresser l'échafaudage et à visser le madrier. Cette opération aurait dû se faire selon les normes de sécurité établies.

La principale cause de l'accident de Jean Lavigueur réside dans un certain laxisme et un manque d'encadrement de la part du contremaître, qui a accepté que son employé prenne des risques dans l'exécution de son travail.

8.2.2 PRENDRE LES DISPOSITIONS NÉCESSAIRES POUR CORRIGER LES SITUATIONS DE TRAVAIL DANGEREUSES

Comme nous l'avons vu dans la première partie du chapitre, la *Loi sur la santé et la sécurité du travail* oblige l'employeur à prendre les dispositions nécessaires pour **éliminer à la source le danger pour la santé et la sécurité du travailleur** ; et si cela ne peut se faire, il doit **empêcher le travailleur de s'exposer à un danger dans l'exécution de ses tâches** (c'est-à-dire réduire le contact avec l'agent agresseur) ; et, en dernier recours, il doit **protéger le travailleur** en lui procurant des équipements de protection individuels. Nous expliquons ces trois dispositions de correction dans les sections qui suivent.

Éliminer à la source le danger pour la santé et la sécurité du travailleur

Un environnement de travail peut être conçu de façon à minimiser les risques pour la santé et la sécurité du personnel. Ainsi, le choix d'un produit sans toluène (substance hautement cancérigène) pour la peinture des carrosseries d'automobiles, l'utilisation d'un chariot doté d'un fond qui remonte automatiquement à mesure que sa charge diminue pour épargner au travailleur l'effort de se plier plusieurs fois par jour, ou l'adoption d'un procédé qui permet à l'employé de travailler sans avoir à s'étirer les bras ou à les tenir plus hauts que les épaules sont autant de possibilités pour l'employeur de réduire les dangers d'accidents.

Pour corriger une situation dangereuse, il suffit souvent de remplacer l'élément de travail qui comporte un risque par un autre plus sécuritaire. Par exemple, une machine trop bruyante peut être modifiée de façon que certaines de ses pièces de métal ne soient plus en contact ; un outil dont la manipulation exige un mouvement répétitif du poignet peut être transformé pour faire en sorte qu'il ne soit plus la cause de bursites ou de tendinites ; ou encore un poste de travail, des appareils et des méthodes peuvent être reconsidérés pour permettre aux employés de travailler les bras et les coudes près du corps.

Empêcher le travailleur de s'exposer à un danger dans l'exécution de ses tâches

Si l'employeur ne peut éliminer à la source les risques d'accidents et de maladies professionnelles, il doit empêcher le travailleur de s'exposer à un danger ou, du moins, essayer de contrôler et de réduire la fréquence, la durée et l'intensité de l'exposition à ce danger afin de respecter les normes établies.

Pour assurer la sécurité de son personnel, l'employeur peut recourir aux dispositifs de protection suivants : protège-lame (pour couvrir les dents d'une scie radiale), garde-corps, système d'aspiration de la poussière ou de vapeurs toxiques, grillage de protection, mise à la terre pour tous les outils électriques, absorbants acoustiques, enceinte insonorisée, dispositifs d'arrêt automatique (pour suppléer au mécanisme de sécurité d'une machine qui n'aurait pas été enclenché), écrans, etc.

Dans les cas où les outils, la machinerie ou l'environnement de travail ne se prêtent à aucune modification, l'employeur doit prévoir un système de rotation du personnel afin de soustraire périodiquement le travailleur à la source de danger et de respecter ainsi la réglementation touchant les dangers d'accidents ou de maladies professionnelles.

Protéger le travailleur

Si l'employeur ne peut empêcher le travailleur d'être exposé à un danger, il doit lui permettre de se protéger en lui procurant gratuitement l'équipement de protection individuel dont il a besoin, tels des lunettes, un casque, des gants, des harnais, des bottes, des protecteurs auditifs, un tablier, un vêtement de protection, un masque protecteur ou un appareil respiratoire muni d'un conduit d'air. Ce type de protection doit être temporaire et « ne doit diminuer en rien les efforts requis pour éliminer à la source même les dangers […] » (L.S.S.T., art. 3).

L'équipement fourni par l'employeur doit satisfaire aux exigences d'un organisme de normalisation (par exemple, l'Association canadienne de normalisation – ACNOR) et répondre aux besoins et aux caractéristiques physiques des travailleurs ; des gants trop grands, par exemple, constitueraient davantage une nouvelle source d'accidents qu'une protection adéquate. Une fois qu'il a pourvu aux besoins en équipement de sécurité, l'employeur a encore à faire ; en effet, il doit expliquer à ses employés comment se servir de cet équipement.

TABLEAU 8.2
Les trois dispositions de correction des situations de travail dangereuses

> 1. *Éliminer le danger à la source ; ce moyen s'avère le plus efficace.*
> 2. *Réduire le contact avec l'agent agresseur ; le danger est toujours présent, mais un contrôle est exercé sur l'exposition des travailleurs.*
> 3. *Protéger le travailleur ; ce moyen permet de minimiser les risques d'accidents de travail et de maladies professionnelles sans toutefois éliminer le danger. Ce moyen s'avère le moins efficace.*

8.2.3 COLLABORER À L'ÉLABORATION ET À L'ÉTABLISSEMENT D'UN PROGRAMME DE PRÉVENTION

On a vu que l'employeur a l'obligation, en vertu de l'article 51 de la *Loi sur la santé et la sécurité du travail*, de prendre tous les moyens pour s'assurer que ses employés travaillent dans un environnement sain et sécuritaire.

Rappelons que cette obligation juridique d'établir un programme de prévention n'existe que pour certains secteurs appelés *secteurs prioritaires* (L.S.S.T., art. 58), mais un tel programme peut être élaboré par toutes les entreprises.

Selon l'article 59 de la *Loi sur la santé et la sécurité du travail*, un programme de prévention doit contenir [9] :

- un programme d'adaptation aux normes prescrites par les règlements ;

9. La Commission de la santé et de la sécurité du travail du Québec a publié plusieurs guides sur le sujet.

- la définition des moyens et des équipements de protection individuels ;
- des mesures de surveillance de la qualité du milieu de travail et des mesures d'entretien préventives ;
- un programme de santé ;
- des programmes de formation et d'information.

Le programme d'adaptation aux normes de sécurité au travail

L'employeur doit mettre en place un programme d'adaptation afin de se conformer aux normes concernant l'aménagement des lieux, l'organisation du travail, l'équipement, le matériel, les contaminants, les matières dangereuses et les procédés, moyens et équipements de protection pour l'ensemble des travailleurs.

Certains règlements gouvernementaux prévoient des normes pour réduire les risques d'accidents de travail et de maladies professionnelles.

Le *Règlement sur la santé et la sécurité du travail* établit des normes concernant notamment la qualité de l'air, la température, l'humidité, les contraintes thermiques, l'éclairage, le niveau sonore du bruit, la ventilation, les équipements de protection individuels, etc., afin d'assurer la qualité du milieu de travail, de protéger la santé des travailleurs et d'assurer leur sécurité et leur intégrité physique (art. 3)[10].

Si l'employeur juge insuffisantes les normes d'hygiène et de sécurité prescrites par la réglementation, il peut établir des normes propres à son établissement. **Le comité paritaire de santé et de sécurité de l'entreprise pourra lui faire des recommandations concernant ce programme d'adaptation aux normes.**

Le choix des moyens et des équipements de protection individuels

La responsabilité de choisir les moyens et l'équipement de protection individuels pour chacun des postes de travail appartient au comité paritaire de santé et de sécurité de l'établissement. Pour protéger les travailleurs des dangers qui ne peuvent être ni éliminés à la source ni soumis à un contrôle, le comité doit consulter les registres des caractéristiques des postes de travail afin de tenir compte des dangers inhérents à l'environnement de travail et à l'exécution des tâches.

EXEMPLES

- Lorsque l'employeur ne peut réduire le niveau sonore élevé du bruit des machines à un niveau inférieur aux limites maximales permises, il doit fournir à l'opérateur, comme mesure corrective temporaire, un protecteur auriculaire approprié (ACNOR, no Z294.2, 1965).

---

10. Pour avoir accès à ce règlement, consultez le site Web de la C.S.S.T. à l'adresse électronique suivante : <www.csst.qc.ca>. Cliquez sur la rubrique Lois et règlements. Choisissez *Règlement sur la santé et la sécurité du travail – Loi sur la santé et la sécurité du travail.*

- Lorsque l'employé utilise un pistolet à air, l'employeur doit lui fournir des chaussures de sécurité (ACNOR, n° Z195, 1970) comme protection contre les blessures aux pieds.

- Lorsque l'employé utilise une presse à découper, l'employeur doit munir sa presse d'un dispositif (ACNOR, n° Z142, 1957) écartant ses mains de la zone de danger.

Les mesures de surveillance de la qualité du milieu de travail et les mesures d'entretien préventives

Pour s'assurer que les normes de sécurité exigées pour les postes de travail à risque sont respectées et qu'il n'y a pas de dégradation des conditions de travail, des **mesures de surveillance** de la qualité du milieu de travail doivent être établies. Ces mesures peuvent consister à évaluer le niveau sonore du bruit à différentes heures de la journée, à mesurer périodiquement la concentration des gaz ou la température des lieux, à vérifier la propreté des installations sanitaires ou les dispositifs de protection contre les incendies, etc.

Des **mesures d'entretien préventives** doivent aussi être définies. On peut ainsi établir un calendrier de vérification de l'équipement, des machines et des outils, un programme d'ajustement des pièces et de remplacement des composantes usées, ou un plan de nettoyage des outils, d'assainissement des lieux et de graissage des pièces de métal. De nombreuses études ont démontré que des mesures d'entretien préventives contribuent à diminuer les risques d'accidents de travail (Simard et autres, 1988 ; Chamberland et Pérusse, 1990).

La tâche de déterminer les mesures de surveillance et les mesures d'entretien préventives revient à l'employeur. **Le rôle du comité de santé et de sécurité de l'entreprise consiste à faire des recommandations.**

Le programme de santé

Le **programme de santé** de l'établissement est défini par le médecin responsable pour être ensuite **soumis à l'approbation du comité de santé et de sécurité**.

L'objectif d'un tel programme est de prévoir les « mesures de surveillance médicale du travailleur en vue de la prévention et du dépistage précoce de toute atteinte à la santé pouvant être provoquée ou aggravée par le travail » (L.S.S.T., art. 113, paragr. 5). Ces mesures doivent permettre de détecter les risques et les situations de travail susceptibles de causer des maladies professionnelles.

Des examens de dépistage préventif peuvent être envisagés afin d'exercer une surveillance médicale de l'état de santé des travailleurs. Dans certaines entreprises, par exemple, pour contrôler l'évolution de la surdité chez les travailleurs, on leur demande de se soumettre à un examen de l'ouïe tous les six mois.

En outre, le programme de santé[11] doit prévoir les « examens de santé de pré-embauchage et les examens de santé en cours d'emploi prévus par le règlement » (L.S.S.T.,

---

11. Pour ne pas contrevenir aux dispositions de la *Charte des droits et libertés de la personne* concernant les examens médicaux en cours d'emploi, la Commission des droits de la personne du Québec a fait des recommandations énoncées dans l'article « Le respect des droits fondamentaux dans le cadre des examens médicaux en emploi », *Le forum des droits et libertés*, Commission des droits de la personne du Québec, octobre 1987, p. 5.

art. 113, paragr. 6), ainsi qu'un « service adéquat de premiers soins pour répondre aux urgences » (L.S.S.T., art. 113, paragr. 7), c'est-à-dire avoir une trousse de premiers soins, former des secouristes, prévoir des mesures pour les situations d'urgence, adopter un plan d'évacuation, etc.

Les programmes de formation et d'information

La conception des programmes de formation et d'information est effectuée par le comité de santé et de sécurité.

Un programme de formation vise en premier lieu à inculquer un comportement sécuritaire à tous les employés de l'entreprise. Le comportement sécuritaire doit faire partie intégrante de la culture et de la philosophie organisationnelles de l'entreprise.

La formation doit porter sur la définition des risques, de leurs conséquences et des moyens à prendre pour les éliminer. Elle aura également pour objet les normes de sécurité et les méthodes de travail sécuritaires.

L'enseignement donné intégrera le travail et la sécurité dans un processus global. Pour l'instructeur, il faudra donc veiller à ne pas aborder en deux temps distincts les techniques de travail et les mesures de sécurité, sinon les employés percevront ces dernières comme un obstacle à leur productivité. **Les travailleurs doivent apprendre à exécuter leur travail d'une seule façon, à savoir d'une façon sécuritaire**.

Un programme d'information vise à renseigner les travailleurs sur les situations de danger qui existent dans leur établissement. Un manuel de sécurité distribué à tout le personnel peut être un bon moyen de diffuser cette information. Ce manuel contiendra des renseignements sur les contaminants utilisés dans l'entreprise, les lieux de travail à risque, les normes de sécurité à respecter et les moyens à prendre en cas d'urgence.

Au Québec, l'utilisation du Système d'information sur les matières dangereuses utilisées au travail (S.I.M.D.U.T.) est très répandue. Ce système fait appel à la fiche signalétique et à l'étiquetage des produits comme moyens d'information sur les dangers de l'utilisation des produits industriels et sur les mesures à prendre en cas d'urgence. Il prévoit également une formation pour les travailleurs.

Un système de signalisation comportant des symboles de danger et des enseignes de sécurité est une autre façon d'informer les travailleurs des situations de travail dangereuses.

L'Association canadienne de normalisation (ACNOR) a approuvé en 1977 la norme numéro CAN3-Z321-77, qui traite des signaux à employer pour transmettre un message visuel de sécurité ou d'hygiène. Cette norme utilise des formes (le carré ou le rectangle, le triangle et le cercle), des couleurs (le rouge, le noir, le blanc, le vert, le jaune et le bleu) et des pictogrammes pour indiquer aux travailleurs les différents niveaux de danger.

Ainsi :

- le cercle indique une obligation ou une interdiction ;

- le triangle signifie une mise en garde ou un danger ;

- le carré ou le rectangle fournit des renseignements divers ou indique les lieux de premiers soins.

Tous ces symboles et ces signaux doivent être définis dans le manuel de sécurité des travailleurs, et des programmes de formation et d'information doivent être organisés pour expliquer le S.I.M.D.U.T. et le type particulier de communication non verbale.

RÉSUMÉ

Le superviseur doit considérer un environnement de travail sain et sécuritaire comme un objectif à atteindre et non pas comme un obstacle à sa gestion. Pour ce faire, il peut, selon la latitude qui lui est donnée par l'entreprise, déterminer les dangers inhérents à la santé et à la sécurité au travail, corriger les situations de travail dangereuses et maintenir les conditions de travail sécuritaires en prévoyant des moyens de prévention.

Dans cette perspective, le superviseur doit, dans un premier temps, connaître les droits et les obligations de ses employés ainsi que ceux de son employeur en matière de santé et de sécurité au travail. Ensuite, il doit prendre les mesures nécessaires pour éliminer à la source les dangers qui constituent une menace pour la santé et la sécurité de ses employés.

Cet effort de correction et de contrôle des risques d'accidents de travail et de maladies professionnelles sera efficace dans la mesure où le superviseur y croit fermement, reçoit l'appui inconditionnel des dirigeants de l'entreprise, prend les décisions qui s'imposent pour offrir à ses employés un environnement de travail sain et sécuritaire et fait preuve de créativité et d'imagination dans la recherche des moyens de correction et de prévention.

Souvent, l'investissement que ces moyens représentent est négligeable en comparaison des frais que peuvent occasionner les accidents de travail ou les maladies professionnelles.

RÉSUMÉ GRAPHIQUE
La santé et la sécurité au travail

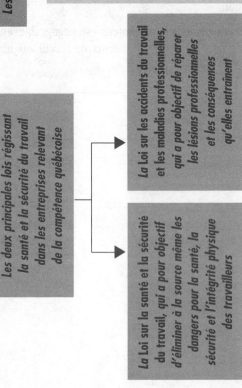

Les deux principales lois régissant la santé et la sécurité du travail dans les entreprises relevant de la compétence québécoise

La Loi sur la santé et la sécurité du travail, qui a pour objectif d'éliminer à la source même les dangers pour la santé, la sécurité et l'intégrité physique des travailleurs

La Loi sur les accidents du travail et les maladies professionnelles, qui a pour objectif de réparer les lésions professionnelles et les conséquences qu'elles entraînent

Les trois principaux rôles du superviseur en matière de santé et de sécurité du travail

1. Connaître le milieu de travail de ses employés afin de dégager les facteurs de risque pour leur santé et leur sécurité :
- Déterminer les risques d'accidents de travail et de maladies professionnelles ;
- Mesurer la fréquence et la gravité des accidents de travail et des maladies professionnelles ;
- Effectuer une enquête sur les accidents de travail dont sont victimes ses employés et procéder à une analyse de ces accidents ;
- Évaluer les risques reliés aux postes de travail et aux fonctions exécutées par les employés.

2. Prendre les dispositions nécessaires pour corriger les situations de travail dangereuses :
- Éliminer à la source le danger pour la santé et la sécurité des travailleurs ;
- Empêcher les travailleurs de s'exposer à un danger dans l'exécution de leurs tâches ;
- Protéger les travailleurs.

3. Collaborer à l'élaboration et à l'établissement d'un programme de prévention pour maintenir des conditions de travail sécuritaires. Le programme de prévention comporte les cinq composantes suivantes :
- Le programme d'adaptation aux normes ;
- Le choix des moyens et des équipements de protection individuels ;
- Les mesures de surveillance de la qualité du milieu de travail et les mesures d'entretien préventives ;
- Le programme de santé ;
- Les programmes de formation et d'information.

EXERCICES LIÉS À LA CONNAISSANCE

Termes et concepts à définir

1. Comité de santé et de sécurité de l'entreprise.

2. Commission de la santé et de la sécurité du travail.

3. Accident de travail.

4. Incident de travail.

5. Lésion professionnelle.

6. Affectation temporaire.

7. Droit de refus.

8. Retrait préventif de la travailleuse enceinte.

9. Arbre des causes d'un accident de travail.

10. Ergonomie.

11. Registre des caractéristiques du travail.

12. Registre des caractéristiques du poste.

13. Dispositions de correction.

14. Programme de prévention.

15. S.I.M.D.U.T.

Questions à développement

1. Quel est le principal objectif de la *Loi sur la santé et la sécurité du travail* et celui de la *Loi sur les accidents du travail et les maladies professionnelles* ?

2. Nommez les principaux participants et intervenants dans le domaine de la santé et de la sécurité au travail.

3. Décrivez les principaux droits des travailleurs en matière de santé et de sécurité au travail.

4. Quelles sont les obligations de l'employeur envers le travailleur victime d'un accident de travail ayant causé une lésion professionnelle ?

5. À quelles conditions l'employeur peut-il affecter temporairement à un autre poste de travail un travailleur souffrant d'une lésion professionnelle ?

6. Décrivez brièvement les trois modes d'intervention de l'inspecteur de la Commission de la santé et de la sécurité du travail dans une entreprise.

7. Décrivez les quatre types de réparation des lésions professionnelles prévus par la L.A.T.M.P.

8. Énumérez les principaux rôles du superviseur en matière de prévention en santé et en sécurité au travail.

9. Nommez les catégories de risques d'accidents de travail et de maladies professionnelles.

10. Quelle est l'utilité d'un arbre des causes dans l'analyse d'un accident de travail ?

▼

▼

11. Quelles sont les cinq sources possibles d'un accident de travail ?

12. Quelle utilisation le superviseur peut-il faire du taux de fréquence et de l'indice de gravité des accidents de travail ?

13. Énumérez les différentes composantes d'un programme de prévention en matière de santé et de sécurité au travail.

14. Quelles sont les principales fonctions du comité de santé et de sécurité dans le programme de prévention ?

EXERCICES DE COMPRÉHENSION ■ ■ □

1. Regroupez-vous en équipe de trois et répondez aux questions de la mise en situation.

Le vendredi 25 décembre, vers trois heures du matin, l'infirmière Josée Lafleur prend les signes vitaux d'un patient qui se remet lentement d'un infarctus au service des soins intensifs.

En quittant la chambre, elle accroche les tubes de soluté du patient, trébuche et tombe par terre, cette chute lui causant des meurtrissures aux genoux.

Par surcroît, cet événement malheureux fait en sorte que les sparadraps de fixation se décollent, déplaçant ainsi le cathéter de Swan-Ganz (tube long et mince introduit dans l'oreillette droite qui capte la pression artérielle pulmonaire) et provoquant chez le patient une tachycardie (arythmie grave qui précède une fibrillation ventriculaire).

Heureusement que le résident de garde est à l'étage, car dans un tel cas l'infirmière n'a que quelques minutes pour réagir. Celui-ci intervient rapidement, replace le cathéter et rétablit la situation.

a) Déterminez si Josée Lafleur a été victime d'un accident de travail et justifiez votre réponse.

b) Dressez l'arbre des causes de cet accident de travail.

c) Établissez la principale cause de cet accident de travail.

2. Regroupez-vous en équipe de trois et critiquez l'analyse d'Ephrem Albert junior en matière de santé et de sécurité des emballeurs.

Ephrem Albert junior, directeur des opérations à la compagnie Abilium, est fier des résultats obtenus en matière de santé et de sécurité du travail des emballeurs.

« Tout a diminué, le nombre d'accidents et le nombre de jours d'absence dus aux accidents », claironne-t-il.

Il s'appuie sur les données des tableaux 8.3 et 8.4 pour faire ce type d'affirmation.

▼

▼

TABLEAU 8.3

Nombre d'accidents et nombre de jours d'absence dus aux accidents en fonction des 12 000 heures de travail des emballeurs l'an dernier

Lésions	Nombre d'accidents	Nombre de jours d'absence dus aux accidents
Coupures	6	4
Entorses lombaires	8	48
Foulures	4	12

TABLEAU 8.4

Nombre d'accidents et nombre de jours d'absence dus aux accidents en fonction des 10 000 heures de travail des emballeurs cette année

Lésions	Nombre d'accidents	Nombre de jours d'absence dus aux accidents
Coupures	5	4
Entorses lombaires	7	42
Foulures	3	11

EXERCICES DE TRANSFERT ■■■

1. On vous demande d'appliquer toutes les notions apprises dans le présent chapitre à votre propre environnement de travail (ou à celui d'un ami, d'un parent ou d'une connaissance.)

   a) Faites ressortir les dangers inhérents à la santé et à la sécurité du poste de travail étudié et des tâches exécutées ;

   b) Appliquez une démarche corrective et préventive en matière de santé et de sécurité au travail.

   Étape 1 : la connaissance du milieu de travail

   ■ Discernez le malaise que vous associez à l'environnement de travail étudié. Un malaise est une sensation désagréable de troubles physiologiques ou psychologiques. Par exemple, douleur entre les deux omoplates, migraine ophtalmique, raideur, courbature, angoisse...

   ■ Associez le malaise aux mouvements effectués au cours de l'exécution du travail.

   ■ Associez les mouvements effectués au cours de l'exécution du travail aux principaux éléments de l'organisation du travail qui, selon votre analyse, causent le malaise.

   ■ Déterminez les causes du malaise. N'oubliez pas que la tâche à exécuter, l'aménagement du poste de travail, la technologie ou l'équipement utilisé, les caractéristiques personnelles et professionnelles du travailleur et le mode de gestion sont les principales causes des accidents de travail et des maladies professionnelles.

▼

Étape 2 : la correction et la prévention des situations de travail dangereuses

■ Prévoyez des moyens de correction et de prévention pour éliminer à la source les risques pour la santé et la sécurité du travailleur, afin d'éviter qu'il ne s'expose à un danger ou de le protéger contre le danger.

■ Établissez vos priorités. Par exemple :

Priorité 1 : mesure appliquée à très court terme ;

Priorité 5 : mesure appliquée à long terme ;

Le tableau 8.5 illustre un exemple de cette démarche corrective et préventive.

TABLEAU 8.5
La démarche corrective et préventive en matière de santé et de sécurité au travail

Malaise	Mouvements effectués au cours du travail	Organisation du travail
Douleur à la région lombaire.	Mouvements répétitifs de flexion, d'extension et de torsion du tronc.	Chaque jour, transporter 2 000 caisses de 20 kg à bras sur une distance de 5 m et les placer sur des palettes en bois déposées sur le plancher de l'usine.

Causes du malaise	Moyens de correction et de prévention pour éliminer le malaise	Priorité
La tâche : le transport et le placement des caisses de 20 kg.	Diminuer le nombre de caisses à transporter.	2
L'aménagement du poste de travail : le trajet de 5 m à parcourir.	Réduire la distance à parcourir.	2
	Faciliter le transport des caisses du poste de travail jusqu'aux palettes.	2
Les méthodes de travail : le transport des caisses à bras et le placement de celles-ci sur des palettes en bois.	Placer les caisses sur les palettes sans se pencher ni s'étirer.	2
Le travailleur : le travailleur n'est pas formé pour la manutention de charges et n'a aucun équipement de protection individuel.	Éliminer les mouvements de torsion de la colonne vertébrale pendant la manutention des caisses.	1
L'équipement : aucun n'est utilisé.	Former et informer les emballeurs sur les principes de manutention sécuritaires des charges.	1
Le mode de gestion : le temps d'exécution est de 2 000 caisses en 8 h, c'est-à-dire plus ou moins 15 s par caisse.	Utiliser un chariot ou un convoyeur, une plate-forme élévatrice autoréglable.	1
	Engager des manutentionnaires supplémentaires.	2

▼

2. Consultez et décrivez le contenu des sites Web suivants :
   ■ <www.reptox.csst.qc.ca> ;
   ■ <www.clp.gouv.qc.ca>.

3. Quelles sont les normes concernant le niveau sonore du bruit et la température admises dans les entreprises québécoises ? Consultez le *Règlement sur la santé et la sécurité du travail* sur le site Web de la Commission de la santé et de la sécurité du travail à l'adresse électronique suivante : <www.csst.qc.ca>.

4. Donnez deux exemples de taux de la prime versée par les entreprises à la C.S.S.T. selon leur appartenance aux secteurs suivants : primaire, manufacturier, construction, transport et service. Pour ce faire, consultez la brochure *La table des taux* publiée par la Commission de la santé et de la sécurité du travail.

5. Regroupez-vous en équipe de trois. Procurez-vous auprès de la C.S.S.T. des exemples de registres des caractéristiques concernant les postes de travail et le travail exécuté par le travailleur. Remplissez ces deux registres en vous appuyant sur l'emploi occupé par l'un de vous trois.

EXERCICES D'APPLICATION ■ ■ ■ ■

1. Jean-Luc Lachaise

10 août, 8 h 30 :

« Vite, les gars ! Vite ! Vite ! Vite ! Jean-Luc a eu un accident ! Vite ! Le sang s'écoule de partout !

— Oh ! Mon Dieu ! Le sang coule, il y a hémorragie, qu'est-ce qu'on fait ? Qu'est-ce qu'on fait ?

— Il est en état de choc ! Il ne répond plus ! Il a perdu conscience ! Qu'est-ce qu'on fait ?

— Le 9-1-1 ! Le 9-1-1 ! Appelez le 9-1-1 ! On va lui poser un garrot !

— Non ! Non ! Non ! Pas de garrot ! Il peut perdre sa main !

— Bienvenue, mon jeune, à la compagnie Tripalium !

— Maudites machines ! Quand est-ce qu'on va les changer ? Elles sont si vieilles qu'elles ne respectent aucune norme de sécurité ! »

On crie, on s'affole, on accourt de partout dans l'usine. Un autre accident de travail vient d'avoir lieu.

Voici la description des tâches de Jean-Luc Lachaise et les faits relatant son accident :

Jean-Luc Lachaise est opérateur de presse depuis un mois chez Tripalium inc. Il fabrique des boîtes de jonction en suivant les étapes suivantes :

   ■ Il place une pièce de métal dans le système mécanique de pliage de la presse ;
   ■ Il actionne du pied la pédale de mise en marche ;
   ■ Il retire la pièce pliée du système ;
   ■ Il répète les étapes 1, 2 et 3 à trois reprises pour former la boîte de jonction ;
   ■ Il retire la boîte de jonction formée du système de pliage de la presse ;
   ■ Il dépose la boîte de jonction sur un convoyeur, situé à sa gauche, qui achemine le produit vers le préposé à l'emballage.

▼

▼

L'accident est survenu au moment où Jean-Luc Lachaise a pivoté pour déposer la boîte de jonction sur le convoyeur : il a touché fortuitement du pied la pédale de mise en marche, ce qui a actionné la presse alors qu'il avait encore la main gauche dans le système de pliage. Les premières phalanges du pouce et de l'index de la main gauche ont alors été coupées.

Travail à faire

a) Procurez-vous auprès de la C.S.S.T. les formulaires relatifs aux accidents de travail et remplissez-les correctement en tenant compte des renseignements suivants :

Travailleur :

- Nom : Lachaise, Jean-Luc

- Adresse : 2650, rue Saint-Joseph Nord, Montréal, H2A 1N3

- Situation familiale : célibataire

- Numéro de téléphone : (514) 276-3256

- Numéro d'assurance sociale : 888 000 666

- Numéro d'assurance-maladie : LACJ 84050216

- Date de naissance : 1984-05-02

- Poste : opérateur de presse depuis un mois ; emploi occasionnel

- Salaire annuel : 24 000 $ (brut) ; 18 500 $ (net)

- Date de l'accident : il y a 3 jours

- Date de retour au travail : dans 3 mois

Entreprise :

- Tripalium inc.

- 56 employés au moment de l'accident

- Adresse : 34e Avenue, Montréal, H3X 4V7

- Numéro de téléphone : (514) 271-3676

- Numéro de la C.S.S.T. : TRI 3676

Médecin désigné par l'employeur :

- Nom : Roger Taillefaire

- Adresse : C.L.S.C. Pointe-Bleue, 21e Avenue, Montréal, H3X 6W8

- Numéro de téléphone : (514) 271-8686

- Numéro de médecin : 92300

b) Proposez des moyens de correction et de prévention pour faire face au type d'accident de travail dont a été victime Jean-Luc Lachaise.

▼

2. Arlette Maalouf

10 août, 6 h :

Arlette Maalouf, âgée de 44 ans, préposée à l'emballage depuis huit ans chez Tripalium inc., se réveille péniblement ce matin-là.

« Chéri ! Chéri ! Vite ! Vite ! crie-t-elle à son mari.

— Qu'est-ce qu'il y a ? lui demande ce dernier de la salle de bains.

— Mon bras ! Mon bras droit ! Il ne bouge plus ! Je suis paralysée ! lui répond Arlette Maalouf, affolée.

Son mari accourt vers la chambre à coucher et dit à sa femme :

— Pourtant, tu as mis de la glace sur ton bras, hier soir, à ton retour du travail. Ça fait un mois que tu fais ça ! Ça a toujours marché ! Maudite job ! Il faut aller voir un médecin, tu vois bien qu'il ne s'agit pas de courbatures. »

Dès l'ouverture de la clinique médicale de son quartier, Arlette Maalouf consulte le médecin de garde, qui diagnostique une bursite à l'épaule droite causée par les mouvements répétitifs effectués à son travail. Il procède à une infiltration, lui prescrit des anti-inflammatoires et lui suggère de prendre du repos jusqu'au 10 septembre et de suivre également des traitements de physiothérapie.

Elle se rend alors au travail le jour même et présente au directeur des opérations le certificat d'incapacité de travail. Puis, elle remplit le rapport d'accident en ces termes :

« Je suis préposée à l'emballage. Mon travail consiste à placer dans des caisses en carton des boîtes de jonction. Cette tâche occasionne des mouvements répétés de mon épaule. C'est pourquoi une douleur insupportable s'est installée d'une façon progressive dans la région de mon épaule droite. »

Une semaine plus tard, le directeur des opérations demande une contre-expertise médicale au médecin de la compagnie. Le médecin diagnostique une tendinite calcifiée qui n'est pas due à un accident de travail, puisqu'aucun geste imprévu et soudain n'a été posé par Arlette Maalouf le 9 août. De plus, ce dernier affirme que cette tendinite ne peut être considérée comme une maladie professionnelle, puisque aucune démonstration n'a été faite concernant un lien entre cette maladie et le travail d'emballeur. Par conséquent, selon le médecin de la compagnie, la tendinite calcifiée dont souffre Arlette Maalouf est une condition personnelle dégénérative qui s'est manifestée à l'occasion de son travail. Par conséquent, le malaise dont elle souffre ne peut être considéré comme une lésion professionnelle.

À partir de cette contre-expertise, le directeur des opérations conteste alors l'admissibilité d'Arlette Maalouf à une réclamation à la C.S.S.T.

Voici la description des tâches d'Arlette Maalouf :

Arlette Maalouf est préposée à l'emballage et affectée à la ligne de produits de boîtes de jonction.

- Elle reçoit les produits à emballer sur un convoyeur de cinq opérateurs de presse ;

- Elle saisit deux boîtes de jonction (12 centimètres de diamètre) à la fois, une dans chaque main, et les range dans des caisses en carton placées sur une table devant elle ;

▼

■ Elle dépose les caisses remplies sur un convoyeur situé à sa gauche en pivotant le tronc. Les caisses sont acheminées vers le préposé à l'expédition.

Cette méthode de travail est identique pour tous les préposés à l'emballage et adaptée, bien entendu, aux produits à emballer.

■ Le convoyeur qui apporte les boîtes de jonction des presses vers son poste de travail est situé à l'arrière de la table où sont déposées les caisses en carton. Arlette Maalouf doit alors étendre les bras et pencher le tronc pour aller chercher les boîtes de jonction sur le convoyeur et les ranger dans la caisse. Elle peut effectuer ce mouvement jusqu'à 15 000 fois par jour. Elle doit l'exécuter rapidement, sinon les boîtes de jonction s'accumulent sur le convoyeur et finissent par tomber par terre.

■ Arlette Maalouf est assise sur une chaise en métal.

■ Elle travaille 8 heures par jour ; elle a droit à deux pauses-café de 15 minutes par jour et à une demi-heure pour le dîner.

Travail à faire

a) Vous avez le mandat de déterminer si Arlette Maalouf a subi une lésion professionnelle.

b) Dans l'éventualité ou vous auriez répondu par l'affirmative à la première question, proposez des moyens de correction et de prévention pour faire face à ce type de situation.

EXERCICES D'ANALYSE ■ ■ ■ ■ ■

1. François contre François

François Lemaire et François Valcourt travaillent tous les deux comme employés de bureau pour une grande entreprise de fabrication de pâtes et papier.

Ces deux employés ne s'aiment pas beaucoup, c'est un fait reconnu. Ils s'insultent, s'accusent mutuellement de tous les maux, s'espionnent, déblatèrent l'un contre l'autre.

Claude Bertrand, leur superviseur, ne veut pas se mêler des conflits personnels de ses employés.

« Moi, pour autant qu'ils fassent leur travail, cela me convient. Le reste ne me concerne pas !

Ce lundi matin, François Lemaire, furieux, entre en trombe dans le bureau de son superviseur.

— Vendredi soir, après le match de hockey de l'équipe du bureau, nous sommes allés prendre une bière et là, Valcourt a raconté une blague grivoise sur mon amie. Il va falloir qu'il s'excuse. Et ça presse…

— C'était à toi de régler ça avec lui. Cela ne s'est pas passé sur les lieux de travail, ni pendant les heures de travail. Ça ne me concerne pas !

— O.K. Je m'en vais régler ça ! riposte François Lemaire, en quittant la pièce.

— Hé ! Reviens ici ! lui crie Claude Bertrand.

Quinze minutes plus tard, il revient, le nez ensanglanté et vacillant :

— Je lui ai demandé de s'excuser : il m'a fracturé le nez, il a cassé mes lunettes et mon dentier. Je suis victime d'une lésion professionnelle. Vous êtes responsable ! dit François Lemaire en s'effondrant sur la chaise.

▼

▼

Claude Bertrand réfléchit et dit :

— Je ne suis responsable de rien. Il n'y a pas de lésion professionnelle. C'est une affaire personnelle qui, à mon avis, frise l'enfantillage. Tu n'as qu'à intenter une action en dommages physiques et moraux contre lui pour gestes violents et pour atteinte à ta réputation. »

Analysez la façon dont le superviseur, Claude Bertrand, traite la lésion dont a été victime François Lemaire.

2. L'accident de travail d'Alfred Messier

Alfred Messier est conducteur de chariot élévateur à la compagnie Vork. Il a la fâcheuse manie de faire accélérer son chariot en tournant dans les allées de l'entrepôt, faisant ainsi fi des nombreuses mises en garde de son contremaître, ce dernier lui criant chaque fois :

« Arrête de te prendre pour un pilote de course, il va arriver un malheur ! »

Ce matin-là, répétant sa manœuvre dangereuse, à bord de son chariot, Alfred Messier glisse sur une flaque d'huile et s'écrase contre la boîte principale de l'entrée d'électricité.

La décharge électrique ainsi provoquée par le choc projette Alfred Messier à trois mètres du lieu de l'accident. Gisant au sol, il est secoué par de nombreux soubresauts, mais personne ne sait lui prodiguer les premiers soins.

Le contremaître s'écrie alors :

« Lui, là ! S'il s'en sort, plus jamais il ne conduira un chariot ici ! »

Analysez l'accident de travail dont a été victime Alfred Messier.

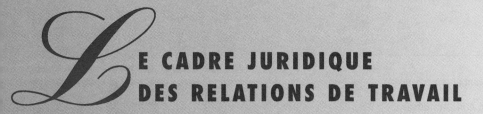

LE CADRE JURIDIQUE DES RELATIONS DE TRAVAIL

Chapitre 9

▼

Exercices liés à la connaissance

Exercices de compréhension

Exercices de transfert

Exercices d'application

Exercices d'analyse

INTRODUCTION

Le monde du travail est régi par des chartes, des codes, des lois, des règlements, des contrats de travail individuels et des conventions collectives ayant tous une portée et des conséquences sur la direction des ressources humaines du superviseur. Ce dernier doit alors connaître, comprendre et administrer cette réalité juridique car, à titre de représentant de l'employeur, il sera éventuellement appelé à appliquer des contrats de travail individuels ou collectifs dans le cadre de lois québécoises ou fédérales, selon l'autorité gouvernementale sous laquelle est placée l'entreprise.

En ce sens, toute la matière vue aux chapitres précédents est assujettie aux dispositions des lois et des contrats en matière de travail.

Ce chapitre a pour objet l'étude des principaux droits et obligations des parties à un contrat individuel de travail et à une convention collective, des principaux articles de la *Loi sur les normes du travail* et du *Code du travail* du Québec et du rôle du superviseur dans la procédure de règlement des griefs.

Nous faisons un bref survol et une vulgarisation d'un domaine fort complexe. Il est fortement recommandé d'obtenir les conseils appropriés d'un spécialiste en la matière car, dans ce domaine, chaque cas est un cas d'espèce. Nous n'avons donc pas la prétention de donner des avis juridiques.

9.1   LES PRINCIPAUX INTERVENANTS DANS LES RELATIONS DE TRAVAIL

En acceptant de travailler pour une entreprise, un employé consent à mettre à la disposition de son employeur sa force de travail physique et mentale, son expérience, ses connaissances et sa compétence. En contrepartie, il s'attend à recevoir certaines compensations de la part de son employeur. Il espère ainsi toucher un salaire convenable, travailler dans un environnement sécuritaire, avoir un horaire raisonnable qui ne dépasse pas un certain nombre d'heures et bénéficier de congés chômés et payés ainsi que de conditions de travail acceptables.

Toutefois, comme les rapports de force entre l'employé et l'employeur sont souvent à l'avantage de ce dernier, le gouvernement doit intervenir dans ce type d'échange et réglementer les relations de travail par des lois. Le gouvernement tente ainsi d'établir un équilibre entre les deux parties.

L'employé peut choisir de négocier seul ses conditions de travail ou de se regrouper avec ses collègues et de former un syndicat pour revendiquer des conditions collectives de travail. Dans ce dernier cas, il se donne un moyen collectif de défendre ses droits et d'améliorer ses conditions de travail. C'est une autre façon de rétablir l'équilibre des forces entre lui et son employeur. Ainsi, **quatre principaux acteurs** ayant des intérêts à défendre interviennent dans les relations de travail, tel que l'illustre la figure 9.1 :

1. L'**entreprise**, qui aborde les relations de travail selon une culture organisationnelle[1] et des intérêts qui lui sont propres ;

EXEMPLES

La culture organisationnelle

Une entreprise qui considère ses ressources humaines comme des partenaires abordera les relations de travail différemment d'une entreprise qui gère ses ressources humaines comme s'il s'agissait d'une partie adverse, d'une entrave à son droit de gérance. L'une cherchera l'entente par la négociation, l'autre adoptera le rapport de force pour défendre ses positions.

Les intérêts de l'employeur

L'entreprise cherche-t-elle à augmenter la productivité de ses employés ? à atteindre un nouveau seuil de rentabilité ? à pénétrer un nouveau marché ? à affronter une concurrence internationale ? à améliorer la qualité de vie au travail de ses employés ? etc.

---

2. L'**employé**, qui revendique ses droits dans le cadre d'un contrat de travail selon des intérêts et des attentes liés à la sécurité d'emploi, au salaire, aux avantages sociaux, aux heures de travail, etc. ;

3. L'**association accréditée** (le syndicat[2]), qui négocie au nom de l'ensemble des travailleurs un contrat collectif de travail. Les intérêts d'un syndicat peuvent varier selon qu'il s'agit d'un syndicat idéologique, qui fait de la lutte syndicale une lutte de classe et de société, ou d'un syndicat d'affaires, qui défend surtout les intérêts économiques et sociaux de ses membres ;

---

1. C'est-à-dire selon des valeurs, des croyances et un mode de gestion.

2. Un syndicat peut s'affilier à une centrale ou à une fédération syndicale. Au Québec, on trouve principalement la Fédération des travailleurs du Québec (FTQ, <www.ftq.qc.ca>), la Confédération des syndicats nationaux (CSN, <www.csn.qc.ca>), la Centrale des syndicats du Québec (CSQ, <www.csq.qc.net>) et la Centrale des syndicats démocratiques (CSD, <www.csd.qc.ca>).

4. Le **gouvernement**, qui régularise les tensions dans la vie économique, politique et sociale du pays par des lois et des règlements. Les intérêts du gouvernement déterminent le degré d'intervention de l'État dans les relations de travail.

En outre, les relations de travail sont soumises à certains autres **agents externes à l'entreprise** tels que les entreprises concurrentes, qui peuvent exercer une pression économique, les entreprises détentrices du savoir-faire, qui exercent une pression technologique, les fournisseurs, qui forcent l'entreprise à utiliser de nouvelles méthodes de travail, les clients, qui exigent une prolongation des heures d'ouverture, etc.

De plus, les **détenteurs d'intérêts internes et externes à l'entreprise** peuvent exercer une pression économique, sociale, politique, technologique et éthique sur les relations de travail. Cette catégorie regroupe les actionnaires de l'entreprise, qui recherchent un haut niveau de performance économique, les groupes de pression, les associations patronales, les centrales syndicales, qui revendiquent des intérêts qui leur sont propres, par exemple l'équité salariale, la qualité de vie au travail ou des normes de travail plus généreuses à l'égard des travailleurs.

Enfin, n'oublions pas le rôle des **médias**, qui alertent l'opinion publique et qui ont, par conséquent, un impact sur le pouvoir de négociation des parties.

FIGURE 9.1
Les principaux intervenants dans les relations de travail

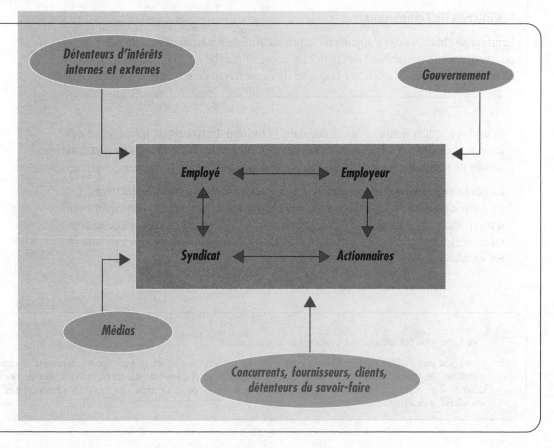

9.2 LES TROIS « TESTS » DES RELATIONS DE TRAVAIL

Quand on aborde les relations de travail, trois questions s'imposent. Dans le jargon propre à ce domaine, on parle plutôt de trois « tests » :

1. La première question (le premier test) est fondamentale : Existe-t-il vraiment un contrat de travail entre l'employeur et l'employé ?

2. La deuxième question se pose lorsqu'il y a un contrat de travail : Ce contrat est-il régi par des lois fédérales ou provinciales ?

3. La troisième question porte sur la nature même du contrat : S'agit-il d'un contrat individuel ou d'un contrat collectif de travail ?

9.2.1 LE PREMIER TEST : EXISTE-T-IL VRAIMENT UN CONTRAT DE TRAVAIL ENTRE L'EMPLOYEUR ET L'EMPLOYÉ ?

Quand peut-on dire qu'il existe un contrat de travail entre l'employeur et son employé ? Complétons ce qui a déjà été présenté à l'annexe 1 du chapitre 2. Les articles 2085 à 2097 du *Code civil du Québec* (C.C.Q.)[3] traitent du contrat de travail. Selon l'article 2085 du C.C.Q. :

> [...] le contrat de travail est celui par lequel une personne, le salarié, s'oblige, pour un temps limité et moyennant rémunération, à effectuer un travail sous la direction ou le contrôle d'une autre personne, l'employeur.

L'article 2086 du C.C.Q. spécifie que « le contrat de travail est à durée déterminée ou indéterminée ».

À la lumière de ces deux articles, nous pouvons établir qu'il y a un contrat de travail entre un employeur et son employé lorsque :

■ l'employé s'engage pour un temps déterminé ou indéterminé à travailler pour un employeur moyennant rémunération ;

■ l'employé se place sous la subordination juridique de cet employeur.

Lorsque la relation d'affaires respecte ces deux conditions, l'employé est lié par un contrat de travail à son employeur. Sinon, la personne offre généralement ses services à titre d'entrepreneur (travailleur indépendant, « contractuel » ou travailleur autonome[4]) ; elle détient alors un contrat d'entreprise. L'article 2098 du C.C.Q. définit le contrat d'entreprise comme étant :

> [...] celui par lequel une personne, selon le cas l'entrepreneur ou le prestataire de services, s'engage envers une autre personne, le client, à réaliser un ouvrage matériel ou intellectuel ou à fournir un service moyennant un prix que le client s'oblige à payer.

---

3. Vous pouvez consulter le *Code civil du Québec* à l'adresse Internet suivante : <www.publicationsduquebec.gouv.qc.ca>. Cliquez sur Lois et règlements, Lois refondues et règlements, Liste par sujet, Code civil.

4. Pour plus d'information, consultez le site Web : <www.travailleursautonomes.com/lois.html>.

Une personne liée par un contrat d'entreprise ne pourra pas se prévaloir des lois, des normes, des codes et des règlements régissant les relations de travail pour défendre ses droits.

La subordination juridique

La principale condition de l'existence d'un contrat de travail est la subordination juridique. Selon la jurisprudence, il y a subordination juridique quand l'employé est obligé d'obéir aux directives de travail de son employeur, c'est-à-dire lorsque ce dernier doit indiquer à l'employé :

- **quoi faire** : l'objet du travail et les tâches à accomplir ;

- **où exécuter** les tâches : le lieu de travail ;

- **quand exécuter** les tâches : l'horaire de travail.

Ce concept de subordination juridique n'existe pas dans le cas du contrat d'entreprise. L'article 2098 du C.C.Q. indique que :

> […] l'entrepreneur ou le prestataire de services a le libre choix des moyens d'exécution du contrat et il n'existe entre lui et le client aucun lien de subordination quant à son exécution.

D'autres critères ont été soulignés par la jurisprudence pour distinguer le salarié d'un travailleur autonome, dont les plus importants sont les suivants :

- Le salarié n'assume pas le risque de perte et n'a pas la chance de faire des profits ;

- Le salarié doit fournir personnellement la prestation de travail et non la céder à des sous-traitants ;

- Le salarié entraîne, dans l'exécution de ses fonctions, par sa faute, erreur ou négligence, la responsabilité de son employeur ;

- Le salarié n'a pas la propriété et le choix des moyens et des outils de production. Les instruments de travail sont fournis au salarié par son employeur ;

- Le salarié a une obligation de rendement et de production ;

- Le salarié ne peut pas recruter de nouveaux clients pour lui seul.

EXEMPLE

La compagnie Distribution internationale publie toutes les semaines un encart publicitaire qui est inséré dans le cahier des arts de fin de semaine de deux journaux nationaux. Cet encart présente et résume cinq livres de poche vendus par l'entreprise.

Annouck Legendre a la responsabilité de produire cet encart depuis quatre ans. Elle résume les livres choisis par la directrice du marketing, fait la mise en pages selon des normes d'édition établies, soumet l'encart à l'approbation de la directrice du marketing le jeudi de chaque semaine et apporte les corrections demandées.

Elle occupe un bureau sur les lieux du travail, observe le même horaire de travail que les employés du service du marketing et utilise l'ordinateur et le logiciel d'édition de son service. Par contre, elle est rémunérée à l'acte.

▼

▼

Cette semaine, son employeur lui signifie son congé sans lui donner un avis de cessation d'emploi et sans, non plus, justifier son congédiement.

Il prétend qu'il n'a pas à le faire car, étant payée à l'acte, Annouck Legendre n'est pas une salariée, mais une travailleuse autonome au sens de l'article 2098 du *Code civil du Québec*.

Annouck Legendre est-elle une salariée ou une travailleuse autonome ? A-t-elle des recours ? Si oui, auprès de quelle instance et pour quels motifs ?

La forme de rémunération n'est pas ce qui caractérise l'état d'un travailleur. Il faut plutôt déterminer s'il y a un lien de subordination entre l'employeur et son employé. Il y a subordination lorsque l'employé est obligé d'obéir aux directives de travail de son employeur, c'est-à-dire lorsque ce dernier lui indique :

- quoi faire. C'est le cas ici. Sous le contrôle de la directrice du marketing, Annouck Legendre occupe les mêmes fonctions depuis quatre ans ;

- où exécuter son travail. Annouck Legendre occupe un bureau sur les lieux de travail ;

- quand exécuter son travail. Annouck Legendre respecte le même horaire de travail que les employés du service du marketing et doit présenter son travail le jeudi de chaque semaine.

De plus, Annouck Legendre :

- n'a pas « le libre choix des moyens d'exécution » de son travail puisqu'elle doit respecter des normes d'édition. Elle a donc une obligation de rendement et de production ;

- utilise l'ordinateur et le logiciel d'édition de son service. Les instruments de travail sont fournis au salarié par son employeur ;

- est sous le contrôle de son employeur en ce qui concerne sa présence sur les lieux du travail, ses fonctions et la qualité de son travail (la directrice du marketing choisit les livres, contrôle le produit fini et dicte les corrections à apporter).

Tout indique qu'Annouck Legendre est une salariée au sens de l'article 2085 du *Code Civil du Québec*.

Par conséquent, elle a droit à un avis de cessation d'emploi de deux semaines (art. 82 et 83, *Loi sur les normes du travail*) et elle peut contester son congédiement (art. 124, *Loi sur les normes du travail*) auprès de la Commission des normes du travail, puisqu'elle a plus de deux ans de service continu dans la même entreprise. Son employeur devra alors démontrer que le congédiement a été fait pour une cause juste et suffisante.

La *Loi sur les normes du travail* (art. 1, paragr. 10) reprend tous ces éléments et définit le salarié de la façon suivante :

Une personne qui travaille pour un employeur et qui a droit à un salaire ; ce mot comprend en outre le travailleur partie à un contrat en vertu duquel :

i. il s'oblige envers une personne à exécuter un travail déterminé dans le cadre et selon les méthodes et les moyens que cette personne détermine ;

ii. il s'oblige à fournir, pour l'exécution du contrat, le matériel, l'équipement, les matières premières ou la marchandise choisis par cette personne, et à les utiliser de la façon qu'elle indique ;

iii. il conserve, à titre de rémunération, le montant qui lui reste de la somme reçue conformément au contrat, après déduction des frais d'exécution de ce contrat.

Les obligations de l'employeur et de l'employé

Lorsqu'un contrat de travail lie l'employé à son employeur, les deux parties sont tenues de s'acquitter de certaines obligations.

L'article 2087 du C.C.Q. détermine les obligations de l'employeur :

> L'employeur, outre qu'il est tenu de permettre l'exécution de la prestation de travail convenue et de payer la rémunération fixée, doit prendre les mesures appropriées à la nature du travail, en vue de protéger la santé, la sécurité et la dignité du salarié.

Aux termes de cet article du C.C.Q., de la définition du contrat de travail, des lois du travail et de la jurisprudence établie au cours des ans, l'employeur doit satisfaire aux principales obligations de moyens[5] et obligations de résultats[6] suivantes :

- Fournir du travail à ses employés (obligation de moyens) ;
- Leur montrer comment faire le travail (obligation de moyens) ;
- Leur payer un salaire (c'est plus qu'une obligation de résultats, c'est une garantie) ;
- Assurer leur santé et leur sécurité (obligation de moyens).

L'employé est, quant à lui, tenu de remplir certaines obligations de moyens (l'employé prend les mesures d'usage et applique les techniques appropriées reconnues par sa profession pour obtenir les résultats escomptés) et de résultats (l'employé est responsable des conséquences de son travail). L'article 2088 du C.C.Q. nous dit que :

> [...] le salarié, outre qu'il est tenu d'exécuter son travail avec prudence et diligence, doit agir avec loyauté et ne pas faire usage de l'information à caractère confidentiel qu'il obtient dans l'exécution ou à l'occasion de son travail. Ces obligations survivent pendant un délai raisonnable après cessation du contrat, et survivent en tout temps lorsque l'information réfère à la réputation et à la vie privée d'autrui.

En pratique, cet article oblige l'employé à :

- se présenter à son lieu de travail (obligation de résultats) ;
- accomplir ses tâches avec promptitude et efficacité (obligation de moyens) ;

---

5. L'employeur prend tous les moyens mis à sa disposition pour arriver aux meilleurs résultats possibles. En langage juridique, on dit : « agir en bon père de famille ».

6. L'employeur garantit un résultat.

- obéir aux directives de travail de son employeur (obligation de résultats). Par contre, la jurisprudence nous indique que l'employé peut refuser d'obéir à son employeur lorsque : l'ordre est contraire aux bonnes mœurs, à l'ordre public et à la loi ; l'ordre représente un danger pour sa santé en vertu de la *Loi sur la santé et la sécurité du travail* (art. 12 et 13) ; l'ordre est déraisonnable, discriminatoire ou constitue un abus de droit, etc. ;

- s'engager à être loyal envers son employeur, c'est-à-dire à lui être fidèle et à ne pas poser des actes qui pourraient lui nuire ou lui causer des préjudices. De plus, l'employé s'engage à faire preuve de discrétion et de respect à l'égard de son employeur, c'est-à-dire à ne pas dévoiler des secrets ou des renseignements qui pourraient nuire aux affaires de l'entreprise (obligation de résultats).

Enfin, notons qu'à la fin d'un contrat de travail, l'employé peut être tenu, pour un temps déterminé, de ne pas faire concurrence à son employeur ou de ne pas travailler pour une entreprise concurrente. À cet effet, l'article 2089 du C.C.Q. spécifie ceci :

> Les parties peuvent, par écrit et en termes exprès, stipuler que, même après la fin du contrat, le salarié ne pourra faire concurrence à l'employeur ni participer à quelque titre que ce soit à une entreprise qui lui ferait concurrence. Toutefois, cette stipulation doit être limitée, quant au temps, au lieu et au genre de travail, à ce qui est nécessaire pour protéger les intérêts légitimes de l'employeur.

9.2.2 LE DEUXIÈME TEST : LE CONTRAT DE TRAVAIL EST-IL RÉGI PAR DES LOIS FÉDÉRALES OU PROVINCIALES ?

Lorsqu'un contrat de travail lie l'entreprise à des employés, la question qu'il y a lieu de se poser est la suivante : Ce contrat est-il régi par des lois fédérales ou provinciales ?

Selon que les entreprises relèvent de la compétence du gouvernement fédéral ou du gouvernement provincial, leurs relations de travail sont régies par le *Code canadien du travail* ou par les lois québécoises. Lorsque le *Code canadien du travail* s'applique, il couvre toutes les questions concernant le travail (normes minimales, santé et sécurité, syndicalisation, etc.).

La Constitution canadienne (art. 91 et 92) définit les compétences suivantes du gouvernement fédéral :

- Les sociétés de la Couronne ;

- Les entreprises de télécommunications (téléphone, télégraphe, radiodiffusion, télédiffusion et câblodiffusion) ;

- Les entreprises de transport interprovincial et international (transports ferroviaire, routier et aérien, aéroports) ;

- Les banques ;

- Les pêches ;

- Toutes les entreprises déclarées d'intérêt national, c'est-à-dire les entreprises qui peuvent avoir une influence sur la sécurité et l'intégrité du Canada.

Pour savoir si une entreprise est placée sous la juridiction fédérale ou provinciale, il faut considérer le **caractère continu et régulier de ses activités normales** et déterminer si elles correspondent à celles qui sont énumérées dans la liste précédente. Dans la négative, l'entreprise relève de la compétence du gouvernement provincial.

> ### EXEMPLE
>
> Bell Canada, Radio-Canada, la Banque de Montréal, Air Canada, le Canadien National et les hôpitaux militaires sont sous la juridiction fédérale et, au Québec, les écoles, les hôpitaux, les caisses populaires, les municipalités et les établissements hôteliers sont du ressort provincial.

La majorité des entreprises québécoises relevant de la compétence provinciale, le présent chapitre portera sur les lois du travail du Québec.

9.2.3 LE TROISIÈME TEST : S'AGIT-IL D'UN CONTRAT INDIVIDUEL OU D'UN CONTRAT COLLECTIF DE TRAVAIL ?

Ce troisième test est facilement réalisable. Il y a contrat collectif de travail lorsqu'un syndicat dûment accrédité par le *Code du travail du Québec* est présent dans l'entreprise et qu'une convention collective régit les conditions de travail des employés. Si les employés ont individuellement accepté les conditions de travail fixées par l'employeur, ils ont passé des contrats individuels de travail. Généralement, à part les cadres supérieurs, le salarié ne négocie pas les termes de son contrat de travail : il y adhère. On parle alors d'un contrat de travail d'adhésion.

9.3 LA LOI SUR LES NORMES DU TRAVAIL

Au Québec, la *Loi sur les normes du travail* dicte les conditions minimales de travail que tous les employeurs qui sont sous la juridiction québécoise doivent respecter et auxquelles ont droit les quelque 1,6 million de salariés non syndiqués.

En fait, cette loi d'ordre public, c'est-à-dire à laquelle « nul ne peut déroger » à moins que la condition de travail accordée soit plus avantageuse (art. 93 et 94), a une incidence sur l'ensemble des salariés québécois, puisque les syndicats doivent s'assurer que leurs conventions collectives respectent et même dépassent les normes de la présente loi.

La *Loi sur les normes du travail* couvre toute personne régie par un contrat de travail. Elle s'applique à tout salarié « qui travaille pour un employeur et qui a droit à un salaire » (art. 1, paragr. 10).

Toutefois, la *Loi sur les normes du travail* ne s'applique pas aux cadres supérieurs (par exemple le président, les vice-présidents ou toute personne relevant du conseil d'administration de l'entreprise), sauf en ce qui concerne (art. 3, paragr. 6) :

- les absences et les congés pour raisons familiales ou parentales (art. 79.7, 79.8, 81.1 à 81.20) ;

- les indemnités de congés annuels (art. 74, al. 2, 3 et 4) ;

- les règlements relatifs à un congé (art. 89, paragr. 6) ;

- le caractère d'ordre public des normes (art. 93 et 97) ;

- les recours prévus par la présente loi à l'encontre d'une pratique interdite et de harcèlement psychologique (art. 98 à 123.16 et 139 à 147).

Le harcèlement psychologique est défini comme une conduite vexatoire qui se manifeste par des comportements, des paroles, des actes ou des gestes répétés hostiles ou non désirés, et qui porte atteinte à la dignité ou à l'intégrité psychologique ou physique du salarié et qui entraîne, pour celui-ci, un milieu de travail néfaste.

Une seule conduite grave peut aussi constituer du harcèlement psychologique si elle porte une telle atteinte et produit un effet nocif continu pour le salarié (art. 81.18).

Tout salarié a droit à un milieu de travail exempt de harcèlement psychologique. L'employeur doit prendre les moyens raisonnables pour prévenir le harcèlement psychologique et, lorsqu'une telle conduite est portée à sa connaissance, pour la faire cesser (art. 81.19).

La date d'entrée en vigueur de ces nouvelles dispositions est le 1er juin 2004.

La *Loi sur les normes du travail* traite des normes applicables en cours d'emploi et des normes applicables en fin d'emploi [7].

9.3.1 LES NORMES DU TRAVAIL EN COURS D'EMPLOI

Les principales normes minimales du travail en cours d'emploi visent les domaines énumérés ci-après.

Les salaires (art. 40 à 51)

Tout salarié a droit à un salaire. Le salaire minimum payable à un salarié est fixé par réglementation gouvernementale (art. 40).

Le salaire doit être payé à intervalles réguliers ne dépassant pas 16 jours. Dans le cas des cadres, le délai peut être d'un mois (art. 43). Le salaire doit être payé en espèces sous enveloppe scellée, par chèque ou par virement bancaire (art. 42).

L'employeur doit remettre au salarié, en même temps que son salaire, un bulletin de paie contenant des mentions suffisantes pour lui permettre de vérifier le calcul de son salaire.

Le cas échéant, ce bulletin de paie doit aussi contenir :

- la date du paiement et la période de travail correspondant au paiement ;

- le nombre d'heures payées au taux normal ;

---

7. Vous êtes invité à consulter le site Internet de la Commission des normes du travail (<www.cnt.gouv.qc.ca>) pour connaître le salaire minimum en vigueur et obtenir l'interprétation et la jurisprudence pour chaque article de loi qui est présenté dans ce chapitre.

- le nombre d'heures supplémentaires payées ou remplacées par un congé, avec la majoration applicable ;

- le montant du salaire brut ;

- la nature et le montant des déductions effectuées ;

- le montant du salaire net versé au salarié (art. 46).

L'employeur ne peut effectuer aucune retenue sur le salaire à moins qu'il n'y soit contraint par une loi, un règlement, une ordonnance d'un tribunal, une convention collective ou un décret, ou que le salarié n'y consente par écrit et à une fin particulière mentionnée dans cet écrit. Le salarié peut révoquer cette autorisation en tout temps, sauf lorsqu'elle concerne une adhésion à un régime d'assurance collective (art. 49).

Le pourboire versé directement ou indirectement par un client au salarié appartient en propre à ce dernier et ne fait pas partie du salaire qui lui est par ailleurs dû. L'employeur doit verser au salarié au moins le salaire minimum prescrit sans tenir compte des pourboires qu'il reçoit (art. 50, al. 1). Si l'employeur perçoit le pourboire, il le remet entièrement au salarié qui a rendu le service (art. 50, al. 2).

L'employeur ne peut imposer un partage des pourboires entre les salariés. Il ne peut non plus intervenir de quelque manière que ce soit dans l'établissement d'une convention de partage des pourboires. Une telle convention doit résulter du seul consentement libre et volontaire des salariés qui ont droit aux pourboires (art. 50, al. 3).

Le salarié à temps partiel a droit au même salaire que celui accordé aux autres salariés effectuant les mêmes tâches, même s'il travaille moins d'heures que ceux-ci. Cette norme n'est toutefois pas applicable aux salariés gagnant plus que le double du salaire minimum (art. 41.1).

La durée du travail (art. 52 à 59)

La semaine normale de travail est de 40 heures (art. 52). Il existe toutefois certaines exceptions à cette norme. Ainsi, pour :

- les salariés qui travaillent dans une exploitation forestière ou une scierie, la semaine normale de travail est de 47 heures ;

- les domestiques qui résident chez leur employeur, la semaine normale de travail est de 49 heures ;

- les salariés qui travaillent dans un endroit isolé ou sur le territoire de la Baie-James, la semaine normale de travail est de 55 heures ;

- les gardiens qui ne travaillent pas pour une entreprise de gardiennage, la semaine normale de travail est de 60 heures.

Cette durée ne s'applique pas à un cadre d'entreprise, qu'il soit cadre supérieur, intermédiaire ou inférieur (art. 54). Un cadre, selon la jurisprudence, est celui qui a le pouvoir :

- d'engager et de congédier d'autres employés ;

- d'imposer des mesures disciplinaires ;

- de décider des horaires des employés placés sous sa responsabilité ;

- d'organiser le travail de ses employés, d'établir leurs conditions de travail et de les évaluer.

Un employeur peut étaler les heures de travail sur une base autre que la base hebdomadaire, à condition que la moyenne des heures de travail ne dépasse pas 40 heures et qu'il en ait obtenu la permission de la Commission des normes du travail (art. 53).

Tout travail exécuté en plus des heures de la semaine normale de travail entraîne une majoration de 50 % du salaire habituel. À la demande du salarié, le paiement des heures supplémentaires peut être remplacé par un congé payé d'une durée équivalente aux heures supplémentaires majorées de 50 % (art. 55).

Les congés annuels et les jours fériés, chômés et payés sont assimilés à des jours de travail aux fins du calcul des heures supplémentaires (art. 56).

Un salarié est réputé au travail :

- lorsqu'il est à la disposition de son employeur sur les lieux du travail et qu'il est obligé d'attendre qu'on lui donne du travail ;

- sous réserve de l'article 79, durant le temps consacré aux pauses accordées par l'employeur ;

- durant le temps d'un déplacement exigé par l'employeur (art. 57) ;

- durant toute période d'essai ou de formation exigée par l'employeur.

Un employé qui se présente au lieu du travail à la demande expresse de son employeur ou dans le cours normal de son emploi et qui travaille moins de trois heures consécutives a droit à une indemnité égale à trois heures de salaire (art. 58).

Cet article ne s'applique pas :

- dans les cas fortuits, c'est-à-dire les événements extérieurs imprévisibles, inévitables et incontrôlables (par exemple, une panne d'électricité) ;

- lorsque la nature du travail requiert plusieurs présences du salarié dans une même journée, et pour moins de trois heures à chaque présence (par exemple, un brigadier scolaire ou un chauffeur d'autobus) ;

- lorsque la nature du travail fait en sorte qu'il est habituellement effectué en entier à l'intérieur d'une période de trois heures (par exemple, un surveillant dans les écoles ou un placier).

Les jours fériés, chômés et payés (art. 60 à 65)

Les jours ouvrables suivants sont fériés, chômés et payés le :

- 1er janvier ;

- Vendredi saint ou lundi de Pâques, au choix de l'employeur ;

- lundi précédant le 25 mai ;

- 24 juin (art. 1, *Loi sur la fête nationale*). Lorsque cette date tombe un dimanche, le 25 juin est un jour chômé ;

- 1er juillet, si cette date tombe un lundi ; le lundi précédant le 1er juillet, si cette date tombe un mardi, un mercredi ou un jeudi ; le lundi suivant le 1er juillet si cette date tombe un vendredi, un samedi ou un dimanche ;

- 1er lundi de septembre ;

- 2e lundi d'octobre ;

- 25 décembre.

Pour bénéficier d'un jour férié, le salarié ne doit pas s'être absenté du travail sans l'autorisation de l'employeur ou sans raison valable (décès, maladie) la veille ou le lendemain de ce jour (art. 65).

Pour chaque jour férié et chômé, l'employeur doit verser au salarié une indemnité égale à 1/20 du salaire gagné au cours des quatre semaines complètes de paie précédant la semaine du congé, sans tenir compte des heures supplémentaires. Toutefois, l'indemnité du salarié rémunéré en tout ou en partie à commission doit être égale à 1/60 du salaire gagné au cours des 12 semaines complètes de paie précédant la semaine du congé (art. 62).

Si, dans une entreprise, le travail ne peut être interrompu le 24 juin en raison de la nature des activités, l'employeur doit verser au salarié qui travaille le 24 juin, en plus du salaire correspondant au travail effectué, une indemnité égale à 1/20 du salaire gagné au cours des quatre semaines complètes de paie précédant la semaine du 24 juin, sans tenir compte des heures supplémentaires. Toutefois, l'indemnité du salarié rémunéré en tout ou en partie à commission doit être égale à 1/60 du salaire gagné au cours des 12 semaines complètes de paie précédant la semaine du 24 juin (art. 4, *Loi sur la fête nationale*), ou constituer un congé compensatoire d'une journée qui doit être pris le jour ouvrable qui précède ou qui suit le 24 juin (art. 5, *Loi sur la fête nationale*).

L'employeur doit accorder un congé compensatoire (le jour ouvrable qui précède ou qui suit le 24 juin) égal à une journée normale de travail lorsque le 24 juin tombe un jour où le salarié est en congé (art. 6, *Loi sur la fête nationale*).

Les congés annuels payés (art. 66 à 77)

La durée des congés annuels dépend du nombre d'années de service continu à la fin d'une année de référence.

Le service continu est la période ininterrompue pendant laquelle le salarié est lié à l'employeur par un contrat de travail (art. 1, paragr. 12). Une grève, une mise à pied temporaire, un congé de maladie, un congé de maternité, un congé sans solde, des vacances ou un accident de travail ne rompent pas un contrat de travail. C'est donc le maintien du lien d'emploi et non le nombre de jours travaillés qui détermine le service continu. Ainsi, le calcul du service continu pour un travail à temps partiel de deux jours par semaine est le même que pour un travail à temps plein de cinq jours par semaine.

Le service continu correspond aussi à la période pendant laquelle se succèdent des contrats à durée déterminée sans une interruption de travail pendant cette période.

À moins de prouver que les contrats à durée déterminée sont de nature distincte, l'ensemble de ces contrats constitue un contrat à durée indéterminée.

Le salarié a le droit de connaître la date de son congé annuel au moins quatre semaines à l'avance (art. 72).

L'employeur ne peut remplacer le congé annuel par une indemnité compensatrice, sauf lorsque l'entreprise ferme ses portes pour deux semaines à l'occasion des vacances annuelles et qu'un salarié demande que sa troisième semaine de vacances soit remplacée par une telle indemnité (art. 73).

La durée des congés annuels est indiquée dans le tableau 9.1 (art. 67, 68 et 69).

TABLEAU 9.1
Les congés annuels

Service continu à la fin de l'année de référence	Durée du congé
Moins de 1 an	Un jour par mois de service continu, maximum de deux semaines
Entre 1 an et 5 ans	Deux semaines continues
Plus de 5 ans	Trois semaines continues

L'année de référence est une période de 12 mois consécutifs entre le 1er mai de l'année précédente et le 30 avril de l'année courante (art. 66).

Le congé annuel doit être pris dans les 12 mois qui suivent la fin de l'année de référence. Toutefois, l'employeur peut, à la demande du salarié, permettre que le congé annuel soit pris, en tout ou en partie, pendant l'année de référence. En outre, si, à la fin des 12 mois qui suivent la fin d'une année de référence, le salarié est absent pour cause de maladie ou d'accident, ou est absent ou en congé pour raisons familiales ou parentales, l'employeur peut, à la demande du salarié, reporter à l'année suivante le congé annuel. À défaut de reporter le congé annuel, l'employeur doit dès lors verser l'indemnité afférente au congé annuel à laquelle le salarié a droit (art. 70).

Sur autorisation de son employeur, un salarié peut demander de fractionner en deux parties ou plus (pas nécessairement égales) son congé annuel, sauf si ce congé est d'une durée d'une semaine ou moins (art. 71).

La paie de vacances est de 4 % du salaire brut gagné pendant l'année de référence pour le salarié ayant moins de cinq ans de service continu et de 6 % pour le salarié ayant plus de cinq ans de service continu (art. 74).

Le salarié à temps partiel a droit au même congé annuel et à la même paie de vacances que les autres salariés qui effectuent les mêmes tâches dans la même entreprise (art. 74.1).

La paie de vacances est remise en un seul versement avant le début du congé annuel (art. 75).

Les périodes de repos (art. 78 et 79)

Le salarié a droit à un repos hebdomadaire d'une durée minimale de 32 heures consécutives (art. 78).

Le salarié a droit, pour le repas, à une période de 30 minutes sans salaire au-delà d'une période de travail de cinq heures consécutives. S'il n'a pas l'autorisation de quitter son travail durant le temps du repas, il doit être rémunéré.

Un salarié peut refuser de travailler plus de (art. 59.0.1) :

■ 4 heures au-delà de ses heures habituelles quotidiennes de travail ou plus de 14 heures de travail par période de 24 heures, selon la période la plus courte ;

■ 12 heures de travail par période de 24 heures pour un salarié dont les heures quotidiennes de travail sont variables ou effectuées de manière non continue ;

■ 50 heures par semaine (art. 79).

Cet article ne s'applique pas lorsqu'il y a danger pour la vie, la santé ou la sécurité des travailleurs ou de la population, en cas de risque de destruction ou de détérioration grave de biens meubles ou immeubles ou autres cas de force majeure, ou encore si ce refus va à l'encontre du code de déontologie professionnelle du salarié.

Les absences pour cause de maladie ou d'accident (art. 79.1 à 79.6)

Un salarié qui justifie de 3 mois de service continu peut s'absenter du travail, sans salaire, pendant une période d'au plus 26 semaines sur une période de 12 mois pour cause de maladie ou d'accident (art. 79.1).

À la fin de l'absence pour cause de maladie ou d'accident, l'employeur doit réintégrer le salarié dans son poste habituel, avec les mêmes avantages, y compris le salaire auquel il aurait eu droit s'il était resté au travail. Si le poste habituel du salarié n'existe plus à son retour, l'employeur doit lui reconnaître tous les droits et privilèges dont il aurait bénéficié au moment de la disparition du poste s'il avait alors été au travail.

Cela n'a pas pour effet d'empêcher un employeur de congédier, de suspendre ou de déplacer un salarié si les conséquences de la maladie ou de l'accident ou le caractère répétitif des absences constituent une cause juste et suffisante, selon les circonstances (art. 79.4).

Les absences et les congés pour raisons familiales ou parentales (art. 79.7 à 81.17)

Un salarié peut s'absenter du travail, sans salaire, pendant 10 journées par année pour remplir des obligations reliées à la garde, à la santé ou à l'éducation de son enfant ou de l'enfant de son conjoint, ou en raison de l'état de santé de son conjoint, de son père, de sa mère, d'un frère, d'une sœur ou de l'un de ses grands-parents. Ce congé peut être fractionné en journées. Une journée peut aussi être fractionnée si l'employeur y consent (art. 79.7).

Un salarié qui justifie de 3 mois de service continu peut s'absenter du travail, sans salaire, pendant une période d'au plus 12 semaines sur une période de 12 mois lorsque sa présence est requise auprès de son enfant, de son conjoint, de l'enfant de son conjoint, de son père, de sa mère, d'un frère, d'une sœur ou de l'un de ses grands-parents en raison d'une grave maladie ou d'un grave accident. Toutefois, si un enfant mineur du salarié est atteint d'une maladie grave, potentiellement mortelle, attestée par un certificat médical, le salarié a droit à une prolongation de son absence, laquelle se termine au plus tard 104 semaines après le début de celle-ci (art. 79.8).

Le salarié peut s'absenter du travail pendant une journée, sans réduction de salaire, et quatre autres journées, sans salaire, à l'occasion du décès ou des funérailles de son conjoint, de son père, de sa mère, d'un frère, d'une sœur, de son enfant ou de l'enfant de son conjoint (art. 80).

Le salarié peut s'absenter du travail pendant une journée, sans salaire, à l'occasion du décès ou des funérailles d'un gendre, d'une bru, de l'un de ses grands-parents, de l'un de ses petits-enfants ou bien du père, de la mère, d'un frère ou d'une sœur de son conjoint (art. 80.1).

Le salarié peut s'absenter du travail pendant une journée, sans réduction de salaire, le jour de son mariage. Il peut aussi s'absenter du travail, sans salaire, le jour du mariage de l'un de ses enfants, de son père, de sa mère, d'un frère, d'une sœur ou d'un enfant de son conjoint (art. 81).

À la naissance de son enfant, de l'adoption d'un enfant ou lorsque survient une inter-ruption de grossesse à compter de la 20e semaine de grossesse, un salarié peut s'absenter de son travail pendant cinq jours. Les deux premiers jours sont rémunérés si le salarié a au moins 60 jours de service continu. Ce congé peut, à la demande du salarié, être fractionné en journées.

Toutefois, il ne peut être pris 15 jours après l'arrivée de l'enfant à la résidence de son père ou de sa mère ou, le cas échéant, après l'interruption de grossesse.

Le salarié qui adopte l'enfant de son conjoint ne peut s'absenter du travail que pendant deux jours, sans salaire (art. 81.1).

Un salarié a droit à un congé de paternité d'au plus cinq semaines continues, sans salaire, à l'occasion de la naissance de son enfant. Ce congé débute au plus tôt la semaine de la naissance de l'enfant et se termine au plus tard 52 semaines après la semaine de la naissance (art. 81.2). Cet article entrera en vigueur à la même date que l'article 9 de la *Loi sur l'assurance parentale*.

Une salariée peut s'absenter du travail, sans salaire, pour des examens reliés à la grossesse (art. 81.3).

La salariée enceinte a droit à un congé de maternité sans salaire d'une durée maximale de 18 semaines continues (art. 81.4).

Le congé de maternité débute au plus tôt la 16e semaine précédant la date prévue pour l'accouchement et se termine au plus tard 18 semaines après la semaine de l'accouchement (art. 81.5).

Lorsqu'il y a danger d'interruption de grossesse ou danger pour la santé de la mère ou de l'enfant à naître, occasionné par la grossesse et exigeant un arrêt de travail, la salariée a droit à un congé de maternité spécial, sans salaire, de la durée indiquée au certificat médical qui atteste du danger existant et qui indique la date prévue de l'accouchement (art. 81.5.1).

Lorsque survient une interruption de grossesse avant le début de la 20e semaine précédant la date prévue de l'accouchement, la salariée a droit à un congé de maternité spécial, sans salaire, d'une durée n'excédant pas trois semaines, à moins qu'un certificat médical n'atteste du besoin de prolonger le congé. Si l'interruption de grossesse survient à compter de la vingtième semaine de grossesse, la salariée a droit à un congé de maternité sans salaire d'une durée maximale de 18 semaines continues à compter de la semaine de l'événement (art. 81.5.2).

La salariée doit donner à son employeur un avis écrit indiquant la date du début de son congé de maternité et la date de son retour au travail trois semaines avant son départ ou moins si son état de santé l'exige. Cet avis doit être accompagné d'un certificat médical attestant la grossesse et la date prévue de l'accouchement (art. 81.6).

À partir de la 6e semaine précédant la date prévue de l'accouchement, l'employeur peut exiger de la salariée enceinte encore au travail un certificat médical attestant qu'elle est en mesure de travailler (art. 81.8) ; il peut aussi exiger un tel certificat de la salariée qui revient au travail dans les deux semaines suivant son accouchement (art. 81.9).

Le père ou la mère d'un nouveau-né et la personne qui adopte un enfant mineur ont droit à un congé parental, sans salaire, d'au plus 52 semaines continues. Le salarié qui adopte l'enfant de son conjoint n'a pas droit à ce congé (art. 81.10).

Ce congé parental débute la semaine de la naissance ou de l'adoption de l'enfant et se termine au plus tard 70 semaines après la naissance ou l'adoption de l'enfant (art. 81.11).

À la fin d'un congé de maternité, de paternité ou parental, l'employeur doit réintégrer le salarié dans son poste habituel avec les mêmes avantages, y compris le salaire auquel il aurait eu droit s'il était resté au travail. Si le poste habituel du salarié n'existe plus à son retour, l'employeur doit lui reconnaître tous les droits et privilèges dont il aurait bénéficié au moment de la disparition du poste s'il avait alors été au travail (art. 81.15.1).

Le travail des enfants (art. 84.2 à 84.7)

En matière d'emploi, l'article 156 du *Code civil du Québec* établit un âge minimum :

> Le mineur de 14 ans et plus est réputé majeur pour tous les actes relatifs à son emploi ou à l'exercice de son art ou de sa profession.

Afin de protéger le droit à l'éducation de l'enfant et son droit de ne pas être obligé d'effectuer un travail qui peut nuire à sa santé ou à son développement physique, mental, spirituel, moral ou social, la *Loi sur les normes du travail* va plus loin que le *Code civil du Québec*. Elle interdit à un employeur de faire effectuer :

- par un enfant un travail disproportionné à ses capacités ou susceptible de compromettre son éducation ou de nuire à sa santé ou à son développement physique ou moral (art. 84.2) ;

- un travail par un enfant de moins de 14 ans sans avoir, au préalable, obtenu le consentement écrit du titulaire de l'autorité parentale de cet enfant ou du tuteur de celui-ci (art. 84.3).

Et pour l'enfant assujetti à l'obligation de fréquentation scolaire, c'est-à-dire jusqu'à 16 ans, l'employeur doit faire en sorte que les heures de travail soient telles que cet enfant :

- puisse être à l'école durant les heures de classe (art. 84.4 et 84.5) ;

- soit à sa résidence familiale entre 23 h et 6 h le lendemain (art. 84.7), sauf dans le cas de la livraison de journaux ou dans tout autre cas déterminé par règlement du gouvernement (art. 84.6).

Notons que certaines lois exigent l'âge minimum de 18 ans pour travailler dans certains secteurs tels que les transports publics, la police, les lieux où des boissons alcooliques sont servies, les travaux dangereux dans la construction (excavation, échafaudage volant, etc.).

L'uniforme obligatoire (art. 85)

Lorsqu'un employeur rend obligatoire le port d'un uniforme, il doit le fournir gratuitement au travailleur payé au salaire minimum.

L'employeur ne peut exiger une somme d'argent du salarié pour l'achat, l'usage ou l'entretien d'un uniforme si cela a pour effet que le salarié reçoive moins que le salaire minimum.

L'employeur ne peut exiger d'un salarié qu'il paie pour un vêtement particulier qui l'identifie comme étant un salarié de son établissement. En outre, l'employeur ne peut exiger d'un salarié l'achat de vêtements ou d'accessoires dont il fait le commerce.

Le matériel et l'équipement (art. 85.1)

Lorsqu'un employeur rend obligatoire l'utilisation de matériel, d'équipement, de matières premières ou de marchandises pour l'exécution du contrat, il doit les fournir gratuitement au salarié payé au salaire minimum.

L'employeur ne peut exiger une somme d'argent d'un salarié pour l'achat, l'usage ou l'entretien de matériel, d'équipement, de matières premières ou de marchandises qui aurait pour effet que le salarié reçoive moins que le salaire minimum.

Le remboursement des frais de déplacement (art. 85.2)

Un employeur est tenu de rembourser au salarié les frais raisonnables engagés lorsque, sur demande de l'employeur, le salarié doit effectuer un déplacement ou suivre une formation.

9.3.2   LES NORMES DE TRAVAIL EN FIN D'EMPLOI

Les principales normes minimales de travail en fin d'emploi traitent des points suivants.

L'avis de cessation d'emploi ou de mise à pied (art. 82 et 83)

Le salarié qui justifie d'au moins trois mois de service continu chez le même employeur a droit à un avis écrit avant que son employeur ne mette fin à son contrat ou avant sa mise à pied pour plus de six mois. Cet avis est de :

- une semaine si le salarié compte moins d'un an de service continu ;

- deux semaines si le salarié compte de un an à cinq ans de service continu ;

- quatre semaines si le salarié compte de 5 à 10 ans de service continu ;

- huit semaines si le salarié compte plus de 10 ans de service continu (art. 82).

L'employeur n'est pas tenu de donner cet avis au salarié :

- qui a commis une faute grave, sérieuse et impardonnable justifiant un renvoi sur-le-champ ;

- dont la fin du contrat de travail ou la mise à pied résulte d'un cas fortuit (par exemple, l'incendie de l'usine) ;

- dont le contrat pour une durée déterminée ou pour une tâche précise arrive à expiration. L'article 2090 du C.C.Q. précise qu'un contrat à durée déterminée se transforme en un contrat à durée indéterminée « lorsque, après l'arrivée du terme, le salarié continue d'effectuer son travail durant cinq jours, sans opposition de la part de l'employeur ».

L'article 82 ne s'applique pas dans le cas des cadres supérieurs. Par contre, l'article 2091 du *Code civil du Québec* précise ce qui suit :

> Chacune des parties à un contrat à durée déterminée peut y mettre fin en donnant à l'autre un délai de congé. Le délai de congé doit être raisonnable et tenir compte, notamment, de la nature de l'emploi, des circonstances particulières dans lesquelles il s'exerce et de la durée de la prestation de travail.

Le délai du préavis transmis aux cadres supérieurs sera donc fonction :

- de l'importance du poste occupé ;

- du nombre d'années de service ;

- de l'âge du cadre ;

- de la difficulté à trouver un emploi similaire.

Pour déterminer la durée de ce préavis de cessation d'emploi, chaque cas sera traité individuellement.

L'employeur qui omet de donner un avis de cessation d'emploi doit verser au salarié, au moment de la cessation d'emploi ou de la mise à pied prévue pour plus de six mois, une indemnité compensatrice égale au salaire de ce dernier pour une période égale à celle de l'avis (art. 83).

L'avis de licenciement collectif (art. 84.0.1 à 84.0.15)

Un licenciement collectif est une cessation de travail du fait de l'employeur, y compris une mise à pied pour une durée de 6 mois et plus, qui touche au moins 10 salariés du même établissement au cours d'une période de 2 mois consécutifs (art. 84.0.1).

Tout employeur doit, avant de procéder à un licenciement collectif pour des raisons d'ordre technologique ou économique, en donner avis au ministre de l'Emploi et de la Solidarité sociale, dans les délais minimaux suivants :

- 8 semaines, lorsque le nombre de salariés visés par le licenciement est au moins égal à 10 et inférieur à 100 ;

- 12 semaines, lorsque le nombre de salariés visés par le licenciement est au moins égal à 100 et inférieur à 300 ;

- 16 semaines, lorsque le nombre de salariés visés par le licenciement est au moins égal à 300 (art. 84.0.4).

Certains salariés n'ont pas droit à l'avis. Il s'agit de ceux qui ne justifient pas de trois mois de service continu, ou qui ont un contrat à durée déterminée, ou bien qui ont commis une faute grave (art. 84.0.2).

L'avis de licenciement ne s'applique pas dans certaines situations : dans le cas d'une mise à pied pour une durée indéterminée ; dans le cas d'un établissement dont les activités sont saisonnières ou intermittentes ; dans le cas d'un établissement touché par une grève ou un lock-out (art. 84.0.3).

L'avis doit être affiché dans un endroit visible de l'établissement (art. 84.0.6).

Le congédiement fait sans une cause juste et suffisante (art. 124 à 135)

Le salarié ayant plus de 2 ans de service continu dans une même entreprise peut contester son congédiement en soumettant une plainte écrite à la Commission des normes du travail dans les 45 jours suivant son congédiement s'il croit avoir été congédié sans cause juste et suffisante (art. 124).

Le salarié doit alors prouver qu'il est un salarié au sens de la *Loi sur les normes du travail,* qu'il a deux ans de service continu chez le même employeur et qu'il a été congédié. C'est à l'employeur qu'il revient de démontrer que ce congédiement a été fait pour une cause juste et suffisante[8]. La notion de cause juste et suffisante a déjà été traitée au chapitre 6.

La jurisprudence reconnaît que, dans certaines circonstances, les motifs suivants peuvent constituer une cause juste et suffisante de congédiement :

- Les motifs d'ordre disciplinaire : de nombreux retards et de nombreuses absences, la négligence, l'insubordination, le vol, la fraude ;

- Les motifs d'ordre administratif : l'incompétence, l'incapacité d'exécuter le travail ou d'atteindre les normes de rendement, les erreurs répétées, etc. ;

- Les motifs d'ordre économique, technique, administratif ou organisationnel : le ralentissement des affaires, le changement technologique, une réorganisation administrative, etc. Dans pareils cas, on parle plutôt de licenciement. Le licenciement est un « acte par lequel un employeur met fin d'une façon permanente au contrat individuel de travail chez l'un, plusieurs ou l'ensemble des membres de son personnel pour des motifs d'ordre économique ou technique » (Dion, 1986, p. 277). Quant au congédiement, il « ne vise que les ruptures de la relation de travail causées par des motifs subjectifs liés aux caractéristiques propres du salarié » (Laporte, 1985, p. 131).

La retraite (art. 84.1)

L'employeur ne peut congédier, suspendre ou mettre à la retraite un salarié, ou exercer à son égard des mesures discriminatoires ou des représailles pour la seule raison qu'il a atteint ou dépassé l'âge de la retraite ou le nombre d'années de service qui lui permettent de prendre

---

8. La jurisprudence a établi qu'un congédiement pour une cause juste est un motif sérieux, tel que l'énonce l'article 2094 du *Code civil du Québec* : « Une partie peut, pour un motif sérieux, résilier unilatéralement et sans préavis le contrat de travail. »

une retraite suivant une disposition législative générale ou spéciale qui lui est applicable, suivant le régime de retraite auquel il participe ou suivant sa convention collective (art. 84.1 et 122.1).

9.3.3 LES RECOURS DU SALARIÉ

Un salarié peut exercer quatre types de recours contre son employeur :

1. **Les recours civils**. Lorsque l'employeur fait défaut de payer le salaire ou d'autres avantages pécuniaires, le salarié peut porter plainte à la Commission des normes du travail (voir la *Loi sur les normes du travail,* chapitre V, section 1). Cette plainte anonyme (art. 103) peut aussi être portée par un organisme sans but lucratif de défense des droits des salariés (art. 102).

   Si la Commission considère la plainte non fondée (art. 107), frivole ou de mauvaise foi (art. 106), elle peut refuser d'enquêter. Dans le cas contraire, elle fait enquête avec diligence (art. 104). La Commission peut aussi enquêter de sa propre initiative (art. 105) sans nécessairement attendre les plaintes.

   Si la Commission décide d'enquêter, elle peut pénétrer à des heures raisonnables dans les lieux de travail ou l'établissement de l'employeur et examiner les registres, les livres, les comptes, les pièces justificatives et autres documents (art. 109).

   Si, à la suite de l'enquête, la Commission décide d'exercer des recours contre l'employeur, elle le fait devant les tribunaux civils ordinaires.

2. **Les recours à l'encontre d'une pratique interdite**. Un salarié peut porter plainte dans les 45 jours de la pratique interdite auprès de la Commission des normes du travail, s'il considère avoir été congédié, suspendu, déplacé ou victime de mesures discriminatoires et de représailles de la part de son employeur parce que :
   - il a exercé un droit conféré par la *Loi sur les normes du travail* ;
   - elle est une femme enceinte. Toutefois, l'employeur doit déplacer une salariée enceinte si les conditions de travail de cette dernière comportent des dangers physiques pour elle ou pour l'enfant à naître. La salariée peut refuser ce déplacement si elle peut prouver, certificat médical à l'appui, que ses conditions de travail ne présentent pas les dangers allégués ;
   - il a refusé de travailler au-delà de ses heures habituelles de travail, étant appelé à remplir des obligations relatives à son enfant ou à l'enfant de son conjoint, ou en raison de l'état de santé de son conjoint, de son père, de sa mère, d'un frère, d'une sœur ou de l'un de ses grands-parents, bien qu'il ait pris les moyens raisonnables à sa disposition pour assumer autrement ces obligations (art. 122 et 122.1) ;
   - il atteint l'âge de la retraite (le délai pour déposer une plainte est porté à 90 jours pour une mise à la retraite interdite [art. 123.1]).

3. **Les recours à l'encontre d'un congédiement fait sans une cause juste et suffisante**. Le salarié a 45 jours pour porter plainte s'il considère avoir été congédié sans une cause juste et suffisante.

   Lorsqu'une plainte est déposée pour pratique interdite ou pour congédiement sans cause juste et suffisante, la Commission des normes du travail peut nommer, avec l'accord des parties, une personne qui tente de régler la plainte à la satisfaction des parties (art. 123.3 et 125). Si aucun règlement n'intervient, la plainte est entendue alors par le commissaire du travail. La majorité des salariés et des employeurs acceptent la **médiation**, car ce service permet d'établir le dialogue entre les parties et, surtout, d'épargner du temps et de l'argent.

4. **Les recours dans le cas de harcèlement psychologique (en vigueur le 1er juin 2004).** Le salarié qui croit avoir été victime de harcèlement psychologique peut adresser, par écrit, une plainte à la Commission des normes du travail dans les 90 jours de la dernière manifestation de cette conduite. Une telle plainte peut aussi être adressée, pour le compte d'un ou de plusieurs salariés qui y consentent par écrit, par un organisme sans but lucratif de défense des droits des salariés (art. 123.6 et 123.7).

À la fin de l'enquête, si aucun règlement n'intervient entre les parties concernées et si la Commission accepte de donner suite à la plainte, elle la défère sans délai à la Commission des relations du travail (art. 123.12). La Commission des relations du travail est chargée d'assurer l'application diligente et efficace du *Code du travail*.

Si la Commission des relations du travail juge que le salarié a été victime de harcèlement psychologique et que l'employeur a fait défaut de respecter ses obligations prévues à l'article 81.19, elle peut rendre toute décision qui lui paraît juste et raisonnable, compte tenu de toutes les circonstances de l'affaire (art. 123.15).

9.4 LE CODE DU TRAVAIL *DU QUÉBEC*

Comme nous l'avons déjà dit, l'employé peut revendiquer seul ses conditions de travail ou choisir de se regrouper en syndicat pour les négocier collectivement. Dans le premier cas, l'employé détient un faible pouvoir de négociation, tandis que, dans le second cas, ce pouvoir est renforcé. En effet, la syndicalisation est une façon de rétablir un équilibre des forces entre les employés et l'employeur.

Au Québec, entre 30 % et 40 % de la population active est syndiquée. Ce pourcentage varie selon les cycles économiques. Ainsi, en période de crise économique, le nombre de syndiqués tend à diminuer étant donné l'augmentation du nombre de chômeurs.

Dans cette section, nous étudierons comment se forme un syndicat et comment se négocie une convention collective selon les dispositions du *Code du travail* du Québec[9]. Le *Code du travail* du Québec s'applique aux salariés syndiqués ou qui désirent se syndiquer. Nous nous attarderons à trois des principales parties du *Code du travail* du Québec, soit :

- l'organisation d'un syndicat ;
- la négociation d'une convention collective ;
- l'application de la convention collective.

---

9. Vous pouvez consulter le *Code du travail* à l'adresse Internet suivante : <www.publicationsduquebec.gouv.qc.ca>. Cliquez sur Lois et règlements, Lois refondues et règlements, Liste par sujet, Travail, Code du travail.

9.4.1 L'ORGANISATION D'UN SYNDICAT

Dans cette section, nous passerons en revue les principaux points concernant la formation d'un syndicat selon le *Code du travail* du Québec.

Qui a le droit de se syndiquer ?

Tout salarié a le droit d'appartenir à une association de salariés de son choix (art. 3).

Qui est considéré comme un salarié ?

Selon le *Code du travail* du Québec, le terme *salarié* signifie toute personne qui travaille pour un employeur moyennant rémunération, sous réserve de certaines exceptions, dont la personne employée à titre de représentant de l'employeur dans ses relations avec ses salariés (art. 1*l*, paragr. 1).

Peut-on solliciter de nouveaux membres pendant les heures de travail ?

On ne peut solliciter de nouveaux membres pendant les heures de travail (art. 5).

Peut-on tenir des réunions syndicales sur les lieux de travail ?

On ne peut tenir de réunions syndicales sur les lieux du travail, à moins que l'association ne soit accréditée et qu'elle n'ait le consentement de l'employeur (art. 6).

Qui a droit à l'accréditation ?

A droit à l'accréditation « l'association de salariés groupant la majorité absolue des salariés d'un employeur ou celle qui obtient, à la suite d'un scrutin, la majorité absolue des voix des salariés de l'employeur qui ont droit de vote. Un seul salarié peut former un groupe » (art. 21).

Qu'arrive-t-il s'il y a désaccord entre l'employeur et l'association sur l'unité de négociation et sur les personnes qu'elle vise ?

Dans le cas d'un désaccord sur l'unité de négociation. Par exemple, lorsque l'employeur conteste le fait que ses vendeurs font partie de l'unité de négociation représentant les employés de bureau, il communique par écrit, à la Commission des relations du travail (C.R.T.), les raisons de son désaccord et il propose l'unité qu'il croit appropriée. Cela doit se faire dans les 15 jours de la réception de la requête d'accréditation (art. 28*c*). La C.R.T. dépêche un agent de relations du travail qui accrédite l'association sur-le-champ lorsqu'il constate que « l'association jouit néanmoins du caractère représentatif et qu'il estime qu'elle conservera son caractère représentatif quelle que soit la décision éventuelle de la Commission sur la description de l'unité de négociation » (art. 28*d*.1).

Dans le cas d'un désaccord sur certaines personnes visées par la requête d'accréditation. Par exemple, lorsque l'employeur conteste le fait que certains individus font partie de l'unité de négociation, l'agent de relations de travail « accrédite néanmoins l'association sur-le-champ si cette dernière jouit du caractère représentatif pour l'unité de négociation demandée, peu importe que les personnes sur lesquelles il n'y a pas accord soient éventuellement, selon la décision de la Commission, incluses dans l'unité de négociation ou qu'elles en soient exclues » (art. 28*d*).

Qu'arrive-t-il s'il y a déjà une association accréditée dans l'entreprise ou s'il y a plus d'une association de salariés requérante ?

S'il constate qu'il y a accord entre l'employeur et toute association en cause sur l'unité de négociation et sur les personnes qu'elle vise, l'agent de relations de travail accrédite l'association qui groupe la majorité absolue des salariés ou, à défaut, procède à un scrutin secret et accrédite l'association qui a obtenu le plus grand nombre de voix (art. 28*e*).

Quand peut-on demander l'accréditation ?

L'accréditation peut être demandée :

- en tout temps, à l'égard d'un groupe de salariés qui n'est pas représenté par une association accréditée ;

- après 12 mois de la date d'une accréditation, à l'égard d'un groupe de salariés pour lesquels une convention collective n'a pas été conclue et pour lesquels un différend[10] n'a pas été soumis à l'arbitrage ou ne fait pas l'objet d'une grève ou d'un lock-out permis par le *Code du travail* ;

- après 12 mois de la décision de la C.R.T. sur la description de l'unité de négociation rendue en vertu de l'article 28*d*.1, à l'égard d'un groupe de salariés pour lesquels une convention collective n'a pas été conclue et pour lesquels un différend[11] n'a pas été soumis à l'arbitrage ou ne fait pas l'objet d'une grève ou d'un lock-out permis par le *Code du travail* ;

- après neuf mois de la date d'expiration d'une convention collective ou d'une sentence arbitrale en tenant lieu, à l'égard d'un groupe de salariés pour lesquels une convention collective n'a pas été conclue et pour lesquels un différend n'a pas été soumis à l'arbitrage ou ne fait pas l'objet d'une grève ou d'un lock-out permis par le *Code du travail* ;

- du 90e au 60e jour précédant l'expiration d'une sentence arbitrale tenant lieu de convention collective ou à la date d'expiration ou de renouvellement d'une convention collective dont la durée est de trois ans ou moins ;

- du 180e au 150e jour précédant la date d'expiration ou de renouvellement d'une convention collective dont la durée est de plus de trois ans ainsi que, lorsque cette durée le permet, pendant la période s'étendant du 180e au 150e jour précédant le

---

10. Un différend est une mésentente relative à la négociation ou au renouvellement d'une convention collective ou à sa révision par les parties en vertu d'un article la permettant expressément (art. 1*e*).

11. Le différend est soumis à un arbitre qui impose aux parties une convention collective (la sentence arbitrale).

6e anniversaire de la signature ou du renouvellement de la convention et chaque 2e anniversaire subséquent, sauf lorsqu'une telle période prendrait fin à 12 mois ou moins du 180e jour précédant la date d'expiration ou de renouvellement de la convention collective.

EXEMPLE

Expliquons à l'aide d'un exemple la dernière partie de l'article 22 :

La convention collective a une durée de 11 ans. Elle a été signée le 3 janvier.

Donc, le 180e jour précédant la date d'expiration de la convention collective est le 3 juillet du 10e anniversaire. Les périodes pour demander une nouvelle accréditation sont :

- du 3 juillet au 3 août du 5e anniversaire de la signature de la convention collective ;
- du 3 juillet au 3 août du 7e anniversaire de la signature de la convention collective ;
- du 3 juillet au 3 août du 9e anniversaire de la signature de la convention collective. Or, le 3 août du 9e anniversaire est à 11 mois du 180e jour précédant la date d'expiration de la convention collective.

Alors, une nouvelle accréditation ne pourra pas être demandée durant cette dernière période, car elle prend fin « à 12 mois ou moins du 180e jour précédant la date d'expiration ou de renouvellement de la convention collective ».

Aussi, si 60 jours après la signature d'une convention collective, celle-ci n'a pas été déposée en deux exemplaires à l'un des bureaux de la C.R.T. (Montréal ou Québec), les salariés peuvent demander de changer de syndicat (art. 72, paragr. 3).

Une requête en accréditation peut être déposée quand au moins 35 % des salariés d'une unité de négociation sont membres de l'association de salariés. Un vote secret a alors lieu et la majorité absolue des salariés de l'unité de négociation doivent voter pour la syndicalisation pour que l'accréditation soit accordée (art. 37).

Les salariés en voie d'obtenir une accréditation sont-ils protégés ?

Au moment de l'accréditation, les salariés sont protégés par certaines dispositions du *Code du travail* du Québec. Il est ainsi interdit à l'employeur de s'ingérer dans les activités syndicales (art. 12), d'intimider les salariés en voie de syndicalisation (art. 13) ou bien de congédier, de suspendre, de déplacer ou de menacer un salarié qui exerce ses droits syndicaux (art. 14).

Lorsqu'un employeur congédie, suspend ou déplace un salarié, ou exerce à son endroit des mesures discriminatoires, des représailles ou des sanctions à cause de l'exercice par ce salarié d'un droit qui lui est dévolu en vertu du *Code du travail* du Québec, la C.R.T. peut ordonner à l'employeur de :

- réintégrer ce salarié dans son emploi, avec ses droits et privilèges ;

- verser à ce salarié, à titre d'indemnité, l'équivalent du salaire et des autres avantages dont l'a privé le congédiement, la suspension ou le déplacement (art. 15).

L'employeur peut-il changer le statut d'un salarié en celui d'un entrepreneur ?

L'employeur qui désire apporter au mode d'exploitation de son entreprise des changements ayant pour effet de modifier le statut d'un salarié visé par une accréditation ou une requête en accréditation en celui d'entrepreneur non salarié doit en prévenir l'association de salariés concernée au moyen d'un avis écrit comportant une description de ces changements.

Quels sont les effets de l'accréditation ?

Il y a gel des conditions de travail, c'est-à-dire que l'employeur ne peut modifier les conditions de travail (salaires, horaires, lieux de travail, tâches, etc.) de ses salariés, à compter du dépôt de la requête en accréditation et tant que le droit au lock-out n'est pas acquis ou qu'une sentence arbitrale n'est pas intervenue. Il en est de même à compter de l'expiration de la convention collective et tant que le droit au lock-out n'est pas acquis ou qu'une sentence arbitrale n'est pas intervenue (art. 59).

Cette période est toutefois suivie d'un **vide juridique**, situation dans laquelle les conditions de travail ne sont régies par aucune convention collective et peuvent dès lors être modifiées par l'employeur. Pour éviter que cela ne se produise, les parties peuvent prévoir dans la convention collective que les conditions de travail contenues dans cette dernière vont continuer de s'appliquer jusqu'à la signature d'une nouvelle convention (art. 59).

Tout salarié membre d'une association accréditée doit payer une cotisation syndicale. Cette cotisation est retenue par l'employeur sur le salaire de l'employé et remise à l'association accréditée. Les salariés qui ne sont pas membres de l'association accréditée, mais qui font partie de l'unité de négociation pour laquelle l'association a été accréditée, doivent payer cette cotisation (art. 47).

Tous les salariés actuels ou futurs sont soumis aux mêmes conditions de travail contenues dans une convention collective (art. 67).

L'association accréditée peut exercer tous les recours qu'une convention collective accorde à chacun des salariés qu'elle représente sans avoir l'autorisation de ce salarié (art. 69).

L'association accréditée et la convention collective ne sont pas invalidées par un changement de propriétaire. Le nouveau propriétaire est lié par l'accréditation et la convention collective (art. 45). L'employeur qui aliène son entreprise doit donner à l'association de salariés concernés :

[…] un avis indiquant la date où il entend aliéner ou concéder, en tout ou en partie, son entreprise. L'association a un délai de 90 jours suivant la date de la réception de cet avis pour demander à la Commission des relations du travail de déterminer l'application de l'article 45. À défaut d'un tel avis, le délai pour une telle demande est de 270 jours de la connaissance du fait que l'entreprise a été aliénée ou concédée en tout ou en partie (art. 45.1).

Dans le cas d'une concession partielle d'une entreprise :

■ la convention collective expirera, en principe, selon la première échéance, à la date prévue pour son expiration ou 12 mois après la date de la concession partielle ;

■ les parties pourront conclure une entente particulière pour ne pas appliquer l'article 45 à la concession partielle (art. 45.2).

Lorsqu'une entreprise dont les relations de travail étaient jusqu'alors régies par le *Code canadien du travail* passe, en ce domaine, sous la compétence législative du Québec, l'accréditation et la convention collective sont réputées être une accréditation accordée, une convention collective conclue en vertu du *Code du travail* du Québec. Le cas échéant, l'article 45 s'applique (art. 45.3).

L'association accréditée a le devoir de représenter tous les membres et les non-membres (qui font partie de l'unité de négociation) de l'association (art. 47.2).

Si un salarié qui a subi un renvoi ou une sanction disciplinaire ou qui croit avoir été victime de harcèlement psychologique, selon les articles 81.18 à 81.20 de la *Loi sur les normes du travail* (en vigueur le 1er juin 2004), considère que l'association accréditée contrevient à cette occasion à l'article 47.2, il doit, dans les six mois s'il désire se prévaloir de cet article, porter plainte et demander par écrit à la Commission des relations du travail d'ordonner que sa réclamation soit déférée à l'arbitrage (art. 47.3).

Si la Commission estime que l'association a contrevenu à l'article 47.2, elle peut autoriser le salarié à soumettre sa réclamation à un arbitre. L'association paie les frais engagés par le salarié (art. 47.5).

L'association accréditée et l'employeur sont obligés de négocier une convention collective avec diligence et bonne foi (art. 53). Les parties font preuve de bonne foi en se présentant à la table de négociation, en faisant des propositions et des concessions, en négociant avec les représentants de l'autre partie et en ne créant pas d'impasse.

Quelles sont les obligations de l'association accréditée ?

L'association accréditée doit procéder par voie de scrutin secret quand il y a élection à une fonction syndicale, déclaration de grève et signature de convention collective. Prennent part au vote les membres de l'association qui exercent le droit de vote (art. 20.1, 20.2 et 20.3).

Pour déclarer une grève, l'association accréditée doit prendre les moyens nécessaires pour informer ses membres, au moins 48 heures à l'avance, de la tenue du scrutin. Si la grève est déclarée, l'association accréditée doit informer par écrit le ministre dans les 48 heures qui suivent le scrutin (art. 20.2).

9.4.2 *LA NÉGOCIATION D'UNE CONVENTION COLLECTIVE*

L'article 53 du *Code du travail* du Québec oblige les deux parties, l'employeur et l'association accréditée, à négocier avec diligence et bonne foi. Dans la présente section, nous verrons comment doit se dérouler cette négociation dans le **secteur privé**.

Une négociation collective débute par l'**avis de négociation**, envoyé par une des deux parties (habituellement la partie syndicale) à l'autre partie. Cet avis doit être transmis **huit jours** avant la rencontre prévue et indiquer la **date**, l'**heure** et le **lieu** où elle se déroulera. Cet avis peut être envoyé dans les 90 jours précédant l'expiration de la convention collective (art. 52).

L'avis de négociation est important, car le droit de grève est acquis 90 jours après sa réception par son destinataire (art. 58). Si aucun avis n'est envoyé, il est réputé avoir été donné le jour de l'expiration de la convention collective ou 90 jours après l'obtention de l'accréditation (art. 52.2). Donc, si l'association accréditée n'envoie pas d'avis de négociation, son droit de grève sera retardé de 90 jours.

EXEMPLE

L'association accréditée qui obtient son accréditation le 1er mars et qui envoie son avis de négociation le jour même acquiert son droit de grève 90 jours plus tard, c'est-à-dire le 1er juin.

Si elle n'envoie pas d'avis de négociation, son droit de grève sera retardé de 90 jours, c'est-à-dire que la grève pourra être déclenchée le 1er septembre.

Dans le cas d'un renouvellement de convention collective, l'avis pourra être envoyé 90 jours avant l'expiration de celle-ci. Ainsi, si la convention prend fin le 1er juin, l'association accréditée peut envoyer son avis le 1er mars et son droit de grève sera acquis 90 jours plus tard, c'est-à-dire à l'expiration de la convention collective, le 1er juin. Par contre, si l'association accréditée n'envoie pas son avis de négociation, son droit de grève sera acquis 90 jours après l'expiration de la convention collective, c'est-à-dire le 1er septembre.

Si un différend fait achopper la négociation (art. 1e), une des parties peut faire appel à un conciliateur (art. 54, 55 et 56) ou, si elle en a acquis le droit selon l'article 58, elle peut exercer une pression sur l'autre partie en déclarant la grève ou un lock-out (la décision de l'employeur de fermer son entreprise).

Au moment de la négociation d'une première convention collective, si le différend persiste **malgré l'intervention du conciliateur**, l'une des deux parties peut demander l'intervention d'un arbitre qui déterminera le contenu de la convention collective (art. 93.1).

Dans le cas d'un renouvellement de la convention collective, les deux parties doivent faire une demande conjointe pour soumettre leur différend à l'arbitrage (art. 74). Lorsque l'arbitre décide d'intervenir dans le différend qui oppose les deux parties, la grève ou le lock-out en cours doit cesser (art. 93.5).

La durée de la convention collective imposée par l'arbitre est d'au moins un an et d'au plus trois ans (art. 92).

Dans le cas d'une première convention collective, si une grève ou un lock-out est en cours lorsque l'arbitre décide de déterminer le contenu de la convention collective, la grève ou le lock-out doit prendre fin. À partir de ce moment, les conditions de travail applicables aux syndiqués sont celles dont le maintien est prévu à l'article 59 (art. 93.5).

Pendant la durée d'une grève ou d'un lock-out, l'employeur n'a pas le droit d'engager une personne pour remplacer le salarié en grève ou en lock-out, lorsque cette personne a été engagée après le début des négociations. Il lui est en outre interdit d'utiliser les services d'un salarié travaillant pour un autre employeur ou ceux d'un entrepreneur pour remplacer le salarié en grève ou en lock-out (art. 109.1).

Un salarié en grève ou en lock-out maintient son lien d'emploi avec son employeur et recouvre son emploi à la fin de la grève ou du lock-out (art. 110 et 110.1).

Lorsqu'elle estime qu'une telle mesure est de nature à favoriser la négociation ou la conclusion d'une convention collective, la C.R.T. peut, à la demande de l'employeur, ordonner à une association accréditée de tenir un scrutin secret pour donner à ses membres l'occasion d'accepter ou de refuser les dernières offres patronales. La C.R.T. ne peut ordonner la tenue d'un tel scrutin qu'une seule fois durant la phase des négociations d'une convention collective (art. 58.2).

Lorsque la négociation réussit, les deux parties en viennent généralement à une entente et à la signature d'une convention collective.

La convention collective peut contenir toute disposition relative aux conditions de travail qui n'est pas contraire à l'ordre public ni prohibée par la loi (art. 62). Une clause illégale n'invalide pas toute la convention collective. Seule cette clause est nulle et sans effet (art. 64).

EXEMPLE

Si la convention collective prévoit une rémunération au-dessous du salaire minimum, seule cette clause sera invalidée.

Une convention collective est d'une durée d'au moins un an. Dans le cas d'une première convention collective, la durée est d'au plus trois ans (art. 65).

La convention collective ne prend effet qu'après avoir été déposée en deux exemplaires à l'un des bureaux de la C.R.T. (art. 72).

9.4.3 L'APPLICATION DE LA CONVENTION COLLECTIVE

Pendant la durée de la convention collective, la grève est interdite (art. 60). Toutefois, s'il y a mésentente quant à l'interprétation ou à l'application d'une clause de la convention collective (art. 1*f*), un grief est soumis à l'arbitrage par l'employé, par un groupe d'employés, par l'association accréditée ou par l'employeur, selon la procédure prévue dans la convention collective (art. 100).

Notons qu'une mésentente relative au maintien des conditions de travail prévu aux articles 59 et 93.5 est déférée à l'arbitrage par le syndicat comme s'il s'agissait d'un grief (art. 100.10).

L'arbitre est choisi par les deux parties ou, en cas de désaccord, par le ministre du Travail[12]. L'arbitre a pour mandat de faire appliquer et d'interpréter la convention collective : il fonde son jugement sur la convention collective et la preuve qui est faite devant lui (art. 100.11).

L'arbitre a alors l'obligation d'entendre toutes les parties concernées par le grief (*audi alteram partem*) (art. 100.5).

L'arbitre doit procéder en toute diligence à l'instruction du grief. Il peut tenir avec les parties une conférence préparatoire à l'audition du grief (art. 100.2) pour :

- définir les questions à débattre au moment de l'audience ;
- évaluer l'opportunité de clarifier et de préciser les prétentions des parties ainsi que les conclusions recherchées ;
- planifier le déroulement de la procédure et de la preuve au moment de l'audience ;
- examiner la possibilité pour les parties d'admettre certains faits ou d'en faire la preuve par déclaration sous serment ;
- examiner toute autre question pouvant simplifier ou accélérer le déroulement de l'audience (art. 136).

L'arbitre accueille ou rejette le grief suivant les clauses de la convention collective. Il confirme les droits de l'un et les obligations de l'autre selon ce qui a été négocié par l'association accréditée et l'employeur. Il ne peut ni ajouter, ni enlever, ni modifier une clause de la convention collective. S'il le fait, il excédera sa compétence.

EXEMPLE

Devant une clause prévoyant l'achat, par l'employeur, de bottes de travail d'une valeur de 200 $, l'arbitre ne pourra pas avancer que le prix des bottes est trop élevé de façon à permettre l'achat de bottes d'une valeur de 50 $.

Cependant, en matière disciplinaire, l'arbitre peut confirmer, modifier ou annuler la décision de l'employeur et, le cas échéant, y substituer la mesure disciplinaire qui lui paraît juste et raisonnable compte tenu de toutes les circonstances de l'affaire. Toutefois, lorsque la convention collective prévoit une sanction déterminée pour la faute reprochée au salarié dans le cas soumis à l'arbitrage, l'arbitre ne peut que confirmer ou annuler la décision de l'employeur ou, le cas échéant, la modifier pour la rendre conforme à la sanction prévue à la convention collective (art. 100.12*f*).

---

12. Pour en savoir plus, consultez le site Internet suivant : <www.conference-des-arbitres.qc.ca>.

La sentence arbitrale est **sans appel** (art. 101), car le tribunal d'arbitrage de griefs est un tribunal spécialisé auquel le législateur a donné la compétence exclusive d'interpréter et d'appliquer des clauses d'une convention collective.

Toutefois, l'une des deux parties peut présenter une **requête en révision** (contrôle) **judiciaire** devant la Cour supérieure afin de faire casser (annuler) la sentence arbitrale, lorsqu'elle considère que l'arbitre :

- a excédé sa compétence, c'est-à-dire qu'il s'est permis une interprétation beaucoup plus large ou restreinte des clauses de la convention collective ;

- n'a pas respecté les principes de justice naturelle, c'est-à-dire qu'il n'a pas entendu toutes les parties concernées par le grief ou qu'il n'a pas fait preuve d'impartialité ;

- a commis une erreur manifestement déraisonnable dans sa sentence, c'est-à-dire que sa décision est clairement non conforme à la raison, contraire au sens commun, illogique, irrationnelle, sans aucun fondement, ne s'appuyant sur aucune loi ou clause de la convention collective.

Nous constatons que la Cour supérieure (ou éventuellement la Cour d'appel ou la Cour suprême) doit faire preuve de **retenue judiciaire** dans l'exercice de son pouvoir de contrôle de la décision arbitrale, car elle n'est pas appelée à exprimer son accord ou son désaccord avec cette décision ou à y substituer la sienne, mais plutôt à vérifier la façon dont l'arbitre en est venu à cette décision.

La sentence arbitrale lie les parties. Si l'une d'entre elles ne s'y conforme pas, l'autre peut déposer la sentence à la Cour supérieure, lui donnant ainsi la même force qu'un jugement de cette cour. Ne pas s'y conformer expose alors la partie en défaut à des poursuites.

9.5 LE SUPERVISEUR ET LA PROCÉDURE DE RÈGLEMENT DES GRIEFS

Lorsque le superviseur est appelé à participer à la procédure de règlement des griefs, il doit garder à l'esprit que :

- son intervention se fait dans le cadre d'une convention collective qui a été négociée et qui sera défendue par les deux parties ;

- éventuellement, le litige non réglé à l'interne aboutira devant un arbitre de griefs. Ce processus coûte cher et la décision peut être longue à venir ;

- il aura à travailler (à vivre) avec l'employé plaignant une fois le litige réglé.

Il doit donc suivre des règles d'application définies et respecter deux grandes obligations :

1. L'obligation d'**équité**. Le superviseur fait preuve d'impartialité et respecte les droits suivants de l'employé plaignant. Ainsi :

   - l'employé a le droit de savoir ce qui lui est reproché ;

   - l'employé a le droit de se faire entendre (*audi alteram partem*) ;

   - l'employé a le droit à une défense pleine et entière.

2. L'obligation de **transparence**. Le superviseur donne à l'employé une information fiable, pertinente et complète sur le traitement de sa plainte. Et éventuellement, il explique sa décision et s'assure que l'employé l'a bien comprise.

9.5.1 L'INTERVENTION DU SUPERVISEUR DANS LA PROCÉDURE DE RÈGLEMENT DES GRIEFS

Habituellement, les conventions collectives prévoient une première étape dans la procédure de règlement des griefs où l'employé plaignant, avant de soumettre son grief, tente de régler le litige directement avec son superviseur. Ce dernier doit rendre sa décision dans un délai et de la manière prévus à la convention collective et dans le respect de la philosophie de gestion des relations de travail de l'entreprise. À défaut d'entente, l'employé plaignant et le syndicat peuvent soumettre un grief à l'entreprise et éventuellement à l'arbitrage.

Alors, sitôt la plainte déposée, le superviseur doit intervenir. Généralement, il le fait en suivant les quatre étapes suivantes :

1. La vérification des délais et de la procédure de règlement des griefs ;
2. La vérification des faits ;
3. L'étude de la preuve ;
4. Éventuellement, la négociation d'un règlement.

La vérification des délais et de la procédure de règlement des griefs

Le superviseur s'assure que l'employé plaignant et le syndicat respectent les délais et la procédure de règlement des griefs prévus à la convention collective.

EXEMPLE

Armand Courchesne conteste sa suspension auprès de son superviseur 16 jours après l'imposition de la mesure disciplinaire.

Théoriquement, cette plainte peut être jugée irrecevable par le superviseur étant donné qu'elle lui a été soumise tardivement selon la clause de la convention collective suivante :

> Tout salarié doit soumettre son grief à son superviseur dans les 15 jours ouvrables de l'incident qui a donné naissance à la plainte. Le superviseur doit répondre par écrit à l'employé concerné dans les cinq jours ouvrables suivant le dépôt du grief. À défaut d'une telle réponse ou si la réponse est insatisfaisante, le salarié soumet le grief au directeur d'usine.

Nous disons « théoriquement », car, généralement, pour éviter d'envenimer les relations de travail avec l'employé plaignant et le syndicat, l'employeur ne fait ce type d'objections préliminaires [13] portant sur la recevabilité de la demande que lorsque les délais sont largement dépassés ou lorsque des étapes de la procédure ont été carrément omises.

Par exemple, Armand Courchesne conteste sa suspension trois mois après l'imposition de la mesure disciplinaire auprès du directeur d'usine.

---

13. Moyen soulevé avant le début de l'audition, qui vise à empêcher l'arbitre d'entendre le grief.

Notons qu'un « grief soumis à l'autre partie dans les 15 jours de la date où la cause de l'action a pris naissance ne peut être rejeté par l'arbitre au seul motif que le délai prévu à la convention collective n'a pas été respecté » (art. 100.0.1, *Code du travail* du Québec) et qu'« aucun grief ne peut être rejeté pour vice de forme ou irrégularité de procédure » (art. 100.2.1, *Code du travail* du Québec).

La vérification des faits

Le superviseur recherche, recueille et traite les données liées au litige. Il vérifie leur exactitude et leur pertinence.

Dans un premier temps, il rencontre l'employé plaignant et lui permet de faire valoir librement son opinion. Ensuite :

- il communique avec les témoins et toutes les personnes directement impliquées dans le litige et recueille leur version (écrite de préférence). Il évite à tout prix le ouï-dire, car la preuve par ouï-dire est faible et souvent rejetée par l'arbitre. La preuve doit être par *voir-dire* et porter sur des faits ;

- il obtient tous les documents pertinents à la plainte. Par exemple, les rapports d'absences, d'accidents, d'évaluation du rendement, le dossier de l'employé, la description de tâches, la correspondance, les mémos et les différentes sources de droit ;

- il consigne par écrit le résultat de ce traitement d'information, car si le litige ne se règle pas à l'interne et qu'il se retrouve plusieurs mois plus tard devant un arbitre de griefs, l'écrit lui sera d'un grand secours.

Cette démarche permet au superviseur de répondre aux questions suivantes :

- **Qui** est impliqué dans le litige ? Le nom du plaignant, son statut au sein de l'entreprise, l'état de son dossier disciplinaire ; le nom des témoins ; toutes les personnes touchées par les événements donnant lieu au grief, etc. ;

- Sur **quoi** porte le litige ? Quelle est sa nature ? Quelles sont les clauses de la convention collective mises en cause ? Quelle est la correction demandée par l'employé plaignant ou le syndicat ? L'obtention d'une promotion non accordée ? Le paiement d'heures supplémentaires ? L'annulation d'une mesure disciplinaire ? Le respect d'un droit acquis ? etc. ;

- **Quand** les événements donnant lieu au litige sont-ils survenus ? La date de l'occurrence des faits et la chronologie des événements ;

- **Où** les événements sont-ils survenus ? Le superviseur décrit clairement le ou les lieux où sont survenus les événements : l'atelier, la cafétéria, le bureau, à proximité de quelle machine. Il dessine les lieux si cela aide à la compréhension ;

- **Comment** se sont déroulés les événements ? Le superviseur recueille les faits qui lui permettent de comprendre ce qui s'est passé.

L'étude de la preuve

Le superviseur analyse au mérite le fondement de la plainte de l'employé en fonction des sources de droit et de la preuve recueillie.

Les sources de droit

La première étape de l'analyse de la plainte consiste à repérer les sources de droit. L'employeur et l'employé tiennent leurs droits de la convention collective et aussi d'autres sources telles que les chartes, les codes, les lois, les règlements, la jurisprudence, la doctrine et l'usage.

La convention collective. Lorsque le recours découle de l'application ou de l'interprétation de la convention collective, c'est celle-ci qui est la principale source de droit.

Le superviseur étudie le litige en fonction de l'**ensemble des clauses de la convention collective** et non seulement en fonction de celles qui sont soulevées par l'employé plaignant et par le syndicat. Chaque partie, chaque section, chaque clause de la convention est analysée comme faisant partie d'un tout.

De plus, le superviseur interprète les clauses de la convention collective en considérant que :

- le spécifique l'emporte sur le général ;

- l'explicite l'emporte sur l'implicite ;

- l'énumération limite la portée d'une clause ;

- la définition normale des mots est celle qui est généralement acceptée ;

- l'interprétation des termes se fait dans leur contexte ;

- l'interprétation de termes ambigus se fait généralement en faveur de l'employé ;

- la clarté des termes prévaut, même si les résultats sont inéquitables pour l'une des deux parties ;

- l'interprétation des mots se fait dans le respect des lois.

EXEMPLE

Le litige porte sur les clauses suivantes de la convention collective :

Article 58.00 – Santé et sécurité au travail

Article 58.01

L'employeur rend disponible au salarié l'uniforme nécessaire à sa protection.

Article 58.02

Le port de l'uniforme est obligatoire sur les lieux du travail.

Ces articles étant flous et ambigus, ils peuvent être interprétés de différentes façons :

- Est-ce que « rend disponible » veut dire « rend disponible gratuitement » ; « en tout temps » ; « sur demande » ou « rend disponible pour l'achat une fois l'an » ? L'article 85 de la *Loi sur les normes du travail* peut régler cette imprécision :

  > Lorsqu'un employeur rend obligatoire le port d'un uniforme, il doit le fournir gratuitement au travailleur payé au salaire minimum. L'employeur ne peut exiger une somme d'argent du salarié pour l'achat, l'usage ou l'entretien d'un uniforme si cela a pour effet que le salarié reçoive moins que le salaire minimum.

▼

▼

- Que veut dire « uniforme » ? La définition donnée par le *Petit Robert* est la suivante : « Vêtement déterminé, obligatoire pour un groupe ». Comme l'article 58.01 est dans la section « Santé et sécurité au travail », s'agit-il ici de survêtement ou de vêtement de travail de protection ? De quoi est composé cet uniforme ? Est-ce que des équipements de protection individuels (cagoule, gants, jambière, appareil de protection respiratoire, etc.) composent aussi cet uniforme ? Est-ce que tous les salariés de l'entreprise doivent porter cet « uniforme » ou certains d'entre eux seulement ?

- Est-ce que la mention « nécessaire à sa protection » règle tout le litige parce que les Règlements sur la santé et la sécurité du travail (*Loi sur la santé et la sécurité du travail*) déterminent des moyens de protection obligatoires qui doivent être fournis gratuitement par l'employeur ?

Voilà autant de questions et de problèmes d'interprétation qui auraient pu être évités si les articles avaient été formulés de la façon suivante :

Article 58.00 – Santé et sécurité au travail

Article 58.01

L'employeur fournit gratuitement et sur demande aux opérateurs d'usinage les équipements de protection individuels suivants :

- Protecteurs auditifs conformes à la norme ACNOR Z94.2-1974 ;

- Protecteurs oculaires conformes à la norme CAN/CSA Z94.3-92 ;

- Casque de sécurité conforme à la norme CAN/CSA Z94.1-92 ;

- Survêtement de protection.

Article 58.02

Lorsqu'il est en service, l'opérateur d'usinage doit porter les équipements de protection individuels énumérés à l'article 58.01.

Article 58.03

Lorsqu'il est en service, l'opérateur d'usinage doit porter des chaussures de protection conformes à la norme CAN/CSA Z195-M92.

L'employeur rembourse à 100 % à l'opérateur d'usinage le coût d'achat de deux paires de chaussures de protection par période de 12 mois consécutifs.

Les chartes, les codes, les lois et les règlements. Lorsque le recours découle de ces premières sources de droit[14], le règlement du litige se fait conformément à la procédure de celles-ci.

---

14. « Premières sources de droit » car, ne l'oublions pas, aucun article de la convention collective ne peut être contraire à la loi (art. 62, *Code du travail* du Québec).

EXEMPLES

- Dans le cas de discrimination à l'emploi, c'est la *Charte des droits et libertés de la personne* du Québec qui est la source de droit. L'employé dépose sa plainte auprès du Tribunal des droits de la personne si elle n'est pas réglée à l'interne.

- Dans le cas de sanctions prises par l'employeur pour activités syndicales, c'est le *Code du travail* du Québec qui est la source de droit. L'employé dépose sa plainte auprès du Commissaire du travail si elle n'est pas réglée à l'interne.

- Dans le cas d'une contestation d'une décision de la C.S.S.T., la *Loi sur les accidents du travail et des maladies professionnelles* prévoit un recours devant le Bureau de révision et, éventuellement[15], devant la Commission d'appel en matière de lésions professionnelles (C.A.L.P.).

- Lorsque la convention collective ne traite pas des avis de mise à pied pour une période dépassant six mois, c'est la *Loi sur les normes du travail* qui est la source de droit. L'employé dépose sa plainte auprès du Commissaire du travail si elle n'est pas réglée à l'interne.

La jurisiprudence. La jurisprudence, qui est l'ensemble des décisions judiciaires, permet de découvrir des références qui soutiennent et contredisent un point de vue. Il faut souligner que l'arbitre n'est pas obligé de tenir compte de la jurisprudence arbitrale dans sa décision. Il peut s'en servir pour mieux comprendre, comparer et interpréter les clauses litigieuses de la convention collective mise en cause.

La doctrine. La doctrine, c'est l'ensemble des ouvrages, traités, publications et articles portant sur des sujets d'ordre juridique qui peut éclairer sur le traitement du litige.

EXEMPLES

Pour distinguer la mesure disciplinaire de la mesure administrative, le superviseur peut consulter Bernier et autres (2001).

Pour obtenir une opinion juridique sur le congédiement, il peut consulter D'Aoust et Leclerc (1978).

Pour obtenir des définitions généralement acceptées, il peut consulter des dictionnaires, de préférence le *Dictionnaire canadien des relations du travail* de Gérard Dion (1986).

---

15. Dans le cas d'un appel à l'encontre d'une décision du Bureau de révision.

L'usage ou la coutume. Pour être considéré comme source de droit, l'usage doit être une pratique :

- connue, courante et constamment suivie ;
- qui existe depuis au moins deux conventions collectives, c'est-à-dire que l'usage a commencé dans une première convention collective et a continué dans une deuxième convention collective sans qu'il soit changé ou contesté par l'employeur ;
- qui est connue par l'employeur, les employés et le syndicat ;
- qui est acceptée par l'employeur, les employés et le syndicat.

EXEMPLES

Voici des exemples d'usage ou de coutume :

- Depuis 20 ans, les employés garent gratuitement leur voiture sur le terrain de l'entreprise ;
- Depuis cinq ans, pendant la période estivale, les employés de bureau terminent leur journée de travail du vendredi deux heures plus tôt ;
- Les emballeurs de croustilles ont toujours eu le droit d'y goûter pendant leur travail.

L'employeur s'expose à faire face à des griefs s'il met fin à l'un ou l'autre de ces usages sans prouver :

- qu'il y a eu des changements dans les conditions qui prévalaient à l'origine de ces pratiques. Par exemple, l'entreprise agrandit son usine en se servant du terrain de stationnement, ou encore, l'accroissement de la charge de travail ne permet plus aux employés de bureau de quitter plus tôt le vendredi ;
- qu'il y a eu des abus de la part des employés. Par exemple, les emballeurs ne font pas que goûter aux croustilles, ils en apportent à la maison ;
- qu'il a fait connaître d'avance son intention d'y mettre fin.

La preuve recueillie

Les faits, les témoignages, les rapports, les documents, etc., sont utilisés pour établir une preuve dont le degré dépend de la nature du litige. Souvenons-nous que :

- en matière criminelle, la preuve doit être **hors de tout doute raisonnable** ;
- généralement, en droit du travail, la preuve doit être particulièrement claire et convaincante ;
- en matière civile, c'est la prépondérance de la preuve qui est utilisée (voir le chapitre 6, section 6.6) .

Le fardeau de la preuve. Bien qu'en matière civile c'est au demandeur (celui qui réclame : le syndicat, le groupe de salariés ou le salarié) que revient le fardeau de présenter une preuve devant le décideur (le juge, le commissaire du travail, l'arbitre, etc.), en droit du travail, celui qui dépose le grief (le syndicat, le groupe de salariés ou le salarié) prouve qu'il est admissible au recours en vertu de la convention collective en cours, et le fardeau de la preuve est aussitôt retourné à l'employeur, qui doit démontrer la véracité de ses prétentions, puisque c'est lui qui possède l'information qui sous-tend sa décision.

EXEMPLES

Dans un cas de **mesure disciplinaire menant à un congédiement**, l'employé prouve qu'il est un salarié assujetti à la convention collective et qu'il a été congédié. L'employeur doit alors prouver que ce congédiement a été fait pour une juste cause, c'est-à-dire qu'elle n'est pas discriminatoire, abusive, déraisonnable ou arbitraire, car il a respecté les principes énumérés au tableau 9.2 (voir à ce sujet le chapitre 6, section 6.6).

TABLEAU 9.2
Les principes à observer dans l'application d'une mesure disciplinaire

1. *Les règlements disciplinaires sont raisonnablement associés à une gestion efficace et sécuritaire des activités de l'entreprise.*

2. *Les conséquences des comportements déviants sont diffusées dans l'entreprise d'une façon claire et précise et sont connues de tous les employés.*

3. *Avant d'imposer une mesure disciplinaire, le superviseur effectue une enquête objective et juste afin de prouver la faute de l'employé (c'est ce qu'il est en train de faire).*

4. *La mesure disciplinaire est appliquée de façon uniforme, constante et prévisible.*

5. *La mesure est imposée à l'intérieur du délai prévu à la convention collective ou, selon le cas, à l'intérieur d'un délai raisonnable après l'accomplissement de l'acte répréhensible.*

6. *Le superviseur suit une certaine gradation dans les mesures disciplinaires.*

7. *La mesure disciplinaire est proportionnelle à la gravité de la faute reprochée.*

8. *Le superviseur tient compte de l'ensemble des circonstances entourant le comportement reproché.*

Souvenons-nous que :

> [...] l'arbitre peut confirmer, modifier ou annuler la décision de l'employeur et, le cas échéant, y substituer la mesure disciplinaire qui lui paraît juste et raisonnable compte tenu de toutes les circonstances de l'affaire. Toutefois, lorsque la convention collective prévoit une sanction déterminée pour la faute reprochée au salarié dans le cas soumis à l'arbitrage, l'arbitre ne peut que confirmer ou annuler la décision de l'employeur ou, le cas échéant, la modifier pour la rendre conforme à la sanction prévue à la convention collective (art. 100.12*f*).

▼

Dans le cas d'une **mesure administrative menant à un congédiement**, l'employé prouve qu'il est un salarié assujetti à la convention collective et qu'il a été congédié. L'employeur doit alors prouver qu'il a respecté, dans l'application de la mesure administrative, les principes énumérés au tableau 9.3 (voir à ce sujet le chapitre 4, section 4.6).

TABLEAU 9.3
Les principes à observer dans l'application d'une mesure administrative

Le superviseur

- *possède les connaissances et les habiletés nécessaires pour évaluer son employé ;*
- *a communiqué à son employé les résultats de son évaluation d'une façon formelle, régulière, détaillée et écrite ;*
- *a clairement indiqué à son employé qu'il n'a pas atteint les normes de rendement alors que d'autres employés l'ont fait ;*
- *a averti son employé qu'il ne peut pas tolérer tel rendement inadéquat ;*
- *a proposé à son employé des moyens à prendre pour l'aider à améliorer son rendement et en a discuté avec lui ;*
- *selon la complexité des tâches à accomplir et le degré d'autonomie accordé, a alloué un temps raisonnable à son employé pour corriger son rendement inadéquat.*

L'employé

- *connaît et comprend les normes de rendement qu'il doit atteindre et les objectifs de travail qu'il doit réaliser ;*
- *a les compétences nécessaires pour atteindre les normes de rendement ;*
- *est responsable des tâches à accomplir ;*
- *connaît les conséquences auxquelles il s'expose s'il ne corrige pas son rendement.*

Le processus d'évaluation du rendement

- *est uniforme et normalisé pour tous les employés qui accomplissent les mêmes tâches et qui visent les mêmes objectifs de travail ;*
- *prévoit un mécanisme de contestation qui permet à l'employé d'exprimer son désaccord concernant son évaluation et de donner sa version des faits.*

*Les **normes de rendement** sont objectives, observables et valides, c'est-à-dire spécifiques à une tâche à accomplir, à un résultat à atteindre, à un comportement de travail à adopter.*

▼

> *La mesure administrative est prise contre l'employé lorsque le rendement inadéquat s'est produit à plusieurs reprises d'une façon constante et répétée, et que les précédents principes ont été respectés.*

Souvenons-nous que :

> [...] la mesure administrative suite à un manquement volontaire du salarié résulte des pouvoirs généraux de gestion de l'employeur et vise à restaurer l'efficacité et l'efficience au sein de l'organisation de l'employeur. (D'Aoust, Leclerc et Trudeau, 1982, p.102.)

Ce qui revient à dire que l'employeur peut prendre les moyens qui lui semblent les plus appropriés pour augmenter la rentabilité de son entreprise.

La valeur et le degré de la preuve recueillie. Le superviseur se pose les questions suivantes et doit y répondre :

- **La preuve est-elle pertinente ?**

EXEMPLES

Sont considérés comme des preuves pertinentes, c'est-à-dire liées au litige :

- dans le cas d'une mesure disciplinaire pour des absences répétées : le rapport d'absences, les notes de service, la correspondance, les avis disciplinaires, les rapports médicaux, etc. ;

- dans le cas d'une promotion non accordée : les critères de sélection, la liste d'ancienneté, les résultats de tests fiables, le rapport d'entrevues de sélection, etc. ;

- dans le cas d'heures supplémentaires non payées : la fiche de temps de travail, la liste d'ancienneté, les notes de service, les ententes patronales-syndicales, etc.

- **La preuve va-t-elle au-delà de la prépondérance des probabilités ? Est-elle particulièrement claire et convaincante ?**

EXEMPLES

- Dans le cas d'une mesure disciplinaire, le degré de la preuve exigée est plus élevé que dans le cas d'une promotion non accordée, qui exige un degré de preuve plus élevé que dans le cas d'un temps supplémentaire impayé, et ainsi de suite.

- La preuve directe est plus claire et plus convaincante que la preuve indirecte, l'aveu écrit est plus clair et plus convaincant que la preuve documentaire qui, elle, est plus claire et plus convaincante que la preuve testimoniale, etc.

Ainsi, avant de prendre une décision concernant le règlement d'un litige, il est fortement recommandé que le superviseur consulte des experts en la matière, par exemple les spécialistes des relations de travail du service des ressources humaines de l'entreprise, car il ne doit rien prendre à la légère et surtout ne pas créer de précédents, de conflits et d'affrontements avec les employés.

La négociation d'un règlement

Lorsque le superviseur a en main tous les éléments du litige et qu'il considère que son dossier est complet, il doit décider s'il le réglera à l'interne ou non.

En règle générale, il est préférable de prendre tous les moyens possibles pour régler la plainte à l'interne sans avoir recours à l'arbitrage car, comme le dit si bien le dicton, « le pire des règlements vaut le meilleur des procès ». Mais le superviseur doit aussi être conscient du fait que négocier implique :

- qu'il doit donner quelque chose (le principe du donnant-donnant). Qu'est-il prêt à donner ? Que doit-il donner ? Que peut-il donner ?

- qu'il s'attend à recevoir quelque chose (le principe du gagnant-gagnant). Que s'attend-il à recevoir par la négociation ? Quels gains recherche-t-il par la négociation ? Que doit-il avoir en retour (voir le chapitre 6, section 6.3, et le chapitre 10, section 10.3) ?

Ainsi, selon la gravité du litige et de ses conséquences, avant de négocier quelque règlement que ce soit avec l'employé plaignant et le syndicat, le superviseur doit définir les objectifs poursuivis par la négociation, les présenter à ses supérieurs et obtenir d'eux un mandat clair de négociation.

Lorsque cette autorisation est donnée, le superviseur tente d'en arriver à un règlement équitable pour les deux parties. Et si cela n'est pas possible, il remet alors le dossier au service des ressources humaines de l'entreprise, qui, par la voie de ses avocats, défendra la cause devant l'arbitre.

Généralement, c'est là que se termine l'intervention du superviseur dans la procédure de règlement d'un grief. Par la suite, il pourrait éventuellement être appelé à participer au litige à titre de témoin au moment de l'audition devant l'arbitre.

Néanmoins, il est bon de souligner certains principes de négociation qui dictent le comportement du superviseur lors de la négociation d'un règlement du litige à l'interne.

Au moment de la négociation, le superviseur doit :

- défendre des intérêts ;
- décider à partir de critères objectifs ;
- garder le contact avec l'employé ;
- expliquer ;
- écouter ;
- traiter la plainte comme tout autre problème de gestion ;
- éviter les conflits de personnalité.

Au moment de la négociation, il ne doit pas :

- régler à rabais ;
- céder au chantage ;
- « acheter la paix » ;
- « ménager la chèvre et le chou » ;
- provoquer et ridiculiser ;
- défendre des positions ;
- attaquer l'employé plaignant et son représentant syndical ;
- personnaliser le débat ;
- s'emporter ;
- menacer ;
- s'impliquer émotionnellement dans le litige.

EXEMPLES

Voici des exemples qui illustrent la façon dont un arbitre peut interpréter des clauses de conventions collectives.

La mesure disciplinaire de Jean-Marie Maurien

Jean-Marie Maurien occupe le poste de mécanicien chez Plastico depuis 15 ans. Le 22 décembre, après le dîner de Noël, il se présente ivre à son travail. La contremaîtresse, Jeanine Saint-Jean, s'étant aperçue de son état et le considérant inapte à faire son travail, lui demande de rentrer chez lui pour le reste de la journée.

Jean-Marie Maurien se fâche, l'injurie et la gifle à deux reprises devant tous ses collègues. Il est congédié sur-le-champ.

Le lendemain, tout en reconnaissant la faute reprochée, Jean-Marie Maurien formule et dépose un grief au directeur de l'usine, alléguant que l'employeur ne lui a pas donné les trois avis écrits réglementaires (art. 6.2) et que le congédiement représentait une sanction disproportionnée à la faute commise compte tenu des circonstances (dîner de Noël) et de son ancienneté (art. 6.3). Il exige donc sa réintégration au sein de l'entreprise.

Les clauses de la convention collective concernant les mesures disciplinaires applicables aux employés d'usine de la compagnie Plastico sont libellées de la façon suivante :

Article 2.04

Le salarié ou le syndicat dépose un grief au directeur de l'usine dans les 30 jours ouvrables suivant la connaissance du fait ou dans les 30 jours ouvrables de l'occurrence du fait qui a donné lieu au grief, selon la dernière de ces dates.

▼

Article 6.2

Dans le cas d'un comportement de travail fautif, un salarié a droit à trois avis écrits de la part de l'employeur avant que celui-ci ne puisse prendre à son égard une sanction disciplinaire.

Article 6.3

La sanction disciplinaire prévue à l'article 6.2 doit être proportionnelle aux circonstances et à la faute reprochée au salarié.

Article 6.4

Dans le cas d'une faute sérieuse, commise par le salarié, qui cause un préjudice grave à l'employeur, celui-ci n'est pas tenu de donner les trois avis écrits prévus à l'article 6.2 au salarié fautif avant de lui imposer une mesure disciplinaire.

Article 6.5

Dans le cas de mesures disciplinaires, suspension ou congédiement pour juste cause, l'arbitre a toute latitude pour maintenir, rejeter ou modifier la décision de l'employeur.

Analyse du grief. Le grief a été déposé dans le respect des dates butoirs et de la procédure prévue à la convention collective.

« Jean-Marie Maurien a déposé son grief le lendemain de l'occurrence du fait au directeur de l'usine, le tout conformément à l'article 2.04. »

Posons-nous trois questions :

1. Jean-Marie Maurien est-il effectivement responsable de la mauvaise conduite qui lui est reprochée ?

2. La mauvaise conduite justifie-t-elle la mesure disciplinaire ?

3. Le congédiement est-il la mesure disciplinaire appropriée compte tenu de la faute reprochée et de certaines circonstances pertinentes ?

La réponse à la première question est oui, puisque Jean-Marie Maurien l'a lui-même admis.

La réponse à la deuxième question repose sur l'article 6.4 et sur ce qu'on entend par « faute sérieuse qui cause un préjudice grave à l'employeur ». En effet, si le fait d'injurier et de gifler un contremaître est une faute sérieuse qui cause un préjudice grave à l'employeur, ce dernier n'est pas tenu de donner trois avis écrits avant de prendre une sanction disciplinaire contre Jean-Marie Maurien (art. 6.4).

Selon le *Petit Robert,* le mot « préjudice » signifie « acte ou événement nuisible aux intérêts de quelqu'un et le plus souvent contraire au droit et à la justice ».

Le même dictionnaire donne la définition suivante du mot « grave » : « important, sérieux, susceptible de conséquences sérieuses, de suites fâcheuses, dangereuses ».

En l'occurrence, il faut se demander si le fait de gifler et d'injurier un contremaître devant témoin cause un préjudice grave à l'employeur selon les définitions du dictionnaire.

La réponse est affirmative et, par voie de conséquence, l'article 6.4 s'applique. L'employeur n'est donc pas obligé de donner à l'employé les trois avis écrits avant d'imposer une sanction disciplinaire.

La réponse à la troisième question réside dans les articles 6.4 et 6.5 de la convention collective ainsi que dans l'article 100.12*f* du *Code du travail* du Québec.

L'article 6.4 ne spécifie pas que, dans le cas d'une faute sérieuse, le congédiement représente la seule mesure disciplinaire applicable. L'arbitre pourrait alors juger cette sanction exagérée en vertu de l'article 6.5 et de l'article 100.12*f* du *Code du travail* du Québec, il pourrait casser la décision de l'employeur et, tenant compte de certaines circonstances (le dossier disciplinaire de Jean-Marie Maurien, son ancienneté, etc.), la remplacer par une suspension prolongée. Ainsi, l'arbitre rendrait son jugement en respectant le principe de la mesure disciplinaire progressive (voir le chapitre 6).

Les heures supplémentaires d'Aline Bérubé, de Jocelyn Arbour et de Claire Passedieux

Le troisième vendredi du mois de mai, Aline Bérubé, Jocelyn Arbour et Claire Passedieux se présentent à leur poste de travail à 8 h. Ils se rendent compte que le plafond de leur bureau s'est effondré et qu'ils ne peuvent effectuer leurs tâches.

Vers 8 h 30, Gilles Normandeau, leur superviseur, décide de leur donner congé pour la journée, car c'est le temps qu'il faudra pour réparer et nettoyer le tout. Il leur paie trois heures de salaire.

Il leur demande, avec le consentement de leur syndicat, de reprendre leur journée de travail le lendemain matin. Ce qu'ils font.

Lorsqu'ils reçoivent leur paie la semaine suivante, ils s'aperçoivent qu'ils ont été payés à temps simple pour leur travail du samedi. Ils déposent un grief auprès de leur superviseur (voir la figure 9.2).

FIGURE 9.2

Le grief déposé par Aline Bérubé, Jocelyn Arbour et Claire Passedieux

---

Syndicat des employé(e)s de l'entreprise Tripalium

Date : Le 3 juin 200X
Nom de l'employé(e) : Aline Bérubé, Jocelyn Arbour, Claire Passedieux
Occupation : Commis à la comptabilité

Description des faits
La compagnie Tripalium a violé les dispositions de la convention collective, plus particulièrement l'article 12.02, en ne nous payant pas en heures supplémentaires la journée de travail effectuée le samedi 22 mai 200X.

Réclamation
Nous réclamons le paiement des 8 heures de travail supplémentaires au salaire régulier majoré de 100 % ainsi que l'intérêt au taux prévu au Code du travail du Québec.

Aline Bérubé, Jocelyn Arbour, Claire Passedieux
Signature des employés ou du représentant syndical

Analysons ce grief à l'aide des clauses suivantes de la convention collective des employés de la quincaillerie Tripalium :

Article 1.00 – La procédure de griefs

1.01 La personne salariée ou le syndicat dépose un grief à son superviseur dans les 30 jours ouvrables suivant la connaissance du fait ou dans les 30 jours ouvrables de l'occurrence du fait qui a donné lieu au grief, selon la dernière de ces dates.

Article 5 – Les heures de travail

5.01 La semaine normale de travail débute à 8 h le lundi et se termine à 16 h le samedi.

5.02 La semaine normale de travail est de 40 heures, incluant la période de repos de 30 minutes par journée normale de travail.

5.03 La journée normale de travail est de 8 heures, incluant la période de repos de 30 minutes.

5.04 Le contenu des articles 5.01 à 5.03 ne constitue pas une garantie d'emploi.

5.05 Les heures de travail et les journées de travail peuvent être changées par l'entreprise après entente avec le syndicat.

5.06 L'employeur peut diminuer les heures de travail sans le consentement du syndicat lorsqu'il fait face à une situation économique particulière.

Article 12 – Les heures supplémentaires

12.01 Tout salarié régi par la présente convention collective aura droit à une prime de 50 % du salaire régulier pour les heures de travail effectuées en plus de sa journée normale de travail.

12.02 Le travail effectué le samedi, le dimanche ou les jours fériés, en plus de la semaine normale de travail, sera rémunéré à deux fois le taux du temps régulier.

12.03 Pour le calcul des heures supplémentaires, on tient compte des heures de travail qui auraient normalement été travaillées même si le salarié a été incapable de le faire pour un des motifs suivants :

- maladie justifiée ;
- absence personnelle avec permission ;
- accident de travail ;
- congés prévus par la présente convention collective ;
- mise à pied individuelle.

12.04 Les heures supplémentaires seront faites volontairement.

Article 15 – Les mises à pied

15.05 Dans le cas d'une mise à pied collective, l'employeur doit en informer le syndicat cinq jours ouvrables à l'avance.

15.06 Dans le cas d'une mise à pied individuelle pour moins d'une journée de travail, le salarié a droit à la rémunération d'une journée complète de travail.

Analyse du grief. Le grief a été déposé dans le respect des dates butoirs et de la procédure prévue à l'article 1.01 de la convention collective.

Déterminons s'il faut accueillir le grief :

Les heures supplémentaires sont payées à taux majoré de moitié lorsqu'elles s'ajoutent à la journée normale de travail (art. 12.01), et à temps double lorsqu'elles s'ajoutent à la semaine normale de travail (art. 12.02).

Or, ici, le travail effectué ce troisième samedi du mois de mai n'est pas accompli en plus de la journée normale de travail ni de la semaine normale de travail.

De plus, l'article 12.03 ne s'applique pas, car il ne s'agit ni de maladie, ni d'absence, ni d'accident du travail, ni de congés prévus à la convention collective, ni de mise à pied individuelle, mais plutôt d'une mise à pied collective.

Il y a eu tout simplement un réaménagement des heures de travail en vertu de l'article 5.05, avec l'accord du syndicat.

Par conséquent, le grief est rejeté.

La promotion manquée d'Alexandrine Lafayette

La seule promotion accessible à un emballeur de la compagnie Playbag est le poste de conducteur de chariot élévateur (cariste). Jusqu'à tout dernièrement, la compagnie Playbag possédait deux chariots pour acheminer les commandes de l'entrepôt aux camions.

L'entreprise décide d'acheter un troisième chariot élévateur. Un poste de cariste est alors ouvert conformément à la convention collective des emballeurs. Louise Major et Alexandrine Lafayette posent leur candidature à ce poste.

Louise Major est emballeuse depuis un mois chez Playbag. Elle a déjà remplacé pendant une semaine un des deux caristes qui était malade. Alexandrine Lafayette est emballeuse depuis 10 ans chez Playbag.

C'est Louise Major qui a obtenu le poste. Alexandrine Lafayette dépose un grief (voir la figure 9.3).

FIGURE 9.3
Le grief déposé par Alexandrine Lafayette

Date : Le 1er juin 200X
Nom de l'employé(e) : Alexandrine Lafayette
Poste occupé : Emballeuse

Description des faits
Le 22 mai 200X, la compagnie Playbag a violé les dispositions de la convention collective, plus particulièrement les articles 5.01, 7.01 et 7.02, en ne m'offrant pas le poste de cariste.

Réclamation
Je réclame le poste de cariste avec tous les droits, bénéfices et privilèges que me confère ma convention collective et le remboursement du salaire perdu.
Le tout portant intérêt au taux prévu au Code du travail du Québec.

Alexandrine Lafayette
Signature du salarié ou du représentant syndical

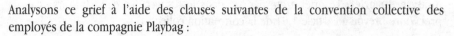

Analysons ce grief à l'aide des clauses suivantes de la convention collective des employés de la compagnie Playbag :

Article 2.01

Le syndicat reconnaît tous les droits et privilèges, sauf ceux qui sont restreints par la présente convention, permettant à l'employeur de diriger et de gérer efficacement ses activités, le tout devant être conforme aux dispositions de la présente convention collective.

Article 3.02

Le salarié ou le syndicat dépose par écrit son grief auprès du directeur du personnel dans les 30 jours ouvrables suivant la connaissance du fait sans dépasser 3 mois après l'occurrence du fait qui a donné lieu au grief. Ce dernier doit donner sa réponse dans les 15 jours ouvrables qui suivent la soumission du grief.

Le salarié concerné par le grief ou le syndicat qui n'est pas satisfait de la décision du directeur du personnel peut demander par écrit, dans les 15 jours ouvrables suivant cette décision, de soumettre le litige à l'arbitrage.

Article 5.01

Tout nouvel employé est en période d'essai pendant deux mois de calendrier. Par la suite, il bénéficie des droits de l'ancienneté à compter du jour de son embauche.

Article 5.02

Pendant la période de probation prévue à l'article 5.01, l'employé ne pourra se prévaloir de son ancienneté pour éviter d'être mis à pied, transféré, suspendu ou congédié.

Article 6.00

L'ancienneté correspond à la durée du service continu d'un travailleur pour l'entreprise.

Article 7.01

Dans le cas de la promotion d'un emballeur à un poste de conducteur de chariot élévateur, l'employeur prendra en considération les facteurs suivants :

a) L'ancienneté ;

b) Les capacités et les habiletés couramment requises pour répondre aux exigences du poste.

Article 7.02

Lorsque, dans l'opinion de l'employeur, le facteur *b* de l'article 7.01 est égal entre deux ou plusieurs emballeurs, l'ancienneté prévaudra.

Analyse du grief. Le grief a été déposé dans le respect des dates butoirs et de la procédure prévue à la convention collective :

Alexandrine Lafayette a déposé son grief 10 jours après l'occurrence du fait à son superviseur conformément à l'article 3.02.

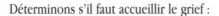

Déterminons s'il faut accueillir le grief :

L'employeur doit prendre en considération l'ancienneté dans le cas d'une promotion seulement lorsque, à son avis, deux employés ont une compétence égale (art. 7.02). Le premier facteur à considérer est donc la compétence, suivie de l'ancienneté.

Rien dans la convention collective ne dicte à l'employeur comment il doit se faire une « opinion » sur la compétence des employés qui sont candidats au poste de conducteur.

De plus, un employé en probation ne peut se prévaloir de son ancienneté dans les cas de mise à pied, de transfert, de suspension ou de congédiement (art. 5.02), mais rien dans la convention collective ne l'empêche de le faire en cas de promotion.

L'employeur a donc agi conformément aux dispositions de la convention collective en accordant la promotion à Louise Major.

Par conséquent, le grief est rejeté.

RÉSUMÉ

Le cadre juridique des relations du travail impose des limites à l'employeur en ce qu'il l'oblige, dans la gestion quotidienne de ses activités, à tenir compte du cadre juridique des relations de travail.

Certes, ces obligations sont contraignantes, l'employeur étant forcé de faire des concessions, de partager ses prérogatives et de se départir de certains de ses droits au profit de ses employés. Mais un climat de travail sain et paisible ne s'acquiert qu'à ce prix.

Dans cette perspective, le superviseur, à titre de représentant de l'employeur, applique, en toute justice et équité, les dispositions des contrats individuels et collectifs de travail, des lois et des règlements.

Éventuellement, il devra régler des litiges. Il tentera de le faire à l'interne dans un esprit de coopération et non d'opposition. En cas d'échec, le superviseur interviendra alors dans la procédure de règlement des griefs en participant à la préparation de la preuve à présenter au moment de l'audition du grief devant le tribunal d'arbitrage.

RÉSUMÉ GRAPHIQUE
Le cadre juridique des relations de travail

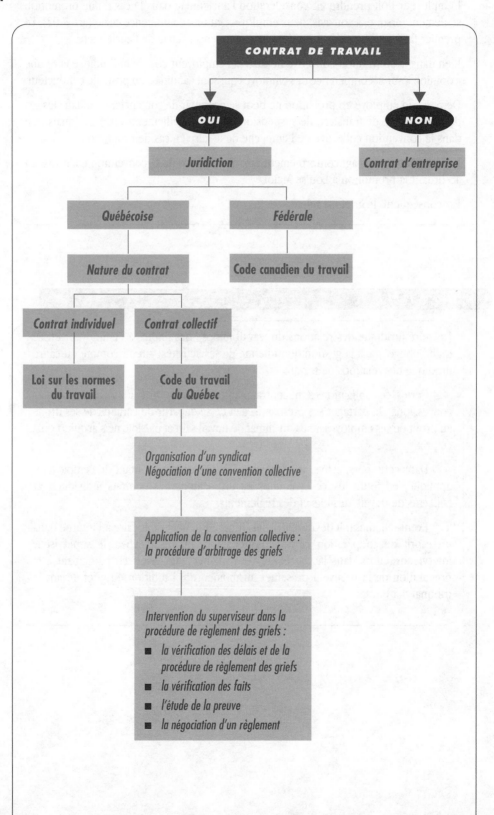

EXERCICES LIÉS À LA CONNAISSANCE

Termes et concepts à définir

1. Contrat de travail.

2. Contrat d'entreprise.

3. Subordination juridique.

4. Compétence des relations de travail.

5. Cadre d'entreprise.

6. Congédiement pour juste cause.

7. Association accréditée.

8. Requête en révision judiciaire.

9. Sources de droit.

10. Preuve particulièrement claire et convaincante.

Questions à développement

1. Énumérez les principaux intervenants qui influencent les relations de travail.

2. Quelles sont les principales obligations de l'employeur et de l'employé en matière de relations de travail ?

3. Quelles sont les principales dispositions de la *Loi sur les normes du travail* en cours d'emploi et en fin d'emploi ?

4. Décrivez le déroulement de l'accréditation d'une association de salariés selon le *Code du travail* du Québec.

5. Quels sont les effets de la syndicalisation d'un groupe de salariés, selon le *Code du travail* du Québec ?

6. Décrivez le déroulement de la négociation d'une convention collective selon le *Code du travail* du Québec.

7. Quel est le mandat d'un arbitre de griefs ?

8. Décrivez la façon dont un superviseur peut intervenir dans la procédure de règlement des griefs.

9. Quels sont les principes de négociation qui dictent le comportement du superviseur au moment de la négociation d'un règlement du litige à l'interne ?

10. Qui a le fardeau de la preuve en droit du travail ?

EXERCICES DE COMPRÉHENSION ■ ■

1. Comparez les définitions de « salarié » données par le *Code civil du Québec*, la *Loi sur les normes du travail*, la *Loi sur les accidents du travail et les maladies professionnelles* et la *Loi de l'impôt sur le revenu* (<www.revenu.gouv.qc.ca/fr/formulaires/rr/rr-65_a.asp>).

2. La *Loi sur les normes du travail* du Québec est une loi d'ordre public. Précisez.

3. Dans quelles circonstances une requête en révision judiciaire peut-elle être déposée à la Cour supérieure ?

4. Une convention collective peut contenir toutes sortes de clauses. Commentez.

5. Pourquoi est-il souvent préférable de régler un litige à l'interne plutôt que de se retrouver devant un arbitre ?

6. La norme de preuve requise en matière de relations de travail est différente de celle requise en matière civile et criminelle. Commentez.

EXERCICES DE TRANSFERT ■ ■ ■

Regroupez-vous en équipes de trois personnes.

1. Procurez-vous trois conventions collectives (auprès d'un parent, d'un ami ou d'une connaissance), puis faites ressortir, analysez et comparez les clauses traitant :

   - de la procédure de griefs ;
   - des promotions ;
   - des mesures disciplinaires ;
   - des mises à pied et du rappel au travail ;
   - des heures de travail et des heures supplémentaires.

2. Nommez les principales centrales ou fédérations syndicales auxquelles un syndicat (association accréditée) peut s'affilier.

3. Choisissez une situation de travail faisant l'objet (ou ayant fait l'objet) de reportages médiatisés et nommez les principaux acteurs qui y ont participé.

4. Mettez à jour les normes de travail ainsi que les articles du *Code du travail* du Québec.

5. Procurez-vous une requête en accréditation auprès du Bureau du commissaire général du travail et, à titre de secrétaire de l'association des salariés de l'entreprise Vroom inc., remplissez-la à l'aide des renseignements suivants :

L'assemblée de fondation de l'association tenue à Montréal au (adresse du domicile du secrétaire de l'association des salariés) le (une semaine avant la demande d'accréditation) a mandaté le président et le secrétaire de l'association pour signer la requête en accréditation.

Nom du syndicat :   Syndicat des salarié(e)s de Vroom inc.

Président du syndicat :   Jacques Desrosiers
                                5050, rue Saint-Lavoie, Montréal (Québec) H1L 3X9

▼

▼

Adresse du syndicat :	Votre adresse en attendant l'accréditation
Affiliation :	Aucune
Groupe de salariés visé :	Tous les salariés au sens du Code du travail
Employeur :	Vroom inc.
Adresse de l'établissement :	5555, rue Saint-Lavoie, Montréal (Québec) H1L 3X9

6. Décrivez le mandat du Tribunal d'arbitrage procédure allégée (T.A.P.A.) en consultant le site du Conseil consultatif du travail et de la main-d'œuvre (<www.cctm.gouv.qc.ca>).

7. Consultez et résumez le contenu du site Web suivant : <www.soquij.qc.ca>. Cliquez sur Bulletins juridiques.

8. Décrivez le mandat de l'organisme Au bas de l'échelle.

EXERCICES D'APPLICATION ■ ■ ■ ■

Regroupez-vous en équipes de trois personnes. Une équipe joue le rôle de la partie syndicale, une autre, celui de la partie patronale, et une troisième, celui du tribunal d'arbitrage de griefs.

À l'aide des clauses de la convention collective des employés du Centre de gériatrie de la Rive-Ouest, analysez les griefs déposés par Suzanne Hurtibuse et Robert Bibeau, et présentez vos arguments devant le tribunal d'arbitrage selon le rôle qui vous est assigné. Le groupe qui joue le rôle du tribunal d'arbitrage rend sa sentence et la motive par écrit.

Les clauses de la convention collective des employés du Centre de gériatrie de la Rive-Ouest pertinentes à l'étude des griefs sont les suivantes :

Article 1.00 – La non-discrimination
Article 1.01

L'employeur traite ses salariés avec justice.

Article 1.02

L'employeur n'exerce ni directement ni indirectement de contraintes, menaces, discrimination ou distinctions injustes contre un salarié à cause de sa race, de sa couleur, de son sexe, de son état de grossesse, de son orientation sexuelle, de son état civil, de son âge, de sa religion, de ses convictions politiques, de sa langue, de son origine ethnique ou nationale, de sa condition sociale et de son handicap.

Article 2.00 – Le harcèlement
Article 2.01

L'employeur reconnaît que le harcèlement psychologique, sexuel et racial est un acte répréhensible et s'efforce d'en décourager la pratique dans l'entreprise.

Article 2.02

Le harcèlement psychologique est une conduite abusive qui se manifeste par des comportements, des paroles, des actes, des gestes, des écrits pouvant porter atteinte à la personnalité, à la dignité

▼

ou à l'intégrité physique ou psychique d'un salarié, mettre en péril son emploi ou dégrader son climat de travail.

Article 2.03

Le harcèlement sexuel est une conduite se manifestant par des paroles, des actes ou des gestes à connotation sexuelle, répétés et non désirés, et qui est de nature à porter atteinte à la dignité ou à l'intégrité physique ou psychologique du salarié ou de nature à entraîner des conditions de travail défavorables ou un renvoi.

Article 2.04

Le harcèlement racial est une forme de discrimination raciale qui peut prendre la forme de moqueries, d'insinuations désobligeantes, de remarques offensantes, d'insultes, d'hostilité, de menaces verbales ou physiques à caractère racial ou ethnique.

Article 3.00 – Le droit de gérance

Article 3.01

Le syndicat reconnaît tous les droits et privilèges, sauf ceux qui sont restreints par la présente convention, permettant à l'employeur de diriger et de gérer efficacement ses activités, le tout devant être conforme aux dispositions de la présente convention collective.

Article 5.00 – L'ancienneté

Article 5.01

Tout nouveau salarié est en période d'essai pendant six mois de calendrier. Par la suite, il bénéficie des droits de l'ancienneté à compter du jour de son embauche.

Article 5.02

Pendant la période de probation prévue à l'article 5.01, le salarié ne pourra se prévaloir de son ancienneté pour éviter d'être mis à pied, transféré, suspendu ou congédié.

Article 5.03

L'ancienneté correspond à la durée du service continu d'un salarié pour l'entreprise.

Article 9.00 – La procédure de règlement des griefs

Article 9.01

Aux fins de la présente convention collective, « grief » signifie et comprend tout désaccord relatif à l'interprétation ou à l'application de la convention collective.

Article 9.02

Le salarié ou le syndicat dépose par écrit son grief auprès du directeur du personnel dans les 30 jours ouvrables suivant la connaissance du fait sans dépasser 3 mois de l'occurrence du fait qui a donné lieu au grief. Ce dernier doit donner sa réponse dans les 15 jours ouvrables qui suivent la soumission du grief.

Article 9.03

Le salarié concerné par le grief ou le syndicat qui n'est pas satisfait de la décision du directeur du personnel peut demander par écrit, dans les 15 jours ouvrables suivant cette décision, de soumettre le litige à l'arbitrage.

Article 9.04

Les griefs sont soumis à un arbitre unique.

Article 9.05

Dès qu'un grief est soumis à l'arbitrage, l'arbitre est choisi à tour de rôle, selon sa disponibilité, d'après la liste suivante :

- M. Armand Favreau ;
- Mme Jacques Denis ;
- Mme Lise Lapointe ;
- M. Julien Bérubé.

Article 9.06

Dans le cas d'une mesure disciplinaire, l'arbitre peut maintenir, modifier ou annuler la sanction imposée ; il peut, le cas échéant, y substituer toute mesure qui lui paraît juste et raisonnable, compte tenu de toutes les circonstances de l'affaire.

Article 9.07

Les frais et les dépenses de l'arbitre sont payés à parts égales par les parties.

Article 12.00 – Les mesures disciplinaires

Article 12.01

L'employeur peut imposer une mesure disciplinaire à tout salarié pour une juste cause, dont il a le fardeau de la preuve, selon la gravité et la fréquence de l'infraction reprochée.

Article 12.02

Toute mesure disciplinaire est inscrite au dossier du salarié concerné et une copie de cette mesure est envoyée au syndicat dans les cinq jours ouvrables suivant cette inscription au dossier.

Article 12.03

Les mesures disciplinaires de même nature qui ne se répètent pas au cours de 12 mois consécutifs sont effacées du dossier du salarié concerné.

Article 12.04

L'employeur ne peut imposer une mesure disciplinaire à un salarié avant de lui avoir donné trois avis écrits consécutifs lui décrivant les faits reprochés et d'avoir entendu, chaque fois, la version de l'employé concernant cet incident.

Article 12.05

L'employeur peut congédier un salarié sans lui donner les trois avis écrits dont il est question à l'article 12.04 dans les cas suivants :

- malhonnêteté ;
- état d'ébriété sur les lieux de travail ;
- sous l'effet de drogues illicites sur les lieux de travail ;
- consommation d'alcool ou de drogue sur les lieux de travail ;

▼

- violence verbale ou physique contre un patient ou un employé du Centre ;

- insouciance causant un accident à un patient ou à un employé du Centre ;

- sommeil sur les lieux de travail ;

- absence non justifiée par un rapport médical ou encore par un cas fortuit ou par une urgence, et non autorisée par son superviseur.

1. Le congédiement de Suzanne Hurtibuse

Suzanne Hurtibuse dépose un grief (voir la figure 9.4).

FIGURE 9.4
Le grief de Suzanne Hurtibuse

> **Syndicat des employé(e)s du Centre de gériatrie de la Rive-Ouest**
>
> *Date : Le 8 octobre 200X*
> *Nom de l'employé(e) : Suzanne Hurtibuse*
> *Occupation : Préposée à l'entretien*
>
> **Description des faits**
> *Le Centre de gériatrie de la Rive-Ouest a violé les dispositions de la convention collective en me congédiant sans juste cause le jeudi 24 septembre 200X.*
>
> **Réclamation**
> *Je réclame l'annulation de mon congédiement, ma réintégration immédiate dans mon poste, le rétablissement de tous les droits, bénéfices et privilèges que me confère ma convention collective et le remboursement du salaire perdu. Le tout portant intérêt au taux prévu au Code du travail du Québec.*
>
> Suzanne Hurtibuse
> *Signature de l'employé ou du représentant syndical*

Voici les faits :

Le 24 septembre 200X, Suzanne Hurtibuse est congédiée pour avoir cassé le nez d'un patient, François Baltimore.

La séance d'arbitrage a lieu le 8 décembre. L'arbitre recueille les informations suivantes :

Suzanne Hurtibuse

Suzanne Hurtibuse, âgée de 25 ans, est au service du Centre de gériatrie de la Rive-Ouest depuis six ans à titre de préposée à l'entretien ménager. Son travail consiste à laver et à cirer le plancher des chambres, à épousseter les meubles, à nettoyer les toilettes, etc. Son dossier disciplinaire est vierge. Les évaluations de son rendement ont toujours été positives, sauf lors des deux dernières évaluations, où son superviseur lui a demandé de se maîtriser. La première fois parce qu'elle a assis brutalement un patient dans son fauteuil roulant, la deuxième fois parce qu'elle a engueulé un collègue de travail qui n'avait pas nettoyé les vomissures d'un patient. À cela, elle a répondu, dans le premier cas : « Je ne l'ai pas assis brutalement, je l'ai fait du mieux que je pouvais », et, dans le deuxième cas : « Je ne l'ai pas engueulé, je lui ai dit de faire son travail et de ne pas laisser le sale boulot aux autres qui suivent. »

▼

Suzanne Hurtibuse est appréciée par ses collègues. Elle n'a aucun antécédent de violence. Comme tout le personnel du Centre, elle a suivi un cours sur la façon d'agir avec les patients difficiles.

Son témoignage :

« Il était 9 h ce 23 septembre 200X. M. Baltimore était assis dans son fauteuil roulant. Je nettoyais sa table lorsqu'il m'a agrippée violemment par le bras gauche, m'a attirée vers lui et m'a bavé dessus. Je l'ai repoussé et rassis. Je suis sortie de la chambre. »

François Baltimore

Au moment des faits, François Baltimore avait 82 ans. Il résidait au Centre depuis un an. Il était paralysé du bras gauche et souffrait d'une dépression profonde. Bien qu'il fût sous médication depuis deux ans et malgré son âge, il était considéré comme une personne alerte et communicative.

Depuis son admission au Centre, il a été impliqué dans 26 incidents de violence physique et verbale à l'endroit du personnel et des autres patients, ce qui lui a valu la réputation d'être difficile et querelleur. Il est décédé le 2 octobre 200X à la suite des complications d'une pneumonie. Le rapport d'autopsie écarte tout lien entre sa mort et l'incident dont il est question ici.

Gisèle Belland

Gisèle Belland était l'infirmière de garde le jour où l'incident a eu lieu. Elle décrit l'événement de la façon suivante :

« J'étais au poste en train de remplir un dossier lorsque j'ai vu Suzanne Hurtibuse sortir en courant de la chambre 2001. Elle est venue me dire que M. Baltimore l'avait agressée. Je suis allée le voir. Il était étendu par terre, du sang coulait de ses deux narines. Je lui ai donné les premiers soins et j'ai appelé ma chef d'équipe, Mme Louise Latendresse. »

Louise Latendresse

Louise Latendresse décrit son intervention de la façon suivante :

« Gisèle Belland m'a appelée à 9 h pour me dire qu'une préposée à l'entretien avait cassé le nez d'un patient en légitime défense. J'ai accouru à la chambre de M. Baltimore. Je lui ai demandé de me raconter ce qui s'était passé. Il m'a dit qu'il regardait tranquillement la télévision, assis dans son fauteuil roulant, lorsque Suzanne Hurtibuse lui a demandé de se lever parce qu'elle voulait laver le plancher. Comme il avait de la difficulté à le faire, elle a déplacé le fauteuil violemment. Pour ne pas tomber, il s'est agrippé à elle ; elle lui a donné un coup de poing sur le nez en lui criant : "Tiens, mon vieux cochon !" J'ai tout de suite avisé le directeur du personnel, M. El Asmar. Une chose me tracasse : le chariot qui contient les produits d'entretien n'était pas dans la chambre, mais dans le couloir. »

Amine El Asmar

Amine El Asmar travaille au Centre depuis trois mois. Il donne sa version des faits :

« Le 23 septembre 200X à 9 h 30, Louise Latendresse, chef d'équipe des soins infirmiers, m'a appelé pour me dire que Suzanne Hurtibuse avait battu un patient. J'ai tout de suite suspendu cette dernière pour la journée, avec solde. Je lui ai demandé de se présenter à mon bureau le lendemain à 15 h. J'ai enquêté sur l'agression la journée même. Le lendemain, j'ai rencontré Mme Hurtibuse pour avoir sa version des faits. Elle m'a dit : "J'ai demandé à M. Baltimore de se lever de son fauteuil pour que je puisse nettoyer sa table. Il m'a répondu : 'J'écoute la télévision. Tu

▼

reviendras dans une heure, ma vieille !' J'ai voulu pousser son fauteuil ; c'est là qu'il m'a serré le bras et a crié : 'Tu ne m'empêcheras pas de regarder ma TV, ma vieille !' Je l'ai poussé pour me dégager et je suis sortie de la chambre sans regarder ce qui lui arrivait."

« Une heure plus tard, je l'ai congédiée en vertu de l'article 12.05 de sa convention collective. »

2. Le congédiement de Robert Bibeau

Robert Bibeau dépose un grief (voir la figure 9.5).

FIGURE 9.5
Le grief de Robert Bibeau

> **Syndicat des employé(e)s du Centre de gériatrie de la Rive-Ouest**
>
> *Date : Le 12 décembre 200X*
> *Nom de l'employé(e) : Robert Bibeau*
> *Occupation : Préposé aux archives*
>
> **Description des faits**
> *Le Centre de gériatrie de la Rive-Ouest a violé les dispositions de la convention collective en me congédiant sans juste cause le jeudi 4 décembre 200X.*
>
> **Réclamation**
> *Je réclame l'annulation de mon congédiement, ma réintégration immédiate dans mon poste, le rétablissement de tous les droits, bénéfices et privilèges que me confère ma convention collective et le remboursement du salaire perdu. Le tout portant intérêt au taux prévu au Code du travail du Québec.*
>
> Robert Bibeau
> Signature de l'employé ou du représentant syndical

Voici les faits :

Robert Bibeau est préposé aux archives du Centre de gériatrie de la Rive-Ouest depuis le 2 juin 200X. Sa principale tâche est de ranger les dossiers des patients dans les classeurs après que les personnes autorisées (médecins, infirmières, service de la comptabilité, etc.) les ont consultés. Il est aussi chargé du courrier : expédition, réception ainsi qu'acheminement aux personnes concernées. Au moment de son embauche, Robert Bibeau a eu droit à une formation initiale d'une journée. Lors de la première évaluation de son rendement, son superviseur lui a demandé d'améliorer son rendement (voir la figure 9.6).

FIGURE 9.6
L'extrait de la fiche d'évaluation du rendement de Robert Bibeau

> **Recommandations et objectifs d'amélioration du rendement :**
> Le rangement des dossiers doit se faire immédiatement, dès réception.
> *Le coordonnateur de bureau : Alain Champagne*
> *J'ai pris connaissance de mon évaluation du rendement : Robert Bibeau*
> *Date : 12 juillet 200X*

▼

Un mois plus tard, son superviseur lui envoyait un avis d'amélioration du rendement (voir la figure 9.7).

FIGURE 9.7
L'avis d'amélioration du rendement envoyé à Robert Bibeau

Le 12 août 200X

Monsieur,

À la suite de trois vérifications, j'ai constaté que plusieurs dossiers de patients traînaient sur votre bureau :

— Le 3 août 200X : 12 dossiers n'étaient pas rangés ;

— Le 5 août 200X : 21 dossiers n'étaient pas rangés ;

— Le 6 août 200X : 14 dossiers n'étaient pas rangés.

Cela va à l'encontre de l'éthique professionnelle garantissant la confidentialité de l'information personnelle des patients.

Par conséquent, je vous demande de ranger les dossiers immédiatement lorsque vous les recevez.

Je vous prie d'améliorer votre rendement au travail, sinon des mesures plus sérieuses seront prises.

Veuillez agréer, Monsieur, l'expression de mes sentiments les meilleurs.

Le coordonnateur de bureau
Alain Champagne

À cet avis, Robert Bibeau a répondu : « Je fais mon possible ! »

Le 19 août 200X, Alain Champagne passe la journée avec Robert Bibeau pour lui montrer comment ranger les dossiers rapidement, sans perte de temps.

Un mois plus tard, de nombreux dossiers ne sont toujours pas rangés et traînent sur le bureau de Robert Bibeau. Pour sa défense, ce dernier allègue qu'il a trop de travail et qu'il ne peut pas tout faire. Et il accuse Alain Champagne de harcèlement.

Le 21 septembre, Alain Champagne lui demande de ne pas s'occuper du courrier pendant trois jours, car cette tâche sera effectuée par une personne engagée à temps partiel, ce qui lui permettra de se mettre à jour dans le rangement des dossiers.

Le 30 septembre 200X, Alain Champagne envoie à Robert Bibeau un avis de suspension (voir la figure 9.8).

▼

FIGURE 9.8
L'avis de suspension envoyé à Robert Bibeau

Le 30 septembre 200X

Monsieur,

Les 27, 28 et 29 septembre 200X, j'ai constaté que plusieurs dossiers de patients traînaient sur votre bureau :

— Le 27 septembre 200X : 15 dossiers n'étaient pas rangés ;

— Le 28 septembre 200X : 14 dossiers n'étaient pas rangés ;

— Le 29 septembre 200X : 12 dossiers n'étaient pas rangés.

Étant donné que vous n'améliorez pas la qualité de votre travail, et ce, malgré la formation supplémentaire que je vous ai donnée le 19 août 200X et l'allègement de votre tâche pendant trois jours (les 22, 23 et 24 septembre 200X), et considérant votre dossier antérieur, je vous suspends pour une journée, sans solde, le 1er octobre 200X.

Je vous enjoins d'améliorer votre rendement au travail, sinon des mesures plus sévères pouvant aller jusqu'au congédiement seront prises contre vous.

Veuillez agréer, Monsieur, l'expression de mes sentiments les meilleurs.

Le coordonnateur de bureau
Alain Champagne

Robert Bibeau ne conteste pas cette suspension. Il répond plutôt : « Ça tombe bien, j'avais besoin d'un long week-end. Ce travail me cause du mal au bras gauche. Je pense que je suis en train de développer une tendinite ! »

Enfin, le 4 décembre 200X, Robert Bibeau reçoit un avis de congédiement (voir la figure 9.9).

FIGURE 9.9
L'avis de congédiement envoyé à Robert Bibeau

Le 4 décembre 200X

Monsieur,

À la suite des vérifications qu'ils ont effectuées les 17, 18, 22, 23, 27, 28 et 29 octobre, M. Alain Champagne, coordonnateur de bureau, et Mme Yasmine Lévesque, directrice des soins infirmiers, ont constaté que plusieurs dossiers de patients (en moyenne une dizaine) n'étaient pas rangés et traînaient sur votre bureau.

Considérant votre dossier antérieur et votre incapacité d'améliorer la qualité de votre travail, nous vous congédions en date d'aujourd'hui, 16 h.

Veuillez agréer, Monsieur, l'expression de mes sentiments les meilleurs.

Amine El Asmar

EXERCICES D'ANALYSE ■■□□□

1. **Analysez les droits et les obligations des parties en cause dans les cas donnés.**

   a) Suzanne Labelle est préposée au service à la clientèle d'une entreprise de mode. Au huitième mois de sa grossesse, son employeur la déplace temporairement et l'affecte au service de la comptabilité, alléguant que ses conditions de travail (stress) comportent des risques pour la santé de l'enfant à naître.

   b) L'employeur d'Amédé Menier paie les heures supplémentaires effectuées par ses employés en temps compensatoire.

   c) Steve Bellehumeur est représentant depuis six ans pour l'entreprise Avax. Il revient d'un congé de maladie de cinq semaines consécutives. Considérant qu'il ne peut effectuer avec efficacité ses tâches, son employeur le réaffecte à un poste de bureau au service des ventes, sans modification à sa rémunération.

   d) Les caissières et les caissiers de la banque GPR désirent se syndiquer en vertu du *Code du travail* du Québec.

   e) Simon-Pierre donne à Alice de l'information personnelle concernant un collègue de travail.

   f) Patrick Sewny, directeur d'usine, avise par écrit ses employés que désormais, à partir de la semaine suivante, il appliquera le principe du *no work, no pay,* c'est-à-dire qu'il coupera le salaire de ceux qui arriveront en retard au travail. Le syndicat conteste cette décision, alléguant que l'employeur change les conditions de travail car, même si la convention collective ne prévoit pas le paiement des retardataires, l'employeur l'a toujours fait.

   g) Simone Taillon travaille tous les dimanches précédant les lundis de Pâques, de la fête de Dollard, de la fête du Travail et de l'Action de grâces, de 21 h à 3 h. Les lundis des fêtes en question, elle a congé.

   h) Jean-Louis parle tous les jours avec son amie de cœur, qui est en stage de trois mois en Australie, en utilisant le téléphone de l'entreprise.

   i) Marie Bolduc vient d'être engagée à un poste de commis à l'entrepôt. Son horaire de travail est de 14 h à 22 h. À sa première journée de travail, son superviseur lui demande de se présenter à l'entrepôt à 13 h afin de l'entraîner à l'utilisation du chariot élévateur.

   j) Ibrahim Latendresse est considéré comme un cadre par son employeur. Ce dernier lui demande souvent de travailler plus de 40 heures par semaine.

   k) Georgette Gégea travaille de 8 h à 16 h. Elle refuse d'effectuer des heures supplémentaires au-delà de 17 h, car elle doit aller chercher son fils de 9 ans au service de garde.

   l) Dominique Soussa vend à la commission une gamme de produits de sport dans la grande région de Montréal. Depuis un an, elle vend les vêtements de sport que Monique Duguay confectionne dans le sous-sol de sa maison. N'étant pas satisfaite de ses services, Monique Duguay met fin à cette entente. Par suite de ce congédiement, Dominique Soussa réclame une indemnité de fin d'emploi ainsi que des dommages et des intérêts, ce que conteste Monique Duguay : « Je n'ai pas à lui donner d'indemnité de départ puisqu'elle n'est pas mon employée », allègue-t-elle.

   m) Fady Corneau est à la recherche d'un emploi depuis six mois lorsqu'il accepte un contrat d'un entrepreneur en construction (voir la figure 9.10). Le mardi 26 mai 200X, Fady Corneau se coupe le pouce en taillant une planche de bois.

▼

FIGURE 9.10
Le contrat de Fady Corneau

Montréal, le 10 mai 200X

Ouvrage :	*Réparer les escaliers de la maison située au 5146, rue Fabre, à Montréal*
Date :	*Du lundi 25 mai 200X au 29 mai 200X*
Horaire de travail :	*De 8 h à 12 h et 13 h à 16 h*

Équipement et outils fournis par l'entrepreneur
Matériaux et matériel fournis par l'entrepreneur

Montant payé :	*10 $/heure travaillée*

<u>Louis Dristain</u>
Entrepreneur Général Dristain

n) Marie-Louise avoue aux clients insatisfaits qu'elle désapprouve la politique de retour de marchandise de son entreprise.

o) Un groupe de salariés d'une entreprise québécoise de transport de passagers désire déposer une plainte pour des heures supplémentaires impayées par l'employeur. L'entreprise effectue surtout le transport d'écoliers au Québec, mais aussi des voyages nolisés au Québec, en Ontario et aux États-Unis. Bien que les voyages en dehors du Québec représentent moins de 1 % de ses activités, l'entreprise détient un permis de transport extra-provincial, a acheté un autobus spécialement équipé pour les voyages de longue distance et fait de la publicité auprès des organismes sociaux pour des voyages de groupe.

p) Marcelle Blouin est technicienne de bureau depuis 15 ans pour une importante plomberie, dont 80 % de la clientèle sont des entreprises. La plomberie a un chiffre d'affaires annuel de 52 000 000 $ et emploie une centaine d'employés répartis dans trois succursales, situées à Montréal, à Laval et à Québec.

Liliane Admour, la gérante de la succursale de Laval, reçoit Marcelle Blouin à son bureau et lui dit : « Nous avons appris que votre fils venait d'ouvrir une plomberie à Sainte-Thérèse.

– Oui ! Lui, sa femme et un ami d'enfance vont tenter leur chance, répond Mme Blouin.

– Vous comprenez qu'il devient un concurrent pour nous, souligne la gérante.

– Pourtant, il est situé à quelque 15 km d'ici ! signale Mme Blouin.

– Peut-être. Mais comme vous avez accès à notre liste de clients et de fournisseurs, je suis dans l'obligation de vous affecter au poste de réceptionniste », lui répond la gérante.

Marcelle Blouin lève les bras au ciel et s'exclame : « Bon Dieu ! Que dites-vous là ? »

q) Jean-Guy Lebœuf travaille 60 heures par semaine depuis trois mois. Son salaire hebdomadaire est de 600 $.

r) La mesure disciplinaire imposée à Isabelle Fournier pour absences répétées non autorisées et non justifiées est de travailler trois heures non rémunérées le samedi 13 juillet 200X.

s) Jonathan Lassoie a 15 ans. Durant les vacances scolaires d'été, il travaille dans une boulangerie de 16 h à 24 h.

t) Olivier Dompierre se présente à son travail. Son employeur le renvoie chez lui à cause d'une panne d'électricité.

▼

2. La perte d'emploi d'André Lafleur

André Lafleur compte six ans de service continu au sein de l'entreprise Amex. Le 22 mai 200X, il est victime d'un accident de travail. La C.S.S.T. et son médecin traitant lui confirment qu'il est victime de limitations fonctionnelles le rendant inapte à occuper tout poste chez son employeur. Le 30 novembre de la même année, il reçoit une lettre de congédiement de son employeur (voir la figure 9.11).

FIGURE 9.11
La lettre de congédiement d'André Lafleur

Le 30 novembre 200X

Monsieur,

À la suite de l'évaluation en réadaptation effectuée avec la C.S.S.T., nous en sommes venus à la conclusion que vos limitations fonctionnelles ne vous permettent plus d'occuper aucun autre poste dans notre entreprise.

C'est donc avec regret que nous devons vous annoncer que vous perdez votre emploi dès aujourd'hui, 16 h.

Nous vous souhaitons la meilleure des chances pour le futur. Veuillez recevoir, Monsieur, l'expression de nos sentiments les plus sincères.

Yolande Victor

Le lendemain de sa cessation d'emploi, André Lafleur bénéficiait de prestations de la C.S.S.T. Le 5 décembre 200X, il dépose un grief par lequel il réclame le préavis auquel il a droit en vertu de sa convention collective.

Dans sa décision rendue le 12 juin de l'année suivante, l'arbitre fait droit au grief et ordonne à l'employeur de verser à André Lafleur l'indemnité équivalente à quatre semaines de son salaire habituel prévue par la *Loi sur les normes du travail* car, selon lui, l'article 12.04 de la convention collective est moins avantageux pour le salarié qu'une loi d'ordre public.

Article 12.04 – Les mises à pied

Tout salarié mis à pied pour une période de plus de cinq jours a droit à un préavis de 15 jours ouvrables l'informant de sa mise à pied. L'employeur qui omet de fournir cet avis doit verser au salarié, au moment de sa mise à pied, une indemnité compensatrice égale au salaire de ce dernier pour une période égale à l'avis. Cette obligation ne s'applique pas lors d'un cas fortuit ou de faute grave du salarié.

Analysez la sentence arbitrale. Quelle recommandation pouvez-vous faire à l'employeur ?

3. *Nortel Networks* c. *Monette*

Analysez le jugement rendu par l'honorable juge Nicole Morneau dans l'affaire *Nortel Networks* c. *Monette et autres* (Cour supérieure 500-05-067436-012, 29 novembre 2001) à la lumière de la matière étudiée dans ce chapitre. Vous pouvez obtenir ce jugement à l'adresse suivante : <www.jugements.qc.ca>.

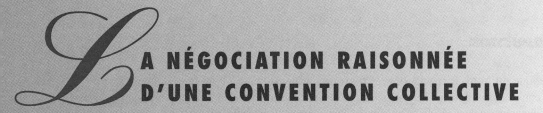

LA NÉGOCIATION RAISONNÉE D'UNE CONVENTION COLLECTIVE

chapitre 10

INTRODUCTION

En Amérique du Nord, le régime des relations de travail est constitué de façon telle qu'il suscite entre les employeurs et les salariés des rapports de rivalité. Cette opposition se reflète évidemment lors de la négociation d'une convention collective : d'une part, le syndicat revendique des droits et, d'autre part, l'employeur concède des droits. Les deux parties sont donc placées dans une situation de conflit qu'elles doivent gérer.

Cette approche de la négociation, qui est basée sur une relation conflictuelle patron-syndicat, amène d'ordinaire les parties à s'affronter et à tenter d'amener l'autre le plus près de sa propre position.

Mais ce régime d'opposition ne donne pas toujours des résultats satisfaisants et conduit souvent les parties à se déchirer, à se méfier l'une de l'autre et à se craindre.

C'est pourquoi beaucoup d'entreprises adoptent de plus en plus une nouvelle approche des relations de travail fondée sur le concept du gagnant-gagnant, où syndicats et entreprises ont tout intérêt à négocier de façon raisonnée leurs conditions de travail.

Dans ce chapitre, nous allons traiter des principes de la négociation raisonnée. Mais avant, nous présentons les principales clauses d'une convention collective et les étapes de la négociation. Enfin, nous terminons le chapitre et ce manuel avec une simulation d'une négociation raisonnée d'une première convention collective.

10.1   LES PRINCIPALES CLAUSES D'UNE CONVENTION COLLECTIVE

Nous avons vu au chapitre 9 qu'une convention collective pouvait contenir toutes sortes de clauses pour autant qu'elles soient conformes à la loi et à l'ordre public. Nous allons maintenant examiner quelques-unes des principales clauses contenues dans une convention collective. Mais auparavant, souvenons-nous que :

- le spécifique l'emporte sur le général ;
- l'explicite l'emporte sur l'implicite ;
- l'énumération limite la portée d'une clause ;
- la définition normale des mots est celle qui est généralement acceptée ;
- l'interprétation des termes se fait dans leur contexte ;
- l'interprétation de termes ambigus se fait généralement en faveur de l'employé ;
- la clarté des termes prévaut, même si les résultats sont inéquitables pour l'une des deux parties ;
- l'interprétation des mots se fait dans le respect des lois (voir le chapitre 9, section 9.5.1).

10.1.1   LA SÉCURITÉ SYNDICALE

Au Québec, le financement du syndicat est assuré par la cotisation obligatoire des salariés (*Code du travail* du Québec, art. 47). L'association accréditée doit aussi s'assurer que la majorité absolue des salariés qui font partie de l'unité de négociation sont membres du syndicat. Sinon, il y a possibilité de révocation de l'accréditation (*Code du travail* du Québec, art. 41).

Le syndicat peut prévoir, dans la convention collective, une clause stipulant :

■ que tous les salariés faisant partie de l'unité de négociation doivent être membres du syndicat ;

EXEMPLE

« Tout salarié faisant partie de l'unité de négociation doit devenir membre du syndicat pour s'assurer du maintien de son emploi. »

■ ou que les nouveaux salariés, engagés après l'obtention de l'accréditation et faisant partie de l'unité de négociation, doivent être membres du syndicat ;

EXEMPLE

« Tout nouveau salarié doit devenir membre du syndicat pour s'assurer du maintien de son emploi. »

■ ou que tous les salariés faisant partie de l'unité de négociation pourront décider de devenir membres du syndicat ou non.

EXEMPLE

« Tout salarié membre de l'unité de négociation a le droit de décider de devenir membre du syndicat ou non. »

10.1.2 LES DROITS DE LA DIRECTION (DROITS DE GÉRANCE)

Les droits de la direction sont les droits qu'a l'employeur de gérer les activités de son entreprise et de diriger son personnel. Dans les faits, on reconnaît que les sujets qui ne sont pas traités dans la convention collective relèvent des droits de la direction.

EXEMPLE

« Le syndicat reconnaît tous les droits et privilèges, sauf ceux qui sont restreints par la présente convention, permettant à l'employeur de diriger et de gérer efficacement ses activités, le tout devant être conforme aux dispositions de la présente convention collective. »

10.1.3 LE RÈGLEMENT DES GRIEFS

Dans la convention collective, il est nécessaire de prévoir des clauses qui régissent la procédure à suivre pour résoudre un grief.

Les divers types de griefs

S'agit-il d'un grief individuel ou collectif (déposé par un employé ou par un groupe d'employés qui se considèrent lésés de la même manière par une décision ou par l'action de l'employeur), ou bien d'un grief syndical (déposé par l'association accréditée qui veut soulever une question de principe général ou d'application générale de la convention collective) ?

EXEMPLES

Grief individuel ou collectif

« Un(e) employé(e) ou un groupe d'employé(e)s qui se considère lésé par une décision ou une action de l'employeur a le droit de présenter un grief selon la procédure prescrite à l'article 5.05. »

Grief syndical

« Le syndicat formule et soumet le grief portant sur l'interprétation et sur l'application de la présente convention collective selon la procédure prescrite à l'article 8.06. »

Les délais de prescription pour déposer un grief

Le salarié qui se croit lésé par une décision patronale dispose d'un certain nombre de jours pour déposer son grief. Selon l'article 100.0.1 du *Code du travail* du Québec, le salarié a jusqu'à 15 jours pour soumettre son grief à l'employeur. Si aucun délai n'est prévu dans la convention collective, les parties ont jusqu'à six mois pour déposer un grief (art. 71).

EXEMPLE

« Tout grief doit être soumis à l'employeur dans les 15 jours ouvrables suivant la connaissance du fait qui donne lieu au grief. »

Les étapes à suivre pour résoudre le grief

L'employé et le représentant de l'employeur peuvent être tenus de suivre certaines étapes pour résoudre un grief.

EXEMPLE

Première étape :

« Tout salarié doit soumettre son grief à son superviseur dans les 15 jours ouvrables de l'incident qui a donné naissance à la plainte. Le superviseur doit répondre par écrit à l'employé concerné dans les cinq jours ouvrables suivant le dépôt du grief. »

Deuxième étape :

« Le salarié concerné par le grief peut contester la décision du superviseur dans les cinq jours ouvrables suivant la réception de cette décision auprès du directeur du personnel. Ce dernier doit donner sa réponse dans les trois jours ouvrables suivant la réception du grief. »

Troisième étape :

« Le salarié concerné par le grief qui n'est pas satisfait de la décision du directeur du personnel peut demander par écrit, dans les cinq jours ouvrables suivant cette décision, de soumettre le litige à l'arbitrage. »

Le choix de l'arbitre

Les deux parties peuvent dresser une liste des arbitres qui seront appelés à entendre les griefs. Si une telle liste n'est pas négociée, un arbitre sera choisi par les deux parties chaque fois qu'un grief sera présenté. S'il n'y a pas d'entente sur le choix de l'arbitre, celui-ci sera alors désigné par le ministre du Travail.

EXEMPLE

« Dès qu'un grief est soumis à l'arbitrage, l'arbitre est choisi à tour de rôle, selon sa disponibilité, d'après la liste suivante :

- Denis Larrivée ;
- Armande Saint-Louis ;
- Louise Sabine ;
- Armand Julien. »

Le paiement des frais d'arbitrage

Il faut déterminer qui paiera les frais de représentation et les frais d'arbitrage. Généralement, chaque partie règle ses frais de représentation et les frais d'arbitrage sont partagés entre les deux.

EXEMPLE

« Les frais et les dépenses de l'arbitre sont payés à parts égales par les parties. »

10.1.4   L'ANCIENNETÉ

L'ancienneté correspond à la « durée du service, généralement continu, d'un travailleur dans son emploi ou pour une entreprise » (Dion, 1986). Dans la convention collective, on définit d'abord la zone dans laquelle l'ancienneté peut être acquise : usine, service, entreprise, employeur, unité de négociation, profession, catégorie d'emploi, etc. Puis, on précise les effets de l'ancienneté. Ceux-ci peuvent différer selon qu'il s'agit d'une mise à pied, d'un rappel par suite d'une mise à pied, d'une promotion, de vacances, etc. On peut tenir compte de l'ancienneté de quatre façons différentes :

1. L'ancienneté est le seul critère à prendre en considération ;

EXEMPLE

« Dans les cas d'une mise à pied et d'un rappel, l'ancienneté d'usine prévaudra. »

2. À compétence égale, l'ancienneté est prise en considération ;

EXEMPLE

« Dans le cas d'une promotion, le poste sera accordé au salarié qui possède le plus de compétence selon le jugement de l'employeur. À compétence jugée égale par l'employeur, l'ancienneté de service prévaudra. »

3. À compétence suffisante, l'ancienneté est prise en considération ;

EXEMPLE

« Dans le cas d'une promotion, le poste sera accordé au salarié ayant le plus d'ancienneté dans sa catégorie d'emploi, pour autant qu'il possède, selon le jugement de l'employeur, la compétence nécessaire pour remplir les exigences normales du poste. »

4. L'ancienneté est un critère parmi d'autres.

EXEMPLE

« Dans le cas d'une promotion, l'employeur tiendra compte de la compétence, de l'ancienneté d'entreprise et des capacités physiques du salarié. »

10.1.5 LA SUPPLANTATION (BUMPING)

La convention collective accorde au salarié mis à pied ou lui-même supplanté la possibilité d'exercer son droit d'ancienneté en vue d'être replacé dans un autre poste aux dépens d'un salarié ayant moins d'ancienneté que lui.

« Le salarié mis à pied au sein d'une catégorie d'emploi pourra exercer son droit de déplacer un employé dans une autre catégorie d'emploi, pour autant que son ancienneté le lui permette et qu'il ait la compétence suffisante pour remplir les exigences normales du poste. »

10.1.6 LA SOUS-TRAITANCE

L'employeur peut utiliser son droit de faire appel à des sous-traitants.

« L'employeur a le droit de faire appel à des sous-traitants, pour autant que cela n'entraîne pas de mises à pied parmi les salariés protégés par la présente convention collective. »

10.1.7 LA REPRÉSENTATION SYNDICALE

L'employeur alloue aux salariés du temps pour administrer et faire appliquer la convention collective durant les heures normales de travail.

« Les représentants syndicaux (trois au maximum), dûment mandatés par le syndicat, pourront s'absenter de leur travail, sans perte de salaire, de droits ou de privilèges, trois heures par semaine, pour l'ensemble des représentants syndicaux, afin de s'occuper des activités syndicales et de veiller à l'application de la présente convention collective. »

10.1.8 LES MESURES DISCIPLINAIRES

Cette clause détermine les modalités d'application des mesures disciplinaires (avis, suspension ou congédiement). Il est important qu'elle spécifie les étapes à suivre dans l'imposition d'une mesure disciplinaire, c'est-à-dire le système de discipline progressive utilisé (voir le chapitre 6), ainsi que la durée de l'inscription de la mesure au dossier du salarié.

« L'employeur peut imposer une mesure disciplinaire telle que la réprimande inscrite au dossier, la suspension, la rétrogradation ou le congédiement à tout salarié pour une cause juste et suffisante dont il a le fardeau de la preuve, selon la gravité et la fréquence de l'infraction reprochée. »

▼

« Toute mesure disciplinaire est inscrite au dossier du salarié concerné et une copie de cette mesure est envoyée au syndicat dans les cinq jours ouvrables suivant cette inscription au dossier. »

« Les sanctions disciplinaires de même nature qui ne se répètent pas au cours de 12 mois consécutifs sont effacées du dossier du salarié concerné. »

« L'employeur ne peut imposer une sanction disciplinaire à un salarié avant de lui avoir donné trois avis écrits consécutifs lui décrivant les faits reprochés et d'avoir entendu, chaque fois, la version de l'employé concernant cet incident. »

« Dans le cas d'une faute sérieuse, commise par le salarié, qui cause un préjudice grave à l'employeur, celui-ci n'est pas tenu de fournir ces trois avis écrits au salarié fautif avant d'imposer la sanction disciplinaire. »

10.1.9 LES MISES À PIED ET LES RAPPELS AU TRAVAIL

Il faut prévoir les modalités de mises à pied et de rappels au travail.

EXEMPLES

« La mise à pied et le rappel au travail des salariés mis à pied se font suivant la règle de l'ancienneté. »

« Tout salarié mis à pied a droit à un avis de 10 jours ouvrables l'informant de sa mise à pied. L'employeur qui omet de fournir cet avis ou qui ne le donne pas dans ce délai doit verser au salarié, au moment de sa mise à pied, une indemnité compensatrice égale au salaire de ce dernier pour une période égale à l'avis ou au nombre de jours non respectés par l'avis. Cette obligation ne s'applique pas lors d'un cas fortuit. »

10.1.10 LES CONGÉS SPÉCIAUX

La convention accorde des congés aux salariés pour des raisons particulières et personnelles : naissance, mariage ou décès d'un parent.

EXEMPLES

« Tout salarié a droit à trois jours payés et à cinq jours non payés lors de la naissance ou de l'adoption de son enfant. »

« Tout salarié a droit à deux jours payés pour célébrer son mariage. »

« Tout salarié a droit à cinq jours payés et à cinq autres jours non payés lors du décès de son conjoint ou de l'un de ses enfants. »

10.1.11   LES JOURS FÉRIÉS

Une clause de la convention fixe les jours fériés, chômés et payés.

EXEMPLE

« Tout salarié a droit aux congés payés suivants :

- les 1er et 2 janvier ;
- le Vendredi saint ;
- la fête de la Reine ;
- le 24 juin ;
- la fête du Canada ;
- la fête du Travail ;
- l'Action de grâces ;
- les 24, 25, 26 et 31 décembre.

10.1.12   LES CONGÉS ANNUELS (LES VACANCES ANNUELLES)

Les congés annuels sont habituellement fixés selon le nombre d'années de service des salariés.

EXEMPLE

« Tout salarié a droit à des vacances annuelles selon le nombre d'années de service. »

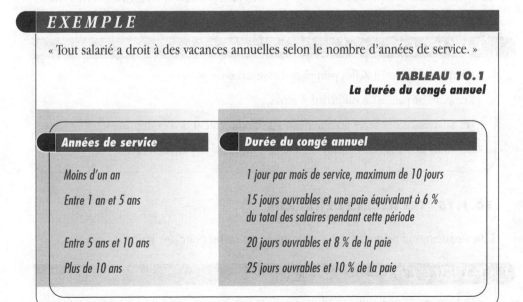

TABLEAU 10.1
La durée du congé annuel

Années de service	Durée du congé annuel
Moins d'un an	1 jour par mois de service, maximum de 10 jours
Entre 1 an et 5 ans	15 jours ouvrables et une paie équivalant à 6 % du total des salaires pendant cette période
Entre 5 ans et 10 ans	20 jours ouvrables et 8 % de la paie
Plus de 10 ans	25 jours ouvrables et 10 % de la paie

10.1.13   LES SALAIRES

La négociation des clauses salariales porte sur les classes et les échelons salariaux, l'indexation et l'augmentation salariale.

EXEMPLES

TABLEAU 10.2
Le salaire horaire selon la classe et l'échelon

Classe 3	Échelon	Salaire horaire		
		Année de la convention collective		
		1re année	*2e année*	*3e année*
	1	*15,00 $*	*15,25 $*	*15,50 $*
	2	*15,75 $*	*16,00 $*	*16,25 $*
	3	*16,00 $*	*16,25 $*	*16,50 $*

« Les salaires seront indexés au 1er juillet de chaque année de la présente convention collective. »

« L'employeur verse à tout salarié une somme forfaitaire couvrant l'excédent de l'indice des prix à la consommation (Montréal), tel qu'établi au 30 juin de chaque année de la présente convention collective, plus 2,5 %. »

10.1.14 LES AVANTAGES SOCIAUX

Ce type de clause détermine les avantages sociaux et la protection du salarié contre certains risques.

EXEMPLES

« L'employeur paie 75 % des primes de l'assurance-vie. »

« L'employeur paie 50 % du prix des repas. »

« Les salariés auront accès gratuitement au stationnement de l'entreprise. »

« Les coûts de l'assurance-salaire sont entièrement payés par l'employeur. »

10.1.15 LES HEURES DE TRAVAIL

L'horaire de travail peut être établi pour une semaine ou pour une journée.

EXEMPLES

« La semaine normale de travail est de 40 heures étalées sur cinq jours, du lundi au vendredi inclusivement. »

« L'horaire normal de travail commence à 8 h pour se terminer à 16 h 30, et comporte une interruption de 30 minutes, non payées, pour le repas du midi et deux interruptions de 15 minutes, sans perte de salaire, à 10 h 30 et à 14 h 30. »

10.1.16 *LES HEURES SUPPLÉMENTAIRES*

Il faut spécifier à quel taux seront payées les heures supplémentaires et déterminer à partir de quand un travail est effectué en heures supplémentaires.

EXEMPLES

« Tout travail effectué en sus de la journée normale de travail sera rémunéré au taux horaire majoré de 50 % pour les trois premières heures supplémentaires et au taux horaire majoré de 100 % pour tout travail qui excède trois heures supplémentaires. »

« Le travail effectué le samedi, le dimanche et les jours fériés et chômés sera payé au taux horaire majoré de 100 %. »

10.1.17 *LA DURÉE DE LA CONVENTION COLLECTIVE*

Il importe d'indiquer la durée de la convention collective et la date de son entrée en vigueur, et de noter si elle demeure en vigueur ou non jusqu'à la date du renouvellement.

EXEMPLE

« La présente convention collective est conclue pour une période de trois ans. Elle entre en vigueur le 5 mai 200X et se terminera à la signature d'une nouvelle convention collective. »

10.2 *LES ÉTAPES DE LA NÉGOCIATION D'UNE CONVENTION COLLECTIVE*

La négociation d'une convention collective comporte cinq étapes.

1. **La préparation à la négociation**. Avant d'aborder la négociation de la convention collective, la partie syndicale et la partie patronale définissent chacune leurs stratégies de négociation. Elles décident des objectifs et des buts à atteindre et déterminent ce qu'elles souhaitent obtenir et ce qu'elles sont prêtes à donner par la négociation. Elles fixent ainsi, selon le cas, leurs limites supérieures ou inférieures pour chacun des points à négocier.

   Cette première étape est importante et doit être l'occasion d'amasser le plus de renseignements possible sur les points qui seront l'objet de la négociation. À cette fin, on demandera aux employés d'exprimer leurs intérêts, leur crainte et leur opinion concernant leurs conditions de travail, on cherchera les causes possibles de leur mécontentement, on étudiera l'origine de leurs griefs, on examinera les conflits de travail qui ont déjà été signalés et on analysera les études salariales ou toute autre étude qui permettra de mieux étayer les offres patronales ou les demandes syndicales.

Le superviseur peut jouer un rôle important à cette étape de préparation en acceptant de divulguer des renseignements sur le degré de satisfaction des employés, leurs revendications réelles ou leurs demandes normatives et salariales.

Si la méthode de négociation raisonnée est utilisée, le superviseur peut être appelé à animer ou à participer à un remue-méninges (*brainstorming*) où employeur et employés signifient leurs demandes et recherchent des solutions aux divergences.

2. **L'ouverture des négociations**. La partie syndicale présente généralement ses demandes en premier. Elle le fait d'un bloc, puis exprime ses intentions sur les points à négocier. Il est stratégiquement important d'afficher, dès le début des négociations, une attitude positive envers l'autre partie.

EXEMPLE

> Voici un exemple d'entrée en matière d'un représentant syndical : « Nous savons que l'entreprise connaît actuellement des difficultés financières et nous en tenons compte dans nos demandes. Celles-ci portent essentiellement sur nos horaires de travail, nos primes de nuit, nos avantages sociaux et nos salaires. Nous espérons arriver à une entente satisfaisante pour tous. »

Par la suite, l'employeur analysera l'ensemble des demandes reçues, puis élaborera une contre-proposition qu'il offrira à la partie syndicale.

3. **La négociation**. Les deux parties ayant présenté leur projet de convention collective, le processus de négociation s'enclenche et chaque point est alors discuté, analysé et évalué. Il est normal que, dans un tel processus, les parties s'affrontent. Il n'y a donc pas lieu d'essayer d'éviter les conflits ; cela ne donne aucun résultat. Cependant, il faut apprendre à les gérer. De plus, on doit s'assurer que l'autre partie a reçu toute l'information pertinente pour apprécier, selon le cas, les demandes ou les offres qui lui sont présentées. De là l'importance d'appuyer ses dires par des arguments objectifs et vérifiables.

4. **L'entente**. Une fois qu'elles sont d'accord sur les clauses de la nouvelle convention collective, les parties doivent se présenter devant leurs commettants, c'est-à-dire devant les dirigeants de l'entreprise ou les membres de son conseil d'administration dans le cas des représentants patronaux, et devant l'assemblée syndicale dans le cas des représentants syndicaux, et ce, pour faire approuver l'entente de principe conclue avec l'autre partie.

5. **La signature de la convention collective**. Lorsque l'assemblée syndicale et la direction de l'entreprise ont ratifié l'entente, on procède à sa signature. À partir de ce moment, une nouvelle convention collective régit les relations de travail de l'entreprise.

10.3 LES PRINCIPES DE LA NÉGOCIATION RAISONNÉE D'UNE CONVENTION COLLECTIVE

Depuis quelques années, plusieurs entreprises au Québec ont eu recours à la négociation raisonnée pour conclure leur convention collective. Cette méthode de négociation, qui est basée sur une relation de coopération entre les parties, découle d'une nouvelle approche des relations de travail et des rapports entre employeurs et employés. Elle consiste essentiellement à :

- aborder d'une façon positive et, surtout, constructive la négociation d'une convention collective ;
- considérer les parties comme des partenaires qui vivent ensemble avant, pendant et après la négociation de la convention collective ;
- amener les parties (les partenaires) à comprendre leurs intérêts mutuels ;
- remplacer le rapport de force et de rivalité entre les parties (les partenaires) par un rapport de coopération dans la recherche de solutions aux divergences ;
- remplacer le climat de méfiance et d'affrontement par un climat de confiance, d'ouverture d'esprit et de transparence.

Pour y arriver, les parties adopteront alors les trois attitudes suivantes lors de la négociation :

1. **La coopération**. Négocier signifie coopérer. Comme la négociation d'une convention collective conduit inévitablement à des conflits, la façon la plus productive pour les parties de gérer ces conflits est de s'associer pour en chercher les causes et pour trouver des éléments de solution acceptables pour tous ;

2. **Le donnant-donnant**. Négocier signifie donner. On ne se présente pas à une table de négociation uniquement pour défendre ses propres intérêts et pour soutirer des concessions à l'autre partie. Il faut savoir donner pour espérer recevoir ;

3. **Le gagnant-gagnant**. Négocier signifie être gagnant. Le but ultime de la négociation est d'arriver à une entente satisfaisante pour les deux parties. Il ne s'agit pas de gagner ou de perdre une négociation, mais de chercher des solutions acceptables et raisonnables pour les deux parties. Lorsque les deux parties trouvent leur compte dans la convention signée, elles sont toutes les deux gagnantes.

Quatre grands principes caractérisent la négociation raisonnée :

1. Elle porte sur les différends et non sur les personnes : les négociateurs se respectent et coopèrent pour régler les différends ;

2. Elle traite des intérêts communs aux deux parties dans un esprit de donnant-donnant. Les négociateurs ne tentent pas d'amener l'autre partie à changer sa position. La négociation ne porte donc pas sur les positions de chacun, mais sur les intérêts en jeu, par exemple, concilier la survie de l'entreprise avec la sécurité d'emploi des travailleurs ;

3. Elle recherche un éventail de solutions acceptables et bénéfiques pour les deux parties. Les négociateurs abordent la situation selon une approche de résolution de problèmes et dans un esprit de gagnant-gagnant ;

4. Elle a recours à des critères objectifs pour justifier les propositions et pour évaluer les solutions envisagées. Les négociateurs évaluent et analysent les options de résolution du problème sur des bases objectives, par exemple, l'évolution de la concurrence nationale et internationale, de l'indice des prix à la consommation, du marché ou de la structure des coûts. Ce dernier point implique que les négociateurs divulguent des renseignements afin de permettre à l'autre partie d'apprécier les propositions et de prendre des décisions éclairées.

RÉSUMÉ

La négociation raisonnée est une nouvelle méthode de négociation qui permet d'établir une relation de coopération entre l'employeur et ses employés. Les parties abordent alors la négociation de la convention collective en tant que partenaires et non en tant qu'adversaires.

Ce concept de partenariat est désormais une réalité politique, économique et, surtout, sociale que nul employeur ne peut contourner.

RÉSUMÉ GRAPHIQUE
La négociation raisonnée d'une convention collective

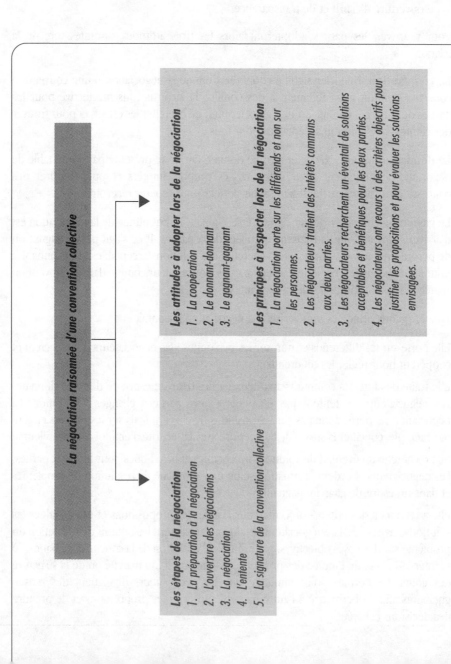

La négociation raisonnée d'une convention collective

Les étapes de la négociation
1. La préparation à la négociation
2. L'ouverture des négociations
3. La négociation
4. L'entente
5. La signature de la convention collective

Les attitudes à adopter lors de la négociation
1. La coopération
2. Le donnant-donnant
3. Le gagnant-gagnant

Les principes à respecter lors de la négociation
1. La négociation porte sur les différends et non sur les personnes.
2. Les négociateurs traitent des intérêts communs aux deux parties.
3. Les négociateurs recherchent un éventail de solutions acceptables et bénéfiques pour les deux parties.
4. Les négociateurs ont recours à des critères objectifs pour justifier les propositions et pour évaluer les solutions envisagées.

SIMULATION

Le directeur de l'exploitation de la compagnie Tripalium, François Gagnon, entre en trombe dans le bureau de son frère, Gérald Gagnon fils, le directeur général de l'entreprise. Il lui dit, tout désemparé :

« Tu ne sais pas ce qu'ils ont fait ? Tu ne sais pas ce qu'ils nous ont fait ? Les gars de l'usine se sont syndiqués. Ils l'ont fait, les ingrats ! »

Et en lançant sur le bureau de son frère l'avis de négociation syndicale, il ajoute :

« Qu'est-ce que tu veux que je fasse avec ça ? Chose certaine, je ne négocie rien ! »

Gérald Gagnon fils lui dit alors calmement :

« O.K. mon grand ! Il fallait s'y attendre. Depuis le temps que circulent les rumeurs… Enfin ! Et qu'est-ce qu'ils demandent ?

— Ce qu'ils demandent, c'est ça ! répond son frère en lui remettant les demandes syndicales [voir le tableau 10.9].

— Ouais ! soupire le directeur général à la lecture des demandes syndicales. Et qu'est-ce que tu as l'intention de faire ? demande-t-il enfin à son frère.

— Rien ! Le statu quo ! Rien de plus ! Peut-être même moins ! lui lance le directeur de l'exploitation.

— Ouais ! Ouais ! Ouais ! » se contente de dire le directeur général.

À sa sortie du bureau de son frère, le directeur de l'exploitation rencontre les représentants syndicaux, qui lui disent :

« Alors, patron, on signe ?

— On ne signe rien ! Et si vous n'êtes pas contents, vous pouvez démissionner ! Vous êtes facilement remplaçables ! » leur crie le directeur de l'exploitation.

Le lendemain matin, les employés de l'usine ne sont pas à leur poste de travail. Ils font du piquetage à l'entrée de l'usine, pancartes à la main.

Voici les faits :

Le commis à l'entrepôt, le commis aux achats, les cinq emballeurs, les cinq préposés à l'expédition, les deux caristes et les 25 opérateurs de presse ont décidé de former un syndicat. Ils ont obtenu leur accréditation depuis un mois et ils se sont affiliés à une importante centrale syndicale. Ils sont décidés à négocier ferme et à utiliser les moyens de pression nécessaires pour obtenir ce qu'ils demandent.

Travail à faire

La classe est divisée en nombres égaux de représentants des parties syndicale et patronale. Chacune des parties a le mandat de négocier la première convention collective de la compagnie Tripalium.

Mais, auparavant :

- analysez le comportement des parties patronale et syndicale de l'entreprise Tripalium ;
- préparez votre stratégie de négociation ;
- obtenez le mandat de négociation, selon le cas, de la direction de l'entreprise ou de l'assemblée syndicale.

Les tableaux qui suivent donnent :

- certaines données démographiques concernant les employés visés par l'accréditation ;
- les conditions actuelles de travail de ces employés ;
- la liste d'ancienneté et des salaires de ces employés ;
- une définition sommaire des postes touchés par l'accréditation ;
- les résultats d'une étude salariale portant sur le poste d'opérateur de presse ;
- l'état des résultats et le bilan de l'entreprise.

BONNES NÉGOCIATIONS !

TABLEAU 10.3
Quelques données démographiques concernant les employés

Pourcentage des employés mariés	54 %
Pourcentage des employés ayant des enfants	40 %
Pourcentage des employés ayant des enfants âgés de :	
– 0 - 5 ans	60 %
– 5 - 10 ans	25 %
– 10 -15 ans	10 %
– 15 ans et plus	5 %
Pourcentage d'employés féminins	15 %
Pourcentage des employés ayant un diplôme d'études collégiales	5 %
Pourcentage des employés ayant un diplôme d'études secondaires	44 %
Pourcentage des employés n'ayant pas de diplômes	51 %

TABLEAU 10.4
L'âge des employés

Âge (âge moyen : 26 ans)	18 - 20	20 - 30	30 - 40	40 - 50	50 et plus
Nombre	10	16	9	2	2

TABLEAU 10.5
Le salaire des employés

- À chaque année d'ancienneté, le salaire est révisé selon les recommandations du directeur de l'exploitation.
- Il n'y a pas de véritable évaluation du rendement.
- L'augmentation salariale peut varier entre zéro et l'excédent de l'IPC de l'année en cours.

TABLEAU 10.6
Les conditions actuelles de travail

- Les salariés ont droit à deux pauses-café payées de 10 minutes chacune, à 10 h et à 15 h 15.
- La semaine normale de travail est de 40 heures, du lundi au vendredi inclusivement, et comporte une interruption de 30 minutes par jour, non payées, pour le repas du midi.
- Comme il n'y a pas de cafétéria, les salariés prennent leur repas sur les lieux de travail.
- Le salaire de l'employé est majoré de 50 % pour chaque heure travaillée en sus de la journée normale de travail. Le salarié est obligé de faire des heures supplémentaires à la demande de l'employeur.
- À Noël, chaque salarié reçoit une dinde de 5 kg.
- Les autres conditions de travail sont conformes aux dispositions de la Loi sur les normes du travail.

TABLEAU 10.7
La liste d'ancienneté et des salaires

Poste	Ancienneté	Salaire annuel
1 commis à l'entrepôt	14 ans	29 250 $
1 commis aux achats	3 mois	19 250 $
2 préposés à l'emballage	3 ans	16 150 $
2 préposés à l'emballage	2 ans	15 600 $
1 préposé à l'emballage	8 ans	18 750 $
1 cariste	6 mois	15 300 $
1 cariste	1 an	15 850 $
3 préposés à l'expédition	3 ans	16 250 $
2 préposés à l'expédition	7 ans	18 250 $
5 opérateurs de presse	4 ans	18 350 $
5 opérateurs de presse	3 ans	17 750 $
5 opérateurs de presse	2 ans	17 150 $
8 opérateurs de presse	moins d'un an	16 550 $
2 opérateurs de presse	10 ans	21 750 $

TABLEAU 10.8
La définition sommaire des postes

Poste	Définition sommaire
Opérateur	À l'aide d'une presse mécanique, forme le produit, le dépose sur un convoyeur à rouleaux afin de l'acheminer vers le préposé à l'emballage de sa section.
Préposé à l'emballage	Place les produits dans des caisses de carton, scelle les caisses et les achemine vers l'entrepôt sur un convoyeur à rouleaux.
Préposé à l'expédition	■ Reçoit les caisses de produits de la ligne de production et les place sur des palettes sur le plancher. ■ Prépare les commandes pour la livraison selon les instructions du commis à l'entrepôt.
Cariste	■ Range les palettes de caisses dans l'entrepôt. ■ Range les commandes dans les camions de livraison.
Commis à l'entrepôt	Gère : ■ les entrées et les sorties de marchandises de l'entrepôt ; ■ les stocks de matières premières et de produits finis ; ■ le rangement des produits dans l'entrepôt.
Commis aux achats	■ Prépare et expédie les bons de commande au moyen d'un logiciel EDI (échange de documents informatisés). ■ Assure le suivi et la relance des commandes. ■ Règle les problèmes d'articles manquants et de non-conformité de la qualité, et les autres problèmes de livraison. ■ Communique avec les fournisseurs pour régler les erreurs de livraison. ■ Prépare les notes de crédit pour les retours de marchandise. ■ S'occupe de l'archivage des documents.

TABLEAU 10.9
Les demandes syndicales

Clause	Demande syndicale
1. Augmentation salariale	10 %
2. Heures de travail	35 heures par semaine
3. Jours fériés	15 jours par année [La partie syndicale énumère ces jours fériés.]
4. Vacances annuelles	Trois semaines par année pour tous les salariés
5. Assurances collectives	Assurance-vie et médicament (coût de la prime : 1 % du salaire), fonds de pension (coût de la prime : 4 % du salaire) payés à 100 % par l'employeur

▼

▼

Clause	Demande syndicale
6. Sécurité d'emploi	Sécurité d'emploi garantie après 35 heures de travail
7. Mises à pied et rappel au travail	■ La mise à pied se fait selon la règle de l'ancienneté. ■ Un salarié mis à pied a droit à un avis de 30 jours ouvrables l'informant de sa mise à pied. ■ Le rappel se fait selon la règle de l'ancienneté inverse. ■ Le salarié peut se prévaloir du droit de rappel dans les cinq ans suivant sa mise à pied. ■ Un salarié ayant plus de cinq ans d'ancienneté ne peut être mis à pied.
8. Sous-traitance	L'employeur n'a pas le droit de faire appel à la sous-traitance.
9. Griefs	■ Le syndicat a le droit de grief sur toute décision prise par l'employeur. ■ Les frais de grief sont assumés par l'employeur.
10. Mesures disciplinaires	■ L'employeur doit donner cinq avis à un salarié avant de lui imposer une mesure disciplinaire. ■ Chaque avis n'est inscrit au dossier du salarié que pour une période de 15 jours.
11. Congés de maladie	Une journée par mois, monnayable à la fin de l'année si non utilisée.
12. Heures supplémentaires	■ Le salarié a le droit de refuser de faire des heures supplémentaires. ■ Les heures supplémentaires sont allouées selon la règle de l'ancienneté. ■ Les cinq premières heures supplémentaires en surplus de la semaine normale de travail sont payées à temps double. ■ Toute heure qui dépasse les cinq premières heures supplémentaires de travail est payée à temps triple.
13. Représentation syndicale	Le syndicat a droit à une journée payée par semaine pour s'occuper des activités syndicales.
14. Durée de la convention	1 an
15. Autres clauses syndicales	L'équipe syndicale propose deux autres clauses qu'elle juge nécessaire de négocier.
	Offres patronales
	L'équipe patronale propose deux clauses qu'elle juge nécessaire de négocier.

TABLEAU 10.10
L'étude salariale portant sur le poste d'opérateur de presse

Entreprise	1	2	3	4	5	6	7
Coût d'un régime d'assurance collective en % du salaire	8,00 %	8,25 %	8,60 %	8,90 %	8,90 %	9,10 %	9,45 %
Salaire horaire	8,15 $	8,80 $	9,85 $	10,15 $	10,90 $	11,70 $	13,00 $

TABLEAU 10.11
L'état des résultats de l'année précédente

Ventes nettes	55 000 000 $
Coût de la marchandise vendue	45 800 000 $
Bénéfice brut	9 200 000 $
Frais d'administration	4 500 000 $
Frais de vente	3 895 000 $
Bénéfice avant impôt	805 000 $
Impôt	200 500 $
Bénéfice net	604 500 $

TABLEAU 10.12
Le bilan de l'année précédente

Actif à court terme	4 250 000 $
Immobilisations nettes	2 500 000 $
Actif total	6 750 000 $
Passif à court terme	3 187 500 $
Dette à long terme	500 000 $
Passif total	3 687 500 $
Avoir des actionnaires :	
– Capital-actions	2 450 000 $
– B.N.R.	612 500 $
Total du passif et de l'avoir des actionnaires	6 750 000 $

BIBLIOGRAPHIE

ADAMS, J.S., 1965, « Inequity in social exchange », *Advances in Experimental Social Psychology,* vol. 2, New York, New York Academic Press, p. 267-300.

ADLER, R. et N. TOWNE, 1998, *Communication et interactions,* 2e éd., Laval, Éditions Études Vivantes.

AKTOUF, O., 1990, « Leadership interpellable et gestion mobilisatrice », *Gestion,* vol. 15, no 4 (novembre), p. 37-44.

ARCHIER, G. et H. SÉRIEYX, 1984, *L'entreprise du 3e type,* Paris, Éditions du Seuil.

ARGYRIS, C., 1998, « *L'empowerment* ou les habits neufs de l'empereur », *L'expansion management review,* no 90 (septembre), p. 25-30.

ARPIN, R., 1996, « Virage capital – virage humain : contrepoints et jalons pour l'avenir », *Gestion,* vol. 21, no 4 (décembre), p. 25-32.

ARSENAULT, A. et S. DOLAN, 1983, « The role of personality, occupation and organization in understanding the relationship between job stress, performance and absenteeism », *Journal of Occupational Psychology,* no 56, p. 227-240.

AUBERT, N., 1992, « Le management "psychique" », *Revue internationale d'action communautaire,* no 27 (printemps), p. 161-167.

AUDET, M., 1999, « Le partage des expertises », dans Leclerc, M., *Le gestionnaire : un acteur primordial en gestion des ressources humaines,* Québec, Presses de l'Université du Québec.

BAIL, M., 1990, *La loi sur les accidents du travail et les maladies professionnelles. Pour se sortir d'un mauvais pas,* Montréal, C.L.S.C. Centre-Ville.

BAILLARGEON, E., 1992, « La négociation raisonnée », *Le Journal du Barreau,* vol. 24, no 15 (15 septembre), p. 20.

BARRETTE, J. et autres, 2002, « Les entreprises de haute technologie et les pratiques de recrutement, de sélection, d'évaluation du rendement et de rémunération », *Gestion,* vol. 27, no 2 (été), p. 54-66.

BARRETTE, J. et J. Bérard, 2000a, « Gestion de la performance : la relation superviseur-employés et les liens avec les systèmes de gestion des ressources humaines », *Gestion,* vol. 25, no 1 (printemps), p. 33-39.

BARRETTE, J. et J. BÉRARD, 2000b, « Gestion de la performance : lier la stratégie aux opérations », *Gestion,* vol. 24, no 4 (hiver), p. 12-19.

BARRICK, M.R. et M.K. MOUNT, 1991, « The big five personality dimensions and job performance : A met-analysis », *Personnel Psychology,* vol. 44, no 1, p. 1-27.

BART, C.K., 2000, « Les piliers de l'organisation », *Camagazine,* vol. 133, n° 4 (mai), p. 45-46.

BAZINET, A., 1990, *L'évaluation du rendement,* 5e éd., Montréal, Éditions Agence d'Arc.

BENABOU, C., 1995, « Mentors et protégés dans l'entreprise : vers une gestion de la relation », *Gestion,* vol. 20, n° 4 (décembre), p. 18-23.

BENABOU, C., 1997, « L'évaluation de l'effet de la formation sur la performance de l'entreprise : l'approche coûts-bénéfices », *Gestion,* vol. 22, n° 3 (automne), p. 101-107.

BÉRARD, C., 1991, « Une décision sème le doute sur la distinction entre un congédiement et un licenciement », *Les Affaires,* vol. 63, n° 30 (3 août), p. 13.

BERNATCHEZ, J.-C., 1982, *La sélection du personnel par simulation,* Montréal, Éditions Agence d'Arc.

BERNATCHEZ, J.-C., 1996, *Les griefs : des solutions internes à l'arbitrage,* Trois-Rivières, Société de développement des relations du travail.

BERNIER, C. et autres, 1995, « La réingénierie : un processus à gérer », *Gestion,* vol. 20, n° 3 (juin), p. 44-55.

BERNIER, L. et autres, 2001, *Les mesures disciplinaires et non disciplinaires dans les rapports collectifs du travail,* Cowansville, Éditions Yvon Blais.

BETCHERMAN, G. et K. McMULLEN, 1986, *La technologie en milieu de travail : enquête sur l'automatisation au Canada,* Conseil économique du Canada.

BLAIS R., 1996, *Les ressources humaines : l'atout concurrentiel,* Cap-Rouge, Presses Inter Universitaires.

BLAKE, R.R. et J.S. MOUTON, 1968, *Les deux dimensions du management,* Paris, Éditions d'organisation.

BLANCHET, A. et autres, 1985, *L'entretien dans les sciences sociales,* Paris, Éditions Dunod.

BLOUIN, R. et F. MORIN, 2000, *Droit de l'arbitrage de griefs,* 5e éd., Cowansville, Éditions Yvon Blais.

BOISVERT, C.Z., 1992, *Gestion de la santé et de la sécurité au travail,* Boucherville, Gaëtan Morin Éditeur.

Boivert, M., 1980, *L'approche socio-technique,* Montréal, Éditions Agence d'Arc.

BOIVIN, J. et J. GUILBEAULT, 1982, *Les relations patronales-syndicales au Québec,* Chicoutimi, Gaëtan Morin Éditeur.

BOLDUC, M. et D. WAYLAND, 1994, « Comment intégrer l'éthique dans la culture de votre entreprise ? », *Revue Organisation,* vol. 3, n° 2 (été), p. 57-69.

BOLMAN, L.G. et T.E. DEAL, 1996, *Repenser les organisations pour que diriger soit un art,* Paris, Maxima.

BORREDON, L. et C. ROUX-DUFORT, 1998, « Pour une organisation apprenante : la place du dialogue et du mentorat », *Gestion,* vol. 23, n° 1 (printemps), p. 42-52.

BOUDRIAU, S., 1999, *Le CV par compétences. Votre portefeuille pour l'emploi,* Montréal, Éditions Transcontinental.

BOUTHIER, D., 1997, « Le syndrome du crocodile et le défi de l'apprentissage continu », *Gestion,* vol. 22, n° 3 (automne), p. 14-25.

BRADET, D. et autres, 1985, *La* Loi sur les accidents du travail et les maladies professionnelles ; *les aspects pratiques et juridiques du nouveau régime,* Cowansville, Éditions Yvon Blais.

BRADET, D., B. CLICHE, M. RACINE et F. THIBAULT, 1989, *Santé et sécurité du travail,* Montréal, Éditions Quebecor.

BRADET, D., B. CLICHE, M. RACINE et F. THIBAULT, 1989, *Accidents du travail et maladies professionnelles,* Montréal, Éditions Quebecor.

BRAVERMAN, H., 1983, « Travail et capitalisme monopoliste », dans Seguin-Bernard, F. et J.F. Chanlat, *L'analyse des organisations, une anthologie sociologique.* T. 1 : *Les théories de l'organisation,* Saint-Jean-sur-Richelieu, Éditions Préfontaine, p. 77-107.

Brody, B. et autres, 1990, « La connaissance des coûts indirects des accidents du travail : un effet stimulant pour la prévention », *Travail et Santé,* vol. 6, n° 1 (printemps), p. 5-9.

BRODY, B., Y. LÉTOURNEAU et A. POIRIER, 1990, « Le coût des accidents du travail : état des connaissances », *Relations industrielles,* vol. 45, n° 1 (hiver), p. 94-115.

BUREAU INTERNATIONAL DU TRAVAIL, 1998, *Le travail dans le monde : relations professionnelles, démocratie et cohésion sociale,* Genève, Bureau de l'information publique.

BUREAU INTERNATIONAL DU TRAVAIL, 2000, *Rapport sur le travail dans le monde : sécurité du revenu et protection sociale dans un monde en mutation,* Genève, Bureau de l'information publique.

CANADA (GOUVERNEMENT DU), COMMISSION DE LA FONCTION PUBLIQUE DU CANADA, 1998, présenté par J. Kierstead, *Personnalité et rendement au travail : aperçu de la recherche,* Ottawa, Direction de la recherche, Direction générale des politiques, de la recherche et des communications.

CANADA (GOUVERNEMENT DU), COMMISSION DE LA FONCTION PUBLIQUE DU CANADA, 1998, préparé par E. Lawrence, *Réflexions sur la transformation d'une organisation gouvernementale en organisation axée sur l'apprentissage,* Ottawa, Commission de la fonction publique.

CANADA (GOUVERNEMENT DU), MINISTÈRE DU TRAVAIL ET DE LA MAIN-D'ŒUVRE, 1975, préparé par B. Boucher, *De l'enquête à la prévention des accidents de travail,* Ottawa, Service d'inspection du travail et des lieux publics.

CASTONGUAY, C., 1997, « L'emploi de demain », *Gestion,* vol. 22, n° 4 (hiver), p. 12-13.

CAUCHY, C., 2002, « Le départ des baby-boomers », *Le Devoir,* 14 juillet, p. B1 et B2.

CHAMBERLAND, M. et M. PÉRUSSE, 1990, « L'entretien préventif », *Travail et Santé,* vol. 6, n° 1 (printemps), p. 35-40.

CHAYKOWSKI, R. et R. GILES, 1998, « La mondialisation, le travail et les relations industrielles », *Relations industrielles,* vol. 53, n° 1, p. 1-10.

CHENETTE, M., 1997, « Mobiliser par l'approche client », *Gestion,* vol. 22, n° 4 (hiver), p. 23-29.

CHIASSON, M. et L. FRÈVE, 2001, *Superviser dans le feu de l'action*, Montréal, Éditions Transcontinental.

CHICHA, M.T., 1998, « Le programme d'équité salariale : une démarche complexe à plusieurs volets », *Gestion*, vol. 23, n° 1 (printemps), p. 23-33.

CLOUTIER, M., 1996, « La négociation raisonnée », *Le Devoir*, 1er mai, p. 1 et 8.

COHEN, A.R. et autres, 1992, *Effective Behavior in Organisations*, 5e éd., Boston, Irwin.

COHEN, C., 2001, « Pas de progrès sans formation », *Camagazine*, vol. 34, n° 7 (septembre), p. 43-44.

COHEN, E.G., 1994, *Le travail de groupe*, Montréal, Éditions de la Chenelière.

CONFERENCE BOARD DU CANADA, 1996, *Les compétences relatives à l'employabilité*, Ottawa.

CORNET, A., 1999, « Dix ans de réingénierie des processus d'affaires : qu'avons-nous appris ? » *Gestion*, vol. 24, n° 3 (automne), p. 66-75.

CÔTÉ, N., L. BÉLANGER et J. JACQUES, 1994, *La dimension humaine des organisations*, Boucherville, Gaëtan Morin Éditeur.

COURCHENE, T., 2000, « La mission des Canadiens au XXIe siècle », *Le Devoir*, 28 juillet, p. A9.

COURCHENE, T., 2001, *A State of Minds*, Institut de recherche en politiques publiques (I.R.P.P.).

COUSINEAU, S., 1993, « Même si elle fait fureur en France, la graphologie reste controversée au Québec », *Les Affaires*, vol. 65, n° 14 (10 avril), p. 18.

DANSEREAU, S., 1999, « Le trésor de l'agroalimentaire », *Les Affaires*, édition spéciale (août), p. 13.

DANSEREAU, S., 2002, « Des Québécoises au tableau d'honneur », *Les Affaires*, vol. 74, n° 47 (23 novembre), p. 5.

DANSEREAU, S., 2002, « De grandes sociétés québécoises perdent des points », *Les Affaires*, vol. 74, n° 47 (23 novembre), p. 6.

DANSEREAU, S., 2002, « Évaluer la responsabilité sociale », *Les Affaires*, vol. 74, n° 47 (23 novembre), p. 7.

D'AOUST, C. et L. LECLERC, 1978, *La jurisprudence arbitrale québécoise en matière de congédiement*, Montréal, École des relations industrielles.

D'AOUST, C., F. DELORME et A. ROUSSEAU, 1976, *Le degré de preuve requis devant l'arbitre de griefs*, tiré à part n° 14, Montréal, Université de Montréal, École des relations industrielles.

D'AOUST, C., L. LECLERC et G. TRUDEAU, 1982, *Les mesures disciplinaires : étude jurisprudentielle et doctrinale*, Montréal, Presses de l'Université de Montréal.

DELISLE, C., 2001, *Droit au fait*, Montréal, Éditions de la Chenelière/McGraw-Hill.

DE LUSIGNY, X., 1995, « Un tribunal excède sa juridiction lorsqu'il veut s'immiscer dans le droit de gestion de l'employeur », *Le Québec industriel*, vol. 40, n° 7 (juillet), p. 4-6.

DEMING, E.W., 1991, *Hors de la crise*, Paris, Économica.

DESBIENS, R. et P. JETTÉ, 1992, *La relation de supervision*, Montréal, Groupe CFC.

DION, G., 1986, *Dictionnaire canadien des relations du travail*, 2ᵉ éd., Québec, Presses de l'Université Laval.

DOLAN, S. et G. SALVADOR, 1999, *La gestion par valeurs : une nouvelle culture pour les organisations*, Montréal, Éditions nouvelles AMS.

DOLAN, S. et R. SCHULER, 1995, *La gestion des ressources humaines au seuil de l'an 2000*, 2ᵉ éd., Saint-Laurent, Éditions du Renouveau Pédagogique.

DORRA, H. et G. MILLET, 1975, *Comment mener un entretien individuel*, Paris, Éditions Dunod.

DROLET, M., 1999, *Le coaching d'une équipe de travail*, Montréal, Éditions Transcontinental.

DROUIN, G., 2000, « L'entreprise veut des hyper-performants », *Affaires Plus*, vol. 23, nº 10 (octobre), p. 87 et 88.

DROUIN, G., 2000, « Les sept tendances actuelles en management », *Affaires Plus*, vol. 23, nº 10 (octobre), p. 90 et 92.

DROUIN, L., 1987, « Les D.S.C. et la santé au travail », *Travail et Santé*, vol. 3, nº 3 (automne), p. 33-37.

DRUCKERS, P., 1993, *Au-delà du capitalisme*, Paris, Éditions Dunod.

DRUCKERS, P., 1999, « Le savoir, nouveau défi pour l'entreprise », *L'expansion management review*, nº 92 (mars), p. 53-59.

DUHAMEL, A., 1999, « Bien traiter ses employés pour qu'ils traitent bien les clients », *Les Affaires*, vol. 71, nº 37 (11 septembre), p. 51.

EIGUER, A., 1996, *Le pervers narcissique et son complice*, Paris, Éditions Dunod.

ELFIKY, I., 1997, *Top manager, 12 réalités incontournables pour une gestion supérieure*, Montréal, Éditions Transcontinental.

EMERY, F.E. et E.L. TRIST, 1983, « Les systèmes sociaux-techniques », dans Seguin-Bernard, F. et J.F. Chanlat, *L'analyse des organisations une anthologie sociologique*, T. 1 : *Les théories de l'organisation*, Saint-Jean-sur-Richelieu, Éditions Préfontaine, p. 304-318.

FABI, B., Y. MARTIN et P. VALOIS, 1999, « Favoriser l'engagement organisationnel des personnes œuvrant dans des organisations en transformation », *Gestion*, vol. 24, nº 3 (automne), p. 102-113.

FARRELL, D., 1983, « Exit, voice, loyalty and neglect as responses to job dissatisfactions : A multidimensional scaling study », *Academy of Management Journal*, vol. 26, nº 4 (décembre), p. 596-607.

FARRELL, D. et C. RUSBULT, 1985, « Understanding the Retention Function : A model of the causes of exit, voice, loyalty and neglect behaviors », *Personnel Administrator*, vol. 30 (avril), p. 129-140.

FIEDLER, F.E., 1967, *A theory of Leadership Effectiveness*, New York, McGraw-Hill.

FIEDLER, F.E., 1971, « Validation and extension of the contingency model of leadership effectiveness : A review of empirical findings », *Psychological Bulletin*, vol. 76, p. 128-148.

FISHER, R., W. URY et B. PATTON, 1991, *Getting to Yes, Negotiating Agreement without Giving in*, 2ᵉ éd., New York, Houghton Mifflin.

FOREST, M., 1992, *Mobiliser son équipe,* Montréal, Groupe CFC.

FOUCHER, R., 1989, « La gestion des ressources humaines », *La direction des entreprises, concepts et applications,* 2ᵉ éd., Montréal, McGraw-Hill, p. 600.

FRANCO, J., 1990, « How to hire a winner », *The Human Resource,* vol. 7, nº 1.

FRÉCHET, L., 1989, « Congédier sans laisser tomber », *Commerce,* novembre, p. 102-110.

FROMENT, D., 1997, « Grand paradoxe : chômage et pénurie de main-d'œuvre coexistent », *Les Affaires,* 22 novembre, p. 3.

GAEL, S., 1988, *The Job Analysis Handbook for Business, Industry and Government,* vol. 1 et 2, Toronto, John Wiley and Sons.

GAGNON, R.P., 1993, *Le droit du travail du Québec,* 2ᵉ éd., Cowansville, Éditions Yvon Blais.

GAMACHE, M., 1989, « S.I.M.D.U.T. ! Bien intégrer cette nouvelle dynamique », *Travail et Santé,* vol. 5, nº 2 (été), p. 17-19.

GARAND, D.J. et G. D'AMBOISE, 1995, « Mieux comprendre les difficultés et besoins des PME en GRH : une priorité de gestion », *Revue Organisation,* vol. 5, nº 1 (automne), p. 33-48.

GAULIN, J., 1995, « Les défis actuels des dirigeants », *Gestion,* vol. 20, nº 3 (septembre), p. 24-27.

GIST, M.E., A.G. BAVETTA et C.K. STEVENS, 1990, « Transfert training method : Its influence on skill generalization, skill repetition and performance level », *Personnel Psychology,* nº 43, p. 501-523.

GIST, M.E., A.G. BAVETTA et C.K. STEVENS, 1991, « Effect of self-efficacy and post-training intervention on the acquisition and maintenance of complex interpersonal skills », *Personnel Psychology,* nº 44, p. 837-861.

GLAMBAUD, B., 1993, « Les pratiques de mobilisation dans l'entreprise », *Les Cahiers français,* nº 262 (juillet-septembre), p. 55-61.

GOLDTHORPE, J.H. et autres, 1972, *L'ouvrier de l'abondance,* Paris, Éditions du Seuil.

GOODMAN, P.S., 1979, *Assessing Organisational Change : The Rushton Quality of Work Experiment,* New York, John Wiley and Sons.

GROSBOIS, S. et D. MERGLER, 1985, « La santé mentale et l'exposition aux solvants organiques en milieu de travail », *Santé mentale au Québec,* vol. 10, nº 2, p. 99-113.

GUÉRIN, G. et T. WILS, 1993, « Sept tendances clés de la nouvelle GRH », *Gestion,* vol. 18, nº 1 (février), p. 22-33.

GUÉRIN, G. et T. WILS, 2002, « La gestion stratégique des ressources humaines », *Gestion,* vol. 22, nº 2 (été), p. 14-23.

HACCOUN, R.H., C. JEANRIE et A. SAKS, 1997, « Concepts et pratiques contemporaines en évaluation de la formation : vers un modèle de diagnostic des impacts », *Gestion,* vol. 22, nº 3 (automne), p. 108-113.

HACKETT, T.J. et V.C. WILLIAMS, 1993, *Document Job Content : An Approach to Job and Work Analysis,* Scottsdale, American Compensation Association.

HACKMAN, J.R. et G. OLDHAM, 1975, « Development of the job diagnostic survey », *Journal of Applied Psychology,* vol. 60, p. 159-170.

HACKMAN, J.R. et G. OLDHAM, 1980, *Work Redesign,* Reading (Mass.), Addison-Wesley Publishing.

HALTON, D., 1985, « Comment les matières chimiques du milieu de travail pénètrent dans l'organisme », Ontario, Centre canadien d'hygiène et de sécurité au travail.

HARRINGTON, G., 1990, « Ergonomie des abattoirs de volaille : le défi ultime ? », *Au Centre,* août, p. 18-19.

HARTLEY, D., 1999, *Job Analysis at the Speed of Reality,* Amherst, HRD Press.

HAWVER, D., 1985, *Comment développer vos talents de négociateur,* New York, Alexander Hamilton Institute.

HÉBERT, P. et P. DUPÉRÉ, 1989, « Les accidents du travail et les maladies professionnelles », *Actif,* vol. 1, n° 7 (mai), p. 50-61.

HELLRIEGEL, D. et J. SLOCUM, 1982, *Management,* 3ᵉ éd., Ontario, Addison-Wesley.

HERSEY, P. et K.H. BLANCHARD, 1977, *Management of Organizational Behavior : Utilizing Human Resources,* New Jersey, Prentice-Hall.

HERZBERG, F., 1968, « Une fois de plus comment motiver nos employés », *Harvard-L'expansion,* vol. 46, n° 1 (janvier-février).

HERZBERG, F., 1970, *Le travail et la nature de l'homme,* Paris, Entreprise moderne d'édition.

HIRIGOYEN, M.F., 1998, *Le harcèlement moral : la violence perverse au quotidien,* Paris, Syros.

HIRSCHMAN, A.O., 1970, *Exit, Voice, and Loyalty : Responses to Decline in Firms, Organizations and States,* Cambridge (Mass.), Harvard University Press.

HUBERT-DION, C., 1985, « L'ergonomie et la santé mentale au travail », *Santé mentale au Québec,* vol. 10, n° 2, p. 8-12.

HUMPHREY, B. et J. STOKES, 2000, *The 21ˢᵗ Century Supervisor : Nine Essential Skills for Frontline Leaders,* Californie, Jossey-Bass / Pfeiffer.

IMBEAU, D. et autres, 1990, « La conception et la sélection d'un horaire de travail : aspects à considérer », *Travail et Santé,* vol. 6, n° 3 (automne), p. 32-38.

JACOB, R., 1993, « Flexibilité organisationnelle et gestion des ressources humaines », *Gestion,* vol. 18, n° 2 (mai), p. 30-38.

JACOB, R., P.A. JULIEN et L. RAYMOND, 1997, « Compétitivité, savoirs stratégiques et innovation : les leviers de l'apprentissage collectif en contexte de réseau », *Gestion,* vol. 22, n° 3 (automne), p. 93-100.

JULIEN, P.A. et R. JACOB, 1999, « La transformation du rôle de l'entrepreneur et l'économie du savoir », *Gestion,* vol. 24, n° 3 (automne), p. 43-50.

KANDOLA, R. et M. PEARN, 1998, *Job Analysis, a Manager's Guide,* 2ᵉ éd., Londres, IPD.

KARASAK, R. et T. THEORELL, 1990, *Healthy Work : Stress, Productivity and the Reconstruction of Working Life,* New York, Basoc Books Inc.

KATZ, R.L., 1974, « Skills of an effective administrator », *Harvard Business Review,* vol. 52 (septembre-octobre), p. 90-102.

KATZELL, R.A. et D.E. THOMPSON, 1990, « An integrative model of work attitudes, motivation and performance », *Human Performance,* vol. 3, n° 2, p. 63-85.

KEYS, B. et J. HENSHALL, 1984, *Supervision,* New York, John Wiley and Sons.

KIERSTEAD, J., 1998, *Personnalité et rendement au travail : aperçu de la recherche,* Ottawa, Direction de la recherche, Direction générale des politiques, de la recherche et des communications, Commission de la fonction publique du Canada.

KIRKPATRICK, D.L., 1982, *How to Improve Performance Through Appraisal and Coaching,* New York, American Management Association.

KLARSFELD, A. et S. SAINT-ONGE, 2000, « La rémunération des compétences : théorie et pratique », dans ROUSSEL, P. et J.M. PERETTI (dir.), *Les rémunérations : politiques et pratiques pour les années 2000,* Paris, Vuibert.

KOONTZ, H. et H. WEIHRICH, 1990, *Essentials of Management,* Montréal, McGraw-Hill.

KRAMER, I., 2000, « Les portails verticaux et le commerce électronique interentreprises sur le Web », *Gestion,* vol. 25, n° 2 (été), p. 10-11.

KRECH, D., R. CRUTHFIELD et N. LIVSON, 1974, *Elements of Psychology,* 3ᵉ éd., New York, Alfred Knopf.

LABERGE, M., W. THIERRY et C. LABELLE, 1995, « La formation : un atout en période de forte turbulence », *Gestion,* vol. 20, n° 2 (juin), p. 16-21.

LABORIT, H., 1976, *Éloge de la fuite,* Paris, Robert Laffont.

LABRECQUE, C., 1991, « Motivation : moteur infaillible », *Avenir,* vol. 5, n° 2 (mars), p. 34-35.

LAFLAMME, M., J. GOYETTE et L. MATHIEU, 1996, « Le gestionnaire en pleine mutation : les huit dimensions et comportements associés à la mobilisation du personnel », *Revue Organisation,* vol. 5, n° 2 (été), p. 65-76.

LANTHIER, J.P., 1994, *Gérer un rendement au quotidien,* Montréal, Groupe CFC.

LAPIERRE, L. et autres, 1992, *Imaginaire et leadership,* T. 1, Montréal, Presses des HÉC et Éditions Québec Amérique.

LAPLANTE, S., 1986, « L'œil indiscret des graphologues », *Québec Sciences,* vol. 24, n° 6 (février), p. 28.

LAPORTE, P., 1985, *Le recours à l'encontre des congédiements sans cause juste et suffisante,* Montréal, Wilson et Lafleur.

LAURIN, P. et D. BOISVERT, 1997, *L'évaluation collaborative du rendement,* Québec, Presses de l'Université du Québec.

LAUZON, I. et F. DEMERS, 1997, *Guide pratique des normes du travail : tout ce que l'employeur doit savoir,* Cowansville, Éditions Yvon Blais.

LAWLER III, E., 1992, *The Ultimate Advantage : Creating the High-Involvement Organization,* San Francisco, Jossey-Bass.

LAWRENCE, E., 1998, *Réflexions sur la transformation d'une organisation gouvernementale en organisation axée sur l'apprentissage,* Ottawa, Commission de la fonction publique du Canada.

Le Boterf, G., 1997, « Construire la compétence collective de l'entreprise », *Gestion*, vol. 22, n° 3 (automne), p. 82-85.

Le Corre & ass., 1997, *Guide pratique des normes du travail : tout ce que l'employeur doit savoir*, Cowansville, Éditions Yvon Blais.

Le Corre, C. et C. Beaulieu, 1996, *Préparer et maîtriser une audition : tout ce que l'employeur doit savoir*, Cowansville, Éditions Yvon Blais.

Lefebvre, L. et É. Lefebvre, 1999, « Commerce électronique et entreprises virtuelles : défis et enjeux », *Gestion*, vol. 2, n° 3 (automne), p. 20-33.

Legault, R., 1989a, « Le contrat d'emploi : son contenu », *Avenir*, vol. 3, n° 9 (novembre), p. 34.

Legault, R., 1989b, « La négociation : techniques et enjeux », *Avenir*, vol. 3, n° 8 (octobre), p. 35.

Legault, R., 1989c, « L'accréditation syndicale : pas de panique », *Avenir*, vol. 3, n° 4 (mai), p. 11.

Legault, R., 1990, « Congédiement ou démission ? », *Avenir*, vol. 4, n° 7 (septembre), p. 43.

Le Mouël, J., 1991, *Critique de l'efficacité*, Paris, Éditions du Seuil.

Le Mouël, J., 1998, *La motivation dans l'entreprise : modèles et stratégies*, Paris, Éditions d'organisation.

Lévy-Leboyer, C., 1984, *La crise des motivations*, Paris, Presses universitaires de France.

Likert, R., 1967, *The Human Organization*, New York, McGraw-Hill.

Locke, E.A. et G.P. Lathman, 1990, *A Theory of Goals Setting and Task Performance*, Englewood Cliffs (N.J.), Prentice-Hall.

Maascarenhas, B., A. Baveja et J. Mamnoon, 1999, « Comment naissent les compétences », *L'expansion management review*, n° 92 (mars), p. 29-37.

Maddux, R., 1988, *Successful Negotiation : Effective « Win-Win » Strategies and Tactics*, Ontario, Crisp Publication.

Maire, J.L. et G. Büyüközkan, 1998, « Capitalisation des connaissances des entreprises pour un *benchmarking* », *Kognos*, sélection n° 14 (septembre).

Malette, N., 1980, *La gestion des relations du travail au Québec, le cadre juridique et institutionnel*, Montréal, McGraw-Hill.

Man, J. et R. Rocssler, 1994, *Supervision and Management*, Fayetteville, The University of Arkansas Press.

Maslow, A.H., 1943, « A theory of human motivation », *Psychological Review*, vol. 80, p. 370-396.

Maslow, A.H., 1970, *Motivation and Personality*, New York, Harper.

Massé, G., 1991, « Le changement par la santé-sécurité », *Commerce*, 93ᵉ année, n° 9 (septembre), p. 53-58.

Mathieu, L., 1998, « Êtes-vous un gestionnaire mobilisateur ? », *Le gérontophile*, vol. 20, n° 3 (été), p. 3-9.

McGregor, D., 1966, *Leadership and Motivation*, Boston (Mass.), MIT Press.

Ménard, N. et autres, 1991, « Les équipements de protection individuels : appréciés par les travailleurs… mais avec des réserves », *L'IRSST*, vol. 8, n° 1 (printemps), p. 4-6.

Meunier, P.M., 1998, *Profession : patron*, Montréal, Éditions Transcontinental.

Milbourn, G., 1986, « The case against employee punishment », *Management Solutions*, vol. 31 (novembre), p. 40.

Mintzberg, H., 1981, « Organiser l'entreprise : prêt-à-porter ou sur mesure », *Harvard-L'Expansion*, été, p. 9-23.

Mintzberg, H., 1995, « Un tour d'horizon des vraies fonctions du dirigeant », *L'Expansion Management Review*, n° 83 (mars), p. 29-40.

Mintzberg, R. et D. Laurie, 1997, « The work of leadership », *Harvard Business Review*, n° 75 (janvier-février), p. 124-134.

Mitchell, K.E., G.M. Alliger et R. Morfopoulos, 1999, « Toward an ADA-appropriate job analysis », *Human Resource Management Review*, vol. 7, n° 1, p. 5-26.

Morgan, G., 1991, *Images de l'organisation*, Québec, Presses de l'Université Laval et Éditions Eska.

Morin, E., M. Guindon et É. Boulianne, 1996, *Les indicateurs de performance*, Montréal, Éditions Guérin.

Morris, D., 1999, « Using competency development tools as a strategy for change in the human resources function : A case study », *Human Resource Management*, vol. 35, n° 1, p. 35-51.

Mosely, D., L. Megginson et P. Pietri, 1989, *Supervision Management*, Ohio, South-Western Publishing.

National Economic Development Council, 1991, *What Makes a Supervisor World Class ?* Londres, Engineering Skills Working Party.

Nazaré-Aga, I., 1997, *Les manipulateurs sont parmi nous*, Montréal, Éditions de l'Homme.

Noël, K., 1999, « Les employeurs veulent des employés caméléons », *Les Affaires*, vol. 71, n° 37 (11 septembre), p. 43.

Noël, K., 1999, « Même en éducation, la concurrence viendra de l'étranger », *Les Affaires*, édition spéciale (août), p. 20-21.

Noël, K., 2002, « Les 15 à 24 ans : des individualistes et des fonceurs », *Les Affaires*, vol. 74, n° 41 (12 octobre), p. 46.

Nonaka, I., 1995, *The Knowledge-Creating Company*, New York, Oxford University Press.

Normand, F., 2002, « Une entreprise responsable est une entreprise durable », *Les Affaires*, vol. 74, n° 47 (23 novembre), p. 3.

Ouimet, G., 1994, « En matière de performance, évitez les excès ! », *Gestion*, vol. 19, n° 3 (septembre), p. 99-108.

Paquet, P., 1984, *La formation en entreprise : l'impact des changements technologiques*, Montréal, Université de Montréal, Faculté de l'éducation permanente.

PAQUIN, M., 1986, *L'organisation du travail*, Montréal, Éditions Agence d'Arc.

PARÉ, G., 2002, « La génération Internet : un nouveau profil d'employés », *Gestion*, vol. 27, nᵒ 2, été, p. 47-53.

PAUCHANT, T., 2000, *Pour un management éthique et spirituel : défis, cas, outils et questions*, Montréal, Éditions Fides et Presses des HÉC.

PÉPIN, R., 1993, « Motivation au travail : des approches globales », *Gestion*, vol. 18, nᵒ 4 (novembre), p. 29-37.

PERETTI, J.M., 1996, *Tous DRH*, Paris, Éditions d'organisation.

PERETTI, J.M., 1999, *Gestion des ressources humaines*, 8ᵉ éd., Paris, Vuibert.

PERETTI, J.M. et P. ROUSSEL, 2000, *Les rémunérations : politiques et pratiques pour les années 2000*, Paris, Vuibert.

PÉRUSSE, M., 1988, « Enquête et analyse des accidents », *Travail et Santé*, vol. 4, nᵒ 4 (hiver), p. 38-43.

PÉRUSSE, M., 1989, « Le choix des mesures correctives », *Travail et Santé*, vol. 5, nᵒ 4 (hiver), p. 5-7.

PÉRUSSE, M., 1990, « La protection collective », *Travail et Santé*, vol. 6, nᵒ 4 (hiver), p. 35-40.

PÉRUSSE, M., 1990, « Les interventions matérielles », *Travail et Santé*, vol. 6, nᵒ 3 (automne), p. 42-45.

PÉRUSSE, M., 1990, « Les interventions organisationnelles », *Travail et Santé*, vol. 6, nᵒ 2 (été), p. 35-40.

PÉRUSSE, M., 1991, « Le port des protecteurs individuels : une stratégie à développer », *Travail et Santé*, vol. 7, nᵒ 1 (printemps), p. 17-22.

PÉRUSSE, M., 1991, « Les normes de comportement : comprendre le comportement humain », *Travail et Santé*, vol. 7, nᵒ 2 (été), p. 25-30.

PETIT, A. et T. COTIS, 1978, « La validité des résultats obtenus en évaluation du rendement, un modèle conceptuel », *Relations industrielles*, vol. 33, nᵒ 1, p. 58-75.

PETIT, A. et V. HAINES, 1994, « Trois instruments d'évaluation du rendement », *Gestion*, vol. 19, nᵒ 3 (septembre), p. 59-68.

PETIT, M. et autres, 1999, *Management d'équipe, concepts et pratiques*, Paris, Éditions Dunod.

PETTERSEN, N. et R. JACOB, 1992, *Comprendre le comportement de l'individu au travail, un schéma d'organisation*, Ottawa, Éditions Agence d'Arc.

PITCHER, P., 1994, *L'artiste, l'artisan et le technocrate dans nos organisations : rêves, réalités et illusions du leadership*, Montréal, Éditions Québec Amérique.

PITTENGER, O., 1986, *So You Are the Supervisor*, Wisconsin, ASQC Quality Press.

PLASSE, M., 1988, *Santé et sécurité du travail : de la confrontation à la concertation*, Montréal, Éditions Agence d'Arc.

POLANYI, M., 1969, *The Tacit Dimension*, Londres, Routledge and Kegan Paul.

POULIN, R., 1991, « Les normes font la loi », *Magazine Avenir,* vol. 5, n⁰ 3 (avril), p. 9-14.

PORTER, L. et E. LAWLER, 1968, *Managerial Attitudes and Performance,* Illinois, Richard D. Irwin.

PORTER, M., 1986, *L'avantage concurrentiel,* Paris, Inter-éditions.

PROULX, D., 1999, « Y a-t-il une vie après les bénéfices ? », *Les Affaires,* édition spéciale (août), p. 38.

QUÉBEC (GOUVERNEMENT DU), COMMISSION DES DROITS DE LA PERSONNE DU QUÉBEC, 1987, *Le forum des droits et libertés,* préparé par D. Carpentier, Québec, Éditeur officiel du Québec, p. 5.

QUÉBEC (GOUVERNEMENT DU), COMMISSION DES DROITS DE LA PERSONNE ET DES DROITS DE LA JEUNESSE, 1998, *Les examens médicaux en emploi,* préparé par D. Carpentier, Québec, Éditeur officiel du Québec, 31 p.

QUÉBEC (GOUVERNEMENT DU), MINISTÈRE DES COMMUNICATIONS, 1982, *Sondage sur les pratiques de formation en entreprise,* préparé par P. Paquet, P. Doray et P. Bouchard, Québec, Éditeur officiel du Québec.

QUÉBEC (GOUVERNEMENT DU), MINISTÈRE DU TRAVAIL, 1998, *Document de réflexion sur le travail des enfants au Québec,* Québec, Éditeur officiel du Québec.

QUINTY, M., 1999, « Qu'est-ce qui nous mobilise ? », *Affaires Plus,* vol. 22, n⁰ 12 (décembre), p. 65-66.

RAMONET, I., 2000, « Nouvelle économie », *Le Monde diplomatique,* n⁰ 553 (avril), p. 1.

RAYMOND, L., 2000, « Mondialisation, économie du savoir et compétitivité : un cadre de veille des tendances et des enjeux stratégiques pour la PME », *Gestion,* vol. 25, n⁰ 2 (été), p. 29-38.

REDDIN, W.J., 1970, *Managerial Effectiveness,* New York, McGraw-Hill.

REDEKER, J.R., 1989, *Employee Discipline : Policies and Practices,* Washington, The Bureau of National Affairs.

RICHARD, R., 1987, « Travail de nuit », *Travail et Santé,* vol. 3, n⁰ 2 (été), p. 20 et 21.

RIVARD, S., 2000, « Nouvelle économie, nouvelle organisation et technologie de l'information », *CIRANO,* mars.

RIVARD, S., A. PINSONNEAULT et C. BERNIER, 1999, « Impact des technologies de l'information sur les cadres et les travailleurs », *Gestion,* vol. 24, n⁰ 3 (automne), p. 51-65.

RIVARD, S. et J. TALBOT, 2000, *Le développement de systèmes d'information, une méthode intégrée à la transformation des processus,* Québec, Presses de l'Université du Québec.

RONDEAU, A., 1999, « Transformer l'organisation : comprendre les forces qui façonnent l'organisation et le travail », *Gestion,* vol. 24, n⁰ 3 (automne), p. 12-19.

RONDEAU, A. et F. BOULARD, 1992, « Gérer des employés qui font problème, une habileté à développer », *Gestion,* vol. 17, n⁰ 1 (février), p. 32-41.

RONDEAU, A. et M. LEMELIN, 1991, « Pratiques de gestion mobilisatrices », *Gestion,* vol. 16, n⁰ 1 (février), p. 26-32.

Rosow, J. et R. Zager, 1989, *New Roles for Managers, part I-V,* New York, Work in America Institute.

Rousselet, J., 1974, *L'allergie au travail,* Paris, Éditions du Seuil.

Roy, M., 1999, « Les équipes semi-autonomes au Québec et la transformation des organisations », *Gestion,* vol. 24, n° 3 (automne), p. 76- 85.

Ruffier, J., 1976, *Les nouvelles formes d'organisation du travail dans l'entreprise française,* Paris, CEREQ, documentation française, n° 10 (novembre).

Rusbult, C.E. et autres, 1986, « Impact of exchange variables on exit voice, loyalty and reflect : an integrated model of response to declining job satisfaction », *Academy of Management Journal,* vol. 31, p. 599-627.

Sabanes, J., 1983, « La signalisation : un moyen facile et efficace de prévenir », *Prévention,* p. 18-24.

Saint-Jacques, C. et M. Renaud, 1986, « Le droit de refus, cinq ans après, l'évolution d'un nouveau mode d'expression », *Sociologie et sociétés,* vol. 18, n° 2 (octobre), p. 99-112.

Saint-Onge, S., 1994, « Reconnaître les performances », *Gestion,* vol. 19, n° 3 (septembre), p. 88-98.

Saint-Onge, S., 1998-1999, « La rémunération des compétences : où en sommes-nous ? », *Gestion,* vol. 23, n° 4 (hiver), p. 24-33.

Saint-Onge, S., 2000, « La rémunération des compétences : théorie et pratique », dans Peretti, J.M. et P. Roussel, *Les rémunérations : politiques et pratiques pour les années 2000,* Paris, Vuibert.

Saint-Onge, S. et M.A. Péronne-Dutour, 1998, « Les perceptions de justice à l'égard d'un système de rémunération basée sur les compétences : une étude auprès des employés d'une entreprise de France », dans Laflamme, R., *Mobilisation et efficacité au travail,* Cap-Rouge, Presses Inter Universitaires, p. 113-124.

Saint-Onge, S. et autres, 2002, « Gérer la rémunération dans un contexte de mobilité internationale : l'art de jongler avec différentes perspectives », *Gestion,* vol. 27, n° 1 (printemps), p. 41-51.

Savoie, D. et V. Larouche, 1990, « Le harcèlement sexuel au travail : résultats de deux études québécoises », *Relations industrielles,* vol. 45, n° 1, p. 58-59.

Schiettekatte, J. et autres, 1988, « L'ergonomie, clef de la productivité en manutention », *Le Québec industriel,* vol. 43, n° 9 (septembre), p. 36-37.

Schumaker, E.F., 1980, *Good Work,* Paris, Éditions du Seuil.

Schwind, H., H. Das et T. Wagar, 1999, *Canadian Human Resource Management : A Strategic Approach,* 5e éd., Toronto, McGraw-Hill.

Secretary of Labor's Commission on Achieving Necessary Skills (SCANS), 1991, *What Work Requires of Schools ?* Washington, D.C., U.S. Department of Labor.

Senge, P., 1990, *La cinquième discipline : l'art et la manière des organisations qui apprennent,* Paris, First.

SEONGHEE, K., 1999, *Les rôles des professionnels de la connaissance dans la gestion de la connaissance,* Pays-Bas, International Federation of Library Associations and Institution.

SÉRIEYX, H., 2001, « La nouvelle excellence dans l'économie nouvelle », *Le Devoir,* 9 septembre, p. E8.

SHAPERO, A., 1991, *Gestion des cadres : la nouvelle donne,* Paris, First.

SIEGRIST, J., 1996, « Adverse health effects of high-effort / low reward conditions », *Journal of Occupational Health Psychology,* vol. 1, nᵒ 1, p. 27-41.

SIMARD, M. et autres, 1988, *L'efficacité en gestion de la sécurité du travail : principaux résultats d'une recherche dans l'industrie manufacturière,* Montréal, Groupe de recherche sur les aspects sociaux de la prévention en santé et en sécurité du travail, Université de Montréal.

SOMMET SUR LA TI ET L'ÉCONOMIE DU SAVOIR, 1997, *Le Canada et l'économie du savoir,* Canada, Industrie Canada.

SOUS-COMITÉ EN ALPHABÉTISATION DE LA MONTÉRÉGIE, 1996, *Les habiletés et les comportements requis dans le monde du travail : éléments essentiels de la Commission SCANS et guide général d'application,* Service de l'éducation des adultes de la Commission scolaire Jacques-Cartier.

STONE, F., 1989, *The AMA Handbook of Supervisory Management,* New York, AMACOM.

STONE T. et N. METZ, 1993, *Human Resource Management in Canada,* 3ᵉ éd., Toronto, Holt, Rinehart and Winston.

TANNEBAUM, R. et W.H. SCHMIDT, 1973, « How to choose a leadership pattern », *Harvard Business Review,* mai-juin, p. 162-180.

TARONDEAU, J.C., 1998, « La gestion par les processus », *Les Cahiers français,* nᵒ 287.

TAYLOR, F.W., 1911, *The Principles of Scientific Management,* New York, Harper Collins.

THOMAS, F., 1999, « Le psycho-terrorisme », *Guide-ressources,* vol. 15, nᵒ 4 (décembre), p. 13-15.

TIFFIN, J. et E. McCORMICK, 1965, *Industrial Psychology,* 5ᵉ éd., New Jersey, Prentice-Hall.

TIMM, P.R., 1984, *Supervision,* Minnesota, West Publishing.

TISSIER, D., 1997, *Management situationnel : les voies de l'autonomie et de la délégation,* 2ᵉ éd., Paris, INSEP édition.

TOUPIN, L., 1997, « Un transfert nommé désir », *Gestion,* vol. 22, nᵒ 3 (automne), p. 114-119.

TRACY, D., 1989, *The First Book of Common-Sense Management,* New York, William Morrow and Company.

TRAVERS, A., 1988, *Supervision, Techniques and New Dimensions,* Englewoods Cliffs (N.J.), Prentice-Hall.

TREMBLAY, J., 1989, « Le retrait préventif de la travailleuse enceinte », *Avenir,* vol. 3, nᵒ 4 (mai), p. 11.

TREMBLAY, J., 1989, « Santé et sécurité au travail : contrôler ses coûts », *Avenir,* vol. 3, nᵒ 9 (novembre), p. 42-45.

TREMBLAY, M., 1996, « Payer pour les compétences validées : une nouvelle logique de rému-nération et de développement des ressources humaines », *Gestion*, vol. 21, n° 2 (juin), p. 32-44.

TRIST, E., 1981, *The Evolution of Socio-technical Systems : A Conceptual Framework and an Action Research Program*, Ontario, Quality of Working Life Centre.

TURNER, J., 1999, « Révéler la dimension spirituelle du travail », *Camagazine*, décembre, p. 39, 40 et 45.

VAILLANCOURT-SABAG, C., 1991, « Le S.I.M.D.U.T. : déjà un premier bilan », *Prévention au travail*, vol. 4, n° 6 (juillet-août), p. 6-7.

VIOLETTE, A., 2000, « Le dépistage d'alcool et de drogues en milieu de travail : une question d'équilibre », *Revue du Barreau*, vol. 60, n° 1, p. 85-128.

VON BERTALANFFY, L., 1992, « Théorie générale des systèmes », dans Séguin, F. et J.F. Chanlat, *L'analyse des organisations, une anthologie sociologique*, T. 1, Boucherville, Gaëtan Morin Éditeur.

VROOM, V., 1964, *Work and Motivation*, New York, John Wiley and Sons.

WEISS, D., 1999, *Les ressources humaines*, Paris, Éditions d'organisation.

WEISS, W.H., 1980, *Supervisor's Standard Reference Handbook*, Englewoods Cliffs (N.J.), Prentice-Hall.

WELSH, J.M., 2000, « La naissance d'une citoyenneté nord-américaine ? », *Isuma*, vol. 1, n° 1 (printemps), p. 86-92.

WERNER, J.M., 1994, « Que sait-on de la rétroaction à 360 degrés ? », *Gestion*, vol. 19, n° 3 (septembre), p. 69-77.

WILS, T. et autres, 1998, « Qu'est-ce que la mobilisation des employés ? », *Gestion*, vol. 23, n° 2 (été), p. 30-39.

ZACK, M., 1999, « Developing a knowledge strategy », *California Management Review*, vol. 41, n° 3 (printemps), p. 125-145.

$\mathcal{I}$NDEX DES SUJETS

R